高等学校本科生教学质量与教学改革工程

首都师范大学实验室开放基金
立项课题优秀论文集

（2015～2016）

首都师范大学 国有资产管理处 教务处 编

首都师范大学出版社
CAPITAL NORMAL UNIVERSITY PRESS

图书在版编目(CIP)数据

首都师范大学实验室开放基金立项课题优秀论文集.2015～2016/首都师范大学国有资产管理处,首都师范大学教务处编.—北京:首都师范大学出版社,2016.10

ISBN 978-7-5656-3232-7

Ⅰ.①首… Ⅱ.①首… ②首… Ⅲ.①自然科学—文集 ②社会科学—文集 Ⅳ.①Z427.6

中国版本图书馆 CIP 数据核字(2016)第 245515 号

SHOUDU SHIFAN DAXUE SHIYANSHI KAIFANG JIJIN LIXIANG KETI YOUXIU LUNWENJI

首都师范大学实验室开放基金立项课题优秀论文集(2015～2016)

首都师范大学 国有资产管理处 教务处 编

首都师范大学出版社出版发行

地　址　北京市西三环北路105号

邮　编　100048

电　话　68418523(总编室)　68982468(发行部)

网　址　www.cnupn.com.cn

印　刷　北京九州迅驰传媒文化有限公司

经　销　全国新华书店发行

版　次　2016年10月第1版

印　次　2016年10月第1次印刷

开　本　787mm×1092mm　1/16

印　张　17.5

字　数　394千

定　价　38.00元

编委会名单

主　任　颜忠诚

副主任　蓝叶芬　战永佳　扈晓雨

顾　问　方　敏

编　委　（按姓氏笔画排序）

方　平　方　锐　邓利华　水　路　冯海燕

刘伟健　祁晓廷　孙　涤　李会先　李红芸

李昂晟　李诗朦　吴高臣　吴敏华　张　端

张　璐　赵秦岭　聂营营　高秀红　黄　露

董增刚　霍　达

目　　录

水的折射率的相关研究

李　鹤　曾庆丰　余进春
指导教师：苏波
（首都师范大学物理系）

摘要： 本文主要介绍了一种利用全反射原理测量水的折射率的新方法，该方法实验装置较为简单，且现象明显。通过自己编写的 LabVIEW 程序进行图像分析，从而得到较为准确的折射率数值。对于可能影响实验结果的因素做了详细的分析。

关键词： 折射率；全反射；LabVIEW；水下光通信

1. 引言

在光学领域，物体的折射率是一个非常重要的指标。折射率通常被定义为光在真空中的传播速度与光在该介质中的传播速度之比。材料的折射率越高，使入射光发生折射的能力越强。因此，水的折射率与光在水中的传播特性紧密相关。显然，对于水的折射率测量是非常必要的。

2. 全反射与光通信

对于内反射，即光波从光密媒介 n_1 射到光疏媒介 n_2 ，若入射角大于临界角，入射光全被反射回光密媒介，这种情形叫全反射[1]。而在光纤通信中，全反射是最基本的原理。发生全反射的临界角与纤芯和包层的相对折射率有关。因此，存在一种利用全反射原理测量水的折射率的可能性。与光纤通信不同的是，水下光通信技术目前还未成熟（主要受吸收和散射的影响）。所谓水下光通信，就是以光为信息载体，脉冲数字编码来调制，通过水下信道传输信息的通信方式。一般认为，由于水体的吸收和散射作用，光波在水下传输的衰减很大，但是，研究表明，某些特定波长的光波在水下的衰减远小于其他波长的光波，这些特定波长的光波为蓝绿光，波长为 470nm～540nm。一定功率的蓝绿激光在海水中的穿透能力可以达到 600m，其工作频率高（1012Hz～1014Hz），通信频带宽，数据传输能力强，波束故而隐蔽安全[2]。下面将介绍一种利用全反射原理测量水的折射率的方法（以绿光为例）。

3. 全反射法测水折射率的原理

设在盛水的平底容器底部有一点光源，该点光源可向四周发出光线，这些光线一部分因折射而射向空气，一部分因反射或全反射而折回水中[3]。图 1 中假设水槽底部存在一个点光源 S ，水深为 h ，水的折射率为 n 。S 所发出的光线由水中射向空气（设空气折射率为 1），当入射角度满足一定条件（即入射角大于临界角 i_c ）时，会发生全反射现象。i_c 满足全反射条件，可由公式（1）表示：

$$\sin(i_c) = \frac{1}{n} \tag{1}$$

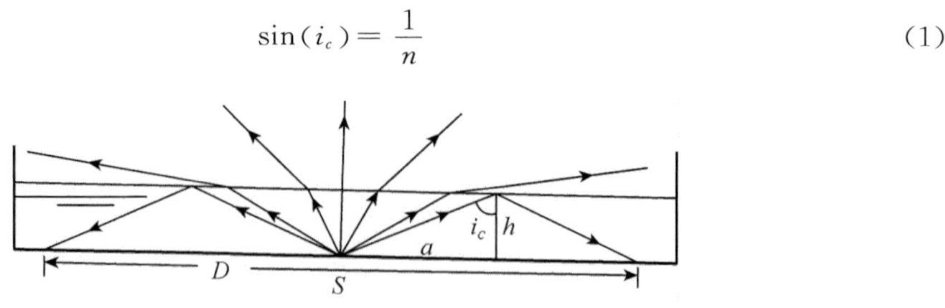

图 1　全反射法测量水折射率原理图

满足全反射条件的临界入射光线与其法线构成一个直角三角形，因此可以由公式(2)表示：

$$\frac{a}{\sqrt{h^2 + a^2}} = \frac{1}{n} \tag{2}$$

在水槽上方观察则会看到一个暗圈，设其暗圈直径为 D（$D = 4a$），带入(2)式中，则折射率 n 可由公式(3)表示：

$$n = \sqrt{\left(\frac{4h}{D}\right)^2 + 1} \tag{3}$$

因此，只要测出水深 h 和暗圈直径 D，即可根据公式(3)计算出水的折射率。

4. 点光源的获得

图 2 为全反射测量水折射率的装置图。首先我们选择 532nm 的半导体激光器产生激光，并通过平面镜反射在水下的白瓷砖上。由于漫反射作用则可制造一个“点光源”。

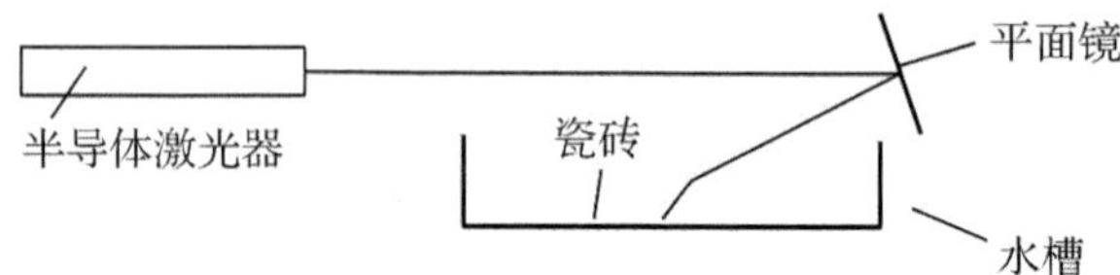

图 2　全反射法测量水折射率装置图

5. 用自编的 LabVIEW 程序处理数据

实验中使用 500 万像素静态相机，在水槽上方进行垂直拍摄。实验效果如图 3 所示，图 3 中可以清晰看到理论分析中的暗圈。公式(3)中所包含两个待测量，分别为：暗圈直径 D 和水深 h，对于这两个量的测量会直接影响到折射率的精确性。LabVIEW 是虚拟仪器领域中最具有代表性的图形化编程开发平台[4]。实验中使用游标卡尺对水深进行测量，而暗圈直径很难通过标尺测量，因此使用 LabVIEW 进行图像处理是一种有效提高精度的方法，图 4 为 LabVIEW 程序前面板。

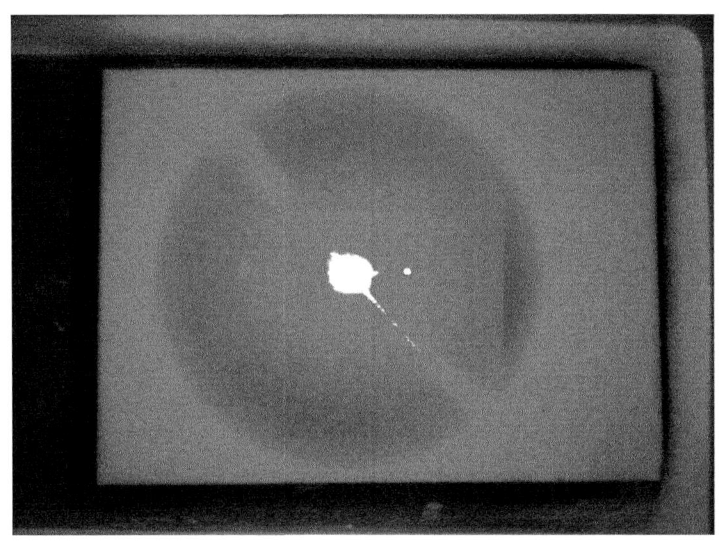

图 3　实验效果图

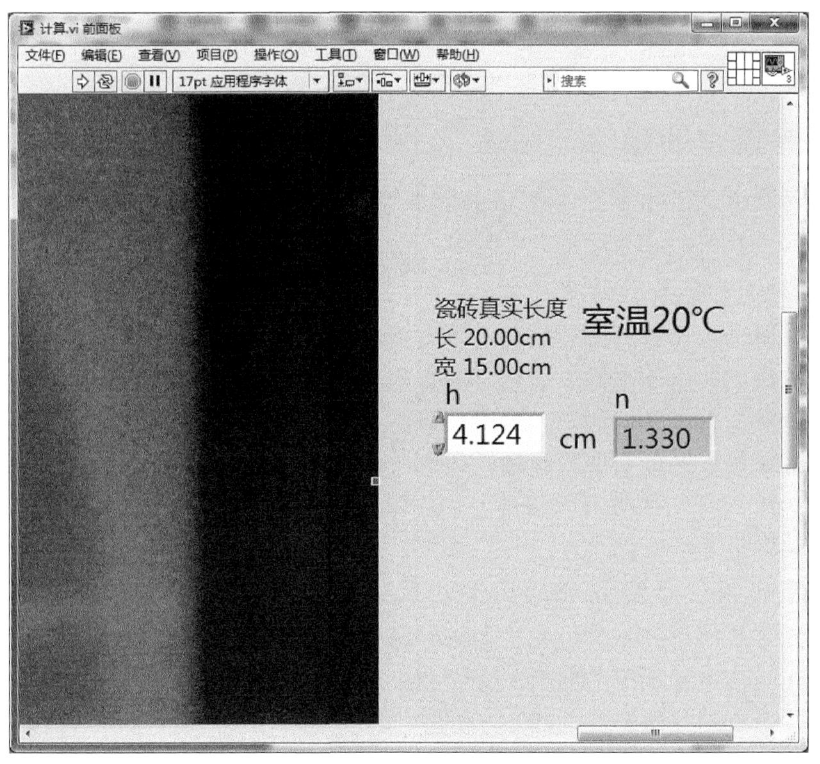

图 4　LabVIEW 程序前面板

该程序主要是利用三角形的外接圆方程(不在同一直线上的三个点确定一个圆)，采集图像中暗圈边缘上的三个点，拟合出一个以点光源为圆心的方程，从方程中即可得到想要的暗圈直径 D 。而所求出来的值并非暗圈的真实直径而是在 LabVIEW 中的相对长

度 D^* ，因此可以利用已知大小为 L（长或宽)的背景白瓷砖作为“标尺”，通过公式(4)的比例关系可以计算出暗圈的真实长度。而这样做显然比人眼观察更为精确。

$$D = D^* \frac{L}{L^*} \tag{4}$$

6. 实验结果

通过改变水深，并在不同水深下进行多次测量取平均值，最终 $\bar{n} = 1.332$ 。经过查阅资料，水对深绿色光的折射率为 1.337。因为实验中用的是绿色的激光，因此以折射率 1.337 为标准值。

相对误差为：

$$E = \frac{1.337 - 1.332}{1.337} = 0.374\ \% \tag{5}$$

不确定度为：

$$u_A(n) = \sqrt{\sum (n_i - \bar{n})^2 / k(k-1)} = 0.0006 \tag{6}$$

$$u_B(n) = \Delta/\sqrt{3} = 0.002/\sqrt{3} = 0.0012 \tag{7}$$

$$u(n) = \sqrt{u_A(n)^2 + u_B(n)^2} = 0.0013 \tag{8}$$

$$\therefore n \pm u = 1.3320 \pm 0.0013 \tag{9}$$

7. 影响实验准确性的因素

在实际测量中，往往存在一些影响实验结果的因素。下面简单的将影响因素分为两类：

7.1 影响测量水深的因素

在测量中游标卡尺有可能与水面不垂直，因此在测量时应由多人在不同方向观察来减少其带来的影响；由于水的表面张力的影响，在游标卡尺与水面接触时，有可能靠近中央的一部分液面会被“吸”起来，这时应该将水面“压”平，并从上、中、下三个角度观察游标卡尺边缘是否刚好与液面接触；白瓷砖的平整程度也同样会影响水深的测量，因此，应尽量选用表面分布均匀的瓷砖，由于其微小形变已经超过游标卡尺的测量精度，因此在此实验中可忽略。

7.2 影响测量暗圈直径的因素

实验中测量暗圈直径是经过相机拍摄和图像识别两个过程，因此这两个过程中分别存在着可能影响测量精确度的问题。首先相机应与水面保持水平，这样才能保证在 LabVIEW 中的暗圈直径与白瓷砖大小(长或宽)之间存在比例关系，即公式(4)；相机像素同样也会影响暗圈直径的精确度，由于程序中一部分采用了三角形外接圆的算法，需要在暗圈边缘上找到三个点的位置坐标，因此高像素可以保证所取点尽量靠近暗圈边缘(拟合后圆心恰好位于点光源)，如图 5 所示。

图 5　暗圈取点图

在 LabVIEW 中默认控件的左上角读取位置坐标，因此只需将三个控件的左上角置于暗圈边缘，就可以由属性节点记录它的位置了。同理，还需要将已知大小的白瓷砖的四个角做定位，起到标尺的作用，如图 6 所示：

图 6　白瓷砖四角取点图

8. 结论

利用全反射原理实现了一种测量水的折射率的新方法，且具有成本低、现象明显、准确度高、测量速度快的优点，适合作为演示实验。详细分析了几个影响测量精确度的因素，因此装置还有待做进一步优化，以便提高测量精确性，从而用于更加精密的需要。

参考文献

[1] 桑田．关于全反射现象的探讨[J]．黔南民族师范学院学报，2003，23(3)：17—19.

[2] 杨正兴，梁玉军，等．蓝绿激光对潜通信研究[J]．光机电信息，2006(2)：48—51.

[3] 程守洙，江之永．普通物理学[M]．北京：高等教育出版社，1993.

[4] LabVIEW User Manual[Z]．National Instruments Corporation，2000.

混合物共晶效应的太赫兹/远红外光谱分析与识别

杨　光　侯迪莎　刘乔乔

指导教师：左　剑

（首都师范大学物理系）

摘要： 本实验应用太赫兹（THz）/远红外光谱（Fitr）技术，在室温下对吩嗪、中康酸两种形成共晶结构的药物进行压片和光谱测试分析，研究了共晶结构的形成与各药品组分质量含量之间的关系。图谱表明，药物对远红外波段反应非常灵敏，在 0～200 波数的有效频谱范围内，除了表现出各自特征吸收峰，还形成了区别于原有特征吸收峰的共晶的结构，故可利用远红外光谱对共晶结构的形成有效区分鉴定。由于物质处于远红外波段的太赫兹光谱具有“指纹”特性，而且太赫兹辐射具有以下特征：(1) 穿透性；(2) 低能性；(3) 指纹谱性。本研究结果有利于扩展远红外光谱/太赫兹波段的定性定量分析手段，促进远红外光谱/THz 光谱学的理论研究以及在生物医学领域的推广应用。

关键词： 远红外光谱；太赫兹；吩嗪；中康酸；共晶结构；吸收光谱

一、引言

太赫兹（Terahertz，THz，1THz＝10^{12} Hz）辐射是位于微波和红外之间的电磁辐射，由于分子的低频转动和振动跃迁落在这个波段，使得 THz 光谱在化学、生物医药等领域有着广泛的应用前景。

远红外光谱它有信噪比高、重现性好、扫描速度快等优点，可以对样品进行定性和定量分析，广泛应用于医药化工、宝石鉴定、刑侦鉴定等领域。

吩嗪：为无色或淡黄色针状晶体。几乎不溶于水，稍溶于乙醇、乙醚和苯，溶于无机酸成黄色至红色溶液。中康酸：刺激眼睛、呼吸系统和皮肤。

共晶能使特定药物分子的活性组分的晶体形式数量大大增加。其次，共晶能改善和提高药物活性成分的溶解度、生物利用度和稳定性等物理和化学特性而无须破坏化学键。所以对共晶的研究具有重要的现实和社会意义。

本实验采用分子振动光谱 Fitr 科研型光谱仪 BRUKER(VERTEX 系列 VERTEX 80/80v)，该仪器能够采集 30～600 波数的光谱信息，能够覆盖远红外和太赫兹波段，得到在室温真空环境下样品在远红外/THz 波段的吸收光谱，通过测定吸光度的高低，判断共晶结构如氢键的形成的，对共晶结构形成的快速鉴别和应用提供了新的依据和新方法。[5]

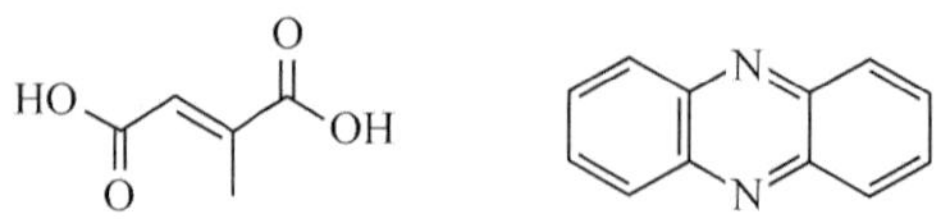

HO　O　OH　O　N　N

(a)　(b)

图 1　药物的结构式

(a) 中康酸　(b) 吩嗪

二、实验

(一)实验装置与测量

研究使用的纯度为(99%)中康酸和(99%)吩嗪样品是从北京科宏达生物技术公司购买的。

实验一：依次采用溶剂重结法，研磨压片制样。按照预设的浓度将一定质量比的中康酸和吩嗪混合在酒精的作用下共晶。首先用将等量(2mL)与不等量的酒精倒入玛瑙研钵内，加入总质量为50mg的研钵，充分混合、溶解，控制鼓风机的风速，12min左右会蒸干，然后用钥匙将药品从研钵上刮下，充分研磨，该步骤重复三次，将药品研磨成颗粒大小为几微米的细粉末，然后用压片机在5.5t的压力下压3min，压制成直径为10mm，厚度为0.35 mm左右的圆盘状薄片。样品的薄厚程度均匀，前后表面光滑平行。表1—表3中列出了实验中康酸和吩嗪样品的组分含量及样品厚度。

实验二：同理按照预设的方案控制酒精的量，间接控制蒸发的时间，探究时间与谱图中各个量的关系。

实验三：同理按照预设的方案控制研磨的时间(不加酒精)，探究研磨时间与谱图中各个量的关系。

表1　相同量(2mL)酒精作用下的不同质量比浓度的吩嗪—中康酸的质量比、样品厚度

样品	phenazine (mg)	mesaconic acid /mg	组分质量比	样品厚度 (mm)
phenazine-mesaconic acid 1	45	5	(9∶1)	0.38
pehenazine-mesaconic acid 2	35	15	(7∶3)	0.36
pehenazine-mesaconic acid 3	25	25	(5∶5)	0.34
pehenazine-mesaconic acid 4	15	35	(3∶7)	0.36
pehenazine-mesaconic acid 5	0	50	(0∶10)	0.32
pehenazine-mesaconic acid 6	50	0	(10∶0)	0.34

表2　相同质量比浓度下不同酒精量作用下的吩嗪—中康酸的质量比、样品厚度

样品	phenazine (mg)	mesaconic acid(mg)	组分质量比	酒精 (mL)	样品厚度 (mm)
phenazine-mesaconic acid 7	25	25	(1∶1)	1.50	0.36
phenazine-mesaconic acid 8	25	25	(1∶1)	2.00	0.30
phenazine-mesaconic acid 9	25	25	(1∶1)	2.50	0.34

表 3　相同质量比浓度下研磨时间不同的吩嗪—中康酸的质量比、样品厚度

样品	phenazine (mg)	mesaconic acid(mg)	组分质量比	时间(min)	样品厚度 (mm)
phenazine-mesaconic acid 10	25	25	(1∶1)	5	0.36
phenazine-mesaconic acid 11	25	25	(1∶1)	15	0.32
phenazine-mesaconic acid 12	25	25	(1∶1)	25	0.36
phenazine-mesaconic acid 13	25	25	(1∶1)	35	0.34

光谱测定采用的是分子振动光谱 Fitr 科研型 BRUKER(VERTEX 系列 VERTEX 80/80v)傅里叶变换红外光谱仪(Fourier Transform Infrared Spectrometer，简写为 FITR Spectrometer)，简称为傅里叶红外光谱仪。它不同于色散型红外分光的原理，是基于对干涉后的红外光进行傅里叶变换的原理而开发的红外光谱仪，主要由红外光源、光阑、干涉仪(分束器、动镜、定镜)、样品室、检测器以及各种红外反射镜、激光器、控制电路板和电源组成。它有信噪比高、重现性好、扫描速度快等优点，可以对样品进行定性和定量分析，广泛应用于医药化工、地矿、石油、煤炭、环保、海关、宝石鉴定、刑侦鉴定等领域。

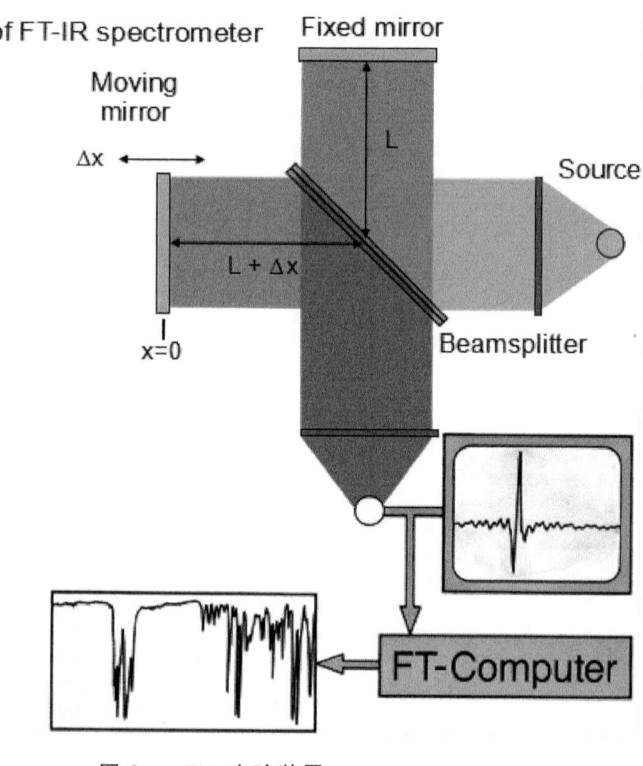

图 2-a　Fitr 实验装置

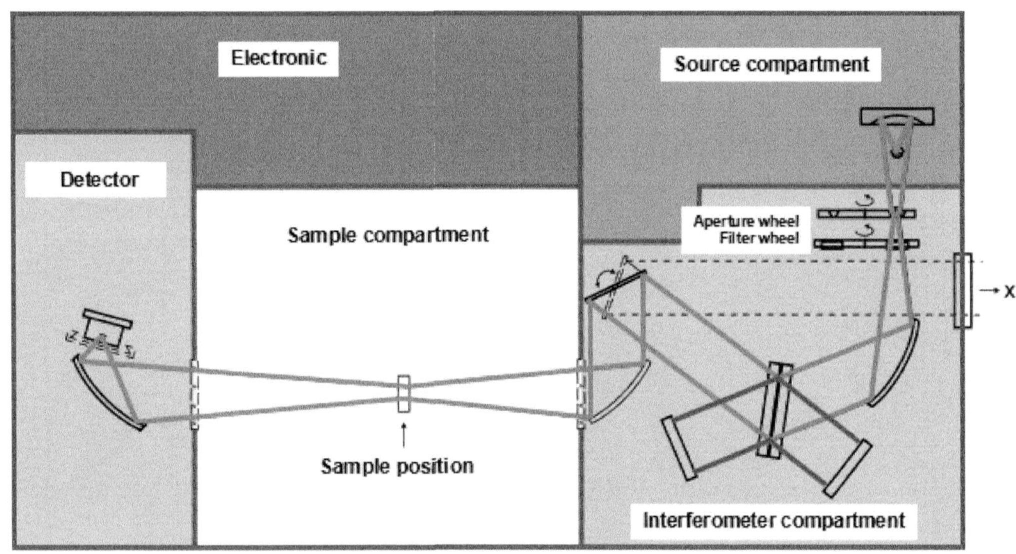

图 2-b　Fitr 实验装置

（二）数据处理及理论依据

1. 数据处理

本实验运用 Ftir 在常温真空环境下对样本进行透射光谱扫描，扫描范围 0～680cm^{-1}，分辨率 4cm^{-1}，扫描 64 次，获得样品光谱，再将数据导入 Origin 做出图谱。

2. 理论依据

Lambert-Beer's law：

(1)absorbance：$AB=-\log\left(S(\nu)/R(\nu)\right)$

$AB=\varepsilon\cdot c\cdot b$

根据光吸收的基本定律，适用于所有的电磁辐射和所有的吸光物质，包括气体、固体、液体、分子、原子和离子。其物理意义是当一束平行单色光垂直通过某一均匀非散射的吸光物质时，其吸光度 A 与吸光物质的浓度 c 及吸收层厚度 b 成正比。

(2)光的选择性吸收原理

当一束红外光穿过某种物质时，如果被照射物质的分子选择性地吸收了其中某些特定频率波段的光，就会产生红外吸收光谱。分子吸收了光子后，其自身的振动能级会发生改变。

(3)共晶原理

在分子晶体中，分子间相互作用力有很多种。而且不同的作用力的强度也差别很大，即使同一种作用力，因分子和官能团的类别不同也有相应的差别，羧酸、羟基、氢键都是最常见的形式。

三、结果与讨论

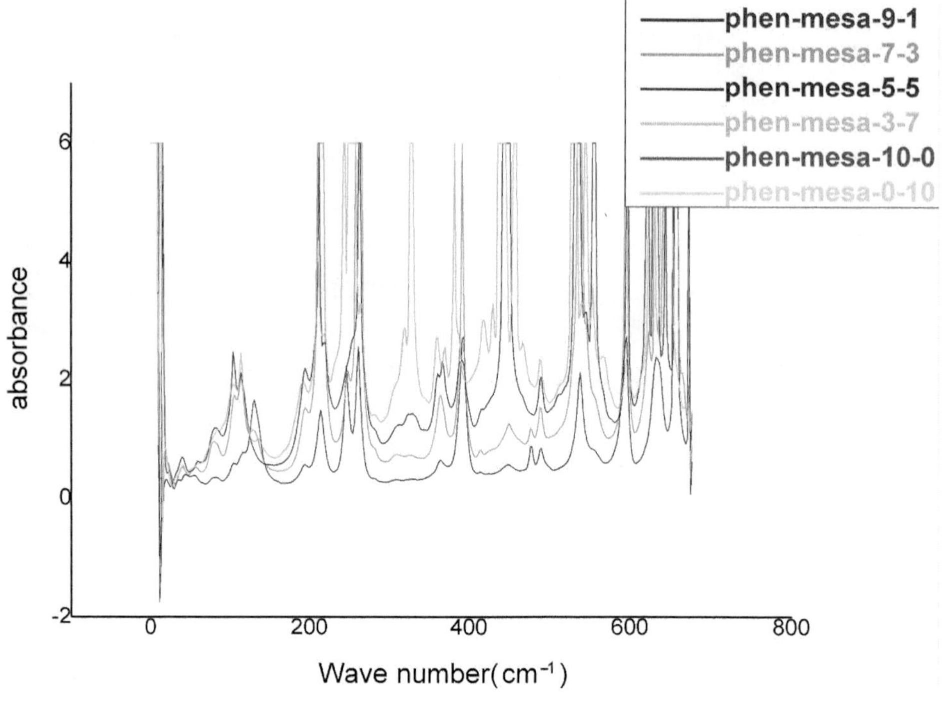

(a)波数 0～680 cm^{-1}

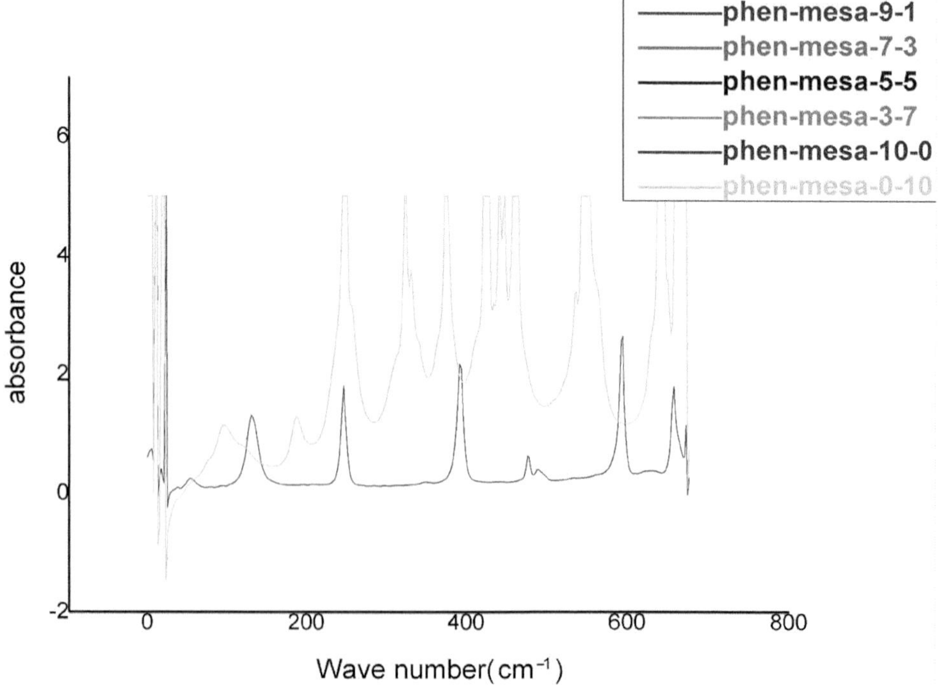

(b)波数 0～680 cm^{-1}

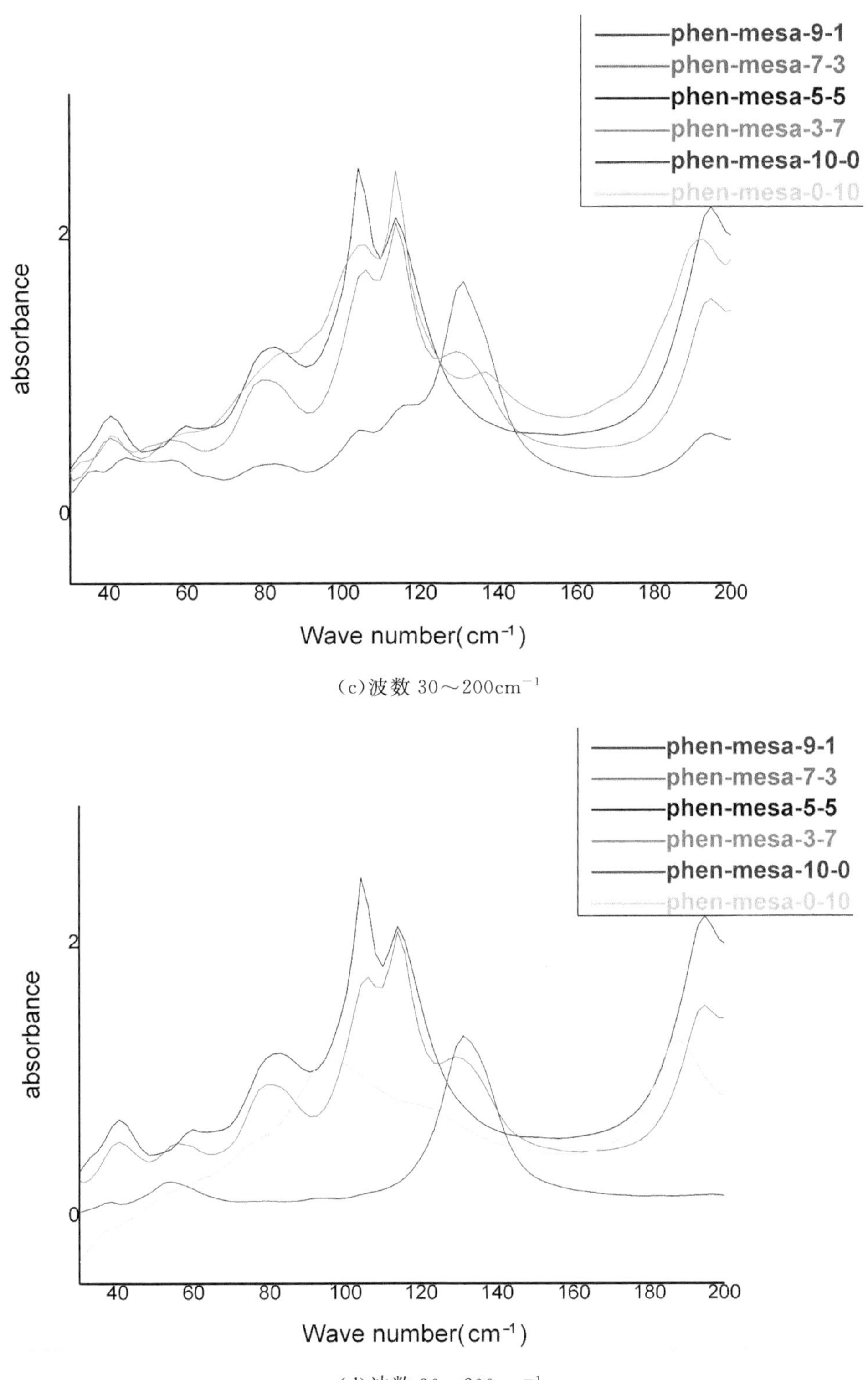

(c)波数 30～200cm^{-1}

(d)波数 30～200cm^{-1}

图 3　相同量(2mL)酒精作用下的不同质量比浓度吩嗪-中康酸的傅里叶红外光谱图

图 3(b)显示的是两种纯物质的傅里叶红外光谱图，可以看出，吩嗪以及中康酸分别存在多个明显的吸收峰，图 3(d)选择 110Wave number(cm^{-1})附近的一个特征吸收峰，和原来的光谱相比，新的光谱不仅仅是两个吸收峰的简单叠加，从图中可以明显的看到发生了峰位的偏移，出现了新峰，说明样品产生了共晶结构。图 3(c)中选择 110Wave number(cm^{-1})附近的一个特征吸收峰，可以看到当溶剂的量一定时，随着吩嗪与中康酸的质量比越接近数字一，共晶物质的吸光度越高，共晶结构的峰位越明显，即 M〔phen〕/M〔meas〕→1，absorbance↑。

图 4 中选择其中的 110Wave number(cm^{-1})附近的一个特征吸收峰，通过加入酒精的量来控制蒸发的时间，可以得知蒸发结晶时间越长，共晶物质的吸光度越高，共晶形成的峰位更明显。

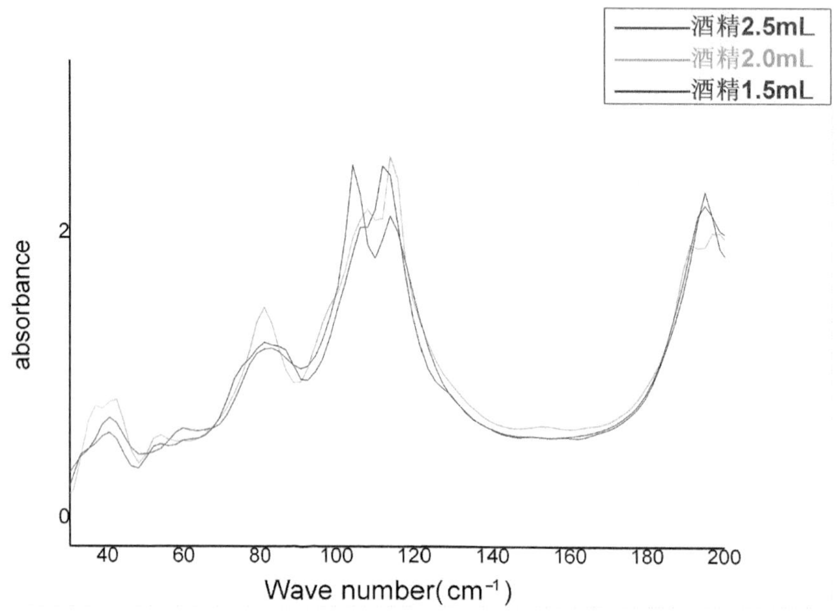

图 4 相同质量比浓度下的不同酒精量作用下的吩嗪一中康酸的傅里叶红外光谱图

图 5 中选择其中的 110Wave number(cm^{-1})附近的一个特征吸收峰，通过控制研磨时间越长，可以看到共晶物质的吸光度越高，共晶形成峰位的更明显。

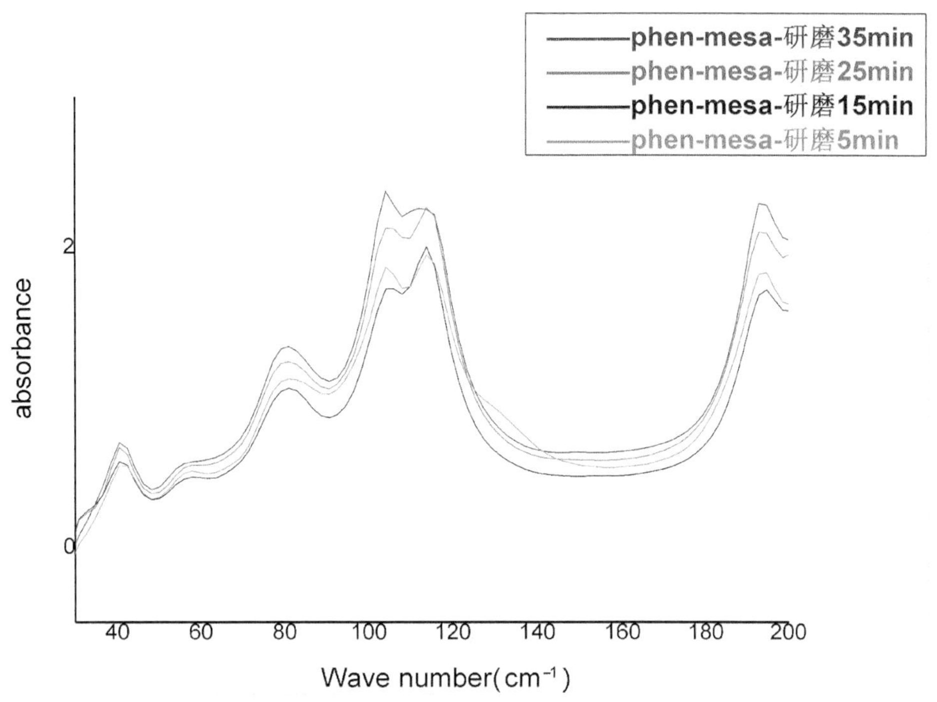

图 5　相同比例研磨时间不同的吩嗪一中康酸的傅里叶红外光谱图

四、结论

利用傅里叶红外光谱仪技术分别得到了吩嗪和中康酸各自光谱中的特定吸收峰，以及两者所形成的共晶结构的光谱图。图谱结果表明各物质单独存在时在有效的光谱测量范围，它们均有特征吸收峰，而且各个光谱之间具有明显的差异，当两种物质形成共晶结构时，所形成的光谱不是两者的简单叠加，而是可以明显的看到发生了峰位的偏移，出现了新的吸收峰。当溶剂的量一定时随着吩嗪与中康酸的质量比越接近数字一，共晶物质的吸光度越高，共晶结构的峰位越明显。相同质量比，通过加入酒精的量来控制蒸发的时间，蒸发结晶时间越长，共晶物质的吸光度越高，共晶形成峰位的更明显。相同质量比，控制研磨时间越长，可以看到共晶物质的吸光度越高，共晶形成峰位的更明显。

由于形成共晶的物质与纯态物质相比具有更好的物理和化学特性，如改善溶解度、提高药物热稳定性等，而傅里叶远红外光谱具有信噪比高、重现性好、扫描速度快等优点，可以快速对形成共晶样品进行定性和定量分析，因此傅里叶红外光谱光谱技术研究药物共晶的理论和应用研究具有重要的科学和应用意义。

参考文献

[1] 刘利爽．物共晶的制备与性能表征[D]．吉林大学，2010：15—17.

[2] 边林，龚俊波．物共晶的设计合成与表征 [D]．天津大学，2013：14—18.

[3] 袁广锋，王卫宁．1，4-萘醌的太赫兹，远红外及低频拉曼光谱研究[J]．光散射学报，2010：2—5.

[4] 张振伟，左剑，张存林．甲硝唑、替硝唑和奥硝唑药品的远红外与太赫兹吸收光谱研究 [J]．光谱学与光谱分析 ，2012，32(4)：1—4.

水的物理特性研究

白伊秀　张　慧　张　艳　张依萌
指导老师：王福合
（首都师范大学物理系）

摘要： 本文阐述了如何应用遮光效应测量水的折射率，测量结果为1.328；然后，基于热平衡原理采用混合法测量了水的比热容，测量结果为4.4 J/g·℃；另外，讨论了利用双毛细管法测量水的表面张力，但测量结果误差较大，对实验误差进行了分析。

关键词： 遮光效应；折射率；混合法；比热容；热平衡原理

引言

折射率，光在真空中的传播速度与光在该介质中的传播速度之比率。材料的折射率越高，使入射光发生折射的能力越强。测量方法有偏向角法、自准直法、临界角法。本实验将采用遮光效应法测量水的折射率。比热容，又称比热容量，简称比热，是单位质量物质的热容量，即单位质量物体改变单位温度时吸收或放出的热量。本实验将采用混合法测量水的比热容。表面张力，液体表面任意二相邻部分之间垂直于它们的单位长度分界线相互作用的拉力。本实验将采用双毛细管法测量水的表面张力。

1. 液体薄膜遮光效应测量水的折射率

1.1　实验原理

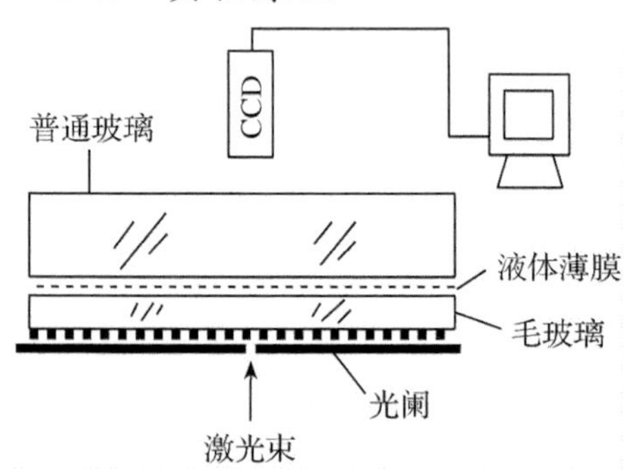

图1　液体薄膜遮光效应实验装置图

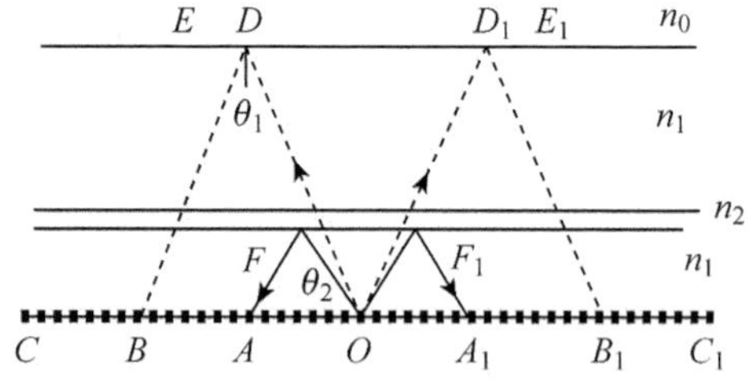

图2　液体薄膜着光效应原理图

1.2　实验装置

激光器发出绿色光线经过光阑(用黑胶布盖满不同毛玻璃板毛面，中央有0.4mm左右的小孔)散射到毛玻璃中，经过一层水薄膜(玻璃板厚度远远大于液体薄膜的厚度)在入射到一层普通玻璃板上。通过CCD处理器采集在玻璃板表面的成像图，并用LabVIEW软件(实现自动化测量)测得圆环半径，如图1所示。

设计原理：上下为两个具有一定厚度的玻璃板，玻璃板中间是一层液体薄膜(玻璃板厚度远远大于液体薄膜的厚度)。将激光穿过小孔，当针孔较小时，透过针孔的光经样品池底面散射后在介质中可以看作球面波，传至液体介质上表面，由于在该界面上光是由光密介质到光疏介质，因此，当入射角超过一定值时，将发生全反射现象，如图 2 所示。

假设上下两块玻璃折射率相同，并为 n_1，液体薄膜折射率为 n_2，空气的折射率为 n_0，且 $n_1 > n_2 > n_0$。激光光源发出的光通过下表面 O 处的小孔光阑，经玻璃下表面的散射体散射后传播至液体薄膜。由于 $n_1 > n_2$，$n_1 > n_0$，所以激光可发生两次全反射，全反射临界角即为图中 θ_1 和 θ_2，全反射的光线再次达到毛玻璃上发生散射，因此在上层玻璃上从中央向两侧呈现出明暗相间的环状条纹。

根据反射原理，有：

$$\sin\theta_2 = \frac{n_2}{n_1} \tag{1}$$

假定图 2 中形成第一个亮环的半径为 r，根据几何光学，有：

$$\sin\theta_2 = \frac{r}{\sqrt{r^2 + 4h^2}} \text{（h 为下层毛玻璃的厚度）} \tag{2}$$

将(1)式代入(2)式，有：

$$n_2 = \frac{n_1 r}{\sqrt{r^2 + 4h^2}} \tag{3}$$

已知下层毛玻璃厚度及玻璃折射率，并测得遮光半径即可求得薄膜液体的折射率大小。

具体方法：自行搭建实验仪器，观察实验现象。利用手机将光圈拍下来，然后利用自己编写的 LabVIEW 程序计算出水的折射率。采集到的图像如图 3。

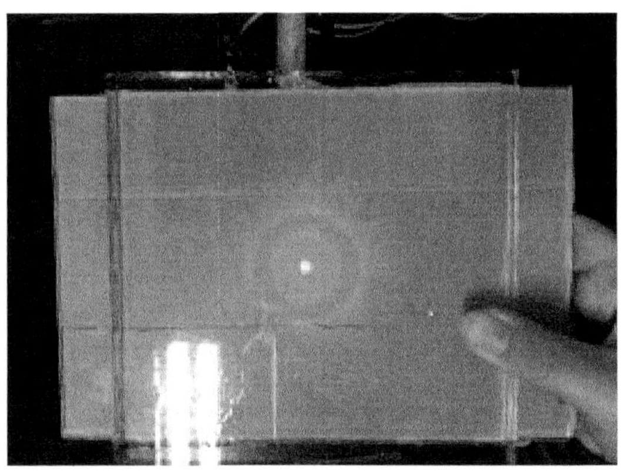

图 3　CCD 采集遮光效应图像

1.3　数据测量与分析

玻璃折射率 $n_1 = 1.517$ 毛玻璃厚度 $h = 2.68\text{mm}$，通过实验所测第一个亮环的半径 r 及通过(3)式计算所得到的水的折射率列于表 1 中。

表 1　测量水的折射率实验数据

r/cm	0.971	0.970	0.974	0.961	0.975	0.969
n	1.328	1.328	1.329	1.325	1.329	1.327

1.4　实验结论与误差分析

$n_{平均}=(1.328+1.328+1.329+1.325+1.329+1.327)/6=1.328$

误差：0.17%

在一定的误差范围内利用液体薄膜的遮光效应可以测得水的折射率。误差分析：

(1)人眼观测引进的误差

(2)毛玻璃的折射率不够精准

(3)采集图像不够清晰，使得电脑处理过程不够精准

(4)采图像时，摄像头与图像不完全垂直而引进的实验误差

2. 混合法测水的比热容

2.1　实验原理及装置

实验装置：用量热筒来盛放冷水和热水，温度计测量系统温度，烧杯作为盛水容器。

设计原理：混合法测水比热容的原理，即将温度不同的物体混合后，如果由这些物体组成的系统没有与外界交换热量，最后系统将达到均匀、稳定的平衡温度。在此过程中，高温物体放出的热量等于低温物体所吸收的热量。本实验系统的高温部分为热水，其温度高于室温约10℃～15℃，低温部分为量热器内筒、搅拌器和冷水。设量热器内筒和搅拌器的质量为 m，比热容为 C_0，冷水质量为 m_1，这二者初温为 T_1，热水质量为 m_2，初温为 T_2。将加热到一定温度的热水迅速倒入装有一定冷水的量热器内筒中，经过搅拌后，系统达到热平衡时的温度为 T，假设系统与外界没有任何热交换，则根据热平衡原理，实验系统的热平衡方程为：

$$C[m_2(T_2-T)-m_1(T-T_1)]=C_0m(T-T_1)$$

由此得出待测水的比热容为：

$$C=\frac{C_0m(T-T_1)}{[m_2(T_2-T)-m_1(T-T_1)]}$$

2.2　数据测量与分析

量热筒内筒的材质为铝，其比热容为0.88g/cm^3。

表 2　测量水的比热容实验数据

序号	m/(g)	m_1/(g)	T_1/(℃)	m_2/(g)	T_2/(℃)	T/(℃)	C/(J/g·℃)
1	31.48314	45.16137	18.1	61.33579	40.5	30.2	4.2
2	31.48225	68.33125	19.3	62.60571	38.4	28.0	4.3
3	31.46476	65.34192	18.5	71.01180	42.8	30.6	4.4
4	31.46359	60.33478	18.2	58.26341	38.3	27.6	4.6
5	31.47517	57.16938	18.1	68.09655	45.6	32.4	4.9
6	31.44338	62.11465	18.1	58.84543	40.2	28.3	4.2

2.3 实验结论与误差分析

1. 在用烧杯往量热筒里倒热水时，烧杯会带走热水的一部分质量，引起误差。

2. 热水降温比较快，即使在测量温度之后立即倒入量热筒中，也会散失掉一部分热量，从而引起误差。

结论：根据六组实验数据测得的水的比热容的平均值为 4.4J/g·℃，与准确值 4.3J/g·℃的相对误差为 2.3%，在误差范围内可以接受。所以，混合法测水的比热容的方法可行且测量准确。

3. 双毛细管测盐水的表面张力

实验原理及装置

实验装置：烧杯、不同内径毛细管各 3 根、盐、水、游标卡尺、螺旋测微计。

设计原理：根据苏州大学出版社出版的《物理实验》所载的毛细管法进行，将一根带弯尖上面有刻度的毛细管竖直插入水中让尖端恰好与水面相平，再读出毛细管中的液面高度，即可由公式：

$$T=\frac{1}{2}\rho gr\left(h+\frac{r}{3}\right)$$

计算出水的表面张力，式中 T 为表面张力，ρ 为水的密度，r 为毛细管的内径，g 为重力加速度，h 为液面高度。但是此方法存在缺陷，即如何确定尖端是否恰好与水面相平，这是因为尖端的存在会影响局部水面的高低。

我们参考了赵新杰的《磁化水物理特性的测量》中关于表面张力测量的方法，即双毛细管测量表面张力：用两根内径不同的毛细管同时垂直插入水中，分别测量两根毛细管中的液面高度，即可由下列公式推导得出水的表面张力。

设两根毛细管的内径分别是 D_1 和 D_2，液面高度分别为 h_1 和 h_2，则有

$$T_1=\frac{1}{4}\rho gD_1\left(h_1+\frac{D_1}{6}\right)$$

$$T_2=\frac{1}{4}\rho gD_2\left(h_2+\frac{D_2}{6}\right)$$

因为两根毛细管插在同一杯水中，所以 $T_1=T_2=T$，由此可得

$$T=D_1D_2\rho g\left(\frac{h_1-h_2}{4(D_2-D_1)}-\frac{1}{24}\right)$$

据此，我们只要测得两根毛细管的直径及两根毛细管中的液面高度差即可求得水的表面张力。但是实验测量的结果与真实值差距大。分析失败原因，有如下几点：

(1)毛细管的内径测量的不准确；

(2)毛细管并未完全垂直插入水中；

(3)测量液面高度时不准确；

(4)盐水密度未测量；

(5)温度并不是恒定的；

(6)测量次数少，误差较大。

参考文献

[1] 赵新杰. 磁化水物理特性的测量[J]. 宁夏大学学报，1995，16(29).
[2] 苗润才，高美玲，韩鹏斌，等. 液体薄膜遮光效应的研究[J]. 光子学报，2011，40(1101).
[3] 苗润才，杨宗立. 弯曲表面上光的临界反射现象及其应用[J]. 光子学报，2000，29(327).
[4] 李学斌. 测定水的比热容实验[J]. 电脑开发与应用，1997，10(55).
[5] 方建兴，江美福，朱天淳. 物理实验[M]. 苏州：苏州大学出版社，2002.

聚苯胺衍生物新型电化学活性物质构建电化学免疫传感界面

王丽媛　单　姣　周　媛　陈春鑫

指导教师：马占芳

（首都师范大学化学系）

1. 引言

肺癌以其高发病率和高死亡率的特点受到了人们的重视[1]。根据2012年世界卫生组织调查显示，每年估计有180万肺癌新增病例和159万例肺癌死亡病例[2]。肺癌肿瘤标志物是指在患者的血清、组织和唾液中过分表达的一类物质，常常被用于监测评估病情的发展状况[3-5]。单一的肿瘤标志物无法准确地确定癌症的类型，因此多种肿瘤标志物的检测有利于实现癌症的及早准确诊断。CEA、CYFRA21-1和NSE作为三种典型的肺癌肿瘤标志物通常被用于肺癌的早期诊断。然而一次只检测一种肿瘤标志物是非常耗时的，多种肿瘤标志物的同时检测提高了检测效率，降低了检测成本，因此受到了广泛的关注[6-8]。

多种肿瘤标志物的电化学免疫检测具有灵敏度高、分析时间短、成本低的特点[9-11]。其关键因素是电化学氧化还原物质，这些物质在电化学检测中能够产生单一的、可区分的电化学信号[12]。传统的电化学氧化还原物质包括二茂铁及其衍生物、硫堇、普鲁士蓝、甲基蓝和甲苯胺蓝等，这些物质通常用于双肿瘤标志物电化学免疫传感检测[13-15]。但是，二茂铁和普鲁士蓝的氧化信号峰位置难以区分，不能同时用于多靶标电化学免疫检测。硫堇、甲基蓝和甲苯胺蓝也是这种情况。因此，由于缺少第三种可以区分的信号峰，三种肿瘤标志物的电化学同时检测仍然是一种挑战。除此之外，这些氧化还原物质需要先固定在纳米材料上，再进一步修饰上抗体，造成修饰过程的烦琐[16-18]。因此，用简便的方法合成具有氧化还原活性的纳米材料对于实现三靶及三靶以上的电化学免疫检测具有十分重要的作用。

聚苯胺及其衍生物具有良好的生物相容性，易修饰性和电化学性质，在电化学免疫传感领域受到了广泛的应用[19-25]。与传统的电化学氧化还原物质不同，它们的氧化还原性质受到单体中官能团位置和种类的影响。有文章报道了聚邻苯二胺的氧化峰位置是－0.5V[23,26]。在本工作中，我们利用聚苯胺衍生物具有电化学活性和$HAuCl_4$能够氧化聚合苯胺衍生物，试图制备两种新型的苯胺衍生物-Au纳米复合材料：Au-聚对苯二胺(Au-PpPD)和Au-聚邻氨基苯酚(Au-PoAP)。Au-PpPD和Au-PoAP在电化学检测中能够产生单一的可区分的电信号峰。Au纳米颗粒能够增强复合材料的导电性[27]。这些复合材料含有丰富的氨基和亚氨基，能够用于进一步固定抗体，制备电化学免疫探针。结合三明治免疫检测分析，构建一种三靶标电化学免疫传感器，实现了对CEA、CYFRA21-2和NSE的同时检测。

2. 实验部分

2.1 聚苯胺衍生物-Au复合材料的制备

Au-PoAP的制备：向0.5 mL 0.1 M稀盐酸中加入2.2 mL超纯水和1 mL无水乙醇，搅拌均匀后，加入2.32 mg邻氨基苯酚，冰水浴搅拌1h。然后，强烈搅拌下快速加入300 μL 4% $HAuCl_4$溶液，溶液颜色迅速变成黑色。反应在冰水浴中持续4 h后，将产物用超纯水离心清洗，得到Au-PoAP。

Au-PpPD的制备：向1 mL 0.1 M柠檬酸中加入1.7 mL超纯水和2mL无水乙醇，搅拌均匀后，加入2.32 mg对苯二胺，冰水浴搅拌1 h。然后，强烈搅拌下快速加入300 μL 4% $HAuCl_4$溶液，溶液颜色先变成墨绿色，最后变为深棕色。反应在冰水浴中持续4h后，将产物用超纯水离心清洗，得到Au-PpPD。

Au-PoPD的制备：Au-PoPD是参照之前所报道的方法合成的，具体方法见文献[23]。向0.2 mL 0.1 M盐酸中加入3.5 mL超纯水，搅拌均匀后，加入2.32 mg邻苯二胺，室温搅拌10 min。然后，强烈搅拌下快速加入300 μL 4% $HAuCl_4$溶液，溶液颜色先迅速变为黑色。反应在室温下持续4 h后，将产物用超纯水离心清洗，得到Au-PoPD。

2.2 免疫探针的制备

制备得到的Au-聚苯胺衍生物分散到2 mL超纯水中。分别向100μL anti-CEA、anti-CYFRA21-1和anti-NSE加入1-(3-二甲氨基丙基)-3-乙基碳二亚胺盐酸盐(EDC，50 mM)和N-羟基琥珀酰亚胺(NHS，50 mM)的混合液，搅拌过夜。再分别加入2 mL Au-PoPD、Au-PoAP和Au-PPPD，搅拌4 h后，离心分离，得到免疫探针，免疫探针再次分散到1 mL PBS溶液(pH=7.3)中。

2.3 免疫传感界面的构建过程

玻碳电极是用GR-Au修饰的，具体方法参考文献[9]。1 mg石墨烯分散在2 mL N-甲基-2吡咯烷酮(DMF)中，超声得到分散均匀的石墨烯溶液。取10 μL石墨烯溶液滴到处理好的玻碳电极上，并在室温下干燥。然后将该电极浸入到氯金酸溶液中，用恒电位沉积法在－0.2 V处电沉积金颗粒。30 s后，取出电极，用超纯水冲洗，得到GR-Au修饰的电极。向GR-Au修饰的电极上滴加20 μL anti-CEA、anti-CYFRA21-1和anti-NSE(浓度均为200 $\mu g\ mL^{-1}$)，孵化过夜。然后用0.1 M的PBS (pH=7.3)冲洗掉未吸附的抗体，用血清蛋白(BSA)封闭未吸附上抗体的活性位点。

2.4 电化学测量

电化学免疫传感器的电化学测试在0.1 M PBS (pH=5.5)中进行。测试之前，抗原混合物滴在抗体修饰的电极上，并在37℃下孵化45 min。然后滴加20 μL Au-PoPD-anti-CEA、Au-PoAP-anti-CYFRA21-1和Au-PpPD-anti-NSE的混合液，并在37℃下孵化45 min。该电化学免疫传感器用方波伏安法(SWV)测量，电解液为0.1 M PBS (pH=5.5)，扫描范围从－0.7 V到0.5 V，脉冲幅度为25 mV，频率为15 Hz，灵敏度为1×

10^{-3} AV^{-1}。

3. 结果与讨论

3.1 三靶标免疫检测的原理

该电化学免疫传感器是基于三明治结构构建的[39]，构建示意图见图 1。由于 Au-PoPD、Au-PoAP 和 Au-PpPD 分别在－0.5 V、－0.2 V 和 0.25 V 能够产生单一的氧化峰，并且含有大量的氨基和亚氨基，因此利用 EDC 和 NHS 能够使 anti-CEA、anti-CYFRA21-1 和 anti-NSE 分别固定在 Au-PoPD、Au-PoAP 和 Au-PpPD 上，制备出三种能够产生可区分电化学信号的电化学免疫探针(图 1A)。BSA 作为封闭剂，用来封闭未反应的活性位点。电化学免疫传感界面的构建过程见图 1B。石墨烯具有导电性好、比表面积大和对玻碳电极有良好的亲和力的优点，因此我们采用滴涂的方法将石墨烯固定在玻碳电极上，用于改善电极导电性。Au 纳米颗粒能够用于固定抗体，因此我们采用恒电位沉积法在石墨烯表面修饰 Au 颗粒。以石墨烯-Au 作为基底材料，基于三明治免疫结构构建出一种三靶标电化学免疫传感器，用于同时检测 CEA、CYFRA21-1 和 NSE。

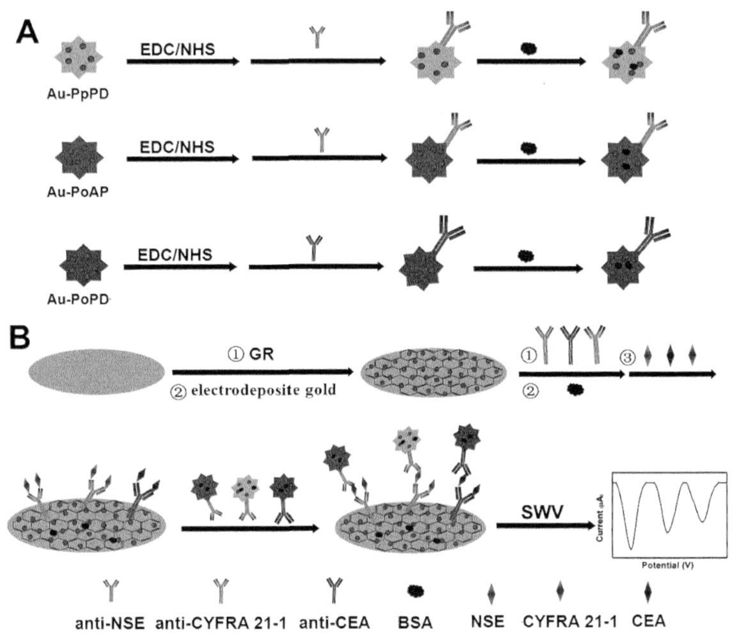

图 1　三靶标免疫传感器的构建过程示意图

3.2 Au-聚苯胺衍生物纳米复合材料的表征

利用 $HAuCl_4$ 分别氧化聚合邻苯二胺、邻氨基苯酚和对苯二胺制备出 Au-PoPD、Au-PoAP 和 Au-PpPD。复合材料的透射电子显微镜(TEM)图片见图 1。Au-PpPD 和 Au-PoAP 形貌相似：球形纳米颗粒，尺寸均一(大约为 100 nm)(图 2A、图 2B)。Au-PoPD 具有类球状形貌(图 2C)，这可能是由于其在氧化聚合过程中是一次性生长的原因[31]。

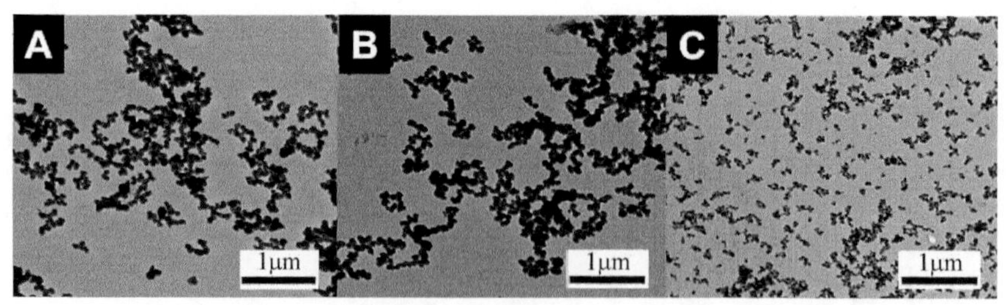

图 2　TEM 图：(A) Au-PpPD；(B) Au-PoAP；(C) Au-PoPD

利用傅里叶转换红外线光谱分析仪(FTIR)对 Au-PoAP 和邻氨基苯酚、Au-PpPD、Au-PoPD 的部分官能团进行了表征(图 3)。在 Au-PoAP 的红外谱图中(图 3A)，能够观察到亚氨基(3429 cm^{-1})、醌基(1570 cm^{-1})和苯环(1569 cm^{-1})的伸缩振动峰。邻氨基苯酚中 O—H 在 3305 cm^{-1}和 C—OH 在 1227 cm^{-1}有明显的伸缩振动峰，聚合后，这两种峰消失，说明邻氨基苯酚中的酚羟基被氧化成羧基[32]。在 Au-PpPD 的红外吸收谱图中，3447 cm^{-1}和 3161cm^{-1}处的两个峰是氨基的伸缩振动峰，1630 cm^{-1}和 1582 cm^{-1}处的峰分别是醌基和苯环的伸缩振动峰(图 3B)。在 Au-PoPD 的红外吸收谱图中，3429 cm^{-1}处的峰是亚氨基的伸缩振动峰，1626 cm^{-1}和 1505 cm^{-1}处的峰分别是醌基和苯环上 C=C 的伸缩振动峰(图 3C)。以上表征结果证明成功聚合得到 PoAP、PpPD 和 PoPD。

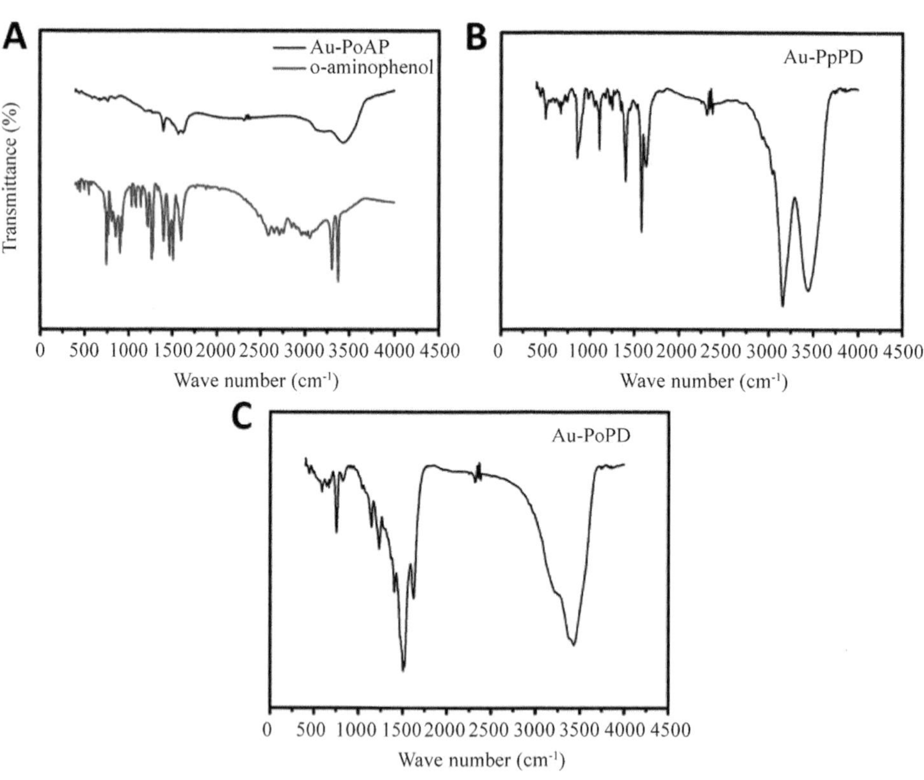

图 3　FTIR 图：(A) Au-PoAP 和邻氨基苯酚；(B) Au-PpPD；(C) Au-PoPD

利用X射线光电子能谱分析(XPS)对Au-PoAP、Au-PpPD和Au-PoPD的元素组成进行了表征(图4)。从XPS的全谱图上可以看出复合材料中都含有C、N、O和Au四种元素。C 1s特征峰的存在是因为苯环上的碳元素，N 1s特征峰的存在是因为聚合物中含有氨基或者亚氨基。Au-PoAP的XPS谱图中O 1s特征峰的出现是因为聚合物中含有羧基。Au-PoAP的Au 4f特征峰在84.4 eV和88.0 eV，Au-PpPD的Au 4f特征峰在84.5 eV和88.2 eV，Au-PoPD的Au 4f特征峰在84.5 eV和88.1 eV，与Au^0的特征峰位置吻合，证明氯金酸被成功还原成了单质金[34]。

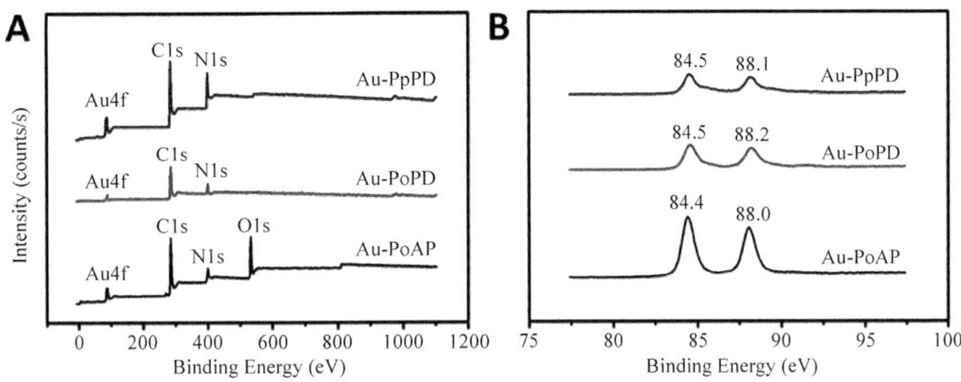

图4 XPS图：(A) Au-PoPD、Au-PoAP和Au-PpPD；放大后的Au 4f峰：(B) Au-PoPD、Au-PoAP和Au-PpPD

3.3 免疫传感器的构建过程表征及条件优化

利用循环伏安法(CV)对免疫传感器的构建过程进行了表征(图5)。CV表征是在5 mM $[Fe(CN)_6]^{3-/4-}$(含有0.1 M KCl)进行的。石墨烯具有大的比表面积和良好的导电性，因此修饰上石墨烯的电流强度明显增大(曲线b)。金颗粒具有良好的导电性，沉积上金颗粒的电极导电性增强，电流强度进一步增强(曲线c)。电极吸附上anti-CEA、anti-CYFRA21-1和anti-NSE后，电流强度显著降低(曲线d)，原因是抗体属于生物蛋白分子，导电性差，阻碍了电子的转移。经过BSA封闭(曲线e)和修饰上抗原(曲线f)后，电流强度进一步降低。以上CV表征证明成功构建了该免疫传感界面。

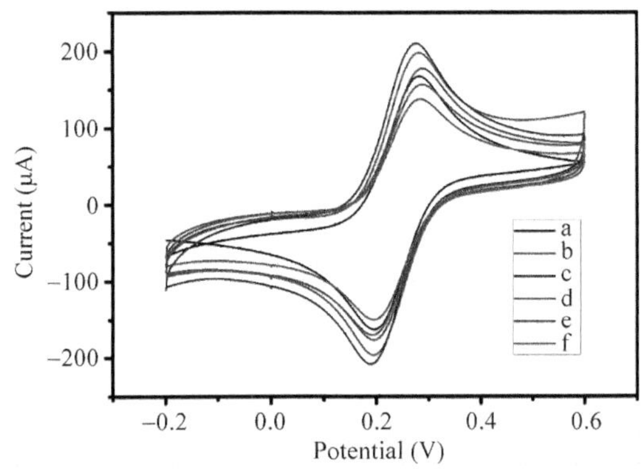

图5 不同修饰电极的CV曲线：(a)裸电极，(b) GR，(c) GR-Au，(d)抗体混合物，(e) BSA，(f)抗原混合物

电解液的 pH 值能够影响电信号物质的峰电流强度，从而影响免疫传感器的性能，因此我们对电解液 pH 值进行了优化。从图 6A 中可以看出，当电解液的 pH 值从 4.5 升高到 5.5 时，电流强度增加；当电解液的 pH 值高于 5.5 时，随着 pH 值增大，电流强度降低，因此在本工作中 pH 5.5 为最佳的 pH 值。另外，实验也对抗原抗体结合的孵化时间进行了优化。从图 6B 可以看出，15 min 到 45 min 时，随着孵化时间的增加，电流强度增强；45 min 后，电流强度基本不变，因此 45 min 为本实验的最佳孵化时间。

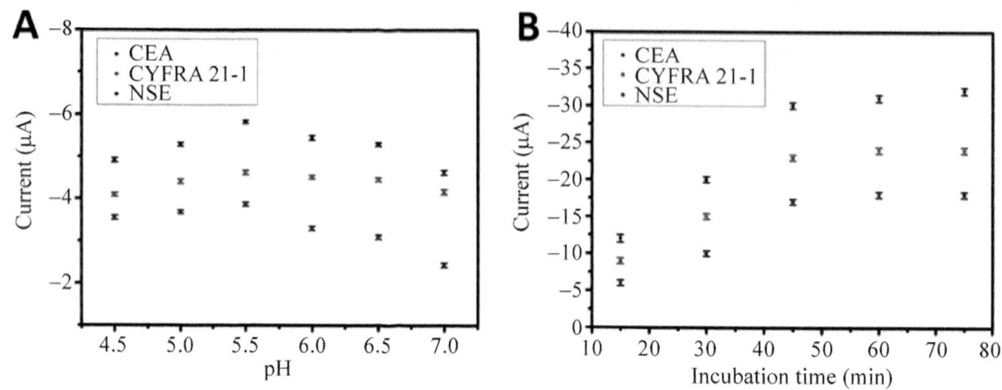

图 6 (A) 电解液的 pH 值的和；(B) 孵化时间对免疫传感器的影响。(pH 值优化抗原浓度均为 0.02 ng/mL，孵化时间优化抗原浓度均为 20 ng/mL)。

3.4 三靶标免疫传感器的分析性能

Au-聚苯胺衍生物的金颗粒和基底材料 GR-Au 显著地提高了该免疫传感器的灵敏度。免疫传感器孵化一系列标准浓度的 CEA、CYFRA21-1 和 NSE 后，用 SWV 的方法测试这些免疫传感器。从图 7A 可以看出，抗原浓度在 0.01－100 ng/mL 时，随着抗原浓度的增加，电流强度降低。CEA (2-9B)、CYFRA21-1 (2-7C) 和 NSE (2-7D) 浓度的对数值与电流强度呈现出良好的线性关系，它们的相关系数分别是 0.9970、0.9985 和 0.9971，检测限分别是 6.3 pg/mL、8.5 pg/mL、7.9 pg/mL。关于 CEA、CYFRA21-1 和 NSE 的联合检测先前只有一篇工作报道过，检测方法是化学发光法，检测限是 0.2 ng/mL，检测范围为 0.5－50 ng/mL。该三靶标电化学免疫传感器具有更好的分析性能。

4. 小结

本工作取得了如下结果：(1)一步法制备了三种新型的氧化还原物质：Au-PoPD、Au-PoAP 和 Au-PpPD 纳米复合材料，它们导电性好，分别在－0.5 V、－0.2 V 和 0.25V 产生可区分的氧化峰。(2)利用这三种材料分别吸附 anti-CEA、anti-CYFRA21-1 和 anti-NSE，制备了三种电信号峰能够区分的电化学免疫探针。(3)以 GR-Au 为基底，基于三明治免疫结构构建了三靶标电化学免疫传感器，实现了对 CEA、CYFRA21-1 和 NSE 的同时检测。(3)该电化学免疫方法灵敏度高、特异性好，对 CEA、CYFRA21-1 和 NSE 的检测范围均为 0.01－100 ng/mL，检测限分别为 6.3 pg/mL、8.5 pg/mL、7.9 pg/mL。

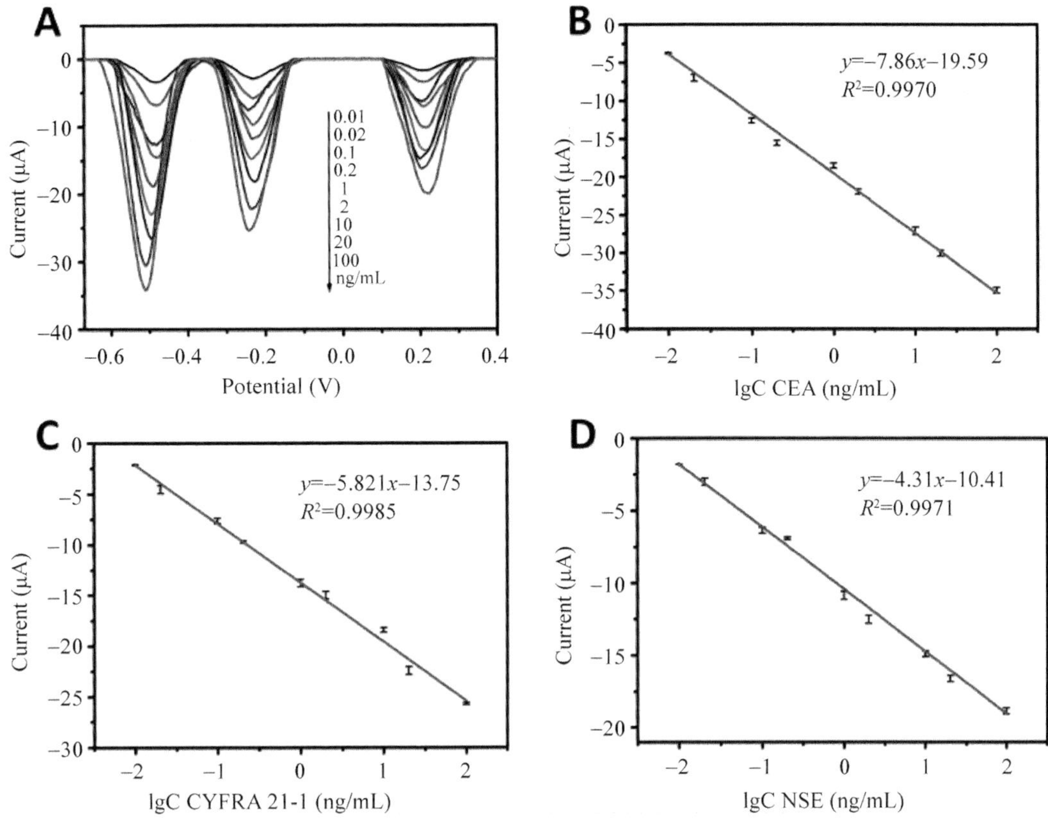

图 7 该免疫传感器对不同浓度的 CEA、CYFRA21-1 和 NSE 的 SWV 响应曲线(A)和校准曲线(B、C、D)。

参考文献

[1]K. Waki, T. Yamada, K. Yoshiyama, Y. Terazaki, S. Sakamoto, S. Matsueda, N. Komatsu, S. Sugawara, S. Takamori, K. Itoh and A. Yamada, Cancer Sci., 2014, 105, 1229.

[2]L. Ferlay, E. Steliarova-Foucher, J. Lortet-Tieulent, S. Rosso, J. W. W. Coebergh, H. Comber, D. Forman and F. Bray, Eur. J. Cancer, 2013, 46, 1374.

[3]N. Liu, Z. F. Wang and Z. F. Ma, Bioanalysis, 2014, 6, 903.

[4]M. Perfézou, A. Turner and A. Merkoci, Chem. Soc. Rev., 2011, 41, 2606.

[5]P. Stiober, U. Hasholzner, H. Bodenmuller, D. Nagel and L. Sunder-Plassmann, Cancer, 1993, 72, 707.

[6]L. J. Bai, R. Yuan, Y. Q. Chai, Y. Zhou, Y. L. Yuan and Y. Wang, Biomaterials, 2012, 33, 1090.

[7]H. Li, Z. J. Cao, Y. H. Zhang, C. Lau and J. Z. Lu, Anal. Methods, 2010, 2, 1236.

[8]J. A. Hansen, J. Wang, A. N. Kawde, Y. Xiang, K. V. Gothelf and G. Gollins, J. Am. Chem. Soc., 2006, 128, 2228.

[9]Y. Li, Z. Y. Zhong, Y. Q. Chai, Z. J. Song, Y. Zhuo, H. L. Su, S. M. Liu, D. Wang and R. Yuan, Chem. Commun., 2012, 48, 537.

[10]N. Liu, Z. M. Liu, H. L. Han and Z. F. Ma, J. Mater. Chem. B, 2014, 21, 3292.
[11]M. S. Wilson and W. Y. Nie, Anal. Chem., 2006, 78, 6476.
[12]Z. F. Wang, X. Chen and Z. F. Ma, Biosens. Bioelectron., 2014, 61, 562.
[13]J. R. Chen, X. X. Jiao, H. Q. Luo and N. B. Li, J. Mater. Chem. B, 2013, 6, 861.
[14]X. L. Jia, Z. M. Liu, N. Liu and Z. F. Ma, Biosens. Bioelectron., 2014, 53, 160.
[15]F. Y. Kong, B. Y. Xu, Y. Du, J. J. Xu and H. Y. Chen, Chem. Commun., 2013, 49, 1052.
[16]X. L. Jia, X. Chen, J. M. Han, J. Ma and Z. F. Ma, Biosens. Bioelectron., 2014, 53, 65.
[17]B. S. Munge, C. E. Krause, R. Malhotra, V. Patel, J. S. Gutkind and J. F. Rusling, Electrochem. Commun., 2009, 11, 1009.
[18]Z. H. Yang, Y. Q. Chai, R. Yuan, Y. Zhuo, Y. Li, J. Han and N. Liao, Sens. Actuators, B, 2014, 193, 461.
[19]M. Baghayeri, E. N. Zare and M. M. Lakouraj, Biosens. Bioelectron., 2014, 55, 259.
[20]B. Q. Liu, Y. L. Cui, D. P. Tang, H. H. Yang and G. N. Chen, Chem. Commun., 2012, 48, 2624.
[21]H. Wang, H. H. Cai, L. Zhang, J. Y. Cai, P. H. Yang and Z. W. Chen, Biosens. Bioelectron., 2013, 50, 167.
[22]Z. M. Liu and Z. F. Ma, Biosens. Bioelectron., 2013, 46, 1.
[23]Z. M. Liu, Q. F. Rong, Z. F. Ma and H. L. Han, Biosens. Bioelectron., 2014, 65, 307.
[24]W. Wei, W. M. Si, Y. J. Xu, Z. Y. Gu and Q. L. Hao, Microchim. Acta, 2014, 181, 707.
[25]R. W. Yan and B. K. Jin, Electrochim. Acta, 2014, 115, 449.
[26]J. H. Lin, Z. J. Wei and C. M. Mao, Biosens. Bioelectron., 2011, 29, 40.
[27]W. Zhang, Y. Tang, J. Liu, Y. J. Ma, L. Jiang, W. Huang, F. W. Huo and D. B. Tian, J. Mater. Chem. B, 2014, 48, 8490.
[28]F. Liao, S. W. Yang, X. B. Li, L. J. Yang, Z. H. Xie, C. S. Hu, S. Yan, T. Y. Ren and Z. D. Liu, Synth. Met., 2014, 189, 126.
[29]L. S. Jang and H. K. Keng, Biomed. Microdevices, 2008, 10, 203.
[30]D. Wu, A. P. Guo, Z. K. Guo, L. L. Xie, Q. Wei and B. Du, Biosens. Bioelectron., 2014, 54, 634.
[31]L. Y. Zhang, H. Y. Wang, W. T. Yu, Z. Sun, L. Y. Chai, J. H. Li and Y. Shi, J. Mater. Chem., 2012, 22, 18244.
A. H. Ma, T. W. Hu, S. Y. Shan, H. Y. Su, S. S. Wu and Q. M. Jia, Polym. Adv. Technol., 2014, 25, 575.
[32]J. Han, Y. Liu, L. Y. Li and R. Guo, Langmuir, 2009, 25, 11054.
[33]N. Liu, X. Chen and Z. F. Ma, Biosens. Bioelectron., 2013, 48, 33.
[34]Q. Zhang, S. Y. Wu, L. Zhang, J. Lu, F. Verproot, Y. Liu, Z. Q. Xing, J. H. Li and X. M. Song, Biosens. Bioelectron., 2011, 26, 2632.
[35]J. B. Liu, Y. L. Li, Y. M. Li, J. H. Li and Z. X. Deng, J. Mater. Chem., 2010, 20, 900.
[36]Y. Wang, S. Zhang, D. Du, Y. Y. Shao, Z. H. Li, J. Wang, M. H. Engelhard, J. H. Li and Y. H. Lin, J. Mater. Chem., 2011, 21, 5319.
[37]D. Chen, H. B. Feng and J. H. Li, Chem. Rev., 2012, 112, 6027.
[38]B. V. Chikkaveeraiah, A. A. Bhirde, N. Y. Morgan, H. S. Eden and X. Y. Chen, ACS Nano, 2012, 6, 6546.

生物学专业师范生实验教学课程设计研究报告

郭　雪　徐经纬　许廷飞

指导教师：杨文源

（首都师范大学生命科学学院）

1. 研究背景

在新课改的驱动下越来越多的学校开始对学生的实验能力有了更高要求，教育形势也从先前的讲授为主的教师中心式课堂(teacher-centered class)向探究为主的学生中心式课堂(student centered class)进行了转变。与此同时，新课程标准对于学生的实验实践能力的要求也有了更高的要求，从之前的以老师演示实验为主到现在以学生自主实验为主有了较大跨度，所以更多的学校希望有关学科的应届毕业生能够有足够的能力完成新课标要求的实验教学任务，不仅仅能够熟练的进行演示实验，同时还能教会学生自主实验的思维，对现有的实验进行科学的创新和探索。所以进行研究之中调查了现在教育背景下的学校对教师的能力需求，通过不同方法设计了针对本科生的实验课程，目的是能够让更多的本科生凭借熟练的初高中课程要求实验能力以及懂得培养学生自主实践的思想在以后的教师道路上获得更多的机会。

1.1　师范院校对生物学专业师范生的能力培养

就现在师范类院校对应届毕业生的培养目标及培养要求来看，学校都是希望能够培养出良好的政治素养及道德修养和具有较扎实的生物科学基本理论、基本知识和基本技能，掌握现代教育理论与教育科研的方法，具备基本的教育教学能力、教育管理能力和教育科研能力的师范毕业生的，而且学校对于学生的素质结构、能力结构、知识结构都有相应的学科加以培养，但是主要侧重却是不同的。对于首都师范大学来讲，学生要学习的课程类别一共有四类，分别是：

①通识课程(大学生英语、大学生体育以及艺术、语言、健康等选修课程)

②专业课程(高等数学、大学物理、无机化学，以及生物学科的核心课程等)

③实践教学(马克思主义实践、计算机实践、无机化学实践及生物学专业课程的配套实验课程)

④教师教育课程(教育学基础、教育心理学、教育学概论等教师专业培养有关课程)

这四类课程之中通识课程占30.7%，专业课程占31.9%，实验教学占23.3%，教师教育课程占14.4%。通过观察比例以及相应课程类别中的课程内容我们可以发现，学校虽然对于师范生有着教师教育方面的培养，但是针对于师范生的实验教学能力的培养方面是有所空缺的。学生在日常学习生活中可以获得生物学专业的基础知识和日常授课的具体方法，但并没有一门课程是教授学生如何进行针对初高中实验教材的内容来进行讲解的，而且大多数学生在科研方面一般会被安排去做一些较基础的实验，虽然对于实验操作来讲是一个提高，但是依然无法做到与将来要面对的初高中教材中的实验内容的一对一关系。

所以总结来讲，学校对于师范生培养的课程类别是足够的，但是课程内容是不够的，至少在教师教育类课程中要添加实验教学能力培养相关的课程才能应对现阶段的师范生教育大趋势。

1.2 中学教师实验能力的提高需求

现在的大环境和以前已经有很大的区别，教师不单只是以一个“传道，授业，解惑”的身份出现在学生的面前，更要求老师需要进行一些科研类的研究，这些科研类的研究要基于学生书本上的实验内容进行适当的发挥和改造。新课改从根本上将教师从一个“教”的身份变成了“教＋研”的新身份，所以说，教师更多的成为一个既能教好课，又能进行研究性学习的新时代人才这一现象已经成为当下的主流。从根本上讲也是新课改对教师的更高要求。

既然课改如此，那么对新教师的要求当然也就发生了变化，在我准备毕业论文的过程之中主要使用访谈法和问卷法对不同学校的生物老师进行了调查。根据调查结果可以直观的表现出现在的在职教师对本科生的能力期望。

2. 研究方法

2.1 问卷法

在调查之前根据学过的“教育学概论”“教学法”等内容编写了一套调查问卷，问卷的对象是各个中学的生物学教师，其中包括：北京市第109中学高中部、北京市第109中学初中部、北京市第11中学、北京市第50中学、北京市广渠门中学等初高中的在职教师，目的是能通过问卷的方法探查当前中学对生物学教师能力的期待和要求。

2.2 访谈法

在收回了问卷分析过之后，我针对问卷中出现的几个有明显争议的几道题又做了记录，并且新添加了一些我认为在问卷中无法叙述清楚的新问题写成了访谈稿，再次到初高中的几所学校找到了几个生物学教师进行了访谈，目的是在问卷的基础上更直观的与她们面对面交流，了解现在的生物学教师在教育方面存在的问题，和将来需要新教师着重学习的内容，并进行记录。

2.3 分析法

在这里主要是对之前做的问卷和访谈进行分析，由大范围的类别慢慢根据问卷结果和访谈结果进行类别缩小，最后得到分析结论，主要分析以下几个问题：

①师范专业学生应该掌握的技能大概分为几类

②师范专业学生在校能获得的技能是哪几类

③在职教师认为应届毕业生较欠缺的能力是哪一类

④在职教师有足够能力在后期培训的是哪一类

根据对上述四个主要问题的分析，得出的基本结论是——学生应该在学校获得更多的科研实验能力来弥补毕业之后在学校工作时的实验科研能力欠缺。

2.4 文献法

搜集和分析研究各种现存的有关文献资料，从中选取信息，以达到某种调查研究目的的方法。在准备材料过程中我阅读了一些关于初高中实验的文献，在中国知网(http://www.cnki.net)和国家科技图书文献中心(http://www.nstl.gov.cn/NSTL)进行文献检索和阅读。主要着眼于初高中的实验欠缺点，例如实验与实验之间不够连贯，实验和课本之间的跨度太大以及种种问题，让学生觉得不容易接受甚至于感觉操作实验对课本上知识的理解帮助效果不理想，所以我决定在帮助大学生物学专业师范生提高对初高中实验课程的科研实验水平问题之前有必要先对初高中所有的生物实验进行梳理和整合以及与大学的实验进行联系。

2.5 技术路线

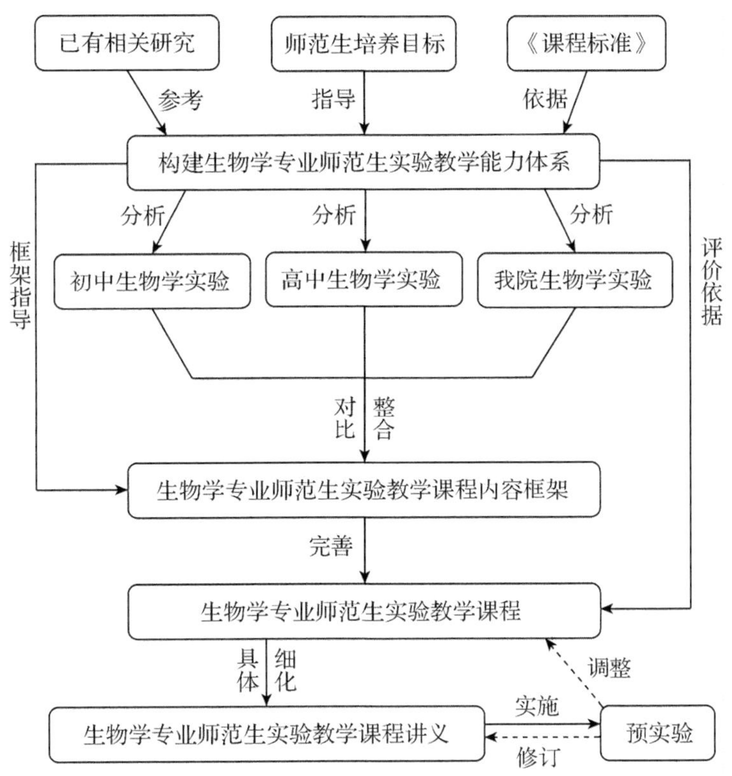

本课题拟按照以上技术路线图开展研究。首先，以已有相关研究作为参考，师范生培养目标为指导，中学生物学课程标准为依据，构建起师范生实验教学能力体系；然后，以该能力体系为框架，对初中生物学实验、高中生物学实验、我院生物学实验课程进行分析，对比整合形成生物学专业师范生实验教学课程内容框架；接着，进一步对课程框架进行完善，形成生物学专业师范生实验教学课程；最后，编撰生物学专业师范生实验教学课程讲义，并对讲义中设计的实验进行预实验，根据预实验效果调整课程设计以及修订课程讲义。最终，完成生物学专业师范生实验教学课程的开发工作，形成可行的实验教学课程讲义。

3. 研究结果

发放40份调查问卷之后收回了40份问卷，有效率100%，之后对这40份问卷进行了逐题的分析，目的是能分析出中学生物学教师在实验教学方面对本科生有什么样的需求，需要本科生在哪方面进行提高。通过问卷调查，我们可以比较直观的感觉到在职教师对于本科毕业教师的印象以及对于今后教师的期望。本科生在成为在职教师之后不论在课堂的调控方面还是在教材内容的认识方面都是会慢慢提高的，并且很多在职教师能够帮助新教师来熟悉日常的教学工作，但是在课外的科研和实验室技能方面则需要本科生花时间在毕业之前来熟悉，并且在之后的访谈过程中了解到，更多的学校更倾向于接受那些有科研素质或者是能够带领学生进行简单的实验拓展项目的新教师，所以在这方面确实有必要开设一门相关课程来帮助学生在进入社会之后的优势更加明显。

就我校的实验资源来讲，不论是宏观的植物学或者动物学，还是微观到分子生物学和生物化学，实验的材料和实验器材都是充足的，所以我们决定开设一个相关实验课程，而课程内容是根据对比过初中、高中教材中实验内容之后本研究决定，最终选择与植物学、微生物学、免疫学这三个学科为主要的课程方向。根据现在的研究现状，选取比较成熟的几项实验技术选取为实验教学课程。植物学方面选取的是“月季花药离体培养”，微生物学方面选取的是“发酵技术应用”，免疫学方面选取的是“多克隆抗体的制备”。这三项实验的技术已经很成熟，并且对于本科生来讲不难操作，与初高中的实验课程重点内容相符。确定开设实验方向之后我们根据课程的内容和课程材料使用最适应时期等方面编写了教学大纲以及相应的课程讲义。

HB8 嗜热菌来源的短链脱氢酶的生物功能分析

季艳秋　李函潮　黄　凯　张文跃
指导教师：刘晓晴
（首都师范大学生命科学学院）

摘要： 短链脱氢酶是一类依赖 NAD(P)H 的氧化还原酶，具有相似的序列模型和催化机制，在一系列氧化还原反应机制中发挥重要作用。来自嗜热菌中的短链脱氢酶属于嗜热酶的一种，表现出高稳定性，具有广泛的应用价值。嗜热酶是嗜热菌体内的一种热稳定性酶，能够适应自然界中较高的温度条件。可以在许多依赖高温条件的工业生产过程中替代不耐热的化学试剂和常温酶，从而提高酶促反应速度，降低微生物污染的危险性，这些特点让这种酶在大规模工业生产中具有可观的经济前景。本实验所研究的目的蛋白即是这样一种重要的嗜热酶。

本实验以嗜热菌(Thermus Thermophiles HB8)为材料，通过 PCR 技术扩增大肠杆菌-脱氢酶基因，并将目的基因分别连接到克隆载体和表达载体上，构建重组质粒。在不同条件下诱导其表达，之后破菌，获得目的蛋白，并利用 SDS-PAGE 检测目的蛋白。

关键词： 短链脱氢酶；转化；电泳；纯化

1. 前言

嗜热菌是能够适应并生长在极端热环境下的生物，属于生存于极端条件下的极端适应菌中的一类。极端适应菌中的酶可以在高温、高碱和其他极端残酷的环境中仍保有稳定的结构和旺盛的酶活力。嗜热酶和它在常温菌中的同源常温酶对应体的结构对比，可以用于发现可能的热稳定因素，涉及的相关参数有：离子对、氢键、表面区域、氨基酸组成和弹性等，对这些参数的分析有助于理解蛋白质热稳定性的结构基础。短链脱氢酶是一类依赖 NAD(P)H 的氧化还原酶，具有相似的序列模型和催化机制，在一系列氧化还原反应机制中发挥重要作用。来自嗜热菌中的短链脱氢酶属于嗜热酶的一种，表现出高热稳定性，具有广泛的应用价值。

2. 材料与方法

2.1　实验材料

2.1.1　菌株和质粒载体

嗜热菌(Thermus Thermophiles HB8) HB8 由本实验保存，大肠杆菌 BL21(DE3)和 Trans1－T1 感受态细胞购于全式金公司。

质粒载体：pET-28a。

2.1.2　工具酶及主要试剂

琼脂糖、琼脂粉、胰蛋白胨、酵母提取物，NaCl、卡那霉素、酚氯仿、蛋白 Marker、丙烯酰胺、N-亚甲基甲叉双丙烯酰胺、十二烷基磺酸钠(SDS)、质粒快速提取试剂盒。

2.1.3 实验所用溶液及其配制

(1)IPTG(10m mol/L)：取 1.2gIPTG 溶于 50mL 灭菌的去离子水中－20℃保存。

(2)LB 液体培养基：取 10g 蛋白胨、5g 酵母粉、0.5gNaCl 加灭菌 H_2O 到 1000mL，用 5M NaOH 调节至 pH7.0，高压灭菌。

(3)LB 固体培养基：在 1L 的 LB 液体培养基中溶解 15g 琼脂粉，高压灭菌 20min 后当温度降至 50℃左右时，加入抗生素旋转混匀适量倒入直径 90mm 培养皿中，倒置平皿于 4℃贮存。

(4)Running Buffer：取 18.8g 甘氨酸、1g SDS、3.03g Tris 加蒸馏水定容至 1L。

(5)Kana 抗生素(100mg/mL)：溶解 1g 卡那霉素粉末溶于 10mL ddH_2O 中，经 0.22μm 滤膜过滤除菌。工作终浓度为 100μg/mL。

(6)12%分离胶：ddH_2O 3.3mL、30% Acr－Bis(29∶1) 4mL、1.5M Tris(pH8.8) 2.5 mL、10% SDS 0.1 mL、10%过硫酸铵 0.1 mL、TEMED 0.004 mL，混匀。

(7)5%浓缩胶：ddH_2O 2.7mL、30% Acr－Bis(29∶1) 0.67mL、1.0M Tris (pH6.8) 0.5 mL、10% SDS 0.04 mL、10%过硫酸铵 0.04 mL、TEMED 0.004 mL。

2.1.4 主要仪器

超声波细胞破碎仪、低温离心机、超净工作台、恒温摇床、电泳仪、层析柱、移液枪、锥形瓶、离心管。

2.2 实验方法

2.2.1 重组质粒 DNA 的转化

(1)无菌状态下取新鲜感受态 50μL 置于灭菌处理过的微量离心管中，加入质粒 5μL，混匀，在冰中放置 30 分钟。

(2)42℃热激 50 秒。

(3)将离心管快速转移到冰中使细胞冷却 1～2 分钟。

(4)向微量离心管中加入无抗生素 LB 液体培养基 500μL 37℃摇床上 150r/min 温和摇振 60 分钟。

(5)取出微量离心管 3000r/min 离心 5 分钟。

(6)离心后，弃上清液 400μL。之后涂布平板。

(7)倒置 37℃过夜培养。

2.2.2 挑选阳性克隆进行鉴定

(1)挑选平皿上长出的单菌落至 kana＋的 LB 培养液，37℃的摇床培养过夜次日提取质粒。

(2)质粒 DNA 的小量制备方法碱裂解法。所得重组质粒 pET－28a，送生物工程公司进行 DNA 序列测定。

2.2.3 构建重组表达载体，诱导蛋白表达

加入终浓度为 1m mol/L 的 IPTG 诱导，设置温度梯度分别为 16℃、25℃、30℃、37℃；分别培养 4 小时、6 小时、过夜。以不添加 IPTG 的组别作空白对照。

2.2.4 分析蛋白含量

超声破碎细胞，工作 5 秒，休息 5 秒，时间 1 分钟。收集上清液。取上清液 40μL，加入 5X loading buffer，在 100℃ 10min，然后以 10000r/min 离心 5min。

2.2.5 SDS－PAGE

用 12.5%的凝胶电泳。上样量为 6μL，在 120V 运行 1.5 小时。然后用考马斯亮蓝 G250 染色 30 分钟，使用含 10%冰醋酸和 20%乙醇的脱色液脱色过夜。

3. 结果与分析

3.1 目的蛋白发酵的优化

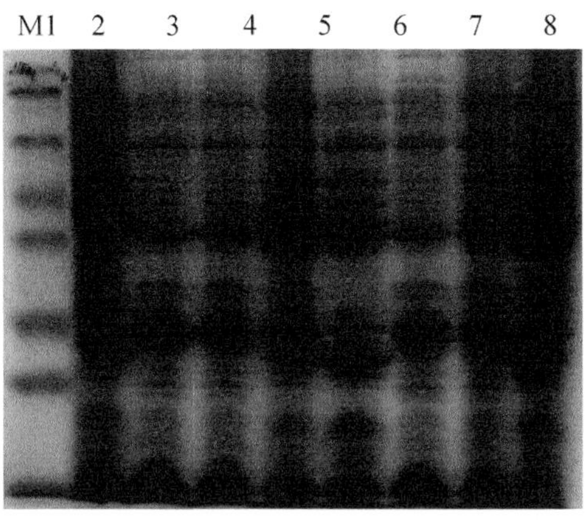

图 1 蛋白 30℃、37℃发酵全菌蛋白电泳图

M. 蛋白 Marker；1. 30℃无 IPTG 对照；2. 30℃培养 4h；3. 30℃培养 6h；4. 30℃培养过夜；5. 37℃无 IPTG 对照；6. 37℃培养 4h；7. 30℃培养 6h；8. 30℃培养过夜

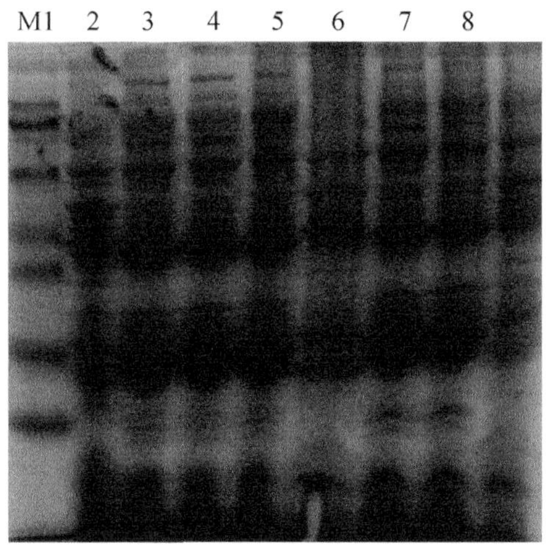

图 2 蛋白 16℃、25℃发酵全菌蛋白电泳图

M. 蛋白 Marker；1. 16℃无 IPTG 对照；2. 16℃培养 4h；3. 16℃培养 6h；4. 16℃培养过夜；5. 25℃无 IPTG 对照；6. 25℃培养 4h；7. 25℃培养 6h；8. 25℃培养过夜

如图 1、图 2 所示，可以看出无 IPTG 添加的样品在 29kDa 附近无目的蛋白条带，综合温度梯度和时间来看，相比较而言 16℃过夜培养的样品目的蛋白量最大，因此以后发酵可以选用该条件以便获得最大的蛋白量。

3.2 目的蛋白的镍柱纯化

将超声破碎得到的蛋白上清液进行亲和层析。分别选用 20mM 咪唑、40mM 咪唑、80mM 咪唑进行冲洗，使用 100mM 咪唑、300mM 咪唑进行洗脱，所得的蛋白样品进行 SDS－PAGE 电泳。

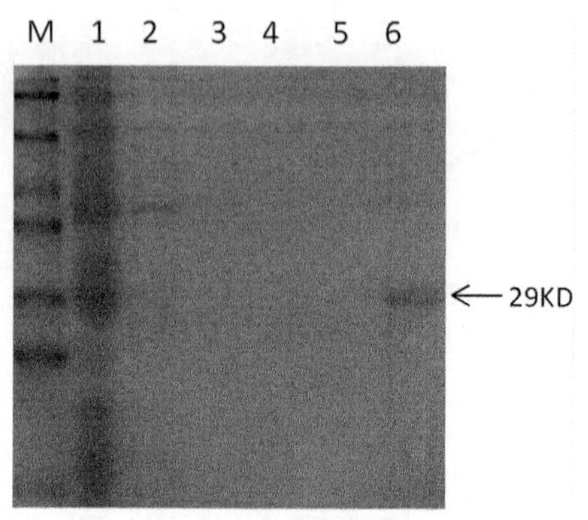

图 3 亲和层析蛋白纯化电泳结果

M. 蛋白 Marker；1. 穿透液；2. 20mM 咪唑洗脱样品；3. 40mM 咪唑洗脱样品；4. 80mM 咪唑洗脱样品；5. 100mM 咪唑洗脱样品；6. 300mM 咪唑洗脱样品

如图 3 所示，在 20mM 咪唑有少量杂蛋白被洗脱下来，之后到 300mM 咪唑时有目的蛋白被洗脱，且纯度相对较高，以后实验中也可以选用 300mM 咪唑作为 Elution buffer。

4. 讨论

本实验最初的设计是希望将纯化得到的酶进行活性测定。从而找到这种酶最接近天然底物的底物。

然而，在实验的进行当中，出现了一些问题导致最后的研究无法实现。

首先，在中期对发酵的菌进行测序过程中发现目的基因序列发生移码突变，致使转录提前终止蛋白大小仅为 13kDa，因此重新提质粒，测序，转化占用了太多时间。

第二个问题出现整个实验的后期，由于所纯化到的酶量太少，纯化后所得的酶不足以进行酶活测定，因此，进行了一系列实验对发酵诱导实验进行了优化。

在本实验中所获得的最重要的几点经验是在保菌时不要反复传代，即在第一次保菌时应该大量保存，避免初次保的菌液用完后再次保菌发生质粒丢失或突变。

对于从事该领域研究的同行来说，凭借从本实验中所获得的经验和教训，应当可以缩短今后此项研究的实验时间，为了获得嗜热菌 HB8 短链脱氢酶的蛋白分子结构，建议在本实验的基础上继续完成蛋白结晶以及测定晶体结构这一阶段的研究，从而更好的帮助我们更加深入地了解该短链脱氢酶的功能特性。

参考文献

[1] Watanabe S, Muramatsu T, Ao H, et al. Molecular cloning of the Lon protease gene from Thermusthermophilus, HB8 and characterization of its gene product[J]. Journal of Bioscience & Bioengineering, 1999, 266(3): 811—819.

[2] Asada Y, Endo S, Inoue Y, et al. Biochemical and structural characterization of a short-chain dehydrogenase/reductase of Thermusthermophilus, HB8 : A hyperthermostable aldose-1-dehydrogenase with broad substrate specificity[J]. Chemico-Biological Interactions, 2009, 178(1—3): 117—126.

[3] Pampa K J, Lokanath N K, Kunishima N, et al. The first crystal structure of NAD-dependent 3-dehydro-2-deoxy-D-gluconate dehydrogenase from Thermusthermophilus, HB8[J]. Acta Crystallographica, 2014, 70(4): 994—1004.

[4] Persson B, Hedlund J, Jörnvall H. Medium- and short-chain dehydrogenase/reductase gene and protein families : the SDR superfamily: functional and structural diversity within a family of metabolic and regulatory enzymes.[J]. Cellular & Molecular Life Sciences Cmls, 2008, 65(24): 3895—3906.

[5] 张顺成，张朝晖，陈振明，等．超嗜热菌中短链脱氢酶的酶学性质及应用[J]. 科技通报，2012，28(5): 65—69.

[6] 张顺成．耐热短链脱氢酶基因的重组表达及其酶特性研究[D]. 浙江工业大学，2011.

外显与内隐自尊对情绪调节效果的影响：基于自我概念威胁

马　焱　朱文龙
指导教师：方　平
（首都师范大学教育学院）

摘要： 情绪调节策略的有效性不仅受到所处情境的影响，其调节效果同样也会因个体适用性而有所不同；而自尊作为自我系统的核心成分，其对于情绪调节的作用值得关注。已有研究表明，外显与内隐自尊和情绪调节策略的使用倾向之间存在相关，但情绪调节的效果是否同样受到自尊的影响则尚未获得实证研究的支持。研究结合Rosenberg自尊量表、反应窗情绪启动任务以及PANAS情绪量表，希望通过实验手段探明认知重评和表达抑制两种情绪调节策略对不同自尊类型个体的适用性。研究结果发现，自尊类型与认知重评策略均对于威胁性情境下的情绪与行为预期具有显著影响，二者又会存在一定的交互作用。低外低内者无法通过认知重评的使用有效调节其情绪状态，也无法调整其行为预期；而其他三种类型则能够有效改善情绪状态与行为预期。表达抑制策略不能有效影响威胁性情境下的情绪状态与行为预期，但又与自尊类型对情绪状态的影响存在交互作用。低外高内者能够通过表达抑制策略的使用有效降低其负性情绪的产生；而高外低内者则会反而表现出更加消极的负性情绪。研究结果表明，通过与个体特质相适应的情绪调节策略的使用，能够有效影响个体在自我概念威胁情境下的情绪状态，从而改变其对自身任务结果的判断与期待。

关键词： 外显/内隐自尊；情绪；情绪调节；自我概念威胁；行为预期

1. 引言

随着自尊研究的逐步推进，研究者的关注重点不仅停留在“自尊是什么”上，更加希望思考和探索“自尊的影响与作用是什么”。借由Mruk(1999)对自尊概念的综合性描述，可以将自尊视为一种以自我为对象的认知评价所引起的主观感受，而其形成过程与作用机制都必然与评价性反馈(Evaluative Feedback)具有复杂的联系(Baumeister, & Tice, 1985; Steele, 1988; Brown, 1993; Leary, 1995)。Brown与Dutton(1995)在其对不同评价性反馈的比较中发现，自尊对于个体应对积极反馈的认知与情绪反应均影响微弱，而这一结论也同样出现在Zuckerman(1979)与Campbell(1990)的研究中。相比较而言，自尊能够在个体面对消极反馈时发挥更大的作用，研究者也普遍相信较高的自尊水平能够帮助个体有效应对拒绝、排斥、贬低等一系列负性社会评价，保持清晰的认知过程，拥有稳定的情绪状态，并维持其社会互动的正常运行。其中，最为常见的评价性反馈研究范式，即是由失败所引起的自我概念威胁情境。

这里所说的失败是一个相对一般化的概念，泛指一切与自我相关的消极反馈。不仅包含所有与成就任务相关的失败，也同样涉及人际交往的不良结果、社会互动中的排斥现象等。在Brown和Dutton(1995)研究中，研究者通过创设成就任务并向被试给予任务失败的反馈，形成威胁其自我概念的结果，继而在此基础上对被试的情绪与认知反应进行观察，获得了一系列重要的结论。这一研究范式在之后的许多研究中被沿用并修订(Dutton，& Brown，1997；Krause，Back，Egloff，& Schmukle，2012)。

当自我概念遭遇威胁时，个体首先面对的是由失败所引起的情绪反应。研究结果发现，具有低自尊的个体在面对失败时，其情绪状态明显比高自尊个体更为消极；而更为重要的是，这样的消极情绪还会泛化至自我态度当中，低自尊个体的自我感受也会同样降低(相比于积极反馈而言)；反观高自尊者，虽然在面对失败时其情绪反应也会低于任务成功时，但是其变化程度远小于低自尊者，并且这种情绪上的低落并不影响个体的自我感受，高自尊者保持对自身价值与能力的良好信念，不会对自己持怀疑态度(Brown，& Dutton，1995)。研究者认为，低自尊者的自我概念存在不稳定的特征，更易受到新近成败经验的影响从而改变；而高自尊者的自我感受并不依赖于外部条件，能够在不同情境下维持其水平的相对稳定。Kernis(2003)在此基础上围绕自尊稳定性问题做了进一步的探索，其发现即使对于高自尊者而言，自尊稳定性也存在一定的差异。对于那些自尊相对稳定的个体而言，其情绪状态的确更为积极；而当个体的高自尊水平并不稳定时，其情绪状态与自我态度也存在一定的波动。Kernis将这种不稳定的高自尊称为防御性高自尊或虚假高自尊，并基于这一发现提出了高自尊异质性的概念。由于不稳定高自尊者同样需要结合任务事件的结果调整和改变自身感受，所以从某种意义上讲，不稳定高自尊是低自尊的另一种形式。Blom(2011)的研究表明，将个体长期置于自涉情境中，使其通过认知策略的使用不断追求并获取正向的自我评价，不仅严重“损耗”个体的认知资源，同时也会由于情绪的频繁波动影响其心理及生理健康。

研究者进而思考和探索情绪调节是否能够改变这种负性情绪所造成的不利影响。情绪调节(Emotion Regulation)，是“个体对具有什么情绪、情绪何时发生、如何对情绪体验与表达施加影响的过程”(Gross，1999；引自王振宏，郭德俊，2003)，即表明情绪调节对于个体情绪的发生、体验与表达均具有重要影响。其涉及对情绪的潜伏期、发生时间、持续时间、行为表达、心理体验、生理反应等复杂机制的改变，具有明确的动态性。Gross(2002)在其综述中指出，情绪调节既涉及意识化过程的结果，同样也会在无意识过程中发生，个体因情境需要可以通过主观意志的参与对情绪调节的方向与程度进行调控。而自主情绪调节机制的存在，为不同自尊者情绪状态的差异提供了一种可能的解释，即具有不同自尊水平的个体其情绪调节能力与倾向也存在一定的差异，高自尊个体能够更为有效的调节自我概念威胁所形成的负性情绪，从而维持自身情绪状态的相对稳定。

依据Gross的情绪调节模型，情绪调节过程分为先行关注(Antecedent-focused)和反应关注(Response-focused)两种，而二者又分别对应两种最为常见并有效的情绪调节策略，即认知重评(Cognitive Reappraisal)和表达抑制(Expression Suppression)。研究结果表明，通过指导语要求被试对厌恶刺激引发的负性情绪进行抑制时，被试主观报告其负性情绪体验相对于不抑制条件下产生的负性情绪有所减少，但是相对于使用认知重评的被试而言，表达抑制所产生的负性情绪体验仍然更高(Goldin，McRae，Ramel，& Gross，2008)。而在其他一些研究中，表达抑制的调节效果也受到了质疑(Jackson，Larson, & Davidson, 2000; Mauss, Cook, & Cheng, 2007)。综合以上研究结果可以表明，认知重评策略的使用可能是一种更为有效的情绪调节方式，而表达抑制策略的有效性则相对有限。罗利和钟娟(2013)曾在其研究中对不同自尊与情绪调节策略使用的倾向性之间的关系做出探讨。其结果发现，外显与内隐自尊均与情绪调节策略的使用倾向具有明确的相关性。内隐自尊能够正向预测个体的认知重评与表达抑制倾向，而外显自尊则能够正向预测认知重评倾向、负向预测表达抑制倾向(如图 1 所示)。这一结果表明自尊的确与情绪调节之间存在复杂的联系，从而影响个体在特定情境下的情绪状态。与此同时，外显与内隐自尊对于表达抑制使用倾向影响的不对称性，能够为表达抑制策略调节效果的争议提供一种可能的解释，但是在现有研究中仍缺少对不同自尊者具体情绪调节策略使用效果的思考和验证。

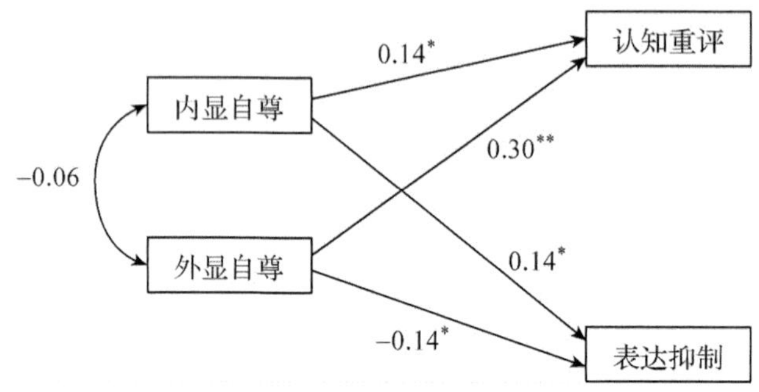

图 1　自尊和情绪调节的路径分析(罗利，钟娟，2013)

基于不同自尊与情绪调节策略的关系，可以进而思考外显与内隐自尊对威胁性情境下情绪的影响程度的差异。在两种策略普遍存在于生活事件中的条件下，外显自尊与不同情绪调节策略使用倾向上的冲突可能会造成调节效果的相互抵消，如果基于这一假设，那么内隐自尊的高低可能会对整体情绪调节效果起到更大的影响。但同时也存在另一种可能，个体拥有自己惯常使用的情绪调节策略，可以通过单一的情绪调节策略实现调节情绪的目的，故而外显自尊与认知重评的高相关也可能使具有高外显自尊水平的个体达到更好的调节效果。那么究竟不同自尊对于情绪调节的实际效果具有怎样的影响呢？对于这一问题的解答，可以结合外显与内隐自尊不同水平所形成的不同自尊类型予以探讨和回应。Mruk(2013)曾基于现象学视角提出，自尊存在复杂的结构，不能从单一维度的高低水平进行界分，应当结合不同维度对其具体类型进行研究。这样一种分型思想对于外显与内隐自尊的研究具有启示意义。Lo 与 Yeh(2014)以情绪状态改变程度为指标，探讨了不同自尊类型在自主情绪调节能力上的差异。其结果发现，高外显高内隐自尊者拥有最为出色的自主情绪调节能力。但不同自尊类型者究竟采取了哪种具体的情绪调节策略？情绪调节策略的使用效果如何？这些问题仍有待实证研究的进一步解答。

基于已有研究的结论与不足之处，研究提出以下假设：

1)认知重评策略的使用能够有效调节不同自尊者在威胁性情境下的情绪反应，同时也能有效影响不同自尊者的行为预期；

2)表达抑制策略的使用与自尊类型对威胁性情境下情绪反应与行为预期的影响均存

在交互作用，低外显高内隐自尊者能够通过表达抑制策略的使用有效控制其负性情绪，并获得相对积极的行为预期。

2. 方法

2.1 被试和程序

研究整群随机抽取北京市多所高校的在校学生，涉及多个不同专业与学科。以外显及内隐自尊水平的 27% 作为代表性样本的选取标准，共保留有效被试 60 人($M_{年龄}=19.93$，$SD_{年龄}=1.36$)，其中男生 34 人，女生 26 人；高外显高内隐自尊者 13 人，低外显高内隐自尊者 17 人，低外显低内隐自尊者 14 人，高外显低内隐自尊者 16 人。年龄最小者 17 岁，最大者 25 岁。外显自尊平均水平为 28.87(2.49)，内隐自尊平均水平为 0.08(0.21)。

实验准备阶段，需为所有参与正式测试的被试照相并制作头像一张，以作为与自我相关的启动刺激。为使图片内容标准化，需选择光照条件及墙面颜色相同的背景，并向被试指明中性情绪状态的基本特征与照相要求。

正式测试第一阶段，需对被试的外显及内隐自尊进行测量，并依据外显及内隐自尊的不同水平选取代表性样本并分入 3 个实验组中。正式测试第二阶段包含行为预期任务和 PANAS 量表两部分，行为预期任务会告知被试是对其记忆能力的测试，并使用 PANAS 量表对任务开始前后的情绪状态进行测定，而不同实验组在行为预期任务开始前所接受的指导语有所区别，指导语的编写参照 Gross(1998)对情绪调节的指导说明以及 Wount、Chang 与 Sanfey(2010)在此基础上所做出的修订。

控制组所接受的指导语会明确告知被试参与测试的目的，即对被试的记忆能力进行测验，提示被试按键规则及实验流程，并向被试承诺其个人信息的严格保密。

认知重评组在控制组基础上添加如下内容：为了帮助您更好的完成测试任务，请务必在测试中保持客观理性的心态，不要受到某一道题目完成情况的影响，尝试做如下思考：任何成功或失败都只是成长过程中的一部分经验，我了解我自己而不会因某个暂时的成败而改变。

表达抑制组在控制组基础上添加如下内容：为了更好的获得对您的评价，我们会结合您的情绪表现做出综合打分，请务必在测试中不要表露出情绪感受，抑制您的情绪以达到平静状态，屏幕上的摄像头会明确记录您的情绪变化(实际上并没有记录)。

在测试结束后还会对被试进行回访，提问被试在测验中的自我感受，主要包含以下三个问题：

1)对于测试题目和反馈内容是否存在疑问；

2)在测试中有什么样的情绪体验；

3)相比于测试开始前，你认为自己的情绪有什么变化。

从而与 PANAS 的结果相互印证。实验结束后需要向被试讲明实验目的，以及正式测试的实际难度，以缓解被试的负性情绪。

2.2 测量工具

2.2.1 外显自尊测量

Rosenberg 自尊量表(Rosenberg Self-Esteem Scale，RSES)共包含 10 道题目，由受测者直接报告题目所描述语句是否符合自身状态；采用 Likert 四点计分，得分越高代表外显自尊水平越高。研究选取了王孟成、戴晓阳(2010)的中文版本(α=0.78)，其对于条目 8 的修订最为符合目前为止的研究结论(申自力，蔡太生，2008)。本研究中 Cronbach α 为 0.72。

2.2.2 内隐自尊测量

反应窗情绪启动任务(Response-Window Affective Priming Task，RW-APT)从客观阈限角度出发，用以实现对内隐自尊的测量，共分为练习、预试、正式测验三个部分(方平，陈满琪，姜媛，2006)。练习部分开始时，会依次呈现注视点 150ms、启动刺激 50ms、掩蔽 17ms 以及目标刺激 333ms，随后进入空白界面。以按键形式作答，使被试充分了解实验流程和操作规范。

预试部分会在目标刺激呈现后加入反应窗，初始开放时间为 150ms，随后进入 300ms 的间隙时间(以变色为标志)，每个子任务持续时间固定为 1000ms。预试部分共分为四节，各包含 40 个子任务，每节结束后根据被试的反应正确率及平均反应时对反应窗开启时间做出调整，使正确率落入 70%～80%的目标区间，过高(反应正确率高于 80%且平均反应时低于 100ms)或过低(反应正确率低于 55%且平均反应时等于或高于 100ms)则分别缩短或延长 33ms，并最终获得具有个体适应性的反应窗(范围在 117ms～283ms)。

正式测验中以被试自身头像作为自我相关启动刺激，以与被试同性别且不参与实验的两名个体的头像作为自我无关启动刺激。测验共分为四节，各包含 20 个子任务，匹配了等量的相关/无关启动以及积极/消极词汇。在被试对目标刺激的作答上，采用前后两节按键位置互换的方式，以平衡反应模式对于测量结果的影响。通过公式：内隐自尊=(自我相关消极词错误率－自我相关积极词错误率)－(自我无关消极词错误率－自我无关积极词错误率)，求得最终得分，得分越高表明内隐自尊水平越高。本研究中，RW-APT 具有较好的内部一致性信度(α=0.69)、重测信度(r 重测=0.66)以及区分效度(rRSES=－0.07)。

2.2.3 行为预期测量

行为预期任务(Behavior Expectancy Task)通过对一列长度不定并逐个呈现的随机数字序列的记忆，进而实现对行为预期的测定。研究以低于短时记忆容量的数列作为简单任务(即数字长度为 5 的任务)，以超过短时记忆容量的数列作为困难任务(即数字长度为 10 的任务)。在测试开始前会提供练习，包含 2 个简单任务和 2 个困难任务，练习完成后要求被试对测试结果做出预期并以自身预期为目标努力完成测试。正式测试包含 5 个简单任务和 15 个困难任务，难度略高于练习部分。为防止被试采用组块记忆，数列中每个数字出现前后还会加入掩蔽。在呈现完成之后，要求被试以出声背诵形式在 5s 内完成作答；在时限到达之后，会自动呈现下一个任务，所有任务都会以随机顺序进行呈现。在测试结束后向被试公布其实际完成情况，并以练习部分的难度为标准，向被试告知虚假的受测群体平均水平（即50%）。随后要求被试对难度相同的另一测试做出预期，记录并作为行为预期的评价指标。

2.2.4 情绪状态测量

正性负性情绪量表（The Positive and Negative Affect Scale，PANAS）用以检验不同情境下被试的情绪状态。由两个分量表所组成，各包含10个描述情绪的形容词，分别测量正性情绪（PA）与负性情绪（NA）。以Likert五点计分，受测者需回应每个项目在多大程度上符合当下时刻自身所处的情绪状态。研究选用版本已在国内研究中广泛使用并证明其有效性（黄丽，杨廷忠，季忠民，2003）。本研究中两个分量表的Cronbach α 系数分布在0.79～0.88之间，具有较好的内部一致性信度。

2.3 统计分析

研究采用SPSS 17.0统计软件实现对于数据的统计与分析。

3. 结果

3.1 描述统计

表1 不同情绪调节策略组情绪变化及行为预期描述统计

	M(SD)							
	1	2	3	4	5	6	7	8
控制组	28.35(3.44)	22.10(3.51)	20.70(4.54)	31.25(4.03)	−7.65(5.02)	9.15(5.00)	5.20(0.95)	4.95(1.54)
重评组	28.45(3.35)	22.35(3.65)	24.15(4.51)	27.50(5.09)	−4.30(5.78)	5.15(6.26)	5.15(0.81)	6.45(2.35)
抑制组	28.70(3.28)	21.95(2.89)	21.25(5.18)	30.65(6.41)	−7.45(5.79)	8.70(7.16)	5.20(0.83)	5.10(2.17)

注：1为正性情绪前测；2为负性情绪前测；3为正性情绪后测；4为负性情绪后测；5为正性情绪变化；6为负性情绪变化；7为实际表现；8为行为预期。

不同情绪调节策略组的情绪变化与行为预期结果如表1所示。各组间正性情绪前测（$F(2,57)=0.06$，$p=0.944$，$\eta^2=0.00$）、负性情绪前测（$F(2,57)=0.07$，$p=0.930$，$\eta^2=0.00$）及实际完成状况（$F(2,57)=0.02$，$p=0.978$，$\eta^2=0.00$）均不存在显著差异，体现了不同被试组的同质性。

经t检验发现，控制组（$t(19)=-6.82$，$p<0.001$，$d=2.21$；$t(19)=8.19$，$p<0.001$，$d=2.66$）、重评组（$t(19)=-3.33$，$p<0.01$，$d=1.08$；$t(19)=3.68$，$p<0.01$，$d=1.19$）及抑制组（$t(19)=-6.07$，$p<0.001$，$d=1.97$；$t(19)=5.43$，$p<0.001$，$d=1.76$）的正性情绪均显著降低，负性情绪均显著升高。但是在对不同组的差异比较中可以发现，重评组的负性情绪增加程度显著低于控制组（$t(38)=-2.23$，$p<0.05$，$d=0.51$），同时重评组与控制组在正性情绪降低程度上的差异也达到边缘显著水平（$t(38)=1.96$，$p<0.10$，$d=0.45$）。这说明认知重评策略的使用，的确对个体在威胁性情境下的情绪变化形成了有效的影响。与之相比，抑制组的正性（$t(38)=0.12$，$p=0.905$，$d=0.03$）及负性（$t(38)=-0.23$，$p=0.819$，$d=0.05$）情绪变化程度则与控制组并无显著差异。

控制组（$t(19)=-0.71$，$p=0.489$，$d=0.23$）与抑制组（$t(19)=-0.24$，$p=0.813$，$d=0.08$）的行为预期与实际表现之间并不存在显著差异，而重评组（$t(19)=$

2.56，$p<0.05$，$d=0.83$)的行为预期则显著高于实际表现。进而对不同组的行为预期偏差进行比较，重评组的行为预期偏差显著高于控制组($t(38)=2.21$，$p<0.05$，$d=0.51$)，而抑制组与控制组之间则并不存在显著差异($t(38)=0.10$，$p=0.928$，$d=0.02$)。结果表明，认知重评策略的使用能够有效改善个体对于自身表现的预期。

3.2 自尊类型对认知重评调节效果的影响

研究抽取重评组与控制组被试，并对其正性情绪、负性情绪以及行为预期偏差做多因素方差分析，试图探明不同自尊类型个体认知重评策略的使用效果(如表2所示)。结果发现，不同自尊类型与有无认知重评对威胁性情境下的正性及负性情绪与行为预期偏差均存在显著差异，在负性情绪与行为预期偏差中还表现出了显著的交互作用。

表2 自尊类型与有无重评对正性及负性情绪与行为预期偏差的多因素方差分析

	正性情绪		负性情绪		行为预期偏差	
	F	η^2	F	η^2	F	η^2
自尊类型	11.98***	0.53	21.77***	0.67	22.69***	0.68
有无重评	9.10**	0.22	17.04***	0.35	16.53***	0.34
交互作用	1.34	0.11	3.15*	0.23	3.08*	0.22

注：* $p<0.05$，** $p<0.01$，*** $p<0.001$。

进而分离不同自尊类型，对负性情绪及行为预期偏差做进一步的简单效应分析。结果发现，高外高内型($t(7)=-2.47$，$p<0.05$，$d=1.32$)、低外高内型($t(9)=-2.19$，$p<0.10$，$d=1.03$)与高外低内型($t(8)=-3.47$，$p<0.01$，$d=1.74$)通过认知重评策略的使用，均在一定程度上降低了负性情绪的产生；而低外低内型($t(8)=0.11$，$p=0.919$，$d=0.06$)的负性情绪则并没有显著的改变。在对行为预期的比较中发现，高外高内型($t(7)=8.24$，$p<0.001$，$d=4.40$)与高外低内型($t(8)=2.71$，$p<0.05$，$d=1.36$)在认知重评条件下，表现出了行为预期的显著提升；低外高内型($t(9)=1.81$，$p=0.104$，$d=0.85$)虽然也有一定的提升趋势，但效果相对有限；而低外低内型($t(8)=-0.21$，$p=0.840$，$d=0.11$)在行为预期上同样没有表现出显著变化。不同自尊类型的负性情绪变化程度及行为预期变化趋势分别如图1、图2所示。

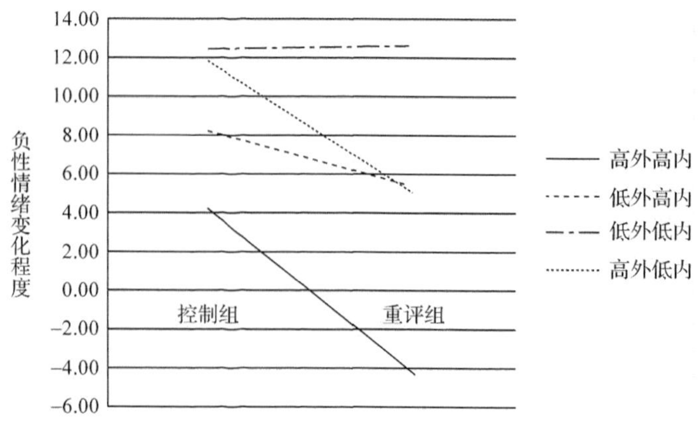

图1 不同自尊类型在有无重评条件下的负性情绪变化

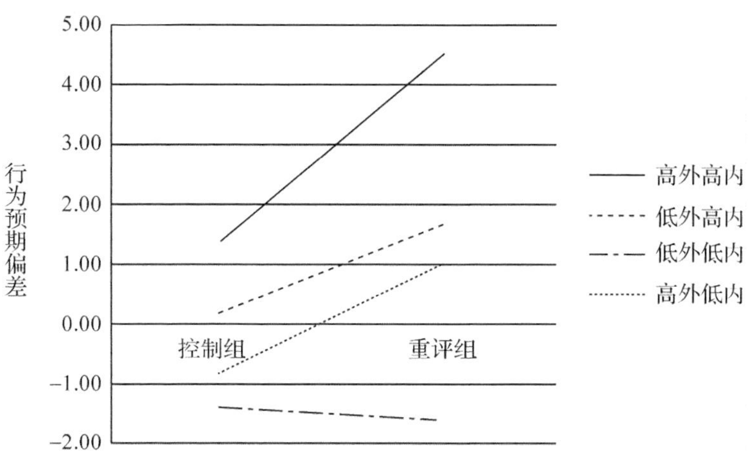

图 2　不同自尊类型在有无重评条件下的行为预期偏差

3.3　自尊类型对表达抑制调节效果的影响

研究抽取抑制组与控制组被试，并对其正性情绪、负性情绪以及行为预期偏差做多因素方差分析，试图探明不同自尊类型个体认知重评策略的使用效果(如表 3 所示)。结果发现，不同自尊类型在正性及负性情绪与行为预期偏差上均存在显著差异，而有无表达抑制则并不影响上述三个因素。但在负性情绪上，自尊类型与有无表达抑制存在显著的交互作用，需要做进一步分析。

表 3　自尊类型与有无抑制对正性及负性情绪与行为预期偏差的多因素方差分析

	正性情绪		负性情绪		行为预期偏差	
	F	η^2	F	η^2	F	η^2
自尊类型	8.73***	0.45	18.75***	0.64	13.35***	0.56
有无抑制	0.04	0.00	0.17	0.01	0.03	0.00
交互作用	2.02	0.16	4.81**	0.31	1.76	0.14

注：* $p<0.05$，** $p<0.01$，*** $p<0.001$。

进而分离不同自尊类型，对负性情绪做简单效应分析。结果发现，高外高内型($t(7)=0.25$，$p=0.812$，$d=0.13$)与低外低内型($t(7)=-0.17$，$p=0.869$，$d=0.09$)在表达抑制条件下并没有表现出显著的负性情绪的改变；低外高内型($t(9)=-4.44$，$p<0.01$，$d=2.09$)的负性情绪则通过表达抑制策略的使用获得显著降低；而高外低内型($t(9)=2.12$，$p<0.10$，$d=1.00$)不仅没有在表达抑制条件下实现对负性情绪的控制，反而在一定程度上提升了负性情绪。不同自尊类型的负性情绪变化趋势如图 3 所示。

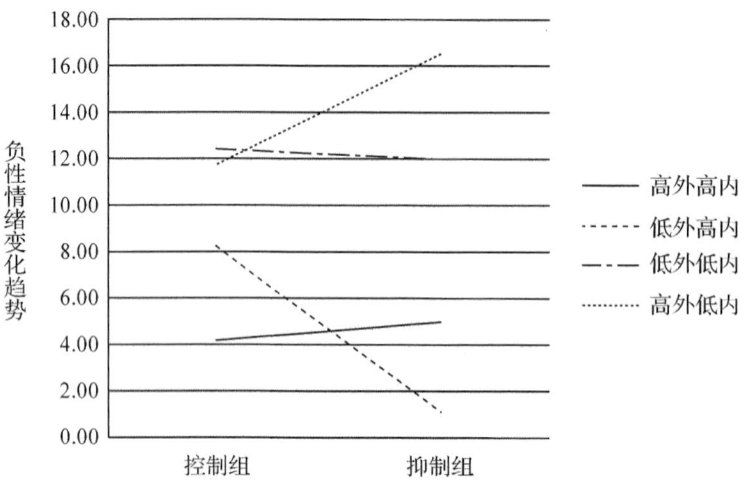

图3 不同自尊类型在有无抑制条件下的负性情绪变化

4. 讨论

研究在前人研究基础上进一步思考了不同自尊与情绪调节对威胁性情境下情绪与行为预期的复杂影响。研究结果表明，认知重评策略能够有效调节威胁性情境下的情绪状态，而表达抑制策略则对被试整体缺乏情绪调节的有效性，该结果与情绪调节研究的一般性结论保持一致(Gross，2003)。Gross对于这一现象的解释是，认知重评能够实现对任务事件解释意义的重构，使个体能够从事件的积极角度看待问题，从而改变其情绪状态；而表达抑制只是通过意志努力的参与控制和抑制自身的情绪感受与情绪表达，并不会改变个体的真实态度，故而其效果相对有限。

研究结果还表明，不同自尊类型在威胁性情境下的情绪与行为预期中均表现出显著差异，而不同自尊类型与情绪调节策略的使用在对负性情绪的影响中均存在交互作用。在认知重评策略的使用中，低外低内型自尊者的负性情绪并没有任何提升，这可能来源于该类型个体的自我保护倾向(Brown，& Dutton，1995)，使其无法接受积极观念的转换。这一类个体的自尊水平处于极端的不稳定的状态，故而更加依赖于防御机制的使用(Baumeister，1993)。在表达抑制策略的使用中，低外高内者与高外低内者表现出了与一般性结论具有差异化的结果，低外高内者能够通过表达抑制策略的使用有效调节其负性情绪。这一结论与研究一的结果相互印证，表明了该类型个体所具有的"隐忍"的特点。而高外低内者则会在表达抑制中反向增加其负性情绪，这可能来源于习惯化行为模式的冲突或是由认知失调所造成。以上研究结论也部分印证了罗利与钟娟(2013)对自尊与情绪调节倾向关系的思考。除此之外研究还发现，表达抑制策略的使用并不能有效改善个体的行为预期，使个体拥有对事件结果更为积极的判断。而认知重评策略则能够通过有效调节负性情绪，进而提升其行为预期，这也与情绪调节策略所涉及的具体情绪过程和条件有关(Gross，2003)。

在对自尊类型的比较和分析中发现，低外高内型自尊者表现出了对于情绪调节策略使用效果的特异性，与情绪调节研究领域的一般性结论存在冲突。研究结果表明，低外高内者的认知重评效果相对有限($p<0.10$)，远不及高外高内与高外低内两种类型的调节效果；但在使用表达抑制策略时，这一类型的个体表现出了极为突出的调节效果。这说明低外高内者在对情绪的调节与控制中，能够更为适应于对自身情绪感受的抑制，以达到改变情绪的目的。这可能与类化经验所形式的固有模式有关，低外高内者所具备的谦逊、隐忍的行为特点(陈燕，2010)，使其习惯于保持相对克制与保留的自我感受；即使是在相对放松的一般化情境中，低外高内者也一直持有"居安思危"的心态。从积极视角来看，这一特性能够帮助个体有效应对生活中无法避免的竞争与压力环境，保持平和、稳定的心态与观点，使其在社会互动中具有更强的适应性与竞争力。与之相比，高外低内型自尊者擅长通过认知转换以控制其情绪状态，但是当要求其对自身情绪进行抑制时，其负性情绪则有所反弹。这可以解释为一种"过度表现"的行为倾向，为提升其外部形象以满足社会称许性的需求，故而在一般情境下会夸大其自我评价与自我感受。但这一类个体的实际自我感受却并不像看起来那么良好，这也使其在抑制自身情绪状态时会表现出更大的情绪波动。

除上述研究成果外，本研究仍存在部分局限与潜在问题，可以成为未来研究的工作思路与推进方向。研究对于不同自尊类型者情绪调节策略使用效果的验证，与前人研究中外显与内隐自尊与不同情绪调节策略使用倾向的关系(罗利，钟娟，2013)基本保持一致。但是情绪调节作为个体应对生活事件的常用策略，可能会在情绪出现的任何阶段发生，即使在缺少外部指导的条件下，个体也会自发的对所处情绪事件做出回应(Lo，& Yeh，2014)。而这一现象的存在也可以为本研究中情绪调节效果的相对有限提供解释。本研究缺少对于自主情绪调节机制的检验和思考，应当在后续研究中对这一问题做出补充。

5. 结论

1)认知重评策略的使用能够有效调节不同自尊者在威胁性情境下的正性及负性情绪，同时也能有效影响不同自尊者的行为预期；认知重评策略与自尊类型在对负性情绪与行为预期的影响中存在交互作用，低外低内型自尊者并不会因为认知重评策略的使用而调节其负性情绪并提升其行为预期，低外高内型自尊者虽然能够在一定程度上调节其负性情绪($p<0.10$)，但行为预期的提升程度则相对有限($p=0.104$)。

2)表达抑制策略的使用对被试整体而言并不能够有效调节其在威胁性情境下的正性及负性情绪，也不能有效影响不同自尊者的行为预期；但表达抑制策略与自尊类型在对负性情绪的影响中存在交互作用，低外高内型自尊者能够通过表达抑制策略的使用有效调节其负性情绪，而高外低内型自尊者反而会因表达抑制策略的使用在一定程度上提升其负性情绪($p<0.10$)，而这两种类型的行为预期也并不因情绪的改变而有所变化。

参考文献

[1]Brown，J. D. (2010). High self-esteem buffers negative feedback：Once more with feeling. *Cognition and Emotion*，24：1389－1404.

[2]Brown, J. D. & Dutton, K. A. (1995). The trill of victory, the complexity of defeat: Self-esteem and people's emotional reactions to success and failure. *Journal of Personality and Social Psychology*, 68(4): 712—722.

[3]Cai, H. J. (2003a). The effect of implicit self-esteem and the relationship of explicit self-esteem and implicit self-esteem. *Acta Psychologica Sinica*, 35(6): 796—801.

[4]蔡华俭. 内隐自尊效应及内隐自尊与外显自尊的关系[J]. 心理学报, 2003, 35(6): 796—801.

[5]Cai, H. J. Explicit Self-Esteem, Implicit Self-Esteem and Depression[J]. *Chinese Mental Health Journal*, 2003, 17(5): 331—336.

[6]蔡华俭. 外显自尊、内隐自尊与抑郁的关系[J]. 中国心理卫生杂志, 2003, 17(5): 331—336.

[7]Cunningham, W. A., Preacher, K. J., Banaji, M. R. (2001). Implicit attitude measures: Consistency, stability, and convergent validity. *Psychological Science*, 12(2): 163—170.

[8]DeHart, T., Longua, J., & Smith, J. (2011). To enhance or protect the self: The complex role of explicit and implicit self-esteem. In Alicke, M. D., & Sedikides, C. (Eds.), *Handbook of self-enhancement and self-protection*. New York, US: Guilford Press, 298—319.

[9]DeHart, T., Pena, R., & Tennen, H. (2013). The development of explicit and implicit self-esteem and their role in psychological adjustment. In Zeigler-Hill, V. (Eds.), *Self-esteem*. New York, US: Psychology Press, 99—123.

[10]DeWall, C. N., Twenge, J. M., Koole, S. L., Baumeister, R. F., Marquez, A., & Reid, M. W. (2011). Automatic Emotion Regulation After Social Exclusion: Tuning to Positivity. *Emotion*, 11(3): 623—636.

[11]Dvash, J., Gilam, G., Ben-Ze'ev, A., Hendler, T., & Shamay-Tsoory, S. G. (2010). The Envious Brain: The Neural Basis of Social Comparison. *Human Brain Mapping*, 31(11): 1741—1750.

[12]Elster, J. (1979). *Ulysses and the Sirens*. Cambridge, UK: Cambridge University Press.

[13]Franck, E., De Raedt, R., & De Houwer, J. (2007). Implicit but not explicit self-esteem predicts future depressive symptomatology. *Behavior Research and Therapy*, 45: 2448—2455.

[14]Gawronski, B. (2002). What does the implicit association test measure? A test of the convergent and discriminate validity of prejudice related IATs. *Experimental Psychology*, 49(3): 171—180.

[15]Greenwald, A. G., & Banaji, M. R. (1995). Implicit Social Cognition: Attitudes, Self-Esteem and Stereotypes. *Psychological Review*, 102(1): 4—27.

[16]Greenwald, A. G., & Farnham, S. D. (2000). Using the Implicit Association Test to Measure Self-Esteem and Self-Concept. *Journal of Personality and Social Psychology*, 79(6): 1022—1038.

[17]Gregg, A. P., & Sedikides, C. (2010). Narcissistic fragility: Rethinking its links to explicit and implicit self-esteem. *Self and Identity*, 9: 142—161.

[18]Han, X., &Geng, X. W. (2010). Explicit/Implicit Self-Esteem and High School Students' Subjective Well-Being. *Youth & Juvenile Research*, 4: 12—16.

[19]韩晓, 耿晓伟. 外显和内隐自尊与高中生主观幸福感的关系[J]. 青少年研究(山东省团校学报), 2010, 4: 12—16.

[20]Huang, L., Yang, T. Z., & Ji, Z. M. (2003). Applicability of the Positive and Negative Affect Scale in Chinese. *Chinese Mental Health Journal*, 17(1): 54—56.

[21]黄丽, 杨廷忠, 季忠民. 正性负性情绪量表的中国人群适用性研究[J]. 中国心理卫生杂志, 2003, 17(1): 54—56.

[22]Hulme, N., Hirsch, C., & Stopa, L. (2012). Images of the Self and Self-Esteem: Do Positive Self-Images Improve Self-Esteem in Social Anxiety? *Cognitive Behaviour Therapy*, 41 (2): 163－173.

[23]Huntsinger, J. R., Isbell, L. M., & Clore, G. L. (2014). The Affective Control of Thought: Malleable, Not Fixed. *Psychological Review*, 121(4): 600－618.

[24]Krause, S., Back, M. D., Egloff, B., & Schmukle, S. C. (2012). A New Reliable and Valid Tool for Measuring Implicit Self-Esteem: The Response-Window Affective Priming Task. *European Journal of Psychological Assessment*, 28(2): 87－94.

[25]Krizan, Z., & Suls, J. (2008). Are implicit and explicit measures of self-esteem related? A meta-analysis for the name-letter test. *Personality and Individual Differences*, 44(2): 521－531.

[26]Lo, W. Z., &Yeh, K. H. (2014). The defensive reactions and automatic emotion regulation of defensive high self-esteems under threaten situation. *Chinese Journal of Psychology*, 56 (1): 117－134.

[27]Olson, M. A., Fazio, R. H., Hermann, A. D. (2007). Reporting tendencies underlie discrepancies between implicit and explicit measures of self-esteem. *Psychological Science*, 18(4): 287－291.

[28]Qiu, G. X. (2008). *The Construction of Implicit Self-Esteem and the Relationship of Implicit Self-Esteem and Explicit Self-Esteem*(Unpublished master's thesis). Captain Normal University, Beijing.

[29]仇光霞．内隐自尊的结构及内隐自尊与外显自尊的关系研究[D]．首都师范大学，2008.

[30]Rudolph, A., Schröder-Abé, M., Riketta, M., &Schütz, A. (2010). Easier when done than said! Implicit self-esteem predicts observed or spontaneous behavior, but not self-reported or controlled behavior. *Journal of Psychology*, 218: 12－19.

[31]Shen, Z. L., &Cai, T. S. (2008). Disposal to the 8th Item of Rosenberg Self-Esteem Scale (Chinese Version). *Chinese Mental Health Journal*, 22(9): 661－663.

[32]申自力，蔡太生．Rosenberg 自尊量表中文版条目 8 的处理[J]．中国心理卫生杂志，2008，22(9)：661－663.

[33]Sigmund, K., & Nowak, M. A. (2000). A Tale of Two Selves. *Science's Compass*, 290: 949－950.

[34] Tian, L. M., & Li, S. (2005). Differentiating and Analyzing the Concept of Self-Esteem. *Psychological Exploration*, 25(2): 26－29.

[35]田路梅，李双．自尊概念辨析[J]．心理学探新，2005，25(2)：26－29.

[36]Vandromme, H., Spruyt, A., & Hermans, D. (2011). Indirectly measured self-esteem predicts gaze avoidance. *Self and Identity*, 10: 32－43.

[37]Wang, M. C., & Dai, X. Y. (2010). Rosenberg Self-Esteem Scale(RSES). In Dai, X. Y (Eds.), *Common Psychological Assessment Scale Handbook* (251－253). Beijing, China: People's Military Medical Press.

[38]王孟成，戴晓阳．Rosenberg 自尊量表(RSES) //戴晓阳编．常用心理评估量表手册[M]．北京：人民军医出版社，2010：251－253.

[39]Yamagishi, T., Horita, Y., Takagishi, H., Shinada, M., Tanida, S., & Cook, K. S. (2009). The Private Rejection of Unfair Offers and Emotional Commitment. *Proceedings of the National Academy of Sciences of the United States of America*, 106(28): 11520－11523.

[40]Zhong, Y. P., Guo, W. J., & Huang, J. W. (2011). On the Relationship between College

Students Self-esteem and Subjective Well-being. *Journal of Ningbo University*, 24(3): 80—85.

[41]钟毅平，郭文姣，黄俊伟. 大学生自尊与主观幸福感的关系研究[J]. 宁波大学学报，2005，24(3): 80—85.

[42]Zhou, F., & Wang, D. F. (2005). Explicit/Implicit Self-Esteem and Individual's Mental Health. *Chinese Mental Health Journal*, 19(3): 197—199.

[43]周帆，王登峰. 外显和内隐自尊与心理健康的关系[J]. 中国心理卫生杂志，2011，19(3): 197—199.

[44]朱文龙，田丽. 反应窗情绪启动对自尊类型甄别的适用性问题. 首都师范大学实验室开放基金立项课题优秀论文集 2013～2014[M]. 北京：首都师范大学出版社，2014: 97—107.

大鼠冲动性与工作记忆关系研究

刘敬欢

指导教师：李新旺

（首都师范大学教育学院）

摘要：冲动性指个体倾向于快速地和不计后果地对刺激做出反应的人格特质，是人格模型的主要成分之一，一般可以分为冲动行为和冲动决策两个维度。工作记忆是主动的保持和操作从环境中获得的新信息以及从长时记忆中提取的信息，以指导当前的行为的、容量有限的系统，包括编码、保持和提取三个环节。日常生活中，与高延迟折扣率相关的适应不良行为往往同时与工作记忆能力较差有关，如药物成瘾、肥胖症和病理性赌博等。已有的研究主要采用单一的实验范式，分别考察冲动行为、冲动决策与工作记忆的关系，本研究以26只雄性Sprague-Dawley大鼠为被试，采用反应抑制—延迟折扣任务和Morris水迷宫任务，分别测量大鼠的冲动行为、冲动决策和工作记忆能力，分析不同维度的冲动性与工作记忆能力的同时，进一步探讨冲动行为、冲动决策与编码能力、提取能力的关系。实验发现，冲动决策与工作记忆相关不显著，而冲动行为与工作记忆成负相关，与提取能力成负相关，与编码能力的相关不显著。表明行为抑制的缺失个体工作记忆能力下降可能主要与提取能力下降有关，而不影响编码能力。

关键词：冲动行为；冲动决策；工作记忆

1. 引言

冲动性（impulsivity）指个体倾向于快速地和不计后果地对刺激做出反应的人格特质，是人格模型的主要成分之一。冲动性是一个多维度的概念，一般可以分为冲动行为（impulsive action）和冲动决策（impulsive choice）两个维度，其中冲动行为以行为的去抑制为特征，主要指个体无法正常地抑制自己不适当的动作和行为；冲动决策以不能延迟满足为特征，即在延迟得到的大额奖赏和立即得到的小额奖赏之间进行选择时，随着时间的延迟，个体选择立即得到的小额奖赏的倾向（Dalley，Everitt，& Robbins，2011；Baarendse & Vanderschuren，2012；Winstanley，Theobald，Dalley，Cardinal，& Robbins，2006）。

工作记忆（working memory）是主动地保持和操作从环境中获得的新信息以及从长时记忆中提取的信息，以指导当前的行为的、容量有限的系统（Baddeley，2003）。工作记忆的信息加工过程包括编码、保持和提取三个环节（Smith & Jonides，1998）。工作记忆由三部分组成：中央执行系统、语音回路和视空间画板，后两个子成分是中央执行系统的服务系统。目前认为存在两种工作记忆：言语工作记忆（verbal working memory）和空间工作记忆（spatial working memory），他们分别负责言语信息和空间信息的暂时加工和存储（Wang & Bellugi，1994）。

日常生活中，与高延迟折扣率相关的适应不良行为往往同时与工作记忆能力较差有关，如药物成瘾（Kubler，Murphy，& Garavan，2005；Ornstein et al.，2000；Thoma et al.，2011)、肥胖症(Gunstad et al.，2007)和病理性赌博等(Roca et al.，2008)。工作记忆能力较差的正常人也存在延迟折扣率较高的情况(Bickel，Landes，Hill，& Baxter，2011；Shamosh et al.，2008；Khurana et al.，2013)。

有关生理方面的研究表明，使用氨基酸受体激动剂蝇蕈醇破坏大鼠的腹侧海马-腹侧前额叶回路，大鼠在T-迷宫交互延缓任务中的空间工作记忆受损(Wang & Cai，2006)；同时，当损伤腹侧海马或腹侧前额叶破坏腹侧海马－前额叶回路时，大鼠在5CSRTT中的冲动行为增加(Yogita，Victoria，& Yuchen，2012)。以上研究结果证明腹侧海马－腹侧前额叶回路同时参与空间工作记忆和冲动行为的调节。另有研究者应用fMRI技术发现，被试在执行工作记忆任务和延迟折扣任务时，有相同的脑区如背外侧前额叶(Mu-Clure et al.，2004)激活。使用经磁颅刺激损伤背外侧前额叶皮层工作记忆受损(Osaka et al.，2007)，同时冲动决策提高(Essex，Clinton，Wonderley，& Zald，2012)，有时冲动决策也可能降低(Figner et al.，2010；Sheffer et al.，2013)。

有研究发现工作记忆影响冲动性，如以正常成人为被试，发现延迟折扣受工作记忆负荷的影响，增加工作记忆负荷，延迟折扣率增大，并且无论是大额奖赏还是小额奖赏，增加工作记忆负荷都会使延迟折扣率增大，表明工作记忆对延迟折扣的影响具有稳定性(张秀玲，2006)；以物质成瘾者为被试，发现经过工作记忆训练可以降低被试的延迟折扣率(Bickel et al.，2011)。改善物质滥用者的工作记忆，其冲动决策降低(Bickel et al.，2011)，这个结果与工作记忆缺失导致冲动决策的假设一致(Killeen，2011)。

另外有研究推测冲动性能够影响工作记忆，如有研究者采用纵向研究设计的方法，研究冲动是否对大鼠的认知功能产生长期的影响，发现青年大鼠的冲动性存在显著差异，但是冲动组与非冲动组工作记忆不存在差异；到中年期，冲动组大鼠的工作记忆受损，而非冲动组的大鼠工作记忆没有变化(Dellu et al.，2004)。

从理论依据方面、生理学依据方面以及以人类为被试的研究中发现，冲动性与工作记忆之间存在相关，但是目前以大鼠为被试，探讨冲动性与工作记忆之间关系的研究还较少，并且已有的研究得到了不一致的结果，这可能是以往研究采用的实验范式不同所造成的，而且已有的研究往往采用被试间的设计，分别测量大鼠的冲动决策和冲动行为，采用动物较多，增加了被试间的差异性对实验结果的影响。本研究采用反应抑制－延迟折扣任务和Morris水迷宫工作记忆范式，探讨大鼠的冲动行为和冲动决策与工作记忆的关系。

2. 材料和方法

2.1 被试

实验动物为26只雄性Sprague-Dawley大鼠(北京军事医学科学院实验动物中心提供)，初始体重为250g±20g。动物在45cm×30cm×20cm的塑料笼中两只一笼进行饲养，环境温度为22±1℃，光照周期为8：00～20：00，实验在光照周期内完成。正式实验开始前，动物需经历适应期和限食期。适应期为7天，适应期内动物可自由进食、饮水。每日抚摸、捉拿动物、称重并且记录动物的体重。之后进行Morris水迷宫任务，待Morris水迷宫任务完成后，大鼠进入限食期。限食期内动物可自由饮水，但限制饮食，当动物的体重至少连续5天维持在正常体重的85%时，即可进入反应抑制—延迟折扣任务(Mendez，Gilbert，Bizon，& Setlow，2012)。Morris水迷宫任务中大鼠自由进食、自由饮水，反应抑制—延迟折扣任务动物始终保持限食状态，可自由饮水。

2.2 实验装置

2.2.1 Morris水迷宫

Morris水迷宫直径98cm、高60cm，内壁和底部为黑色，水深40cm，水温22±1℃。将直径为8cm的黑色站台隐藏在水下1cm处，用墨水将水染为黑色，直至看不到水中的站台。利用Morris水迷宫行为记录系统软件追踪大鼠在黑色背景下水迷宫中的运动轨迹、潜伏期、游泳速度及路径长度。实验过程中，保证水迷宫周围的空间线索不变，如窗户、等、桌子等的位置。Morris水迷宫见图1。

2.2.2 大鼠操作性实验箱

反应抑制—延迟折扣任务(respnose inhibition-delay discounting task，RIDDT)在三个大鼠操作性实验箱(大小为29cm×29cm×26cm，宁波市科技园区安来软件科技有限公司提供)中进行，每个实验箱分别放在一个隔音箱内，隔音箱内配有风扇以保持通风。在食槽的左右两侧，有两根可伸缩的杠杆，每根杠杆上方各有一盏指示灯，指示灯亮作为杠杆伸出或者进行反应的信号。操作箱左上角靠近箱顶的位置有一盏室灯。食槽与颗粒食物泵相连，当食物泵运作时，食丸(大约每粒45mg)会自动投递至食槽内，食物泵下方有两个电极，可以感应食丸投递的数量。当达到实验设定的食丸投递数量时，食物泵自动停止转动。所有的行为学数据均由实验动物行为分析软件输出。大鼠操作性实验箱见图2。

图1 Morris水迷宫

图2 大鼠操作性实验箱

2.3 行为程序

2.3.1 Morris水迷宫任务

适应期：训练开始前24h让大鼠在没有站台的水迷宫内游泳3min，适应环境；

训练前期：将大鼠背向水池，从每个象限的中点放入迷宫中，随机变换每个试次内大鼠入水的象限，每个训练周期内站台的位置保持不变。大鼠在60s内找到站台并在上面停留20s。如果60s内大鼠没有找到站台，则将其引导至站台并在站台上停留20s。每天进行2个实验区组的训练，每个实验区组包括4个试次，每个试次之间间隔60s，两个区组间间隔 3min，连续训练 3 天，使大鼠学会寻找站台的规则。

训练期：训练前期结束 2 天后进行。每天变换站台的位置进行 2 个试次，连续 5 天，使动物均可以在 30s 内找到站台，表明大鼠的工作记忆成绩稳定。如果没有达到训练标准，则继续训练直至成绩达到标准。

测试期：实验第 11 天进行 2 次测试，第 1 次需要大鼠寻找新的站台位置，找到站台并在上面停留 20s，为工作记忆的编码阶段；第 2 次在 3min 后进行，大鼠的入水象限改变，站台位置不变，为工作记忆的提取阶段。

2.3.2　反应抑制—延迟折扣任务

适应期：在食槽及两根杠杆上放置一定数量的食丸，然后将大鼠放在操作箱中适应 3min，此时，室灯、杠杆指示灯均处于熄灭状态，杠杆处于缩回状态。

训练期：

阶段一：训练大鼠建立按压杠杆得到食丸的条件反射，每天 1 个实验周期(共 90 个试次)，具体训练流程见图 3。

当大鼠在 30min 内按压两杠杆的次数均在 50 次以上时，训练停止，进入下一阶段(Winstanley et al.，2006)。

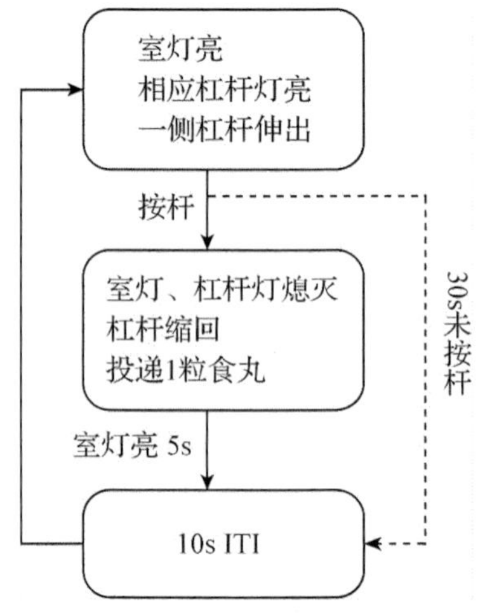

图 3　阶段一训练流程图

阶段二：训练大鼠学会反应抑制任务，即建立杠杆指示灯亮按压杠杆的条件反射；每天 1 个训练周期(共 90 个试次)，具体训练流程见图 4。

当大鼠的正确反应率达到 80％以上时，即可进入下一训练阶段(Hayton，Lovett-Barron，Dumont，& Olmstead，2010)。

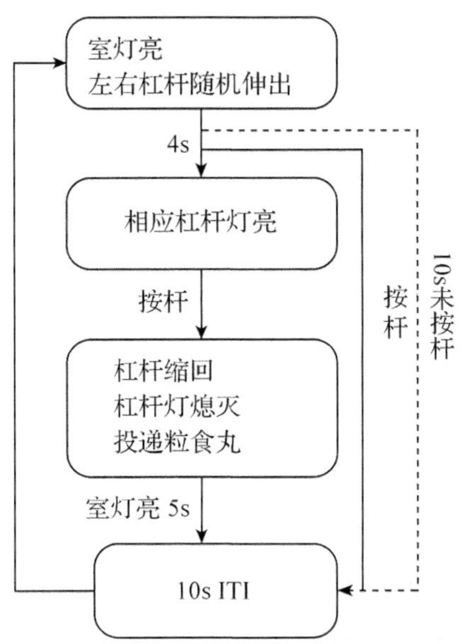

图 4 反应抑制任务训练流程图

阶段三：反应抑制—辨别奖赏训练，训练大鼠形成两根杠杆所投递的食丸量不同的认知；

在实验过程中，按压其中一根杠杆可以得到 1 粒食丸，记为 SR 杆，按压另一根杠杆可以得到 3 粒食丸，记为 LR 杆。对于每只动物而言，在整个实验过程中，SR 杆和 LR 杆的左右位置固定，同时一半的动物接受左杆代表 SR 杆的训练，一半动物接受右杆代表 SR 杆的训练。该训练阶段每天进行 1 个实验周期(共 50 个试次)，具体训练流程见图 5。

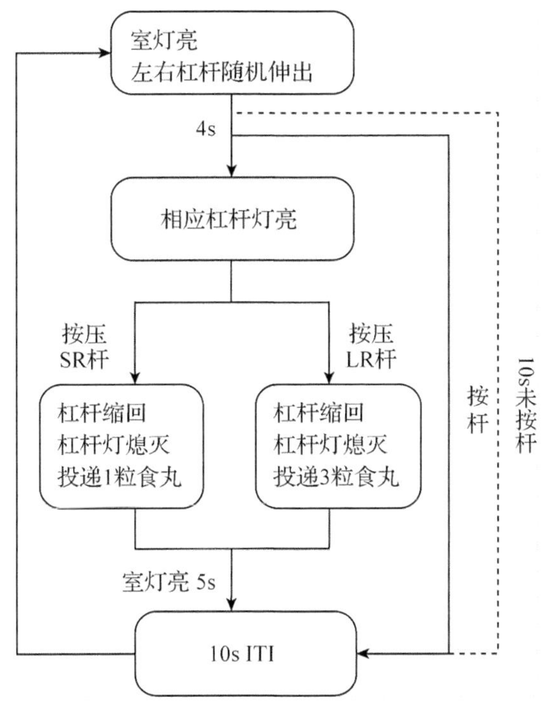

图 5 反应抑制—辨别奖赏训练流程图

训练 5 天后，进入自由选择训练。在自由选择训练任务中，两杠杆同时伸出，当大鼠连续 2 天选择 LR 杆的比例在有效按杆的 80%以上时，即可进入下一阶段的训练。

阶段四：训练大鼠形成两根杠杆投递的食丸量和延迟时间均不同的认知。每天 1 个实验周期(包含 4 个区组，共 48 个试次)，4 个区组的延迟时间按照 0s、5s、10s、20s 逐渐递增。每个区组共 12 个试次，其中，首先出现 2 个迫选试次，之后是 10 个自由选择试次随后是 10 个自由选择试次。具体流程如图 6、图 7 所示。

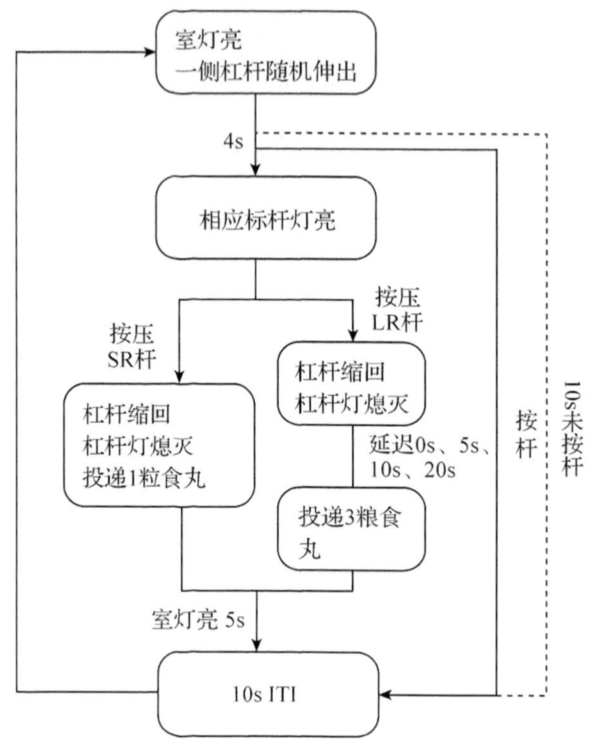

图 6　RIDDT 迫选试次流程图

训练需达到的标准(1)有效按压杠杆的总数占总试次数的 80%以上；(2)连续三天，当延迟时间为 0s 时，大鼠平均选择 LR 杆的比例在 80%以上；(3)取最后 3 个实验周期的数据，运用重复测量的两因素方差分析，考察实验周期、延迟时间对大鼠选择 LR 杆比例的影响。当延迟时间的主效应显著，而实验周期的主效应、实验周期和延迟时间的交互作用均不显著时，即可认为训练成绩达到稳定(Harty，Whaley，Halperin，& Ranaldi，2011；Winstanley et al.，2006)。

分组期：以训练期最后 3 天大鼠选择 LR 杆的平均比例作为冲动决策的基线，以最后 3 天过早反应的总数作为大鼠冲动行为的基线，依照中位数分组法将其分为高冲动决策组、低冲动决策组或高冲动行为组、低冲动行为组。

2.4　数据分析

本研究测量的主要指标包括：(1)工作记忆指标，即大鼠在编码阶段和提取阶段潜伏期的差值；(2)冲动决策指标，即 RIDDT 中选择 LR 杆的比例；(3)LA 指标，即大鼠

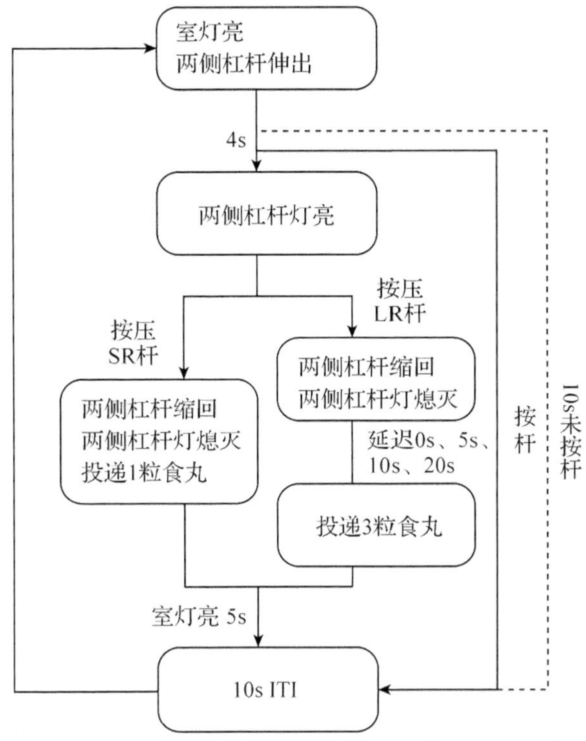

图 7　RIDDT 自由选择试次流程图

在 LA 箱中运动的路程。使用重复测量两因素方差分析，考察不同延迟时间、实验周期对大鼠选择 LR 杆比例的影响；使用独立样本 t 检验，考察高、低冲动决策及高、低冲动行为大鼠冲动决策、工作记忆、编码能力、提取能力的差异；使用 Person 相关分析，考察冲动决策及冲动行为与工作记忆潜伏期、编码时间、提取时间的关系。

3. 结果

3.1　大鼠先天冲动决策和冲动行为的差异

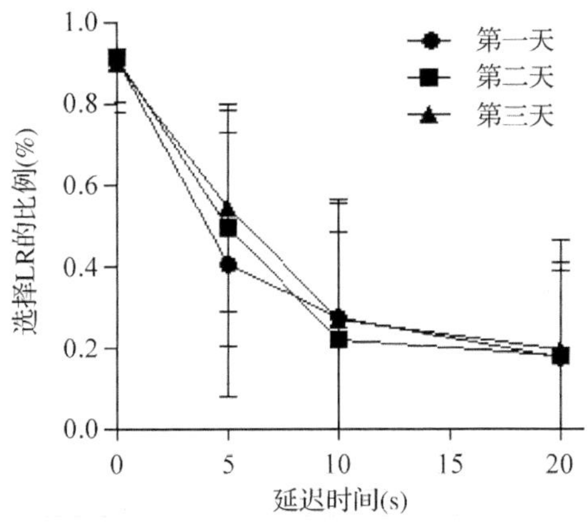

图 8　大鼠先天冲动决策的基线水平

如图 8 所示，采用重复测量两因素方差分析，考察实验周期、不同延迟时间对大鼠选择 LR 杆比例的影响。结果发现，实验周期的主效应不显著 $F(2, 36)=1.409$，$p>0.05$，试验周期与延迟时间的交互作用不显著 $F(6, 108)=1.647$，$p>0.05$，延迟时间的主效应显著 $F(3, 54)=139.692$，$p<0.05$。证明大鼠训练成绩达到稳定水平。

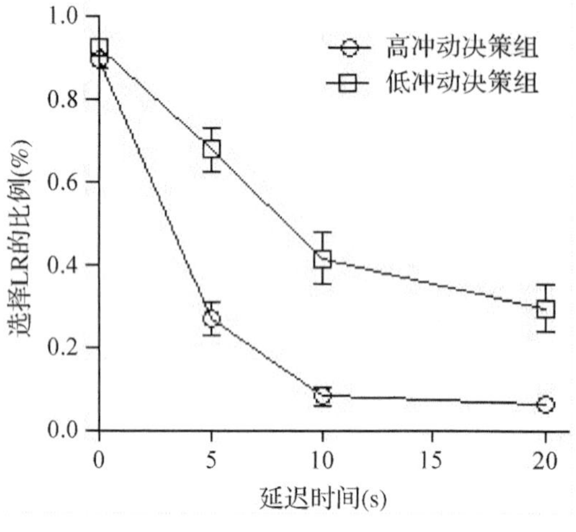

图 9 大鼠先天冲动决策水平的差异

图 10 大鼠先天冲动决策水平的差异

如图 9 所示，采用重复测量两因素方差分析，考察不同延迟时间、先天冲动决策水平对大鼠选择 LR 杆比例的影响。延迟时间和先天冲动决策水平的交互作用显著 $F(3, 54)=9.165$，$p<0.05$。简单效应分析发现，当延迟时间为 0s 时，低冲动决策组大鼠选择 LR 杆的比例与高冲动决策组差异不显著($p>0.05$)；当延迟时间为 5s、10s、20s 时，低冲动决策组大鼠选择 LR 杆的比例显著高于高冲动决策组大鼠($ps<0.05$)。

如图 10 所示，采用独立样本 t 检验，考察高、低冲动行为组大鼠冲动决策水平的差异，发现两组大鼠冲动行为差异显著($t=6.317$，$df=18$ ，$p<0.05$)。

3.2 先天冲动水平不同的大鼠工作记忆的差异

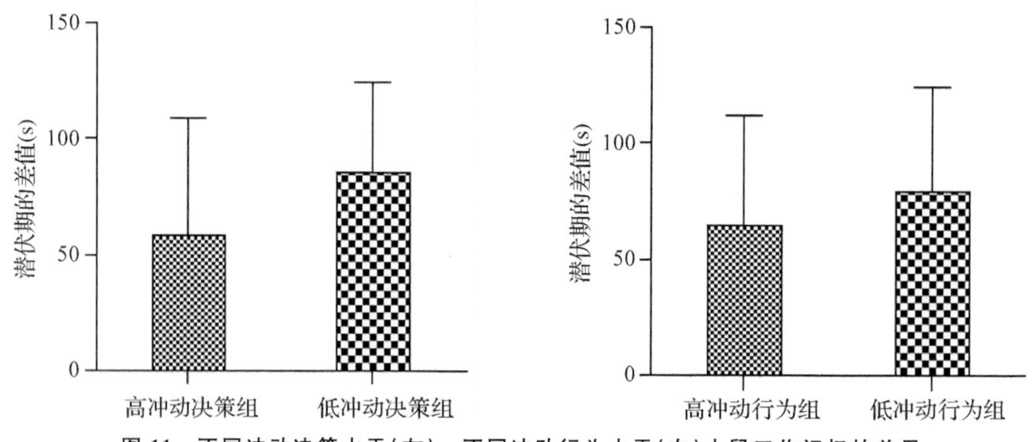

图 11 不同冲动决策水平(左)、不同冲动行为水平(右)大鼠工作记忆的差异

如图 11 所示，采用独立样本 t 检验，考察先天冲动水平不同的大鼠工作记忆的差异，发现高、低冲动决策组大鼠工作记忆的差异不显著（$t=-1.368$，$df=18$，$p>0.05$），高、低冲动行为组大鼠工作记忆的差异不显著（$t=-0.731$，$df=18$，$p>0.05$）。

3.3 先天冲动水平不同的大鼠编码能力的差异

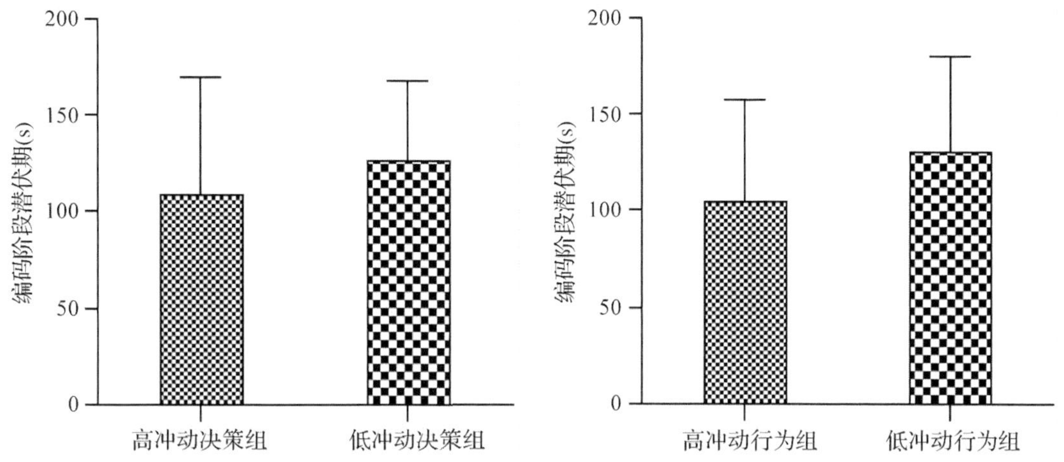

图 12 不同冲动决策水平(左)、不同冲动行为水平(右)大鼠编码能力的差异

如图 12 所示，采用独立样本 t 检验，考察先天冲动水平不同的大鼠编码能力的差异，发现高、低冲动决策组大鼠编码能力的差异不显著（$t=0.764$，$df=18$，$p>0.05$），高、低冲动行为组大鼠编码能力的差异不显著（$t=-1.144$，$df=18$，$p>0.05$）。

3.4 先天冲动水平不同大鼠提取能力的差异

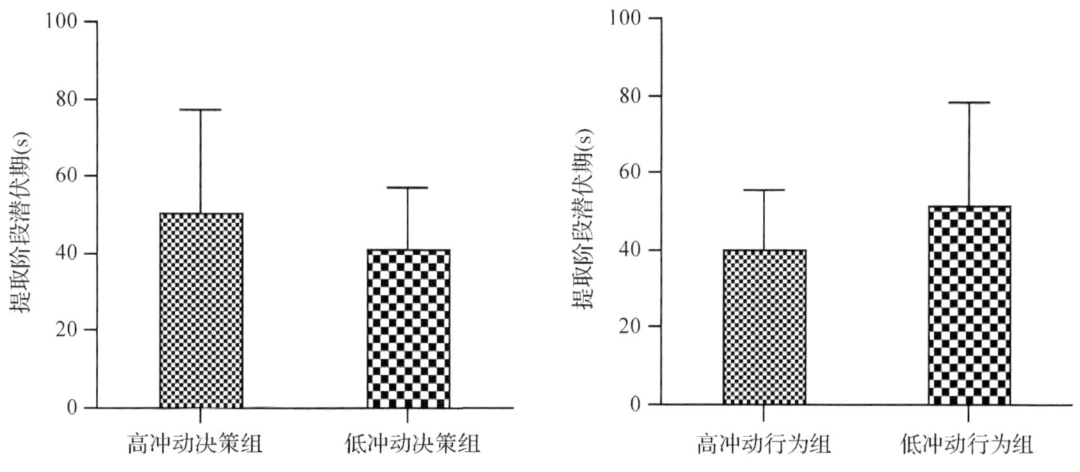

图 13 不同冲动决策水平(左)、不同冲动行为水平(右)大鼠提取能力的差异

如图 13 所示，采用独立样本 t 检验，考察先天冲动水平不同的大鼠提取能力的差异，发现高、低冲动决策组大鼠提取能力的差异不显著（$t=0.941$，$df=18$，$p>0.05$），高、低冲动行为组大鼠提取能力的差异不显著($t=-1.133$，$df=18$ ，$p>0.05$)。

3.5 先天冲动水平与工作记忆间的相关关系

表1 先天冲动水平与工作记忆间的相关关系

	工作记忆潜伏期		编码时间		提取时间	
	Person correlation	Sig	Person correlation	Sig	Person correlation	Sig
冲动决策	0.001	0.996	−0.191	0.48	0.213	0.429
冲动行为	0.737	0.001	0.034	0.9	0.643	0.007

通过 Person 相关分析，发现冲动决策与工作记忆潜伏期之间的相关不显著($r=0.001$，$p>0.05$)，与编码时间之间的相关不显著($r=-0.191$，$p>0.05$)，与提取时间之间的相关不显著($r=0.213$，$p>0.05$)；冲动行为与工作记忆潜伏期之间的相关显著($r=0.737$，$p<0.05$)，与编码时间之间的相关不显著($r=0.034$，$p>0.05$)，与提取时间之间的相关显著($r=0.643$，$p<0.05$)。

4. 讨论

本实验采用 RIDDT 模型，考察大鼠冲动性(包括冲动决策和冲动行为两个维度)与工作记忆的关系，并且分析了冲动水平不同的大鼠编码能力、提取能力的差异。实验首先建立高、低冲动决策组和高、低冲动行为组的大鼠 RIDDT 模型；之后分别研究大鼠冲动决策、冲动行为与工作记忆、编码能力、提取能力的差异。

第一，实验成功建立了高、低冲动决策大鼠组或高、低冲动行为组大鼠的反应抑制—延迟折扣任务模型。

在反应抑制—延迟折扣任务中的延迟折扣任务阶段，需要辨别奖赏大小、感知延迟时间及延迟厌恶等能力未受影响(Barbelivien，Billy，Lazarus，Kelche，& Majchrzak，2008；Winstanley et al.，2003)。在本研究中，当延迟时间为 0s 时，高、低冲动决策组大鼠选择 LR 杆的比例没有显著差异，证明两组大鼠都能够辨别奖赏大小；随着延迟时间的增长，两组大鼠选择 LR 杆的比例降低，证明两组大鼠都能感知延迟时间的变化；不过，虽然随着延迟时间的增长两组大鼠选择 LR 杆的比例都降低，但是高冲动决策组大鼠选择 LR 杆的比例显著低于低冲动决策组大鼠，证明高冲动决策组大鼠对延迟更加敏感。

在反应抑制一延迟折扣任务中的反应抑制阶段，只有当指示灯亮后，大鼠按压杠杆才能得到相应的奖赏，实验发现，高冲动行为组大鼠的冲动行为显著高于低冲动行为组大鼠，证明两组大鼠的冲动行为水平存在先天差异。

综上所述，大鼠的先天冲动决策、冲动行为水平存在显著差异，本研究的分组有效。

第二，冲动决策与工作记忆相关不显著，先天冲动决策水平不同的大鼠工作记忆差异不显著。关于冲动决策与工作记忆的关系，有的研究证明两者之间存在正相关，如 Renda 等人(2014)发现冲动决策较高的大鼠工作记忆较差，但是 Dellu-Hagedorn 等人

(2006)发现两者之间相关不显著。造成不同结果的原因可能是实验范式不同，Renda 等人采用滴定延迟位置匹配任务测量工作记忆，大鼠需要按压杠杆完成任务，属于操作类任务；而 Dellu-Hagedorn 等人以及本研究中采用八臂迷宫或者水迷宫测量大鼠的工作记忆，属于迷宫类任务。

第三，冲动行为与工作记忆呈负相关，冲动行为越高的个体，工作记忆越差，进一步分析发现，冲动行为与编码时间的相关不显著，与提取时间呈正相关，即冲动行为越高，提取时间越长。之前有研究以猴子为研究对象，发现冲动性较高的猴子在工作记忆任务中表现较差(James, Groman, Seu, Jorgensen, Fairbanks, & Jentsch, 2007)。以人类为被试的研究发现，随着年龄的增长工作记忆下降的原因是抑制控制能力下降(Chambers, Garavan, & Bellgrove, 2009; Chiappe, Hasher, & Siegel, 2000; Head, Kennedy, Rodrigue, & Raz, 2009)。在临床上发现，ADHD 患者、孤独症患者同时存在行为抑制能力和工作记忆能力下降的症状(Yang et al., 2011; Aguiar, Eubig, & Schantz, 2010)。以大鼠为被试的研究发现，工作记忆较差的大鼠行为抑制能力下降，证明这两种执行功能间存在相关。有研究者认为，工作记忆与行为抑制相关的成分主要指用短时记忆中的信息指导当前的行为(Gregoire, Rivalan, Le Moine, & Dellu-Hagedorn, 2012)，而从长时记忆中提取信息的能力与行为抑制间的相关不显著(Awh, Vogel, & Oh, 2006)，但是在本研究中编码试次和提取试次间的间隔时间为 3min，大鼠对站台位置的记忆信息已进入长时记忆，研究发现，大鼠的行为抑制能力与提取能力存在负相关，与上述解释矛盾，具体原因还有待进一步研究。

一些研究者认为工作记忆执行控制系统的缺失可能能够解释冲动性较高个体认知的缺失和行为的去抑制(Finn, Justus, Mazas, & Steinmetz, 1999; Stanford, Greve, & Gerstle, 1997; Villemarette-Pittman, Stanford, & Greve, 2003)。执行控制指执行复杂任务时能够同时保持内部信息和注意外部信息的能力(Baddeley, Chincotta, & Adlam, 2001)。例如，如果一个人面临着复杂的决策任务时，如果工作记忆能力较差，可能将延迟较长时间得到的大额奖赏视为较困难的选择，从而选择立即得到的小额奖赏，以至于冲动性提高。

第四，冲动决策和冲动行为可能受到不同的神经机制的调节。有研究者认为，可能存在前额叶皮层—纹状体神经系统参与大鼠冲动性的调节。在前额叶皮层(prefrontal cortex, PFC)内，与冲动性调节有关的脑区主要有前扣带皮层(anterior cingulate cortex, Cgl)、眶额叶皮层(orbital frontal cortex, OFC)和缘下皮层(infralimbic cortex, IL)。伏隔核核部(nucleus accumbens core, NAcbC)和伏隔核壳部(nucleus accumbens shell, NAcbS)分别接受来自于 Cgl、OFC 和 IL、OFC 的神经投射(Voorn, Vanderschuren, Groenewegen, Robbins, & Pennartz, 2004)。NAcbC 和 NAcbS 都接受 DA 能神经元的神经投射(Brog, Salyanpongse, Deutch, & Zahm, 1993)，而只有 NAcbS 接受 NA 能神经元的神经投射(Berridge, Stratford, Foote, & Kelley, 1997; McKittrick, & Abercrombie, 2007)。这两种不同的神经分布表明可能存在两个独立的回路，即 Cgl 和 NAcbC 回路及 IL 和 NAcbS 回路，前者主要与冲动决策的调节有关，而后者主要参与冲动行为的调节，为使个体的冲动性保持在合理的水平，可能需要一个或者两个回路的参与。

5. 结论

本研究采用反应抑制—延迟折扣任务和 Morris 水迷宫任务，考察了大鼠冲动行为、冲动决策与工作记忆能力的关系，实验结果表明：

第一，冲动决策与大鼠工作记忆能力的相关不显著；

第二，冲动行为越高的大鼠，工作记忆越差；

第三，冲动行为对大鼠工作记忆的影响可能主要通过损伤提取能力而产生。

本研究只限于考察两种执行控制功能的关系，而对于发挥作用的相关脑区、神经递质并没有进行研究，今后研究可以根据这一缺点进行改进。

参考文献

[1]Aguiar, A., Eubig, P. A., & Schantz, S. L. (2010). Attention deficit/hyperactivity disorder: a focused overview for children's environmental health researchers. *Environmental Health Perspectives*, 118(12): 1646—1653.

[2]Awh, E., Vogel, E. K., & Oh, S. H. (2006). Interactions between attention and working memory. *Neuroscience*, 139(1): 201—208.

[3]Baarendse, P. J. J., & Vanderschuren, L. J. M. J. (2012). Dissociable effects of monoamine reuptake inhibitors on distinct forms of impulsive behavior in rats. *Psychopharmacology*, 219(2): 313—326.

[4]Baddeley, A. (2003). Working memory: Looking back and looking forward. *Nature Reviews Neuroscience*, 4(10): 829—839.

[5]Baddeley, A., Chincotta, D., & Adlam, A. (2001). Working memory and the control of action: Evidence from task switching. *Journal of Experimental Psychology: General*, 130(4): 641—657.

[6]Berridge, C. W., Stratford, I. L., Foote, S. L., & Kelley, A. E. (1997). Distribution of dopamine β-hydroxylase-like immunoreactive fibers within the shell subregion of the nucleus accumbens. *Synapse*, 27(3): 230—241.

[7]Bickel, W. K., Yi, R., Landes, R. D., Hill, P. F., & Baxter, C. (2011). Remember the Future: Working Memory Training Decreases Delay Discounting Among Stimulant Addicts. *Biological Psychiatry*, 69(3): 260—265.

[8]Brog, J. S., Salyanpongse, A., Deutch, A. Y., Zahm, D. S. (1993). The patterns of afferent innervation of the core and shell in the 'accumbens' part of the rat ventral striatum: immunohistochemical detection of retrogradely transported fluorogold. *Journal of Comparative Neurology*, 338(2): 255—278.

[9]Chambers, C. D., Garavan, H., & Bellgrove, M. A. (2009). Insights into the neural basis of response inhibition from cognitive and clinical neuroscience. *Neuroscience and Biobehavioral Reviews*, 33(5): 631—646.

[10]Chiappe, P., Hasher, L., & Siegel, L. S. (2000). Working memory, inhibitory control, and reading disability. *Memory & Cognition*, 28(1): 8—17.

[11]Dalley, J. W., Everitt, B. J., & Robbins, T. W. (2011). Impulsivity, Compulsivity, and Top-Down Cognitive Control. *Neuron*, 69(4): 680—694.

[12]Essex, B. G. , Clinton, S. A. , Wonderley, L. R. , & Zald, D. H. (2012). The Impact of the Posterior Parietal and Dorsolateral Prefrontal Cortices on the Optimization of Long-Term versus Immediate Value. *Journal of Neuroscience*, 32(44): 15403—15413.

[13]Figner, B. , Knoch, D. , Johnson, E. J. , Krosch, A. R. , Lisanby, S. H. , Fehr, E. , & Weber, E. U. (2010). Lateral prefrontal cortex and self-control in intertemporal choice. *Nature Neuroscience*, 13(5): 538—539.

[14]Finn, P. R. , Justus, A. , Mazas, C. , & Steinmetz, J. E. (1999). Working memory, executive processes and the effects of alcohol on go/no-go learning: Testing a model of behavioral regulation and impulsivity. *Psychopharmacology*, 146(4): 465—472.

[15]Head, D. , Kennedy, K. M. , Rodrigue, K. M. , & Raz, N. (2009). Age differences in perseveration: cognitive and neuroanatomical mediators of performance on the Wisconsin Card Sorting Test. *Neuropsychologia*, 47(4): 1200—1203.

[16] http: //creativecommons. org/licenses/by/2. 0. "Relationship between impulsivity, hyperactivity and working memory: a differential analysis in the rat". *Behavioral and Brain Functions*, 2006.

[17]Gregoire, S. , Rivalan, M. , Le Moine, C. , & Dellu-Hagedorn, F. (2012). The synergy of working memory and inhibitory control: behavioral, pharmacological and neural functional evidences. *Neurobiology of Learning and Memory*, 97(2): 202—212.

[18]Gunstad, J. , Paul, R. H. , Cohen, R. A. , Tate, D. F. , Spitznagel, M. B. , & Gordon, E. (2007). Elevated body mass index is associated with executive dysfunction in otherwise healthy adults. *Comprehensive Psychiatry*, 48(1): 57—61.

[19]Kubler, A, Murphy, K. , & Garavan, H. (2005). Cocaine dependence and attention switching within and between verbal and visuospatial working memory. *European Journal of Neuroscience*, 21(7): 1984—1992.

[20]Khurana, A. , Romer, D. , Betancourt, L. M. , Brodsky, N. L. , Giannetta, J. M. , & Hurt, H. (2013). Working memory ability predicts trajectories of early alcohol use in adolescents: the mediational role of impulsivity. *Addiction*, 108(3): 506—515.

[21]Killeen, P. R. (2011). Models of trace decay, eligibility for reinforcement, and delay of reinforcement gradients, from exponential to hyperboloid. *Behavioural Processes*, 87(1): 57—63.

[22]McKittrick, C. R. , & Abercrombie, E. D. (2007). Catecholamine mapping within nucleus accumbens: differences in basal and amphetamine-stimulated efflux of norepinephrine anddopamine in shell andcore. *Journal of Neurochemistry*, 100(5): 1247—1256.

[23]Ornstein, T. J. , Iddon, J. L. , Baldacchino, A. M. , Sahakian, B. J. , London, M. , Everitt, B. J. , & Robbins, T. W. (2000). Profiles of cognitive dysfunction in chronic amphetamine and heroin abusers. *Neuropsychopharmacology*, 23(2): 113—126.

[24]Osaka, N. , Otsuka, Y. , Hirose, N. , Ikeda, T. , Mima, T. , Fukuyama, H. , & Osaka, M. (2007). Transcranial magnetic stimulation (TMS) applied to left dorsolateral prefrontal cortex disrupts verbal working memory performance in humans. *Neuroscience Letters*, 418(3): 232—235.

[25]Roca, M. , Torralva, T. , Lopez, P. , Cetkovich, M. , Clark, L. , & Manes, F. (2008). Executive functions in pathologic gamblers selected in an Ecologic setting. *Cognitive and Behavioral Neurology*, 21(1): 1—4.

[26]Shamosh, N. A. , DeYoung, C. G. , Green, A. E. , Reis, D. L. , Johnson, M. R. , Conway, A. R. A. , Engle, R. W. , Braver, T. S. , & Gray, J. R. (2008). Individual Differences in Delay Dis-

counting Relation to Intelligence, Working Memory, and Anterior Prefrontal Cortex. *Psychological Science*, 19(9): 904—911.

[27]Sheffer, C. E. , Mennemeier, M. S. , Landes, R. D. , Dornhoffer, J. , Kimbrell, T. , Bickel, W. K. , Brackman, S. , Chelette, K. C. , Brown, G. , & Vuong, M. (2013). Focal Electrical Stimulation as an Effective Sham Control for Active rTMS and Biofeedback Treatments. *Applied Psychophysiology and Biofeedback*, 38(3): 171—176.

[28]Smith, E. E. , Jonides, J. (1998). Neuroimaging analyses of human working memory. *Proceedings of the National Academy of Sciences of the United States of America*, 95(20): 12061—12068.

[29]Stanford, M. S. , Greve, K. W. , & Gerstle, J. E. (1997). Neuropsychological correlates of self-reported impulsive aggression in a college sample. *Personality and Individual Differences*, 23: 961—965.

[30]Thoma, R. J. , Monnig, M. A. , Lysne, P. A. , Ruhl, D. A. , Pommy, J. A. ... & Yeo, R. A. (2011). Adolescent Substance Abuse: The Effects of Alcohol and Marijuana on Neuropsychological Performance. *Alcoholism-Clinical and Experimental Research*, 35(1): 39—46.

[31]Villemarette-Pittman, N. R. , Stanford, M. S. , & Greve, K. W. (2003). Language and executive function in self-reported impulsive aggression. *Personality and Individual Differences*, 34(8): 1533—1544.

[32]Voorn, P. , Vanderschuren, U. , Groenewegen, H. J. , Robbins, T. W. , & Pennartz, C. M. (2004). Putting a spin on the dorsal-ventral divide of the striatum. *Trends in Neurosciences*, 27(8): 468—474.

[33]Wang, P. P. , & Bellugi, U. , (1994). Evidence from 2 Genetic Syndromes for a Dissociation between Verbal and Visual-Spatial Short-Term-Memory. *Journal of Clinical and Experimental Neuropsychology*, 16(2): 317—322.

[34]Wang, G. W. , Cai, J. X. (2006). Disconnection of the hippocampal—prefrontal cortical circuits impairs spatial working memory performance in rats. *Behavioural Brain Research*, 175(2): 329—336.

[35]Wang, P. P. , & Bellugi, U. (1994). Evidence from 2 Genetic Syndromes for a Dissociation between Verbal and Visual-Spatial Short-Term-Memory. *Journal of Clinical and Experimental Neuropsychology*, 16(2): 317—322.

[36]Winstanley, C. A. , Theobald, D. E. , Dalley, J. W. , Cardinal, R. N. , & Robbins, T. W. (2006). Double dissociation between serotonergic and dopaminergic modulation of medial prefrontal and orbitofrontal cortex during a test of impulsive choice. *Cereb Cortex*, 16(1): 106—114.

[37]Yang, B. R. , Chan, R. C. , Gracia, N. , Cao, X. Y. , Zou, X. B. , ... Shum, D. (2011). Cool and hot executive functions in medication—naive attention deficit hyperactivity disorder children. Psychological Medicine, 41(12): 2593—2602.

[38]Yogita, C. Victoria, M. D. & Yuchen, L. (2012). Hippocampal—prefrontalcortical circuit mediates inhibitory response control in the rat. *The Journal of Neuroscience*, 32(32): 10915—10924.

社区项目管理沙盘模拟的搭建及优化

张微薇　李枭伟　徐　珏

指导教师：于　阳

（首都师范大学管理学院）

摘要： 随着改革的深入、城市现代化建设的加快，与其相关联的城市社区管理有了新的发展，人们与社区的联系日益紧密。人们生活物质水平的提高，需求趋向多元化和复杂化，这对社区服务与管理的专业化提出了更高的要求。而现阶段居委会成员的非专业化已不能适应新形势对社区管理者的要求，因此，本文模仿企业竞争模拟沙盘的思路，构建出社区项目管理沙盘。文章中不仅对其用法进行了详细说明，也将模型进行了进一步的优化。

关键词： 社区工作；沙盘模拟；优化；社区沙盘

一、绪论

（一）研究背景

随着经济的不断发展，居民对社区的服务、社区安全、居住环境、文化生活、医疗卫生等方面的需求与要求越来越高，社区的建设也越来越完善，但是社区的管理相对于社区建设明显有些滞后。社区管理研究往往以经验居多，没有形成一个相对未来发展趋势的理论指引，同时，社区管理体制大都停留在政府治理的范畴内，与“社区”本质是实现居民自治相违背。目前，人们与社区的联系日益紧密，居委会作为群众性自治组织，受到居民的依赖。随着政府对社会控制的调整，社会自主性力量逐渐增强，各种社会性组织逐年增多，在社会参与上发挥了越来越重要的作用。随着城市化进程的加快，城市管理中心开始下移，街道办事处作为最基层的行政组织获得了比以前更大的权力。那么，针对社区的管理，想要让社区层面的组织与人员发挥出价值，就要建立一套适宜的管理体系，运用合理有效的方法，这样才能够将社会资源最大限度地整合，居民才能够享受到良好的服务。

（二）国内外关于社区工作的现状

我国社区管理曾经长期实行的是与计划经济相适应的行政全能主义的“亚社区”管理体制。“单位人管理”和“地区管理”是其主要特征。在传统社区管理体制下，单位成为政府的附属，传统的街道和居委会则是辅助单位，起着拾遗补缺的作用。改革开放以后，特别是20世纪90年代以后，随着经济体制的改革，社会主义市场经济的深入发展，我国城市社区管理体制发生了很大的变化。政府逐渐将社会性事务交给社区，政府通过“单位”全面干预社会生活的地位和职能有所弱化。随着人们与社区的联系日益紧密，居委会作为群众性自治组织再次受到人们的关注。随着政府对社会控制的调整，社会自主性力量逐渐增强，各种社会性组织逐年增多，在社会参与上发挥了越来越重要的作用。随着城市化进程的加快，城市管理中心开始下移，街道办事处作为最基层的行政组织获得了比以前更大的权力。

同时，社区的管理还存在着许多问题。一是社区承担了更多的社会事务职责，但社区的管理权力却未得到相应的调整。各条线在社区各设一套班子，对社区服务建设总量不少，但因是“小而全”，相互之间没有实现充分整合。如民政部门重视对老年人口的生活照料服务，卫生部门大力推进社区卫生康复治疗服务，文化部门提倡社区文化设施的充分使用等等。这些社区服务具有很大的共通性和重复性，这其实是旧管理体制条块分割的矛盾在社区管理体制未得到充分完善时期的表现。对社区服务资源的优化整合，将是进一步完善社区管理体制的重要内容，也是进一步发挥社区服务功能的关键问题。二是社区管理工作人员队伍薄弱，整体专业化程度偏低。从总体上看，目前我国城市社区管理人员队伍年龄结构的不适应，绝大多数社区工作人员年龄偏大，老龄化现象严重。再是非专业化现象严重。在我国计划经济体制时期，政府对城市居民的控制主要是通过单位来实现的，居委会作为单位体制的补充，只管理单位体制以外的社会人员，它负有的社会管理和社会服务功能还相对较少，工作比较简单，因而在居委会人员的任职资格方面，条件比较宽松，只要有热心，有时间和精力就基本上能够胜任居委会的工作。随着社会的发展，人们物质生活水平的提高，人们的需求趋向多元化和复杂化对社区服务与管理的专业化提出了更高的要求，现阶段居委会成员的非专业化已不能适应新形势对社区管理者的要求。

社区发展在西方国家已经有着百年历史，特别是在英、美等国，社区发展已经到了相当高的水平，社区工作已经成为城市行政管理工作中的一部分。社区工作主要形成了自治模式、行政模式、混合模式这三种模式。社区自治模式主要表现为政府与社会相对分离，政府对社区的干预主要以间接管理为主，政府的主要职能是为社区自治提供法律制度支持。社区自治在社区中占主导地位，社区的具体事务完全是按照自主自治原则处理的。

(三)研究意义

社区管理是社会管理的一部分。社区作为“三个文明建设”的重要阵地，要用科学的手段进行有效的管理。社区管理的提升一方面能够使基层群众自治组织的价值发挥到最大，另一方面能够使居民从中受益。社区管理的实质与企业的管理存在着一定的相似性，只不过社区管理是非营利化的。我们借鉴企业的沙盘模拟管理方式，将此法用于社区的管理当中，用“人在情景中”的方式把人置身于一个三级资源的社区环境中，把服务站的人员类比成企业中的各阶层职员。那么，在规定的时间内，社区人员完成社区项目的工作就可以被进行量化，甚至可以给每个参与的社区进行打分，对其工作效率进行评价。通过这样的方式，社区的自治组织成员就可以有效地组织社会上的资源，整合各部门之间的服务工作。同时，社区的社工人员也能够通过沙盘模拟得到专业化的指导，为今后的社区工作制订合理的计划。用沙盘模拟的方式，每个社区和每个社区管理人员都被赋予了价值，价值的高低可以反映出工作能力的高低，项目的完成情况也就更加透明化。总之，通过用沙盘模拟的方式，社区的各项工作能够高效地进行，居民也能够依靠社区得到应该享有的服务。

二、社区项目管理沙盘的来源

(一)企业ERP沙盘的引入

1. ERP沙盘的概念

ERP(企业资源计划系统)沙盘是传统的模拟沙盘，是针对代表先进的现代企业经营与管理技术设计的角色体验的实验平台。ERP的实质就是如何在资源有限的情况下，合理组织生产，力求做到利润最大，成本最低。ERP沙盘是企业资源规划沙盘的简称，也就是利用实物沙盘直观、形象地展示企业的内部资源和外部资源。通过ERP沙盘可以展示企业的主要物质资源，包括厂房、设备、仓库、库存物料、资金、职员、订单、合同等各种内部资源；还可以展示包括企业上下游的供应商、客户和其他合作组织，甚至为企业提供各种服务的政府管理部门和社会服务部门等外部资源。企业ERP模拟的实质就是如何在资源有限的情况下，合理组织生产，力求做到利润最大，成本最低。沙盘，使用平面或立体模型模拟真实情况，使人对所关注的问题了然于胸，从而运筹帷幄，制定决策。

2. ERP沙盘的简要用法

ERP沙盘以生产型企业为背景，沙盘模拟过程将企业分为五个相互联系又相互独立的部门，这五个部门分别为营销部门、生产部门、财务部门、采购部门和管理部门。参加者以各自代表的企业经营管理者的身份，分别担任CEO、营销总监、生产总监、采购总监、财务总监及财务助理，涉及财务、物流、生产、营销等重要角色，实地体验商业竞争的激烈性。面对同行竞争对手、产品老化、市场单一化，公司要如何保持成功及不断的成长是每位成员面临的重大挑战。ERP沙盘模拟的过程会涉及整体战略、产品研发、设备投资改造、生产能力规划与排程、物料需求计划、资金需求规划、市场与销售、财务经济指标分析、团队沟通与建设等多个方面。

(二)社区工作与沙盘的相似之处

社区工作是在党和政府的领导下，依靠社区力量，利用社区资源，强化社区功能，解决社区问题，促进社区政治、经济、文化、环境协调和健康发展，不断提高社区成员的生活水平和生活质量的过程，也是建设管理有序、服务完善、环境优美、治安良好、生活便利、人际关系和谐的新型社区的过程。企业经营的目的是获得利润以满足企业生存发展的需求，而社区工作的主要目的是满足社区需要，解决社区问题，培养社区成员的归属感和认同感；更深层次的目的是增加居民信心、技术和社区自组织的权利，促进社区整合，改善社区环境，实现社会公正。社区工作以一定的社区为对象，帮助社区居民了解与认识社区存在的问题，动员与调配社区的可用资源，配合外力的协助，解决社区的社会问题，改善社区成员的生活质量。与企业ERP沙盘模拟中的企业经营管理者承担的责任相似，社区工作者也需要在工作中寻求社区居民需求与社区资源的有效配合，追求权力和资源的公平分配，达到满足社区需要，解决或预测社会问题，改善社区生活环境，提高社区生活质量，促进社区进步的目标。

社区工作和企业运营在各个方面都有着很多相似的地方，因此可以通过企业ERP模拟沙盘与社区工作的结合，来规划社区的财务和资金流通，提高社区工作的质量与效率，充分发挥社区力量，合理配置社区资源，大力发展社区事业。

(三)传统社区管理方法的缺陷

1. 社区管理目前存在的最大问题是社区管理行政化，这种倾向诱发了社区管理机构的合法性危机，因为我国在社区层面所推行的城市基层管理体制，是一种以街道办事处为依托的行政单一型组织管理模式。这种组织管理模式，是国家行政的方式和手段在社区社会生活领域的延伸和拓展。居委会自治功能不足，政府强行介入，更进一步的依赖成了目前我国城市社区管理难以跳出的怪圈。

2. 社区的组织结构设置不科学。首先是街、居组织机构过多且缺乏应有的权威性。人员冗余，街道办事处效率偏低且街道辖区内的不少单位对街道办事处布置的社区性工作推脱、敷衍。其次是社会团体和中介性社会组织发育不足。在我国城市基层社区除了街道办事处和居委会以外，其他社会团体和中介性社会组织不仅数量有限，而且缺乏独立性。

3. 街道办事处在社区管理中的职能不明确。现在的实际情况是街道应当发挥的综合管理功能得不到很好发挥，加大了管理成本，降低了管理效能；而且社区其他组织的职能错位和扭曲。

4. 社区管理制度不规范。传统社区管理制度的缺陷在于：一是街道办事处作为政府行政机构，对自身行政服务和管理的范围没有制定明确的制度规范，造成无权管理或越权管理；二是社区内的市、区属机关和企事业单位，分别受各自条条的领导，按条条的指令行事，与街道办事处之间的关系缺乏有效的政策和法律依据，往往造成社区事务相互推诿扯皮；三是社区内的社会团体等组织没有形成有效的行为规范，让社区成员来共同遵守。对于社区行为越轨者，社区组织也缺乏行政上或法律上适当而有效的惩罚；四是社区管理运行尚未形成条块结合的监督机制，有关专业管理部门权力过于集中，对他们的工作质量和一些不正之风难以进行监督和制约。

三、社区项目管理沙盘的搭建

(一)具体部分构成

1. 项目库

想要将社区的工作进行地更加有条理，就要类比企业的运作方式，以项目的方式开展。将不同部门的工作作为一个完整的项目，比如，将民政部门重视的老年人关照作为一个大的项目范围，开展老年大学或者助老服务项目。再比如将社区卫生方面的帮助残疾人的助残计划作为一个项目开展。项目的来源就来自于不同居民的不同层面的需求。

2. 资源库

资源总共分为一级、二级、三级资源，每一级资源分为：家庭、社区、社会。不同级别的资源是有限。资源可以升级和降级：三级资源可以转化为二级资源，二级资源可以转化为一级资源，资源每升级一个等级消耗一个社区价值。

3. 社区团队

社区团队有不同的职员构成，每个职员都有不同的任命。主任负责项目决策与寻找维护资源，副主任负责跟踪项目进展，副书记负责分析社区的不同需求，副站长负责编辑项目方案并制订项目计划，网格员负责整理居民需求，提供可行性方案。督导负责协调、沟通、培训、指导等方面的工作。

4. 社区价值

社区价值与企业的广告投入资金相类似。社区价值的高低直接决定了竞争社区资源的等级的高低与数量。社区的价值也可以用来对资源的等级进行转化。初始的社区价值是一定的，随着项目的开展与效益的取得，社区价值随着工作的效益高低进行变化。

5. 应收经费

项目的开展需要经费的支持，经费的来源主要有政府的投入、企业的投入等。该项经费可以用作项目的执行。收到的经费需要放入该模块中作为资金。

6. 应付经费

项目的开展需要经费的支出，如场地租用的费用支出、雇用人员的费用支出等。支出费用要体现在该模块中。

7. 应收募款

项目的开展经费来源多渠道，有的可以来自社会的募捐等方式。收到的募捐款项应放入此模块中。

(二)功能介绍及使用方法

用“人在情景中”的方式把社区工作者置身于一个三级资源的社区环境中，仅有一级资源可以帮助社区完成项目目标。

参训人员分为6～8个组，组建团队，由正职人员共同协商6次(6个会计年度)培训的项目实施方向。在培训开始给他们8个项目实施方向。小组成员确定项目目标，基于原有认知编制项目方案，培训师和督导帮助小组成员熟悉家庭、社区、社会、资金资源，小组成员向组长汇报实施该项目自身所能提供的资源类别，组长汇总，各小组竞争资源，由所竞争到的资源重新编写完成版的项目计划书、宣讲项目计划书，督导审核，确定审批资金，结算项目成本效益、资源使用效益、项目时间管理效益，最后进行各小组排名。

按照沙盘的盘面，熟悉不同的分区以及每个分区的功能，用代币表示价值与资金的数量。申请资源需要花费价值，收到资金的支持可以获得价值。资源的等级转化会花费价值，每一年项目完成的较好可以获得更高的价值。价值的高低可以用来评判该小组的工作效益与效率。

(三)使用过程的规则

1. 正职规则

从项目库中抽签决定每个模拟年操作的项目，总模拟时间为5年。引导组员做项目方案，共同研究资源库，收集组员资源申请表，整合并竞争资源，确定项目预算。正职可申请五个1～3级的资源。

2. 项目经费相关规则

(1)发放规则

项目经费分两期发放，一期发放项目总额的50%，余下50%按照各组得分发放，第一名50%，第二名45%，第三名40%，第四名35%，第五名以后的按照30%发放。年底把折损摆放到盘面上。

(2)支出规则

项目经费仅能使用于项目直接支出和其他支出；项目直接支出占项目总预算的80%；项目其他支出是申请不在资源库中的资源，每申请一个资源支出2000元；盈余的资金作为奖金支付给参与项目的组员。

3. 项目应付和应收规则

(1)应收款为项目经费，项目经费在项目开始实施前支付50%，实施完成后按照实施考核名次支付剩余的经费。

(2)应付款为项目实施中，拖欠共建单位的费用，每个项目最多可拖欠共建单位总项目经费的20%。项目完成后年底清算。

4. 项目绩效考核规则

(1)考核分为讲师考核+小组自评。

(2)考核标准：实施时间、服务影响、受惠人群估量、资源使用率。

(四)社区项目管理沙盘的应用

我们小组成员在老师的带领下参与了北京市东城区针对社工开展的“社区项目管理沙盘模拟训练”的培训。这次培训历时一年的时间，在北京市东城区全区实施了30次培训，每次为5个小时，每个街道8～10个社区，每个街道参加培训人数为50人，5个街道250人，每个街道总培训时长为30个小时，5个街道累计培训时长为150个小时。通过从项目立项到项目实施中所缺资源的有效整合到项目完成的完整过程，社区工作者将掌握编制社区项目策划书的能力，先竞争资源，再由所竞争到的资源编写完成版的项目计划书、宣讲项目计划书，督导审核，确定审批资金，结算项目成本效益、资源使用效益、项目时间管理效益。通过几次培训，我们进一步了解了社区项目制的实际运行流程，体会到了沙盘模拟训练的对一线社工的积极影响。在培训结束后，几位社工反馈认为：经过完整的培训，他们对社区工作有了新的认识和工作规划，增强了目标管理能力和团队执行能力，在之后的工作中会采用更高效科学的方式，合理利用社区资源，为居民提供更好更专业的服务。

四、社区项目管理手工沙盘的优化

(一)内容上的优化

基于对社区工作及企业沙盘的学习，我们构建出了社区项目管理沙盘。初步的社区沙盘具体操作细则：每个团体分为6～8个人，给各组分配同一个社区项目，模拟六年。组内职务各小组自己确定，小组成员确定项目目标，基于原有认知编制项目方案，培训师和督导帮助小组成员熟悉家庭、社区、社会、资金资源，小组成员向组长汇报实施该项目自身所能提供的资源类别，组长汇总，各小组竞争资源，由所竞争到的资源重新编写完成版的项目计划书、宣讲项目计划书，督导审核，确定审批资金，结算项目成本效益、资源使用效益、项目时间管理效益，各小组排名，然后挑选出最可行的项目。

经过一段时间的探索发现，我们发现在沙盘上还有需要改进的地方。比如，在沙盘盘面上，我们设计了综合投入这一项，但是又没有具体划分。再入社区调研，我们最终把综合投入分为项目成本、督导成本、经费折旧、募款折损。我们设计沙盘时，先是根据委员的功能来划分其拥有的价值，后来考虑到为了促进社区员工的积极性，申请需要的价值便根据社区正职人员、副书记、副主任、网格管理员、服务站站长、委员、社区居民来确定的。这样能够各司其职，在开展项目活动的过程中，沟通成本和成效、有效时间成本效益百分比很低，让社区的服务更加高效化。

（二）形式上的优化

在形式上，从设计到做出成果，现有的沙盘是手工沙盘，在计算结果时十分不方便。于是，我们小组便借鉴企业经营模拟沙盘，将社区模拟沙盘电子化，主要是在Excel里实现如下功能的，具体成果描述如下。

主界面设计六个年度，点击进去分为资源、资金、职称、评估四个部分。

1. 资源表

类似于资源竞争表格，在资源表中，将体现每个小组每个年度申请到的资源，最后的结果输出为每个小组该年度获得的总资源，也会体现所花费的价值。需要注意的是，因为每年末资源都会清零，所以每年度都要竞争，需要注意的是，竞争资源是需要花费价值的。

2. 现金收支表

四个表中尤为重要的一部分，项目的持续运行依赖于现金流转。第一年各小组的批复经费一致，皆为其预算经费。之后的年限，根据第一年的总排名，第一名为该年度预算的100％，第二名为该年度预算的95％，第三名为90％，第四名85％，第五名以后的按照80％发放。

3. 价值表

为了体现各职称在该年度后的剩余价值。每一年的价值变动会受到年末排名的影响。

4. 评估

算出总分，并排名。

五、总结

就目前发展形势来讲，ERP管理理念已越来越多地受到企业界的认同和欢迎，社区沙盘模拟的根本来源于ERP理念，故此种思维模式将成为一个大趋势。社区沙盘模拟是将理论学习与实践环节相结合的方法，以改革传统的、纯理论灌输的模式，开创社区工作改革的新思路。实践意义在于让社工们在仿真的项目环境中学习、了解相关理论知识，以增强社工的操作能力，让项目尽可能地取得成功。通过社区项目管理沙盘模拟实践，我们认为培养了执行任务人员的责任意识、实践能力、综合知识、系统思维、协作品质和创新精神，为社区输送“用得上、信得过、提得起”的实用型人才。

参考文献

[1]王思斌．社会工作概论[M]．高等教育出版社，2006：115－116．
[2]苏景辉．社区工作：理论与实践[M]．巨流图书公司，1997：144．

[3]李迎生. 对中国城市社区服务发展方向的思考[J]. 河北学刊，2009(1).

[4]陈雅丽. 城市社区服务供给体系及问题解析——以福利多元主义理论为视角[J]. 理论导刊，2010(2)：13－15.

[5]秦晓丽. 基于ERP沙盘的会计综合实训研究[J]. 教育理论与实践，2014(5).

[6]苏永刚. 关于开展ERP沙盘模拟教学的研究[D]. 西南财经大学，2008.

[7]王文铭，孙金凤. 建构主义在ERP沙盘综合模拟实验教学中的应用研究[J]. 实验技术与管理，2008，25(6)：137－141.

外文文献检索终端的完善与应用

段新岩　王心怡　宗　宗　赵　婧　侯　瑶

指导老师：肖国光

（首都师范大学外国语学院）

摘要： 旨在便捷文献检索与共享，方便首都师范大学外语学院英语专业学生授课教师及全体学生的论文文献使用途径与过程，提高授课及论文撰写效率及英语专业学生学术能力提高的，由外语学院与国外权威数据系统合作的学术能力资源数据库已投入使用。

本文关于首都师范大学英语专业学生与授课教师在撰写论文与进行科研等学术活动时使用英语专业学术能力资源终端的过程、效果、建议等方面进行观察、访谈。通过与使用该终端的英语教育专业与英语语言文学专业学生，授课教师，外国语学院教学副院长以及英语专业、英语教育专业两个系的系主任的访谈了解并总结该终端所提供分享的各类专业细目是否满足英语专业师生在撰写论文与从事科研学术研究的需求，对于提供分享的文献水平的反馈情况，学生对于该终端使用过程便捷性的评价，以及通过该终端获取资料的这一途径对于首都师范大学英语专业师生在论文书写效率与质量，提升人文素养，开阔视野，科研学术能力方面的作用与影响。

本项目采用了问卷法、访谈法、观察法对该终端的使用过程及效果进行了后期追踪与分析，听取了潜在使用者对数据库提出的改进建议，并结合终端管理人员的意见，结合收到的反馈对该数据库的专业性、实用性、创新性，以及局限性进行总结，形成了该分析报告。

关键词： 学术能力资源终端；数据库性能；英语教学；论文写作

一、研究概述

1. 研究背景介绍

电子数据库在信息社会的背景之下，已经成为人们存储、阅读信息的重要来源。与图书馆式的资源集聚和传统的查阅方式相比，电子数据库无疑更加方便、快捷，且搜集资料的精准度大大高于传统方式。而且电子数据库的建立大大丰富了资源的来源渠道，降低了传统方式的资料搜集成本，对于外语学习专业的学生来说，无疑是一个提高学习效率的重要途径。

然而，许多数据库在拥有其独创性优点以外，也存在许多瑕疵、漏洞：如数据庞杂、冗余等问题。而且，对于大多数没有进行过数据库使用训练的学生来说，学生检索信息的能力较低，很难高效的检索信息。而“无法获得访问权限”、“数据库内容庞杂”、“质量参差不齐”、“分类过于笼统”“检索效率低下”等数据库本身建设中容易出现的问题也不容小觑。为了满足我院师生日益增长学术研究和拓展阅读的需求，我们根据英语专业方向即英语语言文学和英语教育方向（师范）和相应课程设置，以及研究生学术能力研究两个方面，将已有的“语言学方向”、“翻译方向”、“教育法方向”等六大专业必修类别的书籍按照相应课程设置和方案逐一进行匹配，根据学生的专业、年级整合出课程方案下所需的绝大多数的资料以供师生阅览。同时将供学生拓展阅读的“历史”、“哲学”、

“民族宗教”等十大类别的图书根据专业课拓展要求添加到相关课程的阅读书目明细之列。

同时在数据库的资源方面，我们丰富完善了相关资源的基本信息和相关的检索方式，力求增大相关检索的精确度，并且减少相应的耗时。同时，根据师生反馈的建议，对于相关的数据库说明、检索指南进行了完善，并且已经建立起了稳定、长效的反馈机制，并且形成初步的反馈信息分类，提升了数据库完善的时效性和精确性。

2. 研究目的与期望

本项目的研究目的是服务于外国语学院的师生，以“从便捷文献检索、文献共享的角度出发，建立起有助于提高英语专业学术能力的资源建设数据终端”。在指导教师的带领下，以英语教育及英语语言文学专业学科方向划分以及拓展阅读的需求为中心，将数据库终端投入实际使用。在运行的过程中，收集师生所反馈的问题和不同需求，学习先进数据库的运营管理经验，不断丰富数据库的资源和改善相应的问题，从而令学生及相关授课教师查阅资料更加便利，令师生文献查阅、论文写作的过程更系统化，进而在一定程度上提高授课及论文撰写效率，有效地提高英语专业教师及学生的学术能力。

3. 研究步骤

基于充分了解师范生、非师范生以及研究生学术能力提高的需求，以及对研究意义的充分讨论，本小组制订了研究计划，具体如下：

步骤	内容	起止时间	负责人
1	依据专业数据库标准分析文献平台终端的特点、优势及不足；与指导老师针对具体研究任务进行沟通；小组成员分工，明确各自任务。	2015年5月至2015年6月	段新岩 王心怡 宗　宗 赵　婧 侯　瑶
2	对该终端的使用过程及使用效果进行追踪与分析，整理英语教育专业与英语语言文学专业学生对数据库提出的反馈；咨询终端管理人员的意见。	2015年7月至2015年8月	
3	结合自身对课程设置的了解，并参考权威资料，将文献重新整理，总结出英语教育类、英语语言文学类以及综合拓展阅读类的文献，并在此基础上进行进一步的分类，采用树状目录显示，呈现完整的分类体系；与此同时探索如何体现平台建立的创新性。	2015年9月至2015年12月	
4	请教外院教学副院长以及英语专业、英语教育专业两个系的系主任对于研究的相关建议以及对数据库的期望等。	2016年1月至2016年2月	
5	与指导老师探讨如何系统且有效地通过文献终端推动英语教育类、英语语言文学类师生学术水平以及论文写作能力的提升；归纳总结数据库的特性及局限性，为数据库的良好运行及性能提升提供依据。	2016年3月至2016年4月初	

二、研究方法概述

1. 研究对象

"外文文献检索终端的完善与应用"项目的主要服务对象是英语教育以及英语语言文学专业的师生，是分类详细，取材广泛的学术资源数据库。基于此建设目的，其研究对象主要为国外权威文献库；英语专业课程设置理论；文献分类理论以及外语专业教师等。

2. 研究主要方法

问卷法、访谈法、观察法。

3. 研究过程介绍

本小组成员参考国外权威文献数据库平台，依据专业数据库的标准，在老师的指导下对文献平台终端进行细致分析，并对该终端的潜在使用者进行调研，分析平台在使用过程中的特征性能；同时咨询终端管理人员对平台的改进意见，并结合自身对课程设置理论的了解将文献重新整理；总结出英语师范类、英语语言文学类以及综合拓展阅读类的文献，并在此基础上进行更加细致的再分类，形成了完整的专业学科分类体系；请教外院教学副院长以及英语专业、英语教育专业两个系的系主任对研究的建议以及对数据库的期望等；与指导老师探讨如何通过文献终端系统有创造力、有效地推动英语教育类、英语语言文学类师生学术水平以及论文写作能力的提升；归纳总结数据库的特性及局限，为数据库的良好运行及性能提升提供依据，以期方便教师及学生的使用。

三、研究理论基础

1. 外文文献特点与英语专业划分理论

(1)外文文献是反映各国先进科学技术水平，及时报道国外重要科研成果，反映科研动向的载体，是科研人员用以研究新课题的重要参考资料。从最初的选题到最后论文的完成，整个过程均与文献与情报检索有着密切的关系，外文文献反映了国际科研的新方法新成果，代表了某一领域科技成果的最前沿，作为论文及科研参考，值得我们借鉴。然而当下可供研究人员选择的外文文献存在不易获得以及成本高的问题。可供学生检索的外文文献数据库数量有限。同时，学生的操作能力不高，信息检索能力较弱。

目前，我国外语类专业的学生在学习过程中阅读的原版书数量远低于其他国家的学生，而纸质版原版书籍的引进、流通渠道不通畅是其主要原因。长此以往，最终导致我国引进的纸质原版书多为过时的书籍。相较而言，电子版本书籍的引入比纸质版的书籍更加快捷，师生也能充分利用电子书的资源更加便利地掌握相关领域最新的研究动态。

(2)根据《高等学校英语专业英语教学大纲》的界定，英语专业课程包括英语语言、文学、文化三方面的课程，分为专业必修课和专业选修课两类。近十年来，在《大纲》的指导下，全国高校英语专业的专业知识课程建设取得了长足进步。多数院校的英语专业都开设了语言学导论、英国文学、美国文学、学术论文写作、英语国家概况 5 门专业必修课程，以及《大纲》所规定的14门专业选修课中的多数课程，同时由于我校是师范院校的特点，外国语学院又设有英语专业与英语教育专业，英语教育专业除了开设《大纲》所规定的必修及选修课程外，还开设教育学、教育心理学、教法等相关的教育课程。

2. 电子文献的特点

计算机应用的迅速普及，使得大量电子文献走进人们的生活，人们逐渐意识到电子文献较之于传统的纸质文献有很多优点。综合起来有两方面：一是数字化载体，二是网络化传递。具体到外文文献上，很好地解决了外文书籍昂贵，学生检索能力弱等一系列问题。

电子文献改变了信息的承载介质，使实物媒体包括纸张、胶卷、录像等，转化为计算机存储方式，例如：磁盘、光盘。因新型存储的高密度性，从而解决了传统文献载体的体积庞大，携带不便等问题。具体到外文文献，除上述优点，还解决了外文书籍引进费用昂贵，手续程序烦琐等问题。

电子文献具有高检索性。计算机最显著的特点就在于高速的运算能力和逻辑判断能力。借助于这种优势，在计算机支持的系统中，能快速多方位的检索到目标信息。针对解决了学生的数据检索能力相对较低，“无法获得权限，以浏览或保存文献”等问题，从而杜绝了学生撰写论文时出现“缺乏权威理论支撑，论文空洞，言之无物”，“所引文献水平低，过时，不权威”等严重问题。

在参照各大成熟数据库的分类标准后，本科研小组依据文献内容领域的分类以及英语专业课程的设置，相对应进行分类，如语言学与应用语言学、教法、翻译、文学等。经过目标人群使用，上文所反映的数据库内容庞杂、质量良莠不齐、分类过于笼统、无法快速检索出目标文献等问题，得到了很好的解决。

四、研究结果讨论

(一)研究结果

1. 访谈结果

接受采访的老师们对于外文文献检索终端的完善与应用的成果比较满意，认为此次科研针对完善课程设置以及提高师生论文水平两个目标起到了较好的成效。同时，老师们还对数据库资源平台的优化及应用提出了宝贵的改进建议及展望，总结于论文最后部分的“展望建议汇总”。

2. 项目成果及结论

本项目基于师范、非师范以及研究生学术能力研究的不同需要，筹建了“英语专业学术能力资源建设数据终端”，在对使用者进行访谈调查后，归纳总结出了本数据库的三大特性，为数据库的良好运行及性能提升提供了可靠依据。

1)专业性

小组成员仔细分析了国内外权威数据库的优缺点，借鉴其分类方法，并阅读了相关的权威专业书籍。同时，调查了潜在使用者的看法，整理其对数据库提出的反馈及改进建议，因此数据库的构架是符合专业数据库标准的，用户通过输入关键词，如图书的分类、书名的关键词、作者名称等都可以快捷锁定需要的文献(见图2)，同时，数据平台采用树状目录显示分类，能够呈现完整的分类体系，从而帮助用户在检索时充分且全面的掌握此类目的完整结构，对目标索引体系产生更宏观的了解，以此提高数据库用户的检索效率，在确保了检索准确性的前提下，同时为用户提供了同类目下更多的选择。除此之外，由于本小组成员由本校外国语学院英语及英语教育专业的研究生与本科生组成，因此我们结合自身对课程设置的了解与学习又将732本权威书籍分成了三大类(见图1)，包括：英语教育类(47本)、英语语言文学类(253本)、综合研究及拓展阅读类(432本)。在三大类中，与英语专业课程直接相关的占大多数，基于之前的分类，本研究将文献重新整理，针对外国语学院英语师范非师范的专业特点，总结出针对两个系的分类，其中鉴于师范类的课程设置，英语语言文学类也大部分可供师范类英语专业学生使用，综合研究及拓展阅读类可供师生拓展阅读并作专业研究之用，同时也可和相关专业实现文献共享，如我校世界史专业等。本成果的这种具有课程针对性的类目设计增加了本数据库的专业性，相关师生在使用时更加便利，登录时，用户在填写了用户的所在专业后，会优先获得与本专业相关性更高的文献，在提高搜索效率的同时相应提高了用户的检索能力，因此，使用者无论在科研、课程设计还是拓展阅读方面都可借助本成果有针对性的选取可用素材。

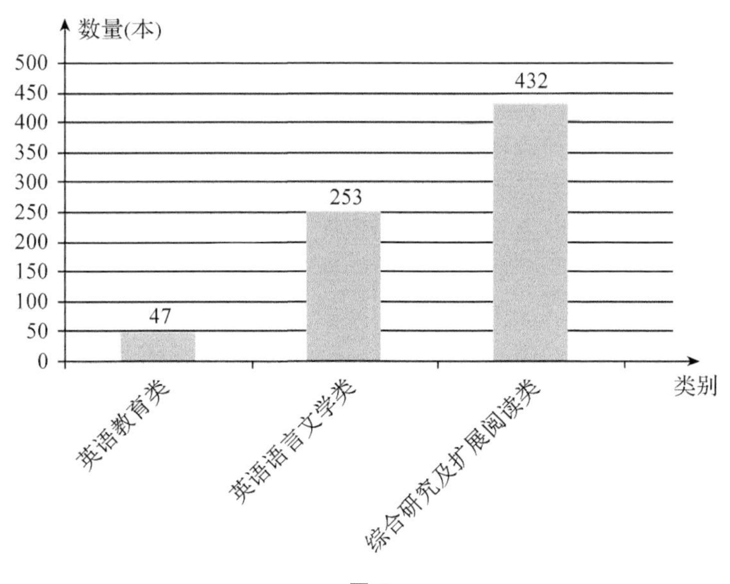

图1

表1

图书分类	图书名称	作者	出版社
History>U. S. History>20th Century Library Science and Publishing>	Chasing Newsroom Diversity From Jim Crow to Affirmative Action	Gwyneth Mellinger	University of Ilinosis Press
Language and Linguistics Language and Linguistics Library Science and Publishing> Journalism	Intertextuality and the 24—Hour News Cycle A Day in the Rhetorical Life of Colin Powell's U. N. Address	John Oddo	Michigan State University Press

续表

图书分类	图书名称	作者	出版社
Film, Theater, and Performing Arts> Film and Media Studies Library Science and Publishing> Journalism Social Sciences	Rebuilding the News Metropolitan Journalism in the Digital Age	C. W. Anderson	Temple University Press
Film, Theater, and Performing Arts> Film and Media Studies History > U. S. History Library Science and Publishing> Journalism	The Wired City Reimagining Journalism and Civic Life in the Post-Newspaper Age	Dan Kennedy	University of Massachusetts Press

2)实用性

对于本数据库的实用性，大多数受访者给予了比较高的评价。首先，从文献质量和文献分类的角度来说，本数据库具有文献品质较高、资料涵盖范围广、学科分类详细的特点。本数据库不仅资料来源权威，涵盖英语教育类和英语语言文学类的专业知识，还包含社会科学、历史、地区和民族研究、音乐、艺术等等拓展性知识。由于文献种类涵盖面较广，使用者的学习、研究不会局限于某一学科分支，这对于扩宽教师的教学内容有一定好处，也对培养英语专业学生的综合素质，提高其文化素养有很大帮助。数据库文献分类的愈加细化，也是此类数据库的普遍发展趋势。用传统数据库检索出的结果不一定都是读者需要的，这就增加了使用者筛选的负担。而进行细化分类后，搜索者可根据所需或感兴趣的角度选择不同的结果归类，这样就大大提升了检索效率，体现了数据库的人性化特点。

不仅具有细致的专业分类，本数据库还将每篇文献按照章节进行了拆分，并标明每部分的主要内容(例如摘要、目录、每章节的具体内容、参考文献等)，以便读者依据不同的需求阅读、下载，在很大程度上提升了数据库的实用性：首先，在查阅论文时，如果使用者只想就文献的某一章节进行研究，便可在无须全文下载的情况下直接获取所需章节，从而大大提升了检索效率。此外，对文献章节进行拆分也为教师讲解论文的基本层次特点，以及学生自学论文不同部分的写作技巧提供了参考，以此方便教师的教学，并在很大程度上帮助提高学生的自主学习能力。

综合以上两点，本数据库还为学生论文写作的思路提供了启发。对于初学论文写作的学生来说，拟一个合适的题目，以及确定研究的具体范畴是一项比较难的工作。学生的论文普遍出现选题过于空泛或狭小，缺乏专业性及规范性等问题。即使确定了研究方向，如何科学地架构文章，更好地厘清内容展开的思路，对于许多学生来说也是一个需要解决的问题。对于英语专业下的学科分类不够了解，对学术论文的基本格式不了解，以及专业知识不够丰富是其中一些重要原因，而大多数传统数据库的检索结果范围都比较大，学生查阅起来如同大海捞针，不仅难以找到对自己有用的资料，也难以在查阅过程中学习、落实上述写作技巧。本数据库在英语教育、英语语言文学以及综合研究及拓展阅读类的基本分类下提供多层更加清晰、细致的再分类，并且按照标准的结构层次将每篇文献拆分成不同的部分，可为学生确定学科研究方向、梳理论文思路提供参考，使学生的研究方向有层次地逐渐细化成型，并提高论文写作的规范性以及学术性。

此外，本数据库涵盖的文献普遍具有发表时间较新的特点。这一特点对于教师和学生都有很大的实用价值。首先，由于不熟悉文献检索技巧及学术研究基本要求等原因，学生写作的论文中引用结论及数据较陈旧，与时代脱节的问题屡见不鲜。其次，市面上能够见到的外文书种类有限，其中大多数也是出版后 3～6 年才在国内上架的，并且数量较少，价格高昂，这在一定程度上也提高了最新文献及权威资料使用的门槛。本数据库本着实用性角度出发，内容涵盖各个领域的最新研究成果，使用权威数据资料，对于推动教师及学生科研的与时俱进性也有很大帮助。

3)创新性

(1) 分类创新

本数据终端根据本院英语。本数据库提供以学生培养方案为蓝本的分类设置，为学生提供课程设置内所需的一切资料，同时学生可按照个人兴趣和相应推荐选择拓展阅读书目。此外，本数据库的一大亮点也在于添加了个人培养方案中通识课程的相关资料和文献。鉴于受访者中绝大多数表明了在以往的通识选修中，因为涉及跨专业选修，加大了相关书籍资料查阅和完成作业的难度，我们参考了基本的课程设置，将课程所需的教材、教师推荐阅读的书籍以及已有材料库中阅读材料与之匹配，建立起了较为完整的课程后备资料库。同时，此类书籍还可为相关专业学生的论文撰写、拓展阅读及专业研究所用。

(2)下载方式

传统数据库虽然可以提供原文，但是无法保证时效和精确性。对于章节较多的书籍来说，学生查找相应章节或者资料耗时较长。鉴于传统方式的局限性，本数据库在提供原文的基础上，罗列出每篇文献和书刊的关键词，以供查找；此外，数据库中的资源按照文章结构或者章节单独拆分，独立呈现(见图 2)。在这个基础之上，我们为使用者辅以相应的论文结构的讲解和作者组织方式的呈现，可以帮助读者通过浏览基本的文章结构了解作者的研究方向、逻辑结构等，在此之上，迅速确定检索的文献是否符合自己的需要。无疑，这种检索方式可以更加高效、准确地帮助使用者进行检索，获取信息。此外，鉴于主要的反馈，分节下载的方式受到了大多数使用者的肯定。使用者可以根据自己的需要自行下载，省去了在全文下载中搜寻所需部分的时间；此外，材料的精确也无疑帮助他们提高了学习和写作效率。

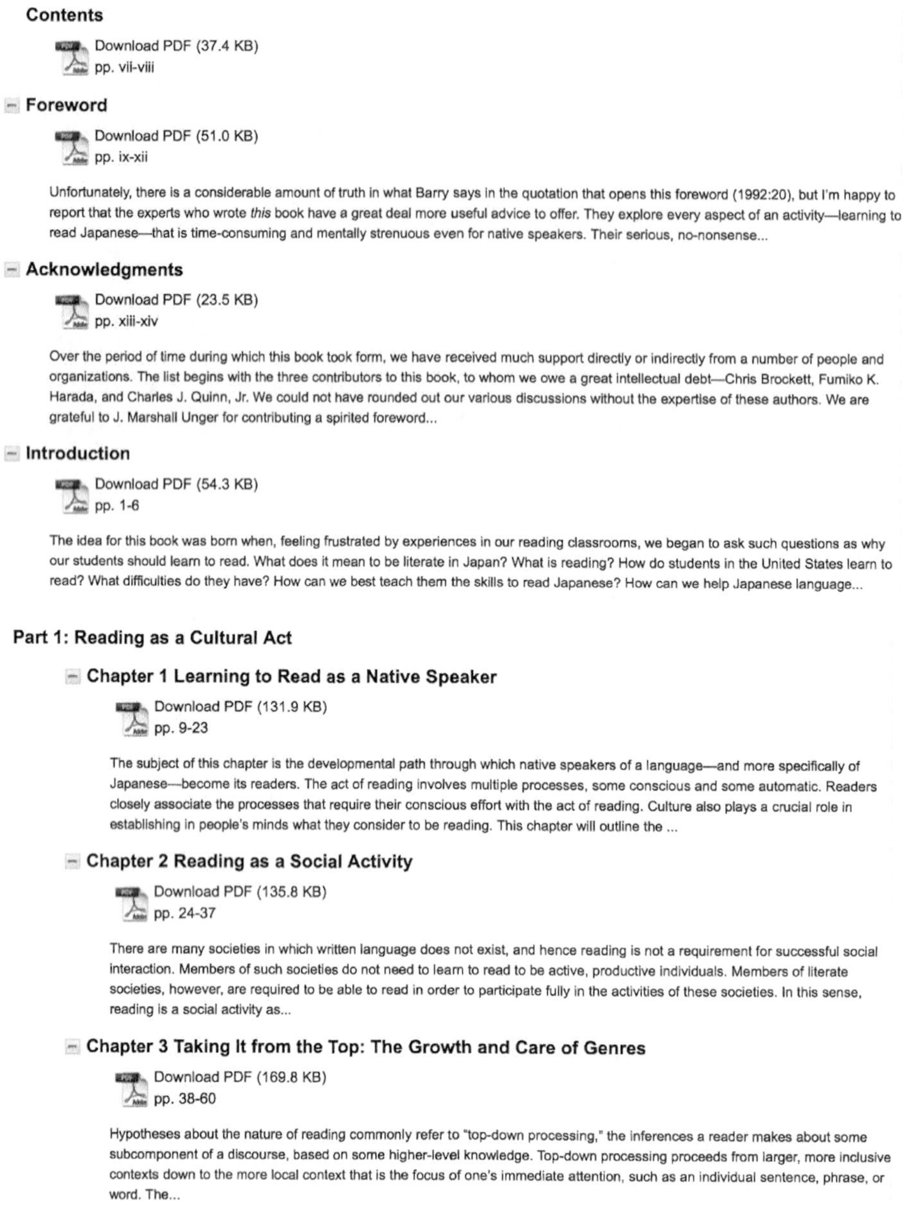

Contents

Download PDF (37.4 KB)
pp. vii-viii

Foreword

Download PDF (51.0 KB)
pp. ix-xii

Unfortunately, there is a considerable amount of truth in what Barry says in the quotation that opens this foreword (1992:20), but I'm happy to report that the experts who wrote *this* book have a great deal more useful advice to offer. They explore every aspect of an activity—learning to read Japanese—that is time-consuming and mentally strenuous even for native speakers. Their serious, no-nonsense...

Acknowledgments

Download PDF (23.5 KB)
pp. xiii-xiv

Over the period of time during which this book took form, we have received much support directly or indirectly from a number of people and organizations. The list begins with the three contributors to this book, to whom we owe a great intellectual debt—Chris Brockett, Fumiko K. Harada, and Charles J. Quinn, Jr. We could not have rounded out our various discussions without the expertise of these authors. We are grateful to J. Marshall Unger for contributing a spirited foreword...

Introduction

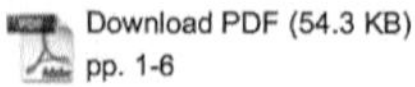

Download PDF (54.3 KB)
pp. 1-6

The idea for this book was born when, feeling frustrated by experiences in our reading classrooms, we began to ask such questions as why our students should learn to read. What does it mean to be literate in Japan? What is reading? How do students in the United States learn to read? What difficulties do they have? How can we best teach them the skills to read Japanese? How can we help Japanese language...

Part 1: Reading as a Cultural Act

Chapter 1 Learning to Read as a Native Speaker

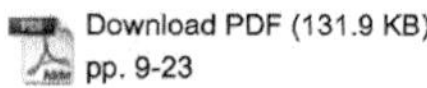

Download PDF (131.9 KB)
pp. 9-23

The subject of this chapter is the developmental path through which native speakers of a language—and more specifically of Japanese—become its readers. The act of reading involves multiple processes, some conscious and some automatic. Readers closely associate the processes that require their conscious effort with the act of reading. Culture also plays a crucial role in establishing in people's minds what they consider to be reading. This chapter will outline the ...

Chapter 2 Reading as a Social Activity

Download PDF (135.8 KB)
pp. 24-37

There are many societies in which written language does not exist, and hence reading is not a requirement for successful social interaction. Members of such societies do not need to learn to read to be active, productive individuals. Members of literate societies, however, are required to be able to read in order to participate fully in the activities of these societies. In this sense, reading is a social activity as...

Chapter 3 Taking It from the Top: The Growth and Care of Genres

Download PDF (169.8 KB)
pp. 38-60

Hypotheses about the nature of reading commonly refer to "top-down processing," the inferences a reader makes about some subcomponent of a discourse, based on some higher-level knowledge. Top-down processing proceeds from larger, more inclusive contexts down to the more local context that is the focus of one's immediate attention, such as an individual sentence, phrase, or word. The...

图 2

(二)研究发展展望

通过对使用者感受的调查以及对外院教学副院长，英语教育、英语语言文学专业两个系的系主任的访谈，本研究成果也存在一定的局限性及发展空间。

1. 适用条件要求高

外文文献的终端存储形式为数字代码，所以要求配备连接网络的电脑。同时，使用者需懂得计算机相关的操作知识及应用技能。此外，外文数据库的编程制作复杂，加上升级费、配置设备费，以及网络使用的费用，在成本上并没有很大优势。

2. 个人阅读习惯

在很长的一段时间内，人们习惯阅读纸质文献，对其有一定的依懒性。同时，长时间注视电脑，阅读电子文献，容易造成视觉疲劳。电子文献的阅读舒适性不如纸质文献，因为大多数使用者只是利用计算机进行信息检索和简单的浏览，而没有仔细品阅。

3. 终端的保存问题

我研究小组最终采用光盘作为载体，但由于该载体问世时时间短，实际存储经验不足，所以其寿命很难有保障。同时，对于不同磁盘，其保存环境也有不同要求。现行有一种解决方法：定时更换检测终端载体。但这种方法耗时耗力，有一定缺陷。

参考文献

[1]曹学艳，胡文静．提高文献检索课教学兴趣性和主动性的几点思考[J]. 四川图书馆学报，2009(3)：62－64.

[2]邓静．浅谈计算机数据库技术的应用[J]. 信息系统工程，2016(3)：45.

[3]刘梅华，刘世生．学术英语论文写作的过程、挑战与应对策略[J]. 解放军外国语学院学报，2014(4)：23－31.

[4]罗春荣．论高校数字图书馆建设的原则与策略[J]. 大学图书馆学报，2003(3)：16－20.

[5]王丽芳．关于文献资源共享的思路和体系[J]. 佳木斯教育学院学报，2002(4)：92－93.

[6]王雪梅．从学术能力的需求分析角度反思我国英语专业研究生教育[J]. 外语界，2010(5)：67－95.

[7]周剑．本科生信息检索能力实证分析——兼论《文献检索》课程改革[J]. 中国图书馆学报，2013(2)：121－129.

模拟法庭实践训练与教学实效追踪分析

——兼论模拟法庭现存问题与改进

王子葭　杜　帆　刘宏扬　周敏婷
指导教师：丁　飞
（首都师范大学政法学院）

一、基本信息

1. 研究题目

模拟法庭实践训练与教学实效追踪分析——兼论模拟法庭现存问题与改进

2. 研究目的

当前，我校模拟法庭实践训练与教学已经形成了一个较为完整的体系，并得以顺利运行，在学生中取得了较好的反响，但对于模拟法庭实践训练与教学实效的分析，却一直没有一个比较好的途径来进行，在过去往往仅是依据北京市大学生模拟法庭竞赛的成绩来衡量模拟法庭实践训练与教学的实际效果。然而，一场比赛的输赢并不能正确反映学生的综合素质，这样的结果也不能为我们模拟法庭实践训练与教学的进一步发展提供指引，因此，本研究通过追踪分析模拟法庭实践训练与教学实效，并结合学生情况进一步分析具体成因，以期得出改进模拟法庭实践训练与教学的方法。

3. 研究地点

北京师范大学模拟法庭、中国青年政治学院模拟法庭、首都师范大学模拟法庭、北京建筑大学模拟法庭、首都经济贸易大学模拟法庭、中国矿业大学模拟法庭、中国政法大学模拟法庭。

4. 研究时间：2015 年 5 月至 2016 年 4 月

5. 研究人员：王子葭、杜帆、刘宏扬、周敏婷

6. 研究方法

(1)总结过去几年模拟法庭训练模式

(2)与老师、律师、检察官、法官探讨培养本科生实务能力的方法

(3)组织校内模拟法庭对抗与培训

(4)组织参与校际模拟法庭对抗、交流本科生模拟法庭实务训练模式

(5)追踪对比调查历届参与模拟法庭训练学生的情况

7. 研究项目大纲

(1)我校模拟法庭实践训练与教学现状简介与发展

(2)模拟法庭实践训练与教学实效分析

(3)我校模拟法庭实践训练与教学实效追踪

(4)模拟法庭实践训练与教学现存问题

(5)模拟法庭实践训练与教学改进思路

8. 研究的具体思路

对于法学专业的学生而言，实务工作是非常重要的一项能力，训练法学专业学生实务能力的主要途径便是模拟法庭实务训练与教学。我们通过结合我校模拟法庭实务训练与教学的现状与发展历程，分析追踪历年模拟法庭实务训练与教学的实效，观察对比学生参与模拟法庭实务训练与教学的前后差异，进一步探讨我校模拟法庭实务训练与教学的现存问题与未来出路。从而提高学生的实务水平并便于训练学生准备北京市大学生模拟法庭竞赛，并为日后从事实务工作打下基础。

二、研究主要内容与结论

(一)我校模拟法庭实践训练与教学现状简介与发展

1. 我校模拟法庭实务训练与教学现状

从学校开设的课程来讲，涉及模拟法庭实务训练的主要有大一开设的刑法总论、刑法分论、刑事诉讼法及民法总论，大二开设的民法分论、民事诉讼法、证据法，大三开设的行政法与行政诉讼法、合同法、婚姻家庭法、模拟审判实验，大四开设的专业实习。另有学校开设的通识选修课：法庭语言艺术、律师行为艺术。

从模拟法庭活动上讲，涉及模拟法庭实务训练的活动主要有：一、每年举办的首都师范大学模拟法庭竞赛，即模拟法庭校赛；二、每年举办的北京市大学生模拟法庭竞赛，即模拟法庭市赛；三、从 2012 年开始，与其他学校(如中国青年政治学院、北京建筑大学)进行的模拟法庭校际交流赛，如今已经发展为北京市高校模拟法庭联盟交流赛；四、每年参与模拟法庭市赛之前的集中训练；五、进入律师事务所、检察院、法院进行实习。

2. 近年来我校模拟法庭实践训练与教学的发展

与模拟法庭实践训练与教学关系最为密切的，是模拟审判实验课程以及各类模拟法庭比赛。然而，在 2015 年之前，我校模拟法庭审判实验一课往往安排在大三下学期开设，但这样有一个极大的弊端就是与模拟法庭比赛不能够很好结合，因为北京市模拟法庭竞赛(以下简称模拟法庭市赛)都是在每学年的上学期举行，这就造成了往届的大三学生，都是先参加各类模拟法庭训练和比赛后，才能通过模拟审判实验课程对此进行系统的学习。从效果上看，这种先实践后理论的方法对于学生能力的提高几乎没有什么作用，对有过模拟法庭实践训练的学生，模拟审判实验课程能起到的作用很低，而对于没有经过模拟法庭实践训练的学生，即使通过模拟审判实验课程，也缺少模拟法庭实践训练对各项能力进行锻炼，收效甚微。这导致了模拟审判实验与模拟法庭实践训练的脱节，两者各行其是，模拟审判实验形同虚设。在 2015 年，模拟审判实验课程的授课时间终于被修改到了大三上学期，至此，模拟法庭实践训练与教学终于得以相互配合，学生在经历大二时期的模拟法庭交流赛训练后，可以在大三上学期时，同时进行模拟审判实验课程的教学与北京市模拟法庭竞赛的锻炼。这可以算是我校模拟法庭实践训练与教学进入高速发展时期的两大里程碑之一。

另一方面，以2009年第一届北京市大学生模拟法庭竞赛为起点，我校一直作为参赛成员之一踊跃于市赛中，经过数年参与，我们认为，模拟法庭竞赛对于法学专业学生的培养具有极大的辅助作用，深感模拟法庭竞赛形式对于法学学生的培养具有非常优秀的作用，从2012年开始，本着友好交流，提升专业素养，为下次市赛参赛做准备的目的，我校与中国青年政治学院法律系达成合作共识，在当年3～4月举行了两场的模拟法庭交流赛，并缔结了中式模拟法庭联合宣言，此后将此作为传统项目逐年发展；在2013年，我校又联络了模拟法庭市赛的强队——北京建筑工程学院(现北京建筑大学)，加入交流赛的行列之中，并取得了双方学校的老师与同学的一致好评和支持；2014年，模拟法庭交流赛的对象又加入了北京师范大学，模拟法庭交流赛的队伍进一步扩大，这也使我校学生有更多的机会参与其中，进行模拟法庭实践训练。2015年夏季，首都经济贸易大学也加入了模拟法庭交流赛之中。如今，也就是2016年，在学校的积极联络下，已与北京师范大学、中国青年政治学院、北京建筑大学、首都经济贸易大学、中国矿业大学等五所高校的法律院系达成正式合作关系，成立高校学术活动组织联盟——北京市高校模拟法庭联盟。该联盟的主要宗旨是通过开展大学生模拟法庭交流活动，以增强法学在校本科生的专业素养，提升学生的司法实践能力。同时，本比赛也是各学校为参加北京市大学生模拟法庭竞赛前的一次重要的交流、学习机会。我校的模拟法庭实践训练与教学达到了历史的最高峰，这也就是我校模拟法庭实践训练与教学进入高速发展时期的另一个里程碑。

(二)模拟法庭实践训练与教学实效分析

模拟法庭作为法律实践性教学的重要方式，一直被各法学院广泛采用。模拟法庭通过案情分析、角色划分、法律文书准备、正式开庭等环节模拟刑事、民事、行政审判的过程，调动了学生的积极性与创造性、提高了法律文书的写作能力。模拟法庭竞赛则是在此基础上将模拟法庭的特质充分发挥，加强了模拟法庭的真实性与对抗性，对学生的综合素质能力，司法实践能力有着充分的锻炼作用。具体而言，模拟法庭实践训练与教学可以带来以下效果：

1. 模拟法庭实践训练与教学益于增强学生的参与性和主动性，提高学生的学习兴趣。过去的模拟法庭教学与训练大多都是固定模式，由教师选择案例以及证据，编成剧本，安排分配或者让学生自主选择，充当剧本中的特定角色，按照固定的套路和台词进行开庭演练，学生都专注于自身的角色剧本，整体而言偏向表演性质，这往往流于形式，起不到锻炼的作用。而模拟法庭实践训练与教学，通过提供一个基本案情和主要案件证据材料，系统的介绍开庭的流程以及比赛对抗的要求，将舞台表演性质的模拟法庭剧变成真实的、针锋相对的模拟法庭演练，没有固定的剧本与套路，学生会主动去寻找学习相关的法律，解决案件中的法律问题，积极参与其中。

2. 模拟法庭实践训练与教学益于培养学生的法律思维能力。法律思维能力包括准确掌握和应用法律术语的能力、正确建立和把握法律命题的能力、法律推理的能力、对即将做出的法律裁决或法律意见进行论证的能力。结合模拟法庭教学的理论讲授，通过实践训练的锻炼，是对学生法律思维能力一次很好的锻炼与检验。在模拟真实对抗的激烈庭审中，学生会充分调动自己所学习的法律知识与法学理论参与进入辩论，不断验证和提高自己的法律思维能力。在高强度的庭审刺激下，不断寻求对方漏洞以及论证自己的观点，在攻击对方的同时发现自身的不足之处，进行着宛如头脑风暴的训练。

3. 模拟法庭实践训练与教学益于培养学生的法律表达能力。法律表达能力由口头表达能力、书面表达能力和对法律事实的探知能力组成。法律表达能力的重要性不言而喻，不论是在法律文书写作中，还是法庭庭审的过程中，贯穿于从制作文书、提交文书、宣读文书、询问、举证质证、辩论等整个模拟法庭的环节。一个表达能力优秀的人可能不会成为一个优秀的法律人才，但一个优秀的法律人才必然具有优秀的表达能力，尤其是法律表达能力。通俗地说，只有掌握了法言法语的使用，才是一名法律人的基础。对于一名在刑事庭审中不断提及“我”与“我的当事人”而非“辩护人”、“被告人”的辩护律师来说，显然是不合格的。模拟法庭实践训练与教学可以很好的锻炼学生的法律表达能力。

4. 模拟法庭实践训练与教学益于训练学生的心理素质。过去的模拟法庭教学与训练都是建立在“明确已知”的剧本之上，在其中，所有的发展都已经固定，学生除了照本宣科的展现剧本毫无发挥，即使遇上突发情况，也由于过于依赖剧本而不知所措。在实战性极强的模拟法庭实践训练与教学中，只有通过事前充分的准备，将案件吸收消化，胸有成竹，并且在庭上不限于已准备的内容，即使在面对事先未准备到的内容时，也可以做到始终保持平和理性的心态，维持健康稳定的心理素质。激烈地模拟法庭对抗不会留给人长时间考虑的空间，只有不断提高自己的随机应变能力，冷静地在快节奏的交锋中有条理的反驳对方，才能符合模拟法庭的要求。

（三）我校模拟法庭实践训练与教学实效追踪

◆ 2011 年之前

2011 年之前，模拟法庭实践训练与教学主要依据学生自主性，从大二开始即参加校赛，并跟着上一届学长学姐准备市赛，紧接着在大三参加市赛，但主要依靠自主学习，每年也仅存在 2～3 名学生一直跟随模拟法庭活动，锻炼实务能力，但每年这样经历过模拟法庭活动训练的学生都有较大的收获。这些本科生全方面的专业能力都有了极大的提高，几乎所有学生通过国家司法考试，顺利保送或考入研究生，或进入检察院工作。

◆ 2012 年

经过前几届的经验积累，不断加强与丰富的全方面的训练，在 2012 年，我校模拟法庭代表队成功进入第四届北京市大学生模拟法庭竞赛的决赛，但与之前不同的是，决赛采用的均为民事案例，而以往训练与比赛所侧重的都是刑事诉讼方面的内容，实务训练方面出现了重大空缺，最终在比赛中惜败，但参与当时比赛的本科生经历过这些方面的训练，在本身基础素质不如前几届好的情况下，依然取得了有史以来的最好成绩，足以说明“新”（相对 2011 年之前来说）的模拟法庭实践训练与教学是成功的。

◆ 2013 年

在模拟法庭实践训练与教学方面继续延续 2012 年的训练方式，对程序进行更为全面的讲解，并在刑事案件的基础上进行民事案件的训练，并带领 2011 级本科生进行各项准备工作，在程序的熟悉程度、文书的写作、思路的形成上取得了较大地进步，在第五届北京市大学生模拟法庭竞赛中取得了二等奖的成绩。在看到目前模拟法庭训练模式的成果的同时，与其他院校相比，我校本科生在庭上表现方面仍有待完善，因为我校学生在场上不能及时根据对方的发言调整自己的发言内容，只是依据之前准备的内容发言，且不能很好地组织语言表达清楚自己的观点，这是输掉比赛的主要原因，也是之后在模拟法庭实务训练中需要进一步完善的地方。

◆ 2014 年

2014 年是模拟法庭实践训练与教学发展逐渐走向成熟的一年，经历过两年的系统发展，以大四学生为领队，大三学生为主，大二学生为辅的"三位一体"模拟法庭队伍建构基本成型，同时还有前几届模拟法庭参赛队员升入本校研究生，继续对模拟法庭活动进行支持与指导，模拟法庭训练的强度与有效程度达到了自 2009 年以来的最高点，2012 级多名本科生从 2013 年底的模拟法庭校赛、市赛开始跟随参加，观摩学习，2014 年与北京建筑大学、中国青年政治学院、北京师范大学进行了 5 场高质量模拟法庭交流赛，其内容涵盖刑事、民事，从简单的人身犯罪到复杂的经济犯罪，学生也在其中得到了极大地锻炼，不论是个人素质还是团队协作能力相比前几届都有非常大的进步。虽然由于模拟法庭市赛官方组委会的原因，导致比赛过程出现不公平现象，导致市赛止步于复活赛第二轮，最终只取得了三等奖，但从学生素质锻炼与提高的本身看，这一年的模拟法庭实践训练与教学作用是毋庸置疑的。

◆ 2015 年至今

2015 年，在体系化的模拟法庭实践训练与教学下，我校还迎来了模拟审判实验课程的改革，模拟审判实验课程上课时间的调整，得以与模拟法庭实践训练相匹配，这对于模拟法庭实践训练与教学无疑是一个好消息。事实上这也取得了很大的成效。同时，交流赛规模的不断扩大更是对于模拟法庭实践训练与教学起到了极大的促进作用，对比 2012 年的两校交流赛，在 2016 年已经形成了我校和北京师范大学、中国青年政治学院、北京建筑大学、首都经济贸易大学、中国矿业大学等五所高校联合形成的北京市高校模拟法庭联盟，持续一个多月的 14 场交流赛，虽然从数量我校实际参加的场数变少了，但交流赛的质量和档次却提高了很多，而与更多学校进行交流对抗，实际上对于学生的能力提升也是很有帮助的。

◆ 历年重点参与模拟法庭实践训练与教学的学生发展情况追踪

以参与北京市大学生模拟法庭竞赛为基准点，每年都有至少 5 名学生重点受到了模拟法庭实践训练与教学的培养与锻炼。抛去大二与大三学生不看，从 2011 年起算，也就是从 2009 级本科生来看，到 2014 年，即 2012 级本科生(现大四)，一共有 21 人。从专业能力的发展看，21 人中有 11 人通过保研或考研的方式继续就读研究生，同时这些人也 90%以上都通过了国家司法考试，从对历届的参赛队员的采访与回馈看，模拟法庭实践训练与教学在其中起到了相当大的作用。而未参与模拟法庭实践训练与教学的学生，从整体上看，历届的学生的考研率与司考通过率几乎都在 10%～20%。

(四)模拟法庭实践训练与教学现存问题

1. 庭前准备的配合度和充分度有待提高

模拟法庭比赛是模拟法庭实践训练与教学的重要环节之一，但在现实中，学生在模拟法庭比赛的重点环节——庭前准备阶段，表现得往往差强人意，其配合程度与准备的充分程度均不理想。庭前准备阶段可以说是对学生阅卷能力，对案卷材料的整理、分析与选择能力，对法律识别、解释即正确适用法律能力，对证据的采集和判断能力，法律文书写作能力，从案件证据、事实中提炼法律观点、制定诉讼方案能力等全方面的考察。但由于经验不足或者专业能力较差，在模拟法庭实践训练与教学的过程中很容易出现学生把握不到模拟法庭案件的重点或者核心问题，同时，也不具备系统的思考问题，指定己方辩论方案的能力，得出的结论往往是一堆散乱的点，而非全面而明确的思路。而这反映到庭审的过程中就是导致模拟庭审不能围绕事实证据展开，庭审言行失当，庭审仪容失态，庭审实体事实不清、庭审程序出错，严重影响模拟法庭比赛的训练效果。

2. 法律文书制作能力不足

法律文书是法律表达能力的书面体现，仅在庭审过程中就无处不贯穿着文书的存在，从开始的起诉书，到公诉意见书、辩护意见书，再到最后判决书等等，可以说，一场精彩的有水准的模拟法庭，双方针锋相对、你来我往地激烈辩论固然让人觉得赏心悦目，而双方工整有序，表达清晰，论点明确的法律文书更是所有人关注的焦点。模拟法庭，乃至说法庭的本意在于让公诉方与辩护方就被告人是否犯罪问题进行分析论证，需要的是组织完整，逻辑有序，结构稳定的具体的有关犯罪构成的论述，一份严谨、完整的文书，对于整个队伍辩论中心的把握，场上的表现，都具有非常大的意义。近年来，随着模拟法庭案例争议点理论性的上升，法律文书制作的难度也逐年增长，虽然我校在模拟法庭实践训练与教学也更加强调这点，但大二与大三本科生对于案件中争议焦点的把握和对于法言法语的运用能力依然十分欠缺，诸如犯罪构成要件不明确，文书中错误认定司法机关的级别与名称，对于案件事实的描述过于主观，整个文书的逻辑结构混乱等等。

3. 心理素质、临场反应能力等基础素质较为薄弱

所谓台上一分钟，台下十年工，模拟法庭的精彩对抗是由场下数个星期的不懈努力准备而来的，但是，激烈的对抗式庭审不是剧本演练，对方不可能完全按照己方预测的思路表现，模拟法庭比赛中最突出的问题也是最能体现参赛队员素质的就是他们在场上的应变能力，法律文书尚可在场下好好准备，但一旦上场后，没有冷静的心理素质和敏锐的临场反应能力，往往会导致场下准备的所有想法都没办法表达出来，模拟法庭实践训练与教学最常见的情况就是学生在场下讨论时口若悬河，理论争议一套接一套，但一上场后立马变成读稿机器，只会关注自己事先准备好的文稿，无论对方说什么都按照已经准备的好的思路去应对，体现到具体庭审过程中其实就是双方交锋都不在一个层面上，那么模拟法庭实践训练与教学的效果就无法体现出来了。这一点尤其是在与外校进行模拟法庭交流的时候体现的尤为明显，对比我校学生与外校学生的基础素质，外校往往会预先通过辩论赛来预先锻炼学生的基础素质能力，再通过模拟法庭训练与教学来提高学生的专业能力，这一点是我校在模拟法庭实践训练与教学的过程中较为欠缺的。

4. 逻辑思维能力较差

逻辑思维能力是指正确、合理思考的能力。即对事物进行观察、比较、分析、综合、抽象、概括、判断、推理的能力，采用科学的逻辑方法，准确而有条理地表达自己思维过程的能力。无论是法律文书的逻辑结构，还是询问讯问环节的问题设计，又或者

是举证质证时的证据编排，还是法庭辩论环节的语言组织，抑或对于案件争议焦点的把握，都需要强大的逻辑思维能力支撑，在我校模拟法庭实践训练与教学中，可以明显感觉我校学生在这方面能力偏弱。例如文书写作中，一份完整且严谨的公诉意见书或辩护意见书至少要包括实体与程序(在模拟法庭中大多即为证据问题)的描写，其中实体问题又可以从犯罪构成要件、因果关系、犯罪完成形态等等多方面进行论述，程序问题主要集中于对证据的运用以及证据本身的问题，而我校学生在文书写作中，经常将实体与程序问题混合，文章整体逻辑结构混乱，常见情况就是先说了一堆证据问题，然后接着写犯罪客观方面，转头又牵扯回证据，对于犯罪构成主观方面与客观方面的描述混乱不清，混同之下往往无法让人明白到底是在论证主观还是论证客观。

(五)模拟法庭实践训练与教学改进思路

1. 针对庭前准备问题，一是可以组织学生多观看模拟法庭或者真实的庭审现场，配合讲解和点评，让学生熟悉庭审的全部过程，先了解一个完整的庭审需要准备什么，什么是需要场下事前准备的，什么是需要场上临场反应的，形成完整的体系化思路；二是可以将庭前准备的环节分步细化，打散逐个进行锻炼，让学生熟悉并形成讨论案件的实体问题、程序问题、确定庭审思路，依据思路确定提问、举证质证、文书、辩论的完整流程。庭前准备是支撑模拟法庭实践训练与教学的重要环节，训练好学生庭前准备环节的工作应是当前模拟法庭实践训练与教学最关键的问题。

2. 针对法律文书问题，可以通过展示优秀文书，包括历届模拟法庭比赛中的经典文书以及现实在社会具有重大影响案件的经典文书，配合讲解，进行学习。文书写作能力不可一蹴而就，如同论文写作一般，是一个需要长期积累与练习的过程。在平时，我们除了应当更强调学生进行法律知识的积累外，也要着重锻炼诸如法言法语的使用问题(即正规的法律术语的表达能力)，还有基础的语言组织能力，通过训练对案件事实的归纳总结，对文书大纲的制定，对法律文书基础格式的熟悉，由学生自主学习讨论，进行文书撰写与训练的工作，再进行不断地修改与指导，提高学生的法律文书制作能力。

3. 针对基础素质问题，首先，最好的方法就是选取案例或模拟特定情形，专门针对询问讯问、法庭辩论等环节进行训练。基于我校学生心理素质和临场反应能力弱的特点，可以先从一些简单且知名度较高的案件开始，在没有事前准备的情况下迅速组织对抗性提问与辩论，以锻炼学生的基础素质；其次，在每一次模拟法庭比赛训练的过程中，也要专门组织相关环节的模拟演练，以具有丰富经验的教师或带队学生作为对手，模拟案件情况，进行临场对抗训练。

4. 针对逻辑思维问题，主要方法还是通过题海战术，通过重复解析多种刑事案例或者民事案例，分析案例中的法律问题，得出结论并具有逻辑性的表述出来。这一方面的训练可以不限于模拟法庭的案例，只需要有基础的案情就可以形成一个逻辑思维的锻炼案例，通过限定时间、字数、论点数量等等来进行不同形式的逻辑思维能力训练，并在其中也可以提高相应的法律专业知识。

三、研究过程阶段性成果

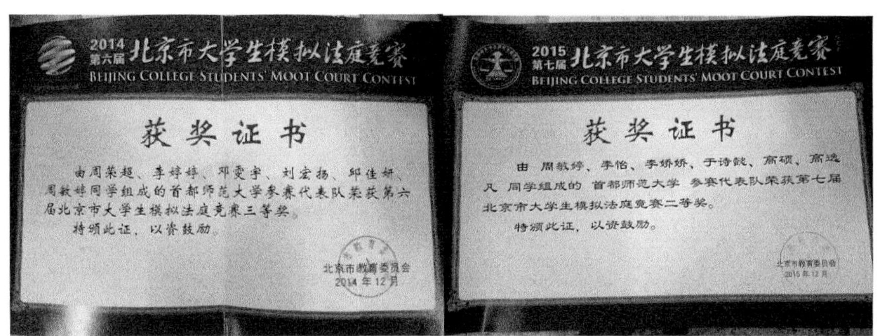

图 1　2014 年及 2015 年我校本科生参与北京市大学生模拟法庭竞赛获奖奖状

图 2　2016 年我校本科生与北京建筑大学进行交流赛

图 3　2016 年北京市高校模拟法庭联盟开幕

北京高校模拟法庭联盟交流赛策划案

一、高校联盟活动简介

北京市高校模拟法庭联盟是由北京师范大学、中国青年政治学院、首都师范大学、北京建筑大学、首都经济贸易大学、中国矿业大学共同发起成立的一个高校学术活动组织联盟。该联盟的主要宗旨是通过开展大学生模拟法庭交流活动，以增强法学在校本科生的专业素养，提升学生的司法实践能力。同时，本比赛也是各学校为参加北京市大学生模拟法庭竞赛前的一次重要的交流、学习机会。

二、模拟法庭比赛简介

北京市高校模拟法庭联盟初定于每年的三四月之间，举行联盟内部的模拟法庭交流赛。比赛由参与模拟法庭联盟的各大高校共同承办，由联盟赞助方曾彦律师团队提供赞助和支持，比赛内容为中国刑事庭审模拟比赛。

三、具体赛制

1. 比赛的时间：比赛于每年三四月之间进行，具体时间以当年组委会安排为标准确定。

2. 比赛地点：各大联盟高校。

3. 比赛内容：中国刑事庭审。

4. 参赛人员组成

(1)公诉方、辩护方、被告人：由北京高校模拟法庭联盟各高校学生担任；

(2)合议庭：由主场学校高年级学生担任；

(3)书记员：由主场提供；

(4)主持人：由主场提供，提倡由有经验的主持人进行(可以同书记员为同一人)；

(5)指导老师：每场比赛指导教师限一人，由主场学校模拟法庭指导教师担任，客队学校指导教师可以观看比赛，但不担任评奖及点评的工作。

(6)评委：每场比赛中，东道主学校指派两人与客队学校指派两人共四人共同担任评委工作，担任评委的学生必须参加过北京市大学生模拟法庭竞赛。

5. 基本赛制

(1)比赛对阵表

时间	主　队	客　队
第一周 (3.14～3.20)	首都师范大学	中国矿业大学
	北京建筑大学	中国青年政治学院
	北京师范大学	首都经济贸易大学
第二周 (3.21～3.27)	中国青年政治学院	北京师范大学
	中国矿业大学	北京建筑大学
	首都经济贸易大学	首都师范大学

续表

时间	主　队	客　队
第三周 (3.28～4.3)	首都师范大学	北京师范大学
	中国矿业大学	中国青年政治学院
	首都经济贸易大学	北京建筑大学
第四周 (4.4～4.10)	北京建筑大学	首都师范大学
	中国青年政治学院	首都经济贸易大学
	北京师范大学	中国矿业大学
第五周 (4.11～4.17)	中国矿业大学	首都经济贸易大学
	中国青年政治学院	首都师范大学

(2)控辩方选择：主队(东道主学校)为公诉方、客队为辩护方；

(3)被告人：由客队(辩护方)提供；

(4)证人：双方均可提请传唤证人，但公诉方在传唤证人中享有优先权(即公诉方先提出传唤证人申请；公诉方先提请传唤的证人，辩护方不得提请传唤)。

(5)参赛人员限制：每场比赛最多可有四名队员参加比赛。

6. 指导教师及评委的评奖与点评

相关奖项：最佳文书奖、最佳风采奖、最佳公诉奖、最佳辩护奖。

最佳文书奖：法律文书规范、格式正确，符合相关法律规定，法言法语准确，描述得当，引用法律、法规正确合理。

最佳风采奖：场上表现符合场上位置特点，并且能够随机应变，展现当代法律学子风采。

评奖原则：原则上最佳风采奖与最佳文书奖应授予不同学校。

指导教师点评：各东道主学校指导教师对本场比赛进行点评，点评方面主要包括对案例的解读、文书的写作、场上的表现、证据的运用和法律的适用等问题。

指导教师点评一项可根据东道主学校进行比赛的习惯进行。

7. 公诉方规定

(1)公诉方的选择：由东道主学校参赛队员担任公诉方；

(2)场上位置：公诉人、证人、鉴定人、被害人；

(3)场上人员搭配：证人(包括被害人、不包括鉴定人)不得多于两人、至少有两名公诉人；

(4)主要提交的文书：起诉书、证据清单、证人名单、公诉意见书(其中前三者应与比赛前三天提交给辩护方学校，第四项当庭提交五份给组委会和评委)；

(5)公诉人着装：可着检服或正装，由公诉方学校自行提供。

8. 辩护方规定

(1)辩护方的选择：由客队学校参赛队员担任辩护方；

(2)场上位置：辩护人、被告人、证人、鉴定人；

(3)场上人员搭配：证人不得多于一人、不得为公诉方已经提请传唤的证人，辩护人不得多于两人，被告人不得少于一人；

(4)主要提交的文书：辩护词、证人名单(如需提交证人应于比赛前两天提交对方学校)；

(5)辩护方着装的提供：被告人可以随意着装，但辩护律师应着律师袍；

(6)律师事务所的规定：以校名命名律师事务所。

9. 赛后颁奖

赛后颁奖的形式由东道主学校自行筹办，形式不限，组委会根据具体情况，可向获得最佳公诉奖、最佳辩护奖的参赛队员颁发奖品。

10. 决赛

组委会根据具体情况，指定每所高校所参加全部四场比赛中的一场作为决赛，决赛将邀请赞助方曾彦律师团队中的一线律师，与参加决赛的两所高校的指导教师共同担任评委，在决赛中评选出的最佳风采奖、最佳文书奖将颁发奖杯，同时对最佳公诉奖、最佳辩护奖将颁发证书。

四、组委会

1. 组委会的成立：每届联盟组委会于每年 11 月成立，联盟中每所学校可推举一人作为组委会执委，参与整个赛事组织活动当中。

2. 组委会的职责：组委会应当完成下列职责：

(1)组织本年度联盟交流赛；

(2)共同商定赛题，决定比赛流程；

(3)制定具体赛制，监督比赛的顺利进行并处理相关纠纷；

(4)协调与赞助方之间的关系；

(5)决定作为决赛的场次；

(6)加强与联盟外学校的沟通，开拓本联盟。

3. 组委会执委的资格

组委会执委必须包含联盟中的每一所学校，且每所学校只能有一名执委；该执委应当参加过北京市大学生模拟法庭比赛，并且该执委应当具备一定的组织沟通能力。

4. 执委的义务

执委应当根据各校的实际情况，向联盟提出意见和建议，执委之间应当加强相互交流，共建互信；执委应当遵循保密义务，凡执委在比赛前有过早透露赛题、公开其他执委信息等行为，该执委丧失执委资格，且该校将不得参加当年度的模拟法庭联盟交流赛。

5. 执行执委的产生与责任

各参与本联盟高校的执委按照学校轮流担任执行执委，执行执委的任职时间与每届联盟组委会任职时间相同，每任执行执委应当负责执委之间的交流和组织工作。

6. 执委的投票权

以下问题应当通过执委投票的方式解决：

(1)比赛中一方学校出现违反模拟法庭比赛规则的行为，另一方学校抗议的，对此情况的处理意见执委之间不能达成统一的；

(2)执委本人违反保密义务，停止执委资格与学校参赛资格，或因其他资格需要停止学校参赛权的；

(3)联盟资金使用预算的通过、审计及赞助方更换等其他财务事项；

(4)比赛用题不能达成一致意见的；

(5)其他需要进行投票解决的事项。

执委会投票，由执行执委进行组织，方式不限，以简单多数为通过，如因上述第(1)、(2)项发起的投票，相关学校应当回避。如学校回避后，投票数为偶数，则达到参与投票的全部学校的一半，即为通过。

7. 秘书处

由执行执委所在学校，推举一到三人作为秘书处，协助执行执委组织当年联盟交流赛等工作。

五、赛题的选择

1. 自命题的提交：各参与联盟的高校可在每届联盟组委会成立后一个月之内(即当年 12 月内)向执行执委提交本校的自命题(限两套)，自命题内容应当符合北京市比赛的要求和趋势。

2. 自命题的通过：组委会在收到自命题后，由执行执委组织通过自命题的投票，投票达到简单多数的，自命题通过；如投反对票，应当说明反对理由。

3. 自命题与市赛题的选择：各大高校应当选择本校学生没有参与比赛过的命题，各高校执委应当提交本校参赛队员已经参与过的比赛用题(市赛题)，组委会在选择用题时，将排除上述用题，并且从自命题和剩余的市赛题中抽签选择每一轮比赛用题。如针对用题有争议，将通过执委投票表决的方式解决。

六、赛制的参考

联盟比赛参考《北京市大学生模拟法庭竞赛赛制》进行，当市比赛赛制与本规定赛制有冲突的，以本规定为准。对上述规定的解释权归联盟组委会所有。

电磁炮制作与其特性研究

徐　晨　张嘉充

指导教师：施宇蕾

（首都师范大学物理系）

摘要： 电磁炮作为新兴的一种武器，目前十分受关注。由于其具有污染少、噪声小、后坐力小等优点，许多科学家正在着手用电磁炮来代替现有的火炮。电磁炮属于动能武器，它利用电磁力将弹丸加速到极高的速度，弹丸的动能来杀伤敌方人员和建筑物。本文将对电磁轨道炮建立理论模型和利用实验测量电磁线圈炮的一些重要参数。

关键词： 电磁力；轨道电磁炮；线圈电磁炮；电磁炮效率

一、基本概念解释

（一）电磁力

由经典电磁学可以知道，在微观下，带电粒子会在磁场中受到洛伦兹力，在宏观上，通电导线受到的电磁力表现为安培力，安培力由公式：$\vec{F}=I\vec{L}\times\vec{B}$ 确定[1]。

（二）轨道电磁炮

轨道电磁炮原理如图 1 所示。军用轨道电磁炮在使用中，依靠导轨电流产生磁场，根据安培定则可以判断，无论哪一接线端为正极，弹丸总是受到向前的电磁力作用。军用轨道炮导轨电流常常高达几百万安培，实验室难以模拟，我们采用外加磁场的方式进行实验，也就是说，外磁场是施加电磁力的主要场，在理论分析中，由于放电的平均电流较小，只考虑外磁场的作用。

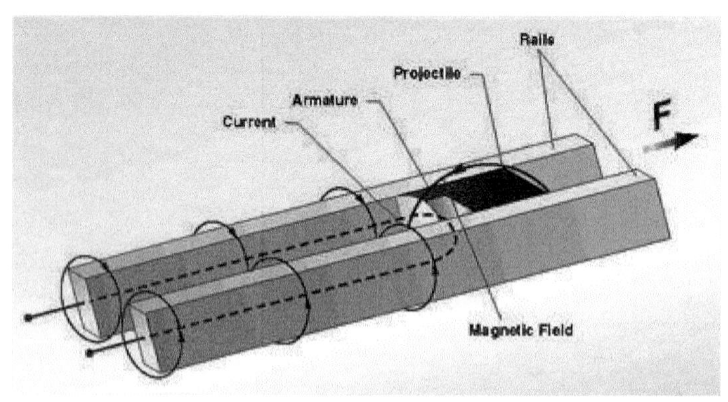

图 1　轨道电磁炮原理图

（三）线圈电磁炮

线圈电磁炮主要利用磁体在不均匀磁场中会受力而制作的。在不均匀磁场中，磁体受到的磁力为：$\vec{F}=-\vec{\mu}\cdot\frac{\mathrm{d}\vec{B}}{\mathrm{d}z}$[2]，那么根据螺线管磁场曲线（如图2）和电容放电曲线（如图3），可以分析出当弹头未经过螺线管中心时，受到向前的拉力，从而加速弹头，而一旦弹头通过螺线管中心，若电容仍未放电完成，则弹头会受到向后的拉力，从而将弹头减速，这个过程称作反拉。

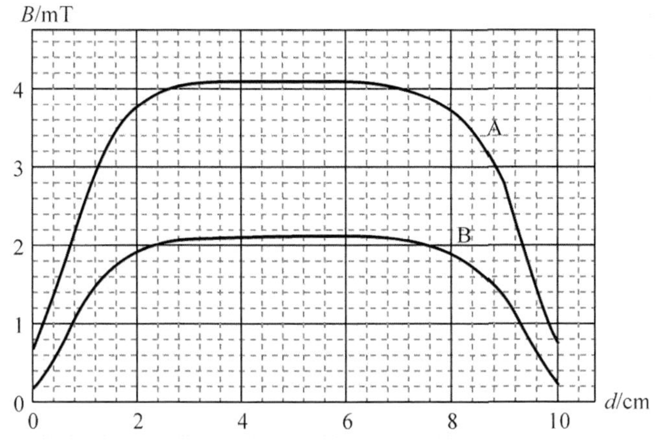

图2　螺线管内部磁感应强度曲线

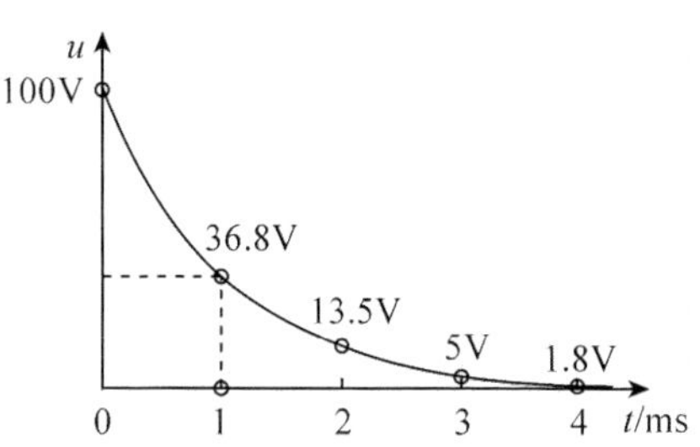

图3　电容放电曲线

二、理论建模

（一）轨道电磁炮理论模型

实验室模拟外磁场驱动弹丸，采用以下模型：

首先给出轨道炮电路，如图4所示。假设电容内阻为 R，电容为 C，则总外电阻为 $R_{总}=R+R_0$，其中 R_0 为轨道电阻。总电阻参与发热。外磁场磁感应强度为 B。

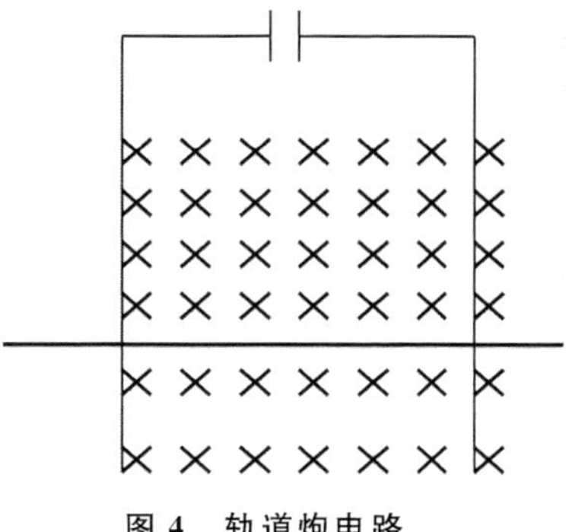

图4　轨道炮电路

在放电过程中，电流有如下表述：

$$I=\frac{U-\varepsilon}{R_{总}}$$

上述式子中，ε 表示反电动势，U 表示电容阵电压。而反电动势是由子弹切割磁感线产生，由运动定律和电磁感应定律，有

$$m\frac{\mathrm{d}v}{vt}=BIL$$

$$\mathrm{d}\varepsilon=BL\,\mathrm{d}v$$

代入 I 的表达式并且上述两式联立，有

$$\frac{\mathrm{d}\varepsilon}{U-\varepsilon}=\frac{B^2L^2}{mR_{总}^2}\mathrm{d}t$$

考虑 U 为电容两端电压，根据KVL定律及VCR关系，有

$$\varepsilon=R_{总}C\cdot\frac{\mathrm{d}U}{\mathrm{d}t}+U$$

将此式代入上一式子，有：

$$\frac{d\varepsilon}{R_{总}\ C \cdot dU} = -\frac{B^2L^2}{R_{总}}$$

即：

$$d\varepsilon = -\frac{B^2L^2C}{m}dU$$

两边同时积分，同时考虑初始条件，则：

$$\varepsilon = -\frac{B^2L^2C}{m}U + \frac{B^2L^2C}{m}U_0$$

令 $A = -\frac{B^2L^2C}{m}, B = \frac{B^2L^2C}{m}U_0$ ，则：

$$\varepsilon = AU + B$$

将上式代入 KVL 方程，有

$$U(t) = (U_0 + \frac{B}{A-1})e^{\frac{(A-1)t}{RC}} - \frac{B}{A-1}$$

把电压表达式代入电流式：

$$I = \frac{U-\varepsilon}{R_{总}} = \frac{[(1-A)U_0 - B]e^{\frac{(A-1)t}{RC}}}{R_{总}}$$

令 $K = (1-A)U_0 - B$ ，则

$$I = \frac{K \cdot e^{\frac{(A-1)t}{RC}}}{R_{总}}$$

对于外电阻消耗的总热量，由焦耳定律可得：

$$Q = \int_0^t I^2 R_{总} \cdot dt$$

对于电容来说，经过 5 倍时间常数后能量消失殆尽，而时间常数为[3]：

$$\tau = -\frac{RC}{A-1}$$

将 5τ 作为积分上限，忽略 e 的高阶小量，将消耗总能量求出，得：

$$\frac{RC[(1-A)U_0 - B]^2}{2(1-A)R_{总}}$$

电容阵储存的总能量为 $E = \frac{1}{2}CU_0^2$ ，则用于给弹丸加速的能量为：

$$E' = E - Q = \frac{1}{2}CU_0^2 - \frac{RC[(1-A)U_0 - B]^2}{2(1-A)R_{总}}$$

由永磁体的表面磁感应强度 $B=1.0\text{T}\sim1.4\text{T}$[3]，内外电阻在几 mΩ 左右就可以计算出轨道电磁炮的效率约为 5%。

(二)线圈电磁炮理论模型①

线圈电磁炮的受力原理如第一部分所言，但是在计算效率上宜用互感模型对受力情况进行理论建模，在计算中，我们所采取的模型如下：

电容阵通过主级线圈放电，在一瞬间将电能转换为磁场能量。由于弹丸是铁磁体，

① 由于本实验所用线圈炮与文献中的线圈炮结构不同，而本实验的线圈炮由于弹丸结构复杂，一些物理量不能直接测量，所欲此部分不是重点，只是给出一些通用的理论模型。

放入线圈中相当于是铁芯，则电容的电能绝大部分转化为磁能，而由于瞬时电流并不大(实验测试也确实如此，不大于 50A)，所以损耗的热能非常小，在计算中忽略不计。考虑能量交换是主级线圈将弹丸磁化，即主线圈与弹丸磁畴相互作用。我们查阅了相关资料，对线圈炮进行理论分析。[4]

首先，由于主线圈和弹丸相互作用，写出理想条件下电磁炮系统的总储能：

$$E = \frac{1}{2}L_1 I_1^2 + \frac{1}{2}L_2 I_2^2 + MI_1 I_2$$

上式中，L_1 是主级线圈自感，L_2 是弹丸自感，I_1 和 I_2 分别是主线圈电流和涡流，M 为互感系数，而弹丸受到的牵引力为：

$$F = \frac{\mathrm{d}M}{\mathrm{d}x} I_1 I_2$$

将公式应用于本模型中，计算传递的能量，将上式积分，用于加速的能量为：

$$E = MI_1 I_2$$

具体数据应由实验测量。

三、实验操作与结论

(一)线圈电磁炮参数测量

由于轨道炮的防护措施并不完善，导致轨道炮装置发生损毁，瞬间电流将导轨和弹丸熔化，实验未能成功。

线圈炮实验有明显效果，在此对线圈炮的实验进行论述和分析。

实验仪器：电磁炮原型机，摄影机，电容阵，20g 钢制弹丸。

实验参数：

主线圈匝数：240 匝(1mm 漆包线密绕，绕线密度 60 匝/cm)；

电容阵容量：8000μF，120V～150V；

弹丸：质量 20g，直径 9mm，长 40mm；

弹丸速度计算：固定弹丸飞行距离，利用摄像机测量飞行时间。

实验数据表

主电容电压(V)	总储能(J)	弹丸速度(m/s)	效率(%)
120	57.6	21.3	7.87
130	67.6	23.5	8.17
140	78.4	26.1	8.69
150	90	28.5	9.02

(二)实验结果分析

通过实验我们得出相应的结论：线圈炮弹丸速度随着电容阵总储能的增加而提高，效率基本在 8%左右，而且效率随着总储能的增加而提高，由于实验条件限制，我们没有测量线圈炮的效率极限，但根据文献中的经验来看，军用线圈炮效率可以达到 50%

左右。

参考文献

[1]梁灿彬等. 电磁学[M]. 2版. 北京：高等教育出版社，2010.
[2]褚圣麟编. 原子物理学[M]. 北京：高等教育出版社，1979.
[3]https：//ja. wikipedia. org/wiki/希土類磁石.
[4]王莹，肖峰等. 电炮原理[M]. 北京：国防工业出版社，1995.

互感现象的探究

李　琨　宫婷婷　顾　蕊
指导教师：苏　波
（首都师范大学物理系）

摘要： 互感现象是一种线圈自身属性产生的一种现象，利用这种现象我们可以制造出许许多多的现代电子产品，可以说互感现象是贯穿电子学电工学的一种现象。本文详细描述了线圈电感互感的计算方法。并且利用了现代的电子科技手段，制造出了高精度高自动化的“线圈互感研究系统”，利用该系统可以测量任意线圈以及线圈间的各种基本参数。

关键词： 互感现象；线圈；测试系统；线圈参数

一、引言

为了研究线圈的互感特性，本文主要阐述我们制作的“线圈互感特性测量系统”。本系统利用了常用的线圈参数计算公式，经过对通电电线圈电特性的自动化测量，进而自动的得出线圈的参数特点。

本系统的供电由220V市电提供，通过供电模块将电压转化为我们需要的特定电压；之后由51单片机控制DDS模块产生线圈激励信号，之后通过驱动模块驱动线圈产生磁场，在另一个线圈上产生感应电动势，进而测量其电压，通过单片机AD转换，测出线圈各部分参数，进而自动得出线圈组的互感特性。

经过仪器校准之后，我们发现测系统的系统测量误差在5%以内，基本达到设计要求，可以用来进行实验测试。

二、理论分析

线圈是一个感性的器件，在其中加入交流电之后，会存在一定的感抗同时会向周围空间辐射电磁场，此时如果我们在其附近使用另一个线圈进行接收，则在这个接收线圈上会产生一个感应电动势。

假设初级线圈流过的电流是 I_1，两端的电压是 U_1；次级线圈的电流是 I_2，两端的电压是 U_2。

则通过公式：

$$M=\frac{U_2}{\omega \cdot I_1} \tag{1}$$

我们可以得出线圈的互感系数。

通过公式：

$$L=\frac{X_L}{\omega} \tag{2}$$

我们可以得出线圈的电感，X_L 是线圈的感抗单位是电阻，我们将线圈和一个采样电阻串联通过电阻正比分压进而可以测出。

通过公式：

$$k = \frac{M}{\sqrt{L_1 \cdot L_2}} \tag{3}$$

我们可以得出线圈的耦合系数，以比较线圈耦合的程度。

三、线圈互感特性测量系统

见图 1，就是我们这个系统的整体完成图。

图 1　线圈互感特性测量系统

我们的系统经过变压器把 220V 市电降压之后稳压到±12V 以供系统使用，系统通过图 2 所示的开关电路，再将 12V 的电压降到 5V 以供系统的控制单元使用。

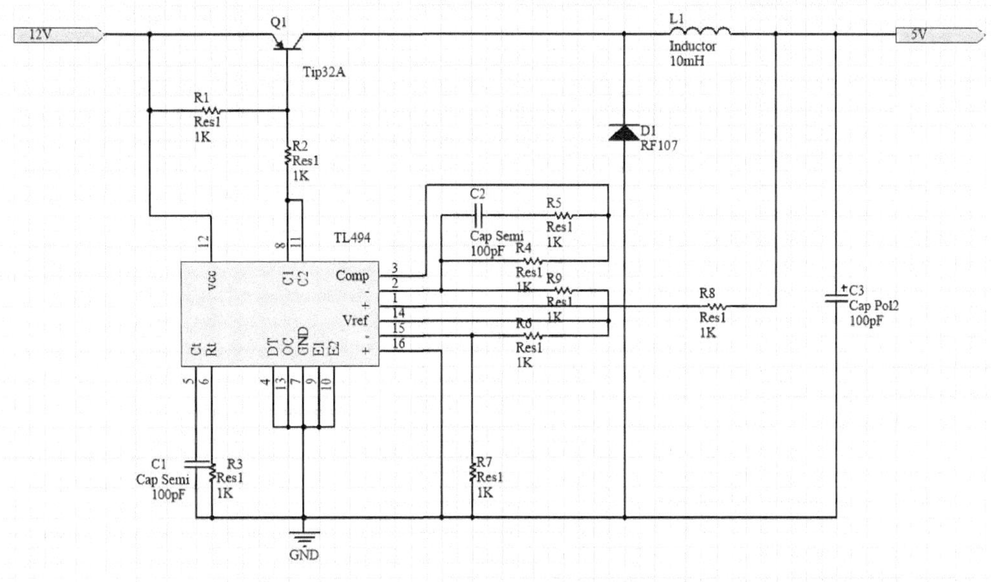

图 2　12V 转 5V 的开关电源模块

之后我们再通过单片机控制 DDS 产生激励信号，通过 OTL 电路驱动线圈产生电磁波，并耦合进另一个线圈进而产生感应电动势。

线圈的连接电路如图 3 所示：

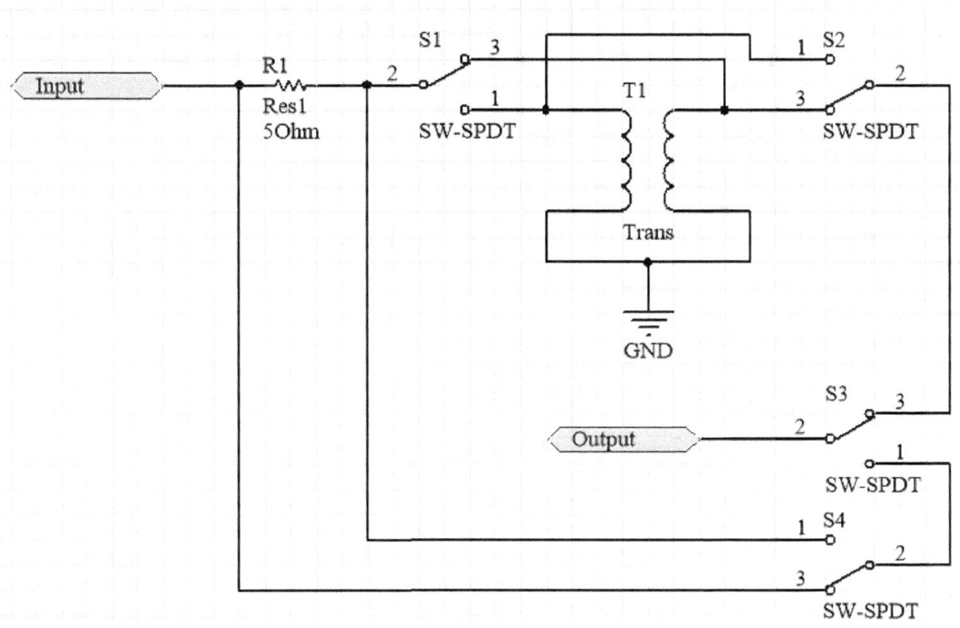

图 3　线圈连接电路

电路中的 R_1 就是采样电阻，其电压就是 U_R 。

我们通过单片机控制 S_1、S_2、S_3、S_4 继电器，进而转换电路的组合状态，进而得到不同的 Output 值，通过其可以得到线圈的电压 U_1、U_2 ，进而得出采样电阻电压 U_R 从而通过欧姆定律我们可以得出线圈的电流 I_1、I_2 ，以及主次线圈的 L。继而通过公式(1)—(3)得到线圈组的互感系数 M 以及耦合系数 k。

因为我们的单片机的速度较慢，所以无法采集实时变化的交流信号，所以我们通过图 4 的真有效值转换电路将交流信号转化成直流信号。

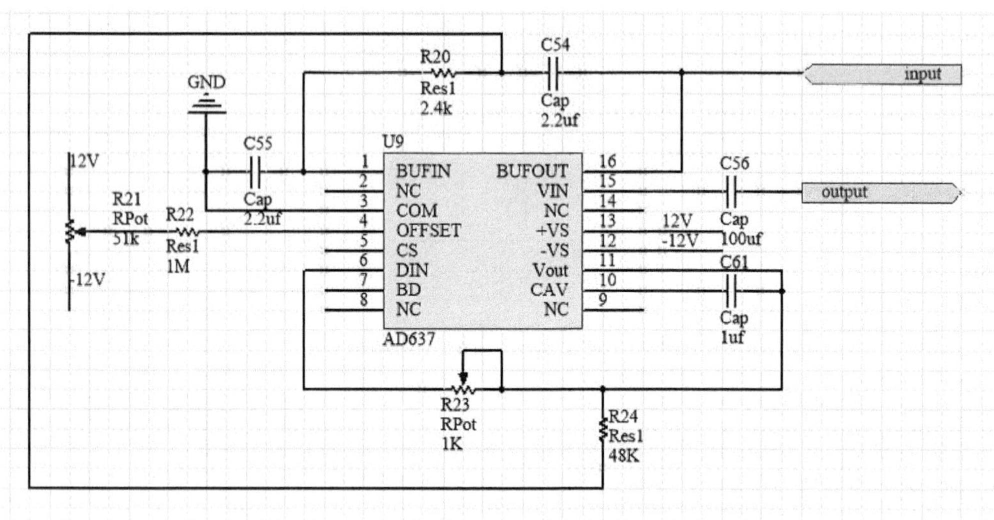

图 4　真有效值转换电路

由于信号是同期性所以有效值和实际值存在一个固定的比例系数。之后通过单片机 AD 采集并计算之后我们便可以测出线圈组的一切参数了。

四、结论

通过我们将仪器与数字电桥进行校准，我们发现本仪器的精度可以达到 5%以内，这个精度完全可以进行对线圈参数的定量测量了。由此可见我们设计的系统完全达到设计要求，实验十分成功。

参考文献

[1] 申烛，罗承沐．电子式电流互感器的新进展[J]．电力系统自动化，2001，25(22)：59—63.

[2] 罗苏南，叶妙元，徐雁．光纤电压互感器的稳定性分析[J]．中国电机工程学报，2000，20(12)：15—19.

附录

以下为单片机部分程序：

```
#include <stc12c5a60s2.h>
#include <math.h>
```

```
#include "IO.h"
#include "TYPE.h"
#include "DELAY.h"
#include "KEY.h"
#include "STCAD.h"
#include "AD9850.h"
#include "LCD12864.h"
#include "CALCULATE.H"

extern ulong U1, U2, U3, I1, U12, U22, I12, UR, UR2, M, K, L1, L2, f;
extern uchar feqnum;

double code fequent[]=
{
  1000, 2000, 5000, 10000, 20000, 50000, 100000, 200000, 500000, 1000000
};

void system()
{
P0=0x00;
P1=0x00;
P2=0x00;
P0M1=0x00; P0M0=0xff;
P1M1=0xff; P0M0=0x00;
P2M1=0x00; P2M0=0xff;
P0=0x00;
P1=0x00;
P2=0x00;
Init12864();
ADC_init();

  WrString12864(1, 0,"线圈互感特性研究");
  WrString12864(2, 1,"综合测试系统");
  delay1s(); delay1s(); delay1s();
}

void main()
{
Uchar
menunum, menuflag, feqflag, testflag, nextflg, keynum, testallflag, resultflag, nexttestflag;

system();
```

```
while(1)
{
menunum=1, menuflag = 1, feqflag = 1, testflag = 1, nextflg = 1, feqnum = 0, keynum = 0, testallflag=0, resultflag=1;
    WrString12864(0, 0,"按 FEQ 选择频点  ");
    WrString12864(1, 0,"频率 1-2-5 步进  ");
    WrString12864(2, 0,"频率:       001kHz");
    WrString12864(3, 0,"按 NEXT 进入菜单  ");
    ad9850(1000);

    while(feqflag)           //频率选择
    {
    keynum=key();
    if(keynum==1)
    {
      feqnum=feqnum+1;
      if(feqnum==10) feqnum=0;
      if(feqnum==0) WrString12864(2, 5,"001k");
      if(feqnum==1) WrString12864(2, 5,"002k");
      if(feqnum==2) WrString12864(2, 5,"005k");
      if(feqnum==3) WrString12864(2, 5,"010k");
      if(feqnum==4) WrString12864(2, 5,"020k");
      if(feqnum==5) WrString12864(2, 5,"050k");
      if(feqnum==6) WrString12864(2, 5,"100k");
      if(feqnum==7) WrString12864(2, 5,"200k");
      if(feqnum==8) WrString12864(2, 5,"500k");
      if(feqnum==9) WrString12864(2, 5,"001M");
      ad9850(fequent[feqnum]);
      keynum=0;
   }
   if(keynum==4)
     feqflag=0;
   keynum=0;
}

WrString12864(0, 0,"频率为        Hz");       //频率提示
if(feqnum==0) WrString12864(0, 5,"001k"); if(feqnum==1) WrString12864(0, 5,"002k"); if(feqnum==2) WrString12864(0, 5,"005k");
if(feqnum==3) WrString12864(0, 5,"010k"); if(feqnum==4) WrString12864(0, 5,"020k"); if(feqnum==5) WrString12864(0, 5,"050k");
if(feqnum==6) WrString12864(0, 5,"100k"); if(feqnum==7) WrString12864(0, 5,"200k"); if(feqnum==8) WrString12864(0, 5,"500k");
```

```
if(feqnum==9) WrString12864(0, 5,"001M");

WrString12864(1, 1,"连续测量 M      ");
WrString12864(2, 1,"分步测量参数   ");
WrString12864(3, 0,"按 TEST 开始测量   ");

while(menuflag)
{
    if(menunum==1)
    {
      WrString12864(1, 0,"◆");
    WrString12864(2, 0,"  ");
    }
    if(menunum==2)
    {
      WrString12864(1, 0,"  ");
    WrString12864(2, 0,"◆");
    }
    keynum=0;
    while(keynum==0)
    {
      keynum=key();
      if(keynum==4)
      {
        menunum++;
        if(menunum==3)
          menunum=1;
      }
      if(keynum==2)
      {
        menuflag=0;
        testallflag=1;
      }
      if(keynum==3)
      {
        menuflag=0;
        testallflag=0;
      }
    }
    keynum=0;
}
```

```
if(/ * 1)/ * /menunum==2)
{
    WrString12864(3, 0,"                  ");
    WrString12864(1, 0,"初级线圈电压:    ");
WrString12864(2, 0,"U1=    .          V");
    while(testflag)
    {
      calculate_U1();
      display(U1);
      testflag=0;
      keynum=0;
      while((keynum! =2)&&(testallflag==1))
      {
        keynum=key();
      }
    }
    testflag=1;
    WrString12864(1, 0,"线圈供电电压:    ");
    WrString12864(2, 0,"U2=    .          V");
    while(testflag)
    {
        calculate_U2();
        display(U2);
        testflag=0;
        keynum=0;
        while((keynum! =2)&&(testallflag==1))
        {
      keynum=key();
    }
    }
    testflag=1;
    WrString12864(1, 0,"采样电阻电压:    ");
    WrString12864(2, 0,"UR=    .          V");
    while(testflag)
    {
calculate_UR();
display(UR);
    testflag=0;
      keynum=0;
      while((keynum! =2)&&(testallflag==1))
      {
        keynum=key();
```

```
      }
      }
    testflag=1;
    WrString12864(1, 0,"初级线圈电流：   ");
    WrString12864(2, 0,"I1=    0        mA");
    while(testflag)
    {
      calculate_I1();
      display(I1);
      testflag=0;
      keynum=0;
      while((keynum! =2)&&(testallflag==1))
      {
        keynum=key();
      }
    }
    testflag=1;
    WrString12864(1, 0,"次级线圈电压：   ");
    WrString12864(2, 0,"U3=    .        V");
    while(testflag)
    {
    calculate_U3();
    display(U3);
    testflag=0;
    keynum=0;
    while((keynum! =2)&&(testallflag==1))
    {
      keynum=key();
    }
}
testflag=1;
WrString12864(1, 0,"线圈互感系数：   ");
WrString12864(2, 0,"M=    .        uH");
while(testflag)
{
    calculate_M();
    if(M<10) display(0);
    else display(M);
    testflag=0;
    keynum=0;
    while((keynum! =2)&&(testallflag==1))
    {
```

```
            keynum=key();
        }
    }
    testflag=1;
    WrString12864(1, 0,"初级线圈自感:    ");
    WrString12864(2, 0,"L1=    .        uH");
    while(testflag)
    {
        calculate_L1();
        display(L1);
        testflag=0;
        keynum=0;
        while((keynum! =2)&&(testallflag==1))
        {
        keynum=key();
        }
    }
    testflag=1;
    WrString12864(1, 0,"次级线圈自感:    ");
    WrString12864(2, 0,"L2=    .        uH");
    while(testflag)
    {
        calculate_L2();
        display(L2);
        testflag=0;
        keynum=0;
        while((keynum! =2)&&(testallflag==1))
        {
            keynum=key();
        }
    }
    testflag=1;
    WrString12864(1, 0,"线圈耦合系数:    ");
    WrString12864(2, 0,"K=    .            ");
    while(testflag)
    {
        calculate_K();
        display(K);
        testflag=0;
        keynum=0;
        while((keynum! =2)&&(testallflag==1))
        {
```

```
            keynum=key();
        }
      }
  }

  if(/ * 0)/ * /menunum==1)
  {
      nexttestflag=1;
      WrString12864(3, 0,"按 FEQ 退出测量   ");
      WrString12864(1, 0,"线圈互感系数:    ");
      WrString12864(2, 0,"M=      .        uH");
      while(nexttestflag)
      {
          calculate _ U1();
          calculate _ U2();
          calculate _ UR();
          calculate _ I1();
          calculate _ U3();
          calculate _ M();
          if(M<10) display(0);
          else display(M);
          keynum=key();
          if(keynum==1)
              nexttestflag=0;
      }
      resultflag=0;
    }
      testflag=1;
      keynum=0;
      testallflag=1;

      WrString12864(3, 0,"  请按 FEQ 退出   ");
      WrString12864(1, 0,"  测试已经完成   ");
      WrString12864(2, 0,"请按 NEXT 查看结果");

  while(1)
  {
      if(resultflag==0) break;
      while(nextflg)
      {
          keynum=key();
          if(keynum==4)
```

```
        nextflg=0;
        if(keynum==1)
          {resultflag=0; nextflg=0;}
    }
    nextflg=1;
    if(resultflag==0) break;
    WrString12864(3, 0,"                 ");
    WrString12864(1, 0,"初级线圈电压:    ");
    WrString12864(2, 0,"U1=    .         V");
    display(U1);
    while(nextflg)
    {
        keynum=key();
        if(keynum==4)
        nextflg=0;
        if(keynum==1)
          {resultflag=0; nextflg=0;}
    }
    nextflg=1;
    if(resultflag==0) break;
    WrString12864(1, 0,"线圈供电电压:    ");
    WrString12864(2, 0,"U2=    .         V");
    display(U2);
    while(nextflg)
    {
        keynum=key();
        if(keynum==4)
        nextflg=0;
        if(keynum==1)
          {resultflag=0; nextflg=0;}
    }
    nextflg=1;
    if(resultflag==0) break;
    WrString12864(1, 0,"采样电阻电压:    ");
    WrString12864(2, 0,"UR=    .         V");
    display(UR);
    while(nextflg)
    {
        keynum=key();
        if(keynum==4)
        nextflg=0;
        if(keynum==1)
```

```
        {resultflag=0; nextflg=0;}
    }
    nextflg=1;
    if(resultflag==0) break;
    WrString12864(1, 0,"初级线圈电流:    ");
    WrString12864(2, 0,"I1=    0         mA");
    display(I1);
    while(nextflg)
    {
        keynum=key();
        if(keynum==4)
        nextflg=0;
        if(keynum==1)
          {resultflag=0; nextflg=0;}
    }
    nextflg=1;
    if(resultflag==0) break;
    WrString12864(1, 0,"次级线圈电压:    ");
    WrString12864(2, 0,"U3=     .          V");
display(U3);
    while(nextflg)
    {
        keynum=key();
        if(keynum==4)
        nextflg=0;
        if(keynum==1)
          {resultflag=0; nextflg=0;}
    }
    nextflg=1;
    if(resultflag==0) break;
    WrString12864(1, 0,"线圈互感系数:    ");
    WrString12864(2, 0,"M=      .         uH");
    if(M<50) display(0);
    else display(M);
    while(nextflg)
    {
        keynum=key();
        if(keynum==4)
        nextflg=0;
        if(keynum==1)
            {resultflag=0; nextflg=0;}
    }
```

```
        nextflg=1;
        if(resultflag==0) break;
        WrString12864(1, 0,"初级线圈自感：   ");
        WrString12864(2, 0,"L1=    .       uH");
        display(L1);
        while(nextflg)
        {
            keynum=key();
            if(keynum==4)
            nextflg=0;
            if(keynum==1)
              {resultflag=0; nextflg=0;}
        }
        nextflg=1;
        if(resultflag==0) break;
        WrString12864(1, 0,"次级线圈自感：   ");
        WrString12864(2, 0,"L2=    .       uH");
        display(L2);
        while(nextflg)
        {
            keynum=key();
            if(keynum==4)
            nextflg=0;
            if(keynum==1)
                {resultflag=0; nextflg=0;}
        }
        nextflg=1;
        if(resultflag==0) break;
        WrString12864(1, 0,"线圈耦合系数：   ");
        WrString12864(2, 0,"K=    .          ");
        display(K);
    }
    resultflag=1;
    }
}
```

搭建互感装置并研究其性能

冯依琳　卞耀兴　董　欣

指导教师：苏　波

（首都师范大学物理系）

摘要： 通过高压包的两个线圈互感，可以将电压放大，产生几万伏特的高压。在2～5万伏高压下，两电极最近处的空气首先被击穿，形成大量的正负等离子体，即产生电弧放电。空气对流加上电动力的驱使，使电弧向上升，随着电弧被拉长，电弧通过的电阻加大，当电流送给电弧的能量小于由弧道向周围空气散出的热量时，电弧就会自行熄灭。

关键词： 互感；电弧放电；高压包

一、引言

一个线圈因另一个线圈中的电流变化而产生感应电动势的现象称为互感现象。这两个线圈称为互感线圈，用互感系数(简称互感)来衡量互感线圈的这种性能。互感的大小除了与两线圈的几何尺寸、形状、匝数及导磁材料的导磁性能有关外，还与两线圈的相对位置有关。

二、零电压开关

(一)零电压开关介绍

PWM开关电源按硬开关模式工作(开/关过程中电压下降/上升和电流上升/下降波形有交叠)，因而开关损耗大。高频化虽可以缩小体积重量，但开关损耗却更大了。为此，必须研究开关电压/电流波形不交叠的技术，即所谓零电压开关(ZVS)/零电流开关(ZCS)技术，或称软开关技术，小功率软开关电源效率可提高到80%～85%。20世纪70年代谐振开关电源奠定了软开关技术的基础。随后新的软开关技术不断涌现，如准谐振(20世纪80年代中)全桥移相ZVS－PWM，恒频ZVS－PWM/ZCS－PWM(20世纪80年代末)ZVS－PWM有源嵌位；ZVT－PWM/ZCT－PWM(20世纪90年代初)全桥移相ZV－ZCS－PWM(20世纪90年代中)等。我国已将最新软开关技术应用于6kW通信电源中，效率达93%。

(二)原理图分析

(见图1、图2)上电时 L_1 通入的电流为零，电源通过 R_1、R_2 是 Q_1、Q_2 导通，L_1 电流逐渐增加，由于两个开关管特性差异，将导致流入两个开关管的电流不同，假设 Q_1 电流大于 Q_2 电流，T_1 将产生 b 为正，a 为负的感应电压，于是通过 T_1 形成正反馈，使 Q_1 导通，Q_2 截止。完成启动过程。

(t_0～t_1 时间)稳态 Q_1 导通时，由于上个周期 T_1 电流为 a 到 c，并且 C_1 两端电压为零。由于电流不能突变，T_1 电流将对 C_1 充电，C_1 逐渐为 a 负 c 正的电压，并且正弦变大，T_1 电流正弦变小。此时 a 电压被 Q_1 下拉到 0V，所以 C 点电压正弦变大，Q_1 栅极电压被 D_3 稳压管钳位，Q_1 时钟保持导通。

(t_1 时间)当 T_1 中电流下降为零，其能量全部释放到 C_1，此时 C_1 电压达到最大值。

(t_1～t_2 时间)C_1 开始通过 T_1 由 c 到 a 放电，C_1 电压即 c 点电压正弦变小，T_1 电流由 c 到 a 正弦变大。

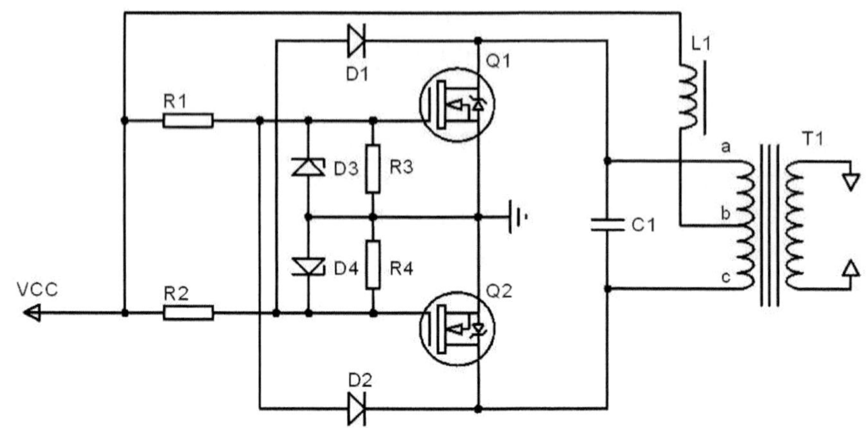

VCC 输入电源　Q_1、Q_2 开关管　T_1 隔离变压器　D_3、D_4 栅极保护稳压管

图 1　ZVS 原理图

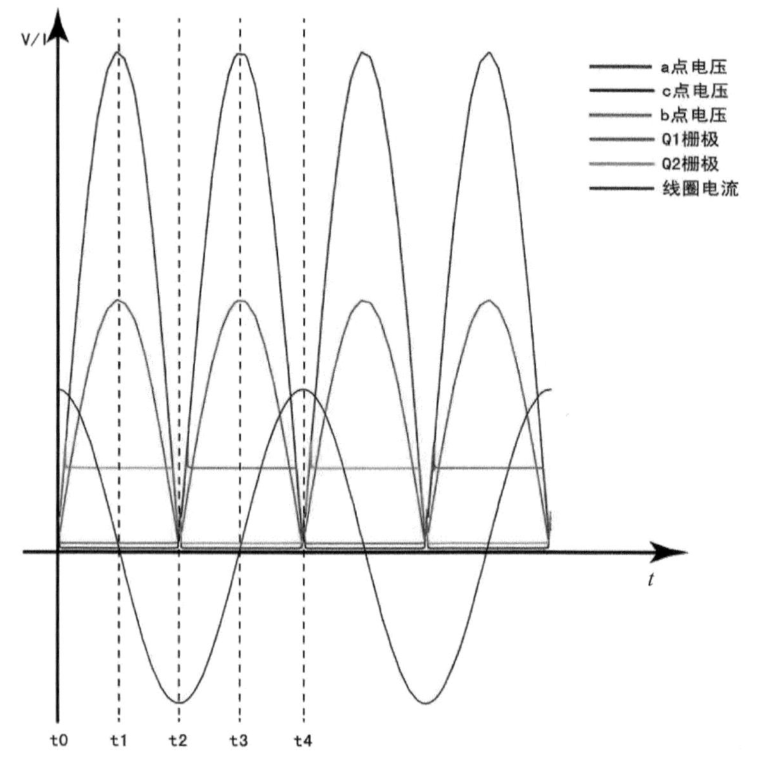

图 2　电路震荡波形

(t_2 时间)当 C_1 能力基本放完时，c 点电压下降到 MOS 管阀值电压左右，将通过 D_2 使 Q_1 进入放大区。此时 C_1 对 T_1 绕组由 c 到 a 放电电流达到最大值。同时由于 Q_1 进入放大区，a 点电压逐渐上升，同时通过 D_1 使 Q_2 也进入放大区。

(t_2 时间)C_1 放电完毕，T_1 绕组由 c 到 a 电流达到最大值，将像 C_1 充电，使 C_1 充电为 a 正 c 负的电压，同时 C_1 两端电压正弦变大。此时两个 MOS 管同时进入放大区。

由于 T_1 对 C_1 的持续充电，C_1 上电压为 a 正 c 负，通过两个二极管使 Q_2 栅极电压升高，Q_1 栅极逐渐下降，同时正反馈形成，Q_2 导通，Q_1 截止。

Q_2 导通与 Q_1 导通过程类似。

L_1 电感值比 T_1 大，整个震荡周期中 L_1 电流基本不变。震荡过程中 L_1 持续为 LC 振荡器补充电能。

三、高压包

(一)线圈互感

当一线圈中的电流发生变化时，在临近的另一线圈中产生感应电动势，叫作互感现象。互感现象是一种常见的电磁感应现象，不仅发生于绕在同一铁芯上的两个线圈之间，而且也可以发生于任何两个相互靠近的电路之间。

它的基本原理就是磁的耦合。无论在何处，只要存在两个电流回路，就会有互感。一个回路的电流产生一个磁场，而该磁场会影响第二个回路。两个回路相互作用，其相互作用的系数随距离的增加快速地减小。两个回路之间相互作用的系数称为它们的互感，单位是亨利(H)，或伏一秒/安培。两个电路之间的互感耦合相当于一个连接在电路 A 和电路 B 之间的微小变压器。无论何处，对于两个相邻电流回路的相互作用，可以看成是一个变压器的初级和次级，从而得到互感。

两个线圈之间的互感系数与其各自的自感系数有一定的联系。当两个线圈中每一个线圈所产生的磁通量对每一匝而言都相等，并且全部穿过另一个线圈的每一匝，这种情形叫无漏磁。将两个线圈密排并缠在一起就能做到这一点。在这种情形下互感系数与各自的自感系数之间的关系比较简单。

$M=N_1\Phi_{21}/I_2=N_2\Phi_{12}/I_1$

$L_1=NI\Phi_1/I_1$，$L_2=N_2\Phi_2/I_2$

由于无漏磁 $\Phi_{12}=\Phi_1$，$\Phi_{21}=\Phi_2$

所以 $M=N_1\Phi_2/I_2=N_2\Phi_1/I_1$, k 为耦合系数

得到 $K=M/\sqrt{L_1L_2}$

$E=M_{12}\cdot\Delta I_1/\Delta t$

(二)高压包原理

高压包，正名是行输出变压器，也称为行包或行变，显示器的高压包和电视机的工作原理基本一致，其主要作用是产生阳极高压，另外提供聚焦、加速、栅极等各路电压。由于高压包工作于高温、高频率、高电压、大电流的状态，加上外部环境潮湿或多尘等因素影响，使高压包损坏几率较高。高压包是行输出变压器俗称，输出高压直流

电，就是高压包的作用。这个作用在电视机里，是完全一样的。在电视机中用来加速电子使屏幕达到足够亮度，也用在电脑液晶显示屏，用来给灯管供电，使屏幕达到足够亮度。

磁感应式电压互感器，其工作原理与变压器相同，基本结构也是铁芯和原、副绕组(见图3)。特点是容量很小且比较恒定，正常运行时接近于空载状态。电压互感器本身的阻抗很小，一旦副边发生短路，电流将急剧增长而烧毁线圈。为此，电压互感器的原边接有熔断器，副边可靠接地，以免原、副边绝缘损毁时，副边出现对地高电位而造成人身和设备事故。测量用电压互感器一般都做成单相双线圈结构，其原边电压为被测电压(如电力系统的线电压)，可以单相使用，也可以用两台接成V－V形作三相使用。实验室用的电压互感器往往是原边多抽头的，以适应测量不同电压的需要。供保护接地用电压互感器还带有一个第三线圈，称三线圈电压互感器。三相的第三线圈接成开口三角形，开口三角形的两引出端与接地保护继电器的电压线圈联接。正常运行时，电力系统的三相电压对称，第三线圈上的三相感应电动势之和为零。一旦发生单相接地时，中性点出现位移，开口三角的端子间就会出现零序电压使继电器动作，从而对电力系统起保护作用。线圈出现零序电压则相应的铁芯中就会出现零序磁通。为此，这种三相电压互感器采用旁轭式铁芯(10kV及以下时)或采用三台单相电压互感器。对于这种互感器，第三线圈的准确度要求不高，但要求有一定的过励磁特性(即当原边电压增加时，铁芯中的磁通密度也增加相应倍数而不会损坏)。

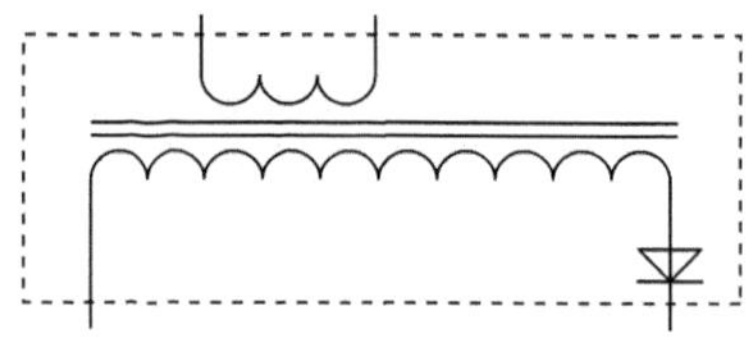

图3　高压包原理

四、电弧放电原理

该展品由变压器、羊角电极等部分组成。由变压器提供数十万伏的高压，在羊角电极间击穿空气，形成弓形电弧，产生磁场，使电弧向上运动，其运动过程类似于爬梯。当电弧被拉长到600mm左右，所施加的电压再不能维持产生电弧所需的条件，电弧就消失，此时羊角电极底部又会产生新的电弧，形成周而复始的电弧爬梯现象。雅各布天梯则展示了电弧产生和消失的过程。两根呈羊角形的管状电极，一极接高压电，另一极接地。当电压升高到5万伏时，管状电极底部产生电弧，电弧逐级激荡而起，如一簇簇圣火似地向上爬升，犹如圣经中的雅各布天梯。

在2～5万伏高压下，两电极最近处的空气首先被击穿，形成大量的正负等离子体，即产生电弧放电。空气对流加上电动力的驱使，使电弧向上升，随着电弧被拉长，电弧通过的电阻加大，当电流送给电弧的能量小于由弧道向周围空气散出的热量时，电弧就会自行熄灭。在高压下，电极间距最小处的空气还会再次被击穿，发生第二次电弧放电，如此周而复始。

气体放电中最强烈的一种是自持放电。当电源提供较大功率的电能时，若极间电压不高(约几十伏)，两极间气体或金属蒸气中可持续通过较强的电流(几安至几十安)，并发出强烈的光辉，产生高温(几千至上万摄氏度)，这就是电弧放电：两个电极在一定电压下由气态带电粒子，如电子或离子，维持导电的现象。激发试样产生光谱。电弧放电主要发射原子谱线，是发射光谱分析常用的激发光源。通常分为直流电弧放电和交流电弧放电两种。电弧放电最显著的外观特征是明亮的弧光柱和电极斑点。电弧的重要特点是电流增大时，极间电压下降，弧柱电位梯度也低，每厘米长电弧电压降通常不过几百伏，有时在 1 伏以下。弧柱的电流密度很高，每平方厘米可达几千安，极斑上的电流密度更高。电弧放电可分为 3 个区域：阴极区、弧柱和阳极区。其导电的机制是：阴极依靠场致电子发射和热电子发射效应发射电子；弧柱依靠其中粒子热运动相互碰撞产生自由电子及正离子，呈现导电性，这种电离过程称为热电离；阳极起收集电子等作用，对电弧过程影响常较小。在弧柱中，与热电离作用相反，电子与正离子会因复合而成为中性粒子或扩散到弧柱外，这一现象称为去电离。在稳定电弧放电中，电离速度与去电离速度相同，形成电离平衡。

五、实验部分

将零电压开关、高压包、铜线电梯依次用导线连接好，打开电源开关，可看到两电极最近处的空气首先被击穿，形成大量的正负等离子体，即产生电弧放电(见图 4)。空气对流加上电动力的驱使，使电弧向上升，随着电弧被拉长，电弧通过的电阻加大，当电流送给电弧的能量小于由弧道向周围空气散出的热量时，电弧就会自行熄灭。并且在高压下，电极间距最小处的空气还会再次被击穿，发生第二次电弧放电，如此周而复始。

由于在正常情况下，大气(干燥空气)的电击穿场强是 106V/m，两电极最底端之间的距离是 5cm 左右，最顶端两电极之间的距离是 20cm 左右，所以两电极之间的电势差 U_{min}＝106V/m×0.05m＝5×104V，U_{max}＝106V/m×0.2m＝2×105V，即两电极之间的电势差大约在 5 万伏至 20 万伏。

图 4　雅各布电梯实验现象

六、结论

一个线圈因另一个线圈中的电流变化而产生感应电动势的现象称为互感现象，这两个线圈称为互感线圈，用互感系数(简称互感)M来衡量互感线圈的这种性能。互感的大小除了与两线圈的几何尺寸、形状、匝数及导磁材料的导磁性能有关外，还与两线圈的相对位置有关。该实验给雅各布提供的高压就是利用高压包中的两个线圈互感产生。给存在一定距离的两电极之间加上高压，若两电极间的电场达到空气的击穿电场时，两电极间的空气将被击穿，并产生大规模的放电，形成气体的弧光放电。

参考文献

[1] 华成英，童诗白．模拟电子技术基础[M].4版. 北京：高等教育出版社，2007.

[2] 阮新波．零电压开关多谐振三电平变换器[M]. 北京：科学出版社，2015.

[3] 肖如泉．高压放电的原理与演示[M]. 北京：中国水利水电出版社，2004.

[4] C. A. 狄苏尔，葛守仁．电路基本理论(上册)[M]. 北京：人民教育出版社，1979：256.

[5] 黄修志．电工学[M]. 成都：成都科技大学出版社，1989：23.

[6] 裴留庆．电路理论基础[M]. 北京：北京师范大学出版社，1983：223.

[7] 郭木森，等．电工学[M].2版. 北京：高等教育出版社，1987：37，100.

土壤重金属污染检测实验报告

郭　畅　韩欣宁
指导教师：张振伟
（首都师范大学物理系）

摘要：目前，伴随工厂旧址等的开发，重金属等造成土壤污染的问题不断增多，引人注目。在这种状况下，各国纷纷采取了用于掌握污染状况、保护人类健康的措施。以保护国民健康为目的，日本于2002年5月29日颁布了《土壤污染对策法》，该法于2003年2月15日起正式实施。其中列出了可能在表层土壤中以高浓度状态长期蓄积的作为特定有害物质的重金属等9个项目，以及，基于摄取地下水等观点而设置的作为土壤环境标准的溶出标准25个项目。

太赫兹(THz)辐射能为科学研究和技术应用带来新机遇，太赫兹辐射本身所具有的研究价值，使得太赫兹波段的研究越来越受到各方面的重视。太赫兹波是指频率在0.1～10THz(1THz＝1012Hz)之间的电磁波，该波段电磁波谱对应于分子的振动能级和转动能级，包含丰富的物理和化学信息，适于鉴别和研究分子的低频动力学特征。本文应用太赫兹时域光谱系统在混合物的THz光谱分析方面做了一系列相关的研究工作。通过实验得出了土壤被重金属离子污染后的吸收系数曲线。

关键词：太赫兹；重金属离子；土壤；太赫兹光谱检测

一、绪论

(一)太赫兹波简介

太赫兹波是指频率在0.1THz～10THz范围的电磁波，波长大概在3mm～30um范围，介于微波与红外之间；在有些场合特指0.3～3THz，其波段处于微波和红外之间，属于远红外电磁辐射范畴。但在过去相当长的时间里，由于缺乏有效的产生和检测方法，人们对于该波段电磁辐射性质的了解非常有限，直到20世纪80年代中后期，才被正式命名，以至于该波段被称为电磁波谱上最后一块未开发的前沿很少有人问津电磁波谱中的这一波段(图1)，它也成为最后一个未被开发的电磁波段，以至于形成远红外和亚毫米波空白区，也就是太赫兹空白区。随着80年代一系列新技术、新材料的发展，特别是超快技术的发展，为THz脉冲的产生提供了稳定、可靠的激发光源，使THz辐射的产生和应用得到了蓬勃发展。

太赫兹波的频率范围刚好处于电子学和光子学的交叉处，在长波方向，与毫米波有重叠域，短波方向，它与红外波有重叠域。太赫兹波位于宏观经典理论向微观量子理论的过渡区域，太赫兹波具有一些独特性质：

一是THz脉冲的典型脉宽在皮秒量级，不但可以方便地进行时间分辨的研究，而且通过取样测量技术，能够有效地抑制远红外背景噪声的干扰。目前，在时域光谱系统中的信噪比可达10^5或更高。

二是THz脉冲源通常只包含若干个周期的电磁振荡，单个脉冲的频带可以覆盖从

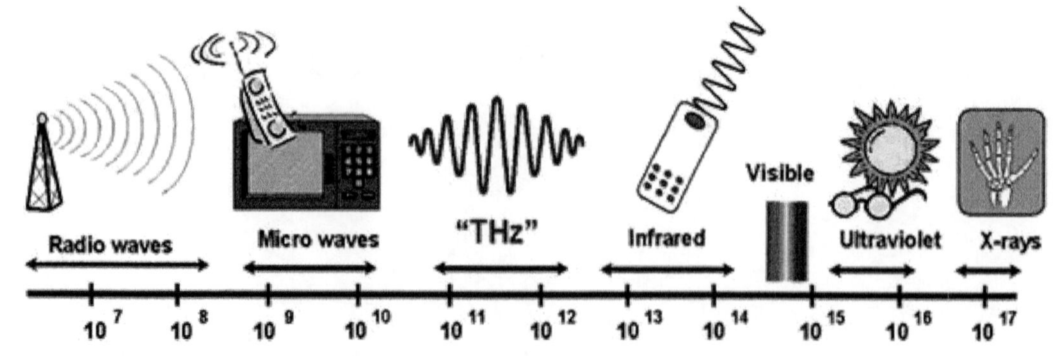

图1　电磁频谱中的太赫兹频段

GHz 直至几十 THz 的范围，许多生物大分子的振动和转动能级，电介质、半导体材料、超导材料、薄膜材料等的声子振动能级落在 THz 波段范围。因此 THz 时域光谱技术作为探测材料在 THz 波段信息的一种有效的手段，非常适合于测量材料吸收光谱，可用于进行定性鉴别的工作。

三是太赫兹波具有 4.1 meV 低光子能量，该能量低于各种化学键的键能，因此太赫兹波不像 X 射线那样会导致光致电离而破坏生物组织。使得太赫兹在医学领域的应用，能够比 X 射线更安全。

四是许多的非金属非极性材料对 THz 射线的吸收较小，因此结合相应的技术，使得探测材料内部信息成为可能。例如，陶瓷、硬纸板、塑料制品、塑料泡沫等对 THz 电磁辐射是透明的，因此 THz 技术可以作为 X 射线的非电离和相干的互补辐射源，用于机场、车站等地方的安全监测。而对于极性物质来说 THz 电磁辐射的吸收比较强，特别是水，THz 光谱技术中应采取各种措施避免水分的影响，不过在 THz 成像技术中，可以利用这一特性分辨生物组织的不同状态，比如动物组织中脂肪和肌肉的分布，诊断人体烧伤部位的损伤程度，以及植物叶片组织的水分含量分布等。

(二)太赫兹光谱技术的研究现状及应用

近年来，由于超快激光技术的发展，为太赫兹脉冲的产生提供了稳定、可靠的光源，使得太赫兹光谱成像技术得到了蓬勃的发展。以 THz 辐射作为探测源，利用电光采样或光电导采样方法直接记录 THz 辐射电场的振幅时间波形，通过傅立叶变换得到测量信号振幅和相位的光谱分布，进而获得材料在 THz 波段的吸收和色散等信息。科学家看到了太赫兹技术具有广阔的发展和应用前景。太赫兹科学与技术和制药、半导体、加工、空间及国防工业密切相关，成为一个非常具有吸引力的研究领域，2004 年，美国 MIT 将太赫兹光谱技术列为改变未来世界的十大技术之一。2005 年，日本将其作为“国家支柱技术十大战略目标”之首。中国科学院上海应用物理所和首都师范大学利用太赫兹时域光谱技术研究材料光谱特性并且获得一定的研究进展。现在，世界上已有 130 多个研究机构开展了光电子材料、太赫兹激光器、太赫兹光谱学和太赫兹生物医学成像等方面的研究。

（三）太赫兹光谱的测量方法

由于太赫兹波的低辐射功率与相对较高的热背景耦合，需要灵敏度高的探测手段实现太赫兹信号探测。在太赫兹宽波段的探测中，最常用的探测手段是基于热吸收的直接探测，常用的装置有液体 He 冷却的 Si、Ge 和 InSb 热辐射测量仪。热电红外测量仪也可以应用于太赫兹波段。在要求高光谱分辨率的探测中，常用的探测器是外差式探测器。干涉技术亦可以直接测量到光谱信息。太赫兹时域光谱系统中太赫兹脉冲测量，基于光电导天线和自由空间的电光取样的时控探测是最常用的两种方法。现在，已经有多种方法能够得到太赫兹光谱，下面主要介绍两种能够获得太赫兹光谱的方法。

1. 太赫兹时域光谱技术

太赫兹时域光谱(THz Time Domain Spectroscopy，简称 THz-TDs 技术，它是利用飞秒激光技术获得宽波段太赫兹脉冲的一种技术。THz-TDs 系统通过记录参考和透过样品(或从样品反射)后的 THz 时域电场波形，能够同时获得太赫兹脉冲的振幅信息和相位信息。利用快速傅里叶变换对采集的信号进行时频变换，就可以从 THz 时域波形中提取到包含样品信息的特征信号。再通过分析和处理得到的频域信号即可获得被测样品的折射率、吸收系数、消光系数等相关参数，从而实现物质识别，并可能获得样品的其他重要的物理和化学信息。90 年代初期，太赫兹时域光谱技术首先在物理、信息和材料等方面得到应用，到 90 年代末，这项技术开始应用于化学、生物学和医学等领域，虽然这些应用研究在国际上还属于非常崭新的领域，但一些尝试性的研究结果却显示出这一领域的诱人前景，并迅速发展成为一个令人关注的新兴研究方向。

2. 傅里叶变换红外光谱测量技术

傅里叶变换红外光谱测量(Fourier Transform Infrared Spectrum，FTIS)方法是最常用的用来研究分子共振的方法。FTIS 的具体测量方法是，样品放置在一个光学干涉仪系统中，用一个宽波段光源照明被测样品，一个直接的测量装置(比如液氦冷却的热辐射测量仪)用来探测干涉信号，通过扫描干涉仪一个臂的行程来获得被样品调制的红外辐射的时域信号，之后，对所得时域信号进行傅里叶变换，即可得到样品的功率谱密度。

傅立叶变换红外光谱技术(FTIR) 主要由红外光源经准直后变成平行光出射，经过几百米的光程距离，由望远镜系统接收，再经干涉仪后汇聚到红外探测器上，由探测器测量得到干涉图，经快速傅里叶变换得到气体成分的光谱信息。该技术核心为傅立叶红外光谱仪，它具有以下特点：一是扫描速度快，可以在 1s 内测得多张红外谱图；二是光通量大，可以检测透射较低的样品，可以检测气体、固体、液体、薄膜和金属镀层等样品；三是分辨率高，便于观察气态分子的精细结构；四是测定光谱范围宽，只要改变光源、分束器和检测器的配置，就可以得到整个红外区的光谱。因此 FTIR 技术在近些年得到了极速地发展。

二、太赫兹时域光谱系统组成和原理

太赫兹时域光谱系统主要由飞秒激光器、太赫兹波发射装置、太赫兹波探测装置、时间延迟控制系统、光学系统、数据采集和控制系统组成。图 2 是首都师范大学太赫兹实验室研制的太赫兹光谱仪 TeraAlliance。光谱范围 0.1～3THz。

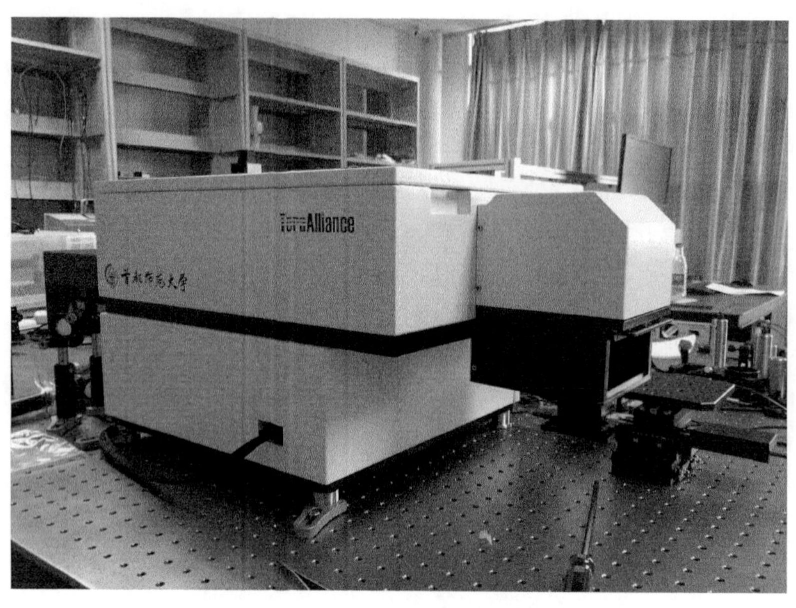

图 2　太赫兹时域光谱仪

图 3 太赫兹光谱仪光路示意图：钛宝石飞秒激光器发射的飞秒激光脉冲，经过分光镜，被分为泵浦脉冲和探测脉冲。泵浦光聚焦于太赫兹发射器，发射出亚皮秒级太赫兹脉冲。所产生的太赫兹脉冲用抛物面镜聚焦于探测器。探测器是 ZnTe 电光晶体。电光晶体在太赫兹脉冲电场的作用下折射率椭球发生改变，从而改变同时穿过电光晶体的探测光的偏振方向，改变量与太赫兹电场的强度存在比例关系。改变时间延迟装置，调节太赫兹脉冲与探测脉冲的时间延迟，这样就能够获取一个完整的太赫兹时域波形图。

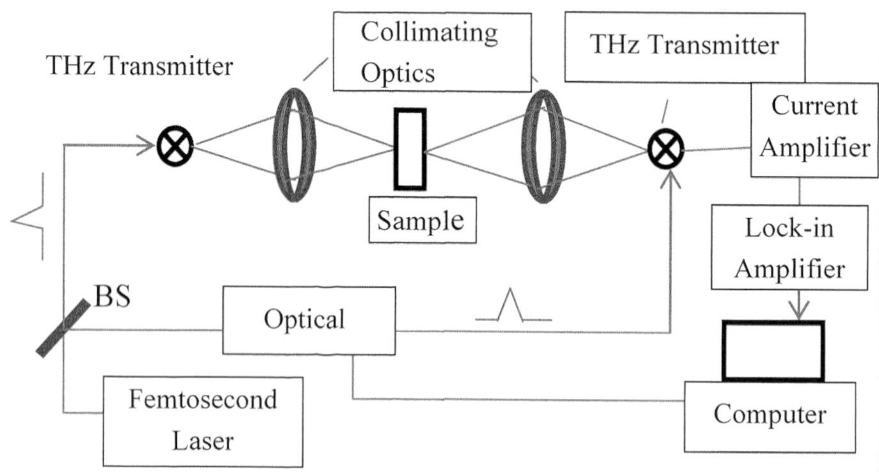

图 3　太赫兹时域光谱光路图

三、研究方法与成果

太赫兹光谱可以被应用到样品鉴定、识别和分类上。此种情况不需要定量分析，只需对不同样品间所选定的光谱特性进行简单的比较来研究它们的相似性。本论文主要是针对太赫兹光谱在样品分类和鉴别上的应用来进行的。将被不同浓度的重金属离子污染的土壤样品研磨后，通过傅里叶变换红外光谱系统获取了样品的光学参数后，利用 Origin 软件对所获得的光学参数进行进一步的处理已以获得更直观的结果。

(一)样品的制作

1. 仪器与样品制备

红外光谱的优点是应用范围非常广泛。测试的对象可以是固体、液体或气体，单一组分或多组分混合物，各种有机物、无机物、聚合物、复合材料等等。对不同的样品要采用不同的制样技术，对同一样品，也可以采用不同的制样技术，但可能得到不同的光谱。所以要根据测试目的和要求选择合适的制样方法，才能得到准确可靠的测试数据。

固体样品分为压片法、糊状法、薄膜法；液体样品用液体池；气体样品用气体池。本实验为固体样品，用压片法进行压片测量。主要实验仪器为玛瑙研钵、压片模具、压片机、样品夹和傅里叶变换红外光谱仪。

图 4　玛瑙研钵和压片模具

图 5　傅里叶变换红外光谱仪样品腔

图6　压片机

2. 实验及研究的基本过程

实验选取未被污染的纯净土壤作为参考样本，将硫酸铜、硫酸镍硝酸铅、硫酸锌固体溶解在蒸馏水中，分别配置成不同浓度的溶液，将等量土壤浸泡于溶液中 24h 后取出，过滤、干燥后在坩埚内进行灼烧，除去其他杂质。接着将处理好的土壤过筛，将颗粒较小的土壤进行研磨，最后压制成片。

(二)实验结果分析与总结

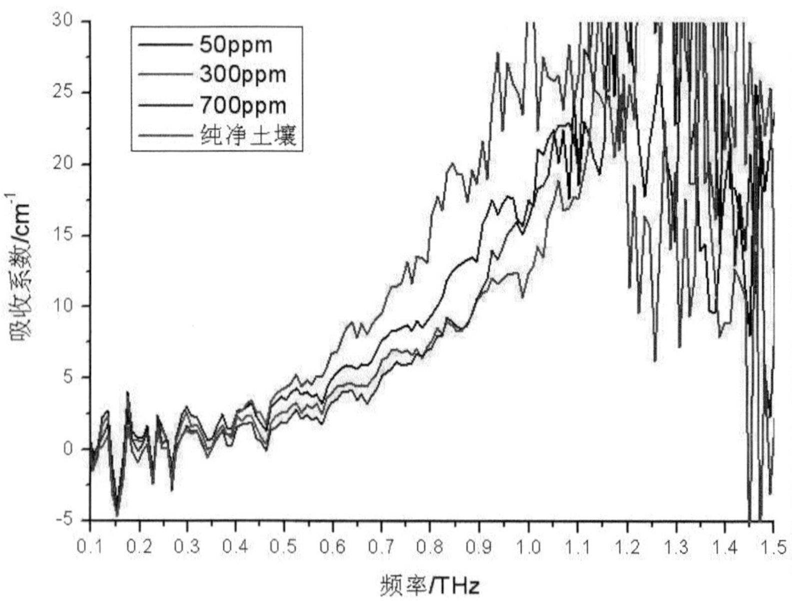

图7　$CuSO_4$ 含量不同的土壤样品在 0.1～1.2THz 波段的吸收系数谱线

土壤样品中含有不同量的硫酸铜，运用太赫兹设备进行测试。实验曲线表明，0.5～1.1THz 波段，掺杂硫酸铜后的样品对太赫兹波有了一定的吸收，并且随着浓度的增大，呈现更多的吸收。但后两者的区别不明显。

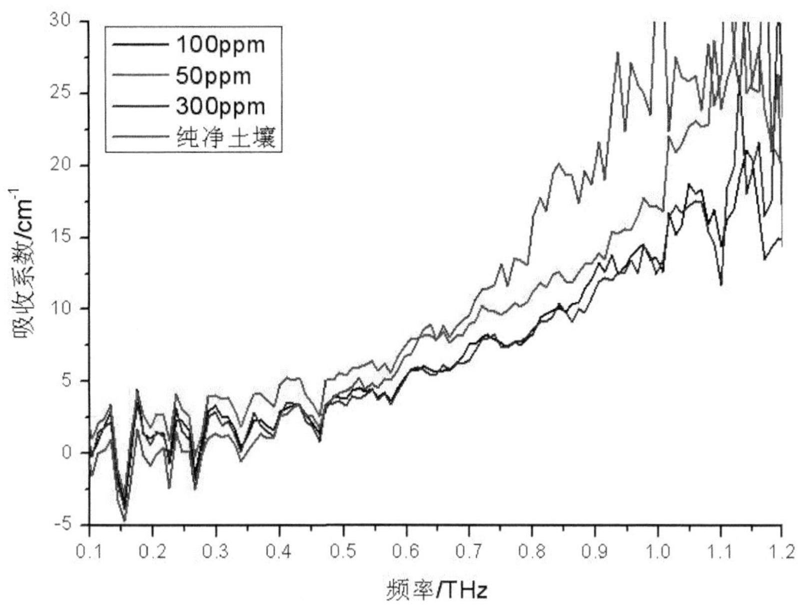

图 8　$NiSO_4$ 含量不同的土壤样品在 0.1～1.2THz 波段的吸收系数谱线

土壤样品中含有不同量的硫酸镍，运用太赫兹设备进行测试。实验曲线表明，0.7～1.0THz 波段，掺杂硫酸镍后的样品对太赫兹波有了一定的吸收，并且随着浓度的增大，呈现更多的吸收。但后两者的区别不明显。

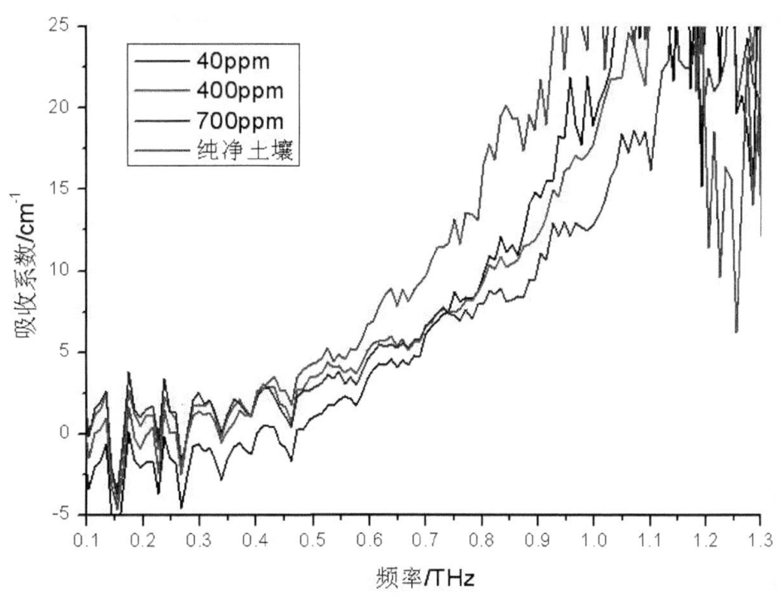

图 9　$Pb(NO_3)_2$ 含量不同的土壤样品在 0.1～1.2THz 波段的吸收系数谱线

土壤样品中含有不同量的硝酸铅，运用太赫兹设备进行测试。实验曲线表明，0.8～1.0THz 波段，掺杂硝酸铅后的样品对太赫兹波有了一定的吸收，并且随着浓度的增大，呈现更多的吸收。但前两者的区别不明显。

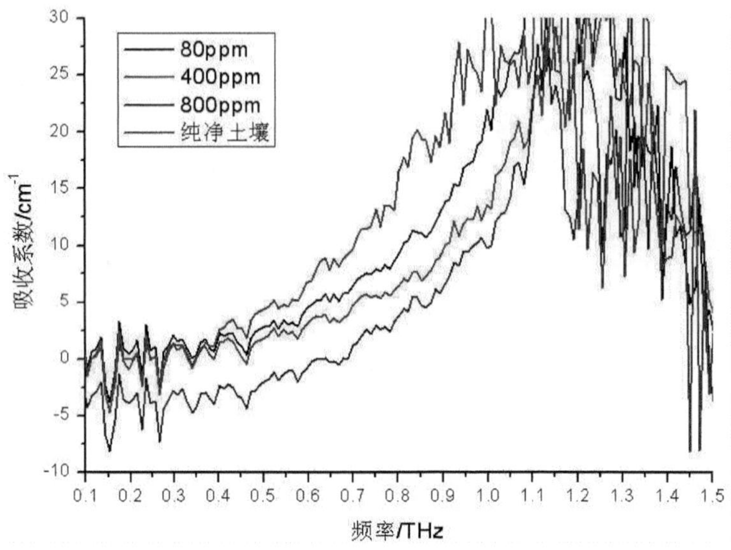

图 10　$ZnSO_4$ 含量不同的土壤样品在 0.1～1.2THz 波段的吸收系数谱线

土壤样品中含有不同量的硫酸锌，运用太赫兹设备进行测试。实验曲线表明，0.4～1.0THz 波段，掺杂硫酸锌后的样品对太赫兹波有了一定的吸收，并且随着浓度的增大，呈现更多的吸收。该实验结果最为理想。

除此之外，我们还做了关于重金属污染物的吸收系数测量。结果见图 11。

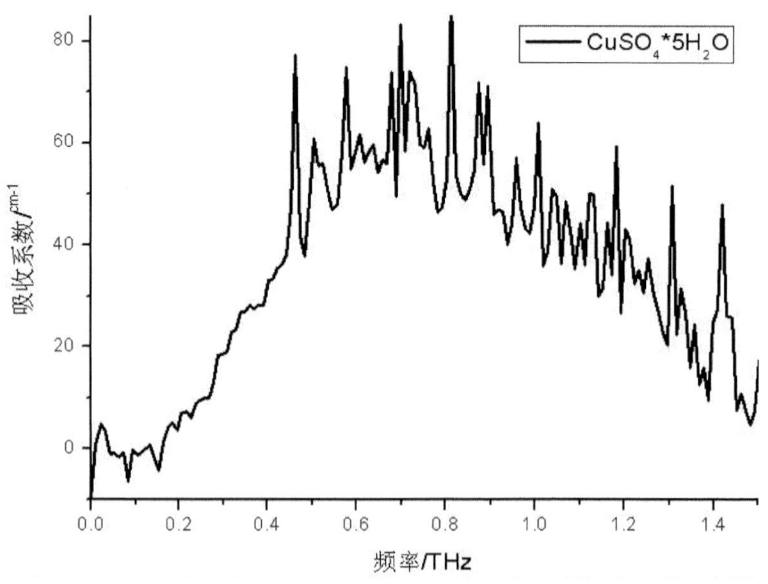

图 11　$CuSO_4 \cdot 5H_2O$ 在太赫兹波段的吸收曲线

五水硫酸铜在太赫兹波段的吸收曲线，呈现多个吸收峰。

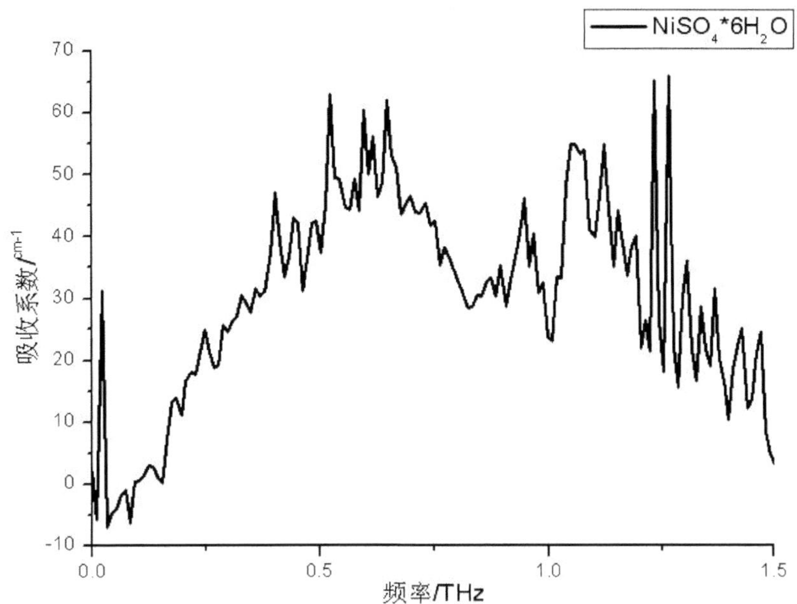

图 12　$NiSO_4 \cdot 6H_2O$ 在太赫兹波段的吸收曲线

六水硫酸镍在太赫兹波段的吸收曲线，呈现多个吸收峰。

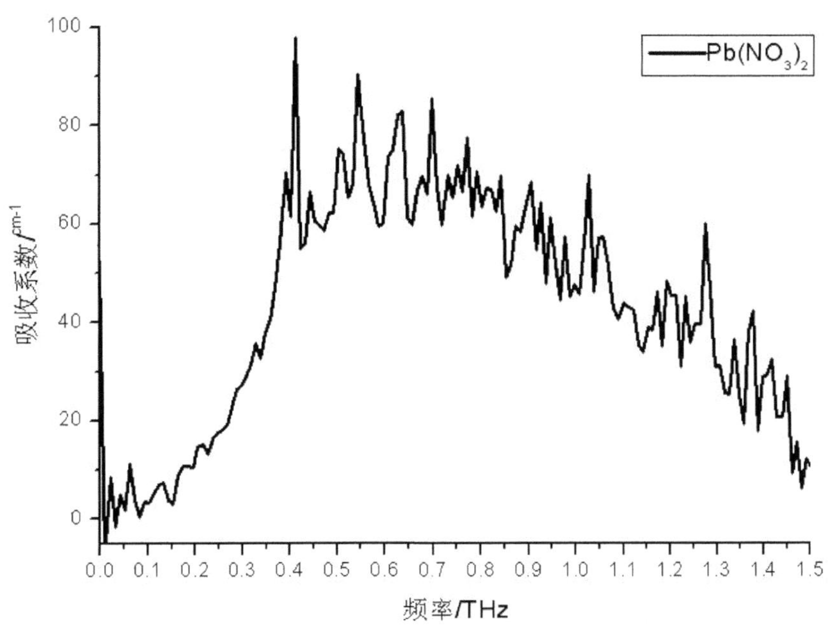

图 13　$Pb(NO_3)_2O$ 在太赫兹波段的吸收曲线

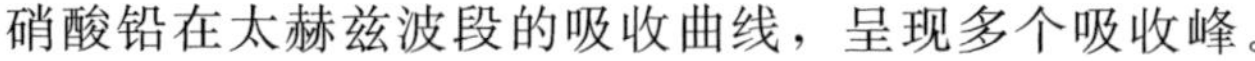

硝酸铅在太赫兹波段的吸收曲线，呈现多个吸收峰。

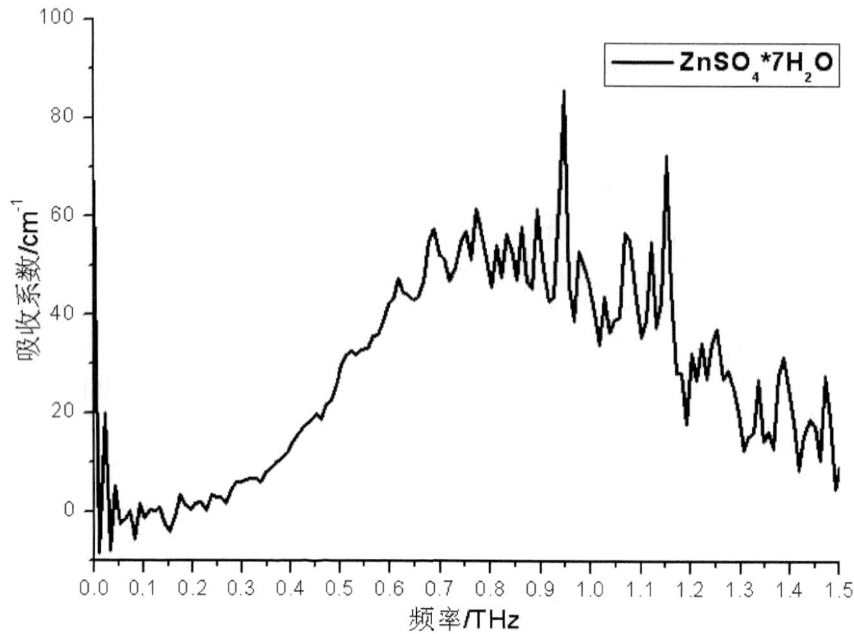

图 14　$ZnSO_4 \cdot 7H_2O$ 在太赫兹波段的吸收曲线

七水硫酸锌在太赫兹波段的吸收曲线，呈现多个吸收峰。

四、总结

通过实验我们发现，被不同重金属污染过的土壤的太赫兹光谱存在着较为明显的差异，在不同波段存在着较为明显的吸收峰，且浓度越大，吸收越明显。可根据其在不同频率的吸收谱图来辨别该土壤的污染离子。但本实验也只是对土壤进行定性分析，若要进一步研究，还需要大量的定量实验。

三株植物内生真菌的分离鉴定及其生物防治效果

张岩磊　林　垚　郑珊珊
指导教师：侯成林
（首都师范大学生命科学学院）

摘要： 从健康竹杆中分离获得3株内生真菌，经形态观察分类鉴定归属于三个不同的种。利用拮抗试验和次生代谢产物抑菌实验，从中筛选高效、广谱且有实际生物防治效果的真菌。试验结果表明所获真(3株)菌菌株对8种不同的真菌(1 *Epicoccum nigrum*；2 *Cladosporim oxysporum*；3 *Nigrospora sphaerica*；4 *Arthrinnium arundinis*；5 *Didymella exitalis*；6 *Nemania diffusa*；7 *penicillium digitatum*；8 *Creosphaeria saffafras*.)有不同的抑制效果，它们的次生代谢产物对不同细菌(单增李斯特菌、枯草芽孢杆菌、金黄色葡萄球菌、普通变形菌、沙门氏菌)存在不同程度的抑制作用。拮抗试验显示，I1 真菌株1、2、5、8 xx拮抗效果表现明显，I2 菌株对1、3、8拮抗效果表现明显，但是对5的拮抗效果不明显。次生代谢产物抑菌试验中，I1 真菌的代谢产物抑菌效果较明显，I2、I3 真菌的代谢产物抑菌效果不明显。进而可以将这些真菌用于生物防治，减少化学物质对环境的影响。

关键词： 竹杆；真菌；拮抗作用；生物防治

引言

由于内生真菌在植物体上不表现症状，是生物防治中有潜力的微生物农药和增产菌。本研究从一种植物中真菌分离到三株枝顶孢属真菌。研究发现该菌具有广谱抗真菌和抗细菌活性。因此，该细菌可以作为人类防治有害真菌或细菌的重要工具。在生物防治方面，对枝顶孢属的研究在目前看来具有很广阔的发展前景。

一、材料与方法

（一）材料

植物样品来源：安徽岳西闻坳林场

指示菌

(1)细菌：Listeria monocytogenes(单增李斯特菌)、Bacillus subtilis(枯草芽孢杆菌)、Staphylococcus aureus(金黄色葡萄球菌)、Bacillus proteus(普通变形菌)、Salmonella(沙门氏菌)

(2)真菌：*Epicoccum nigrum*；*Cladosporim oxysporum*；*Nigrospora sphaerica*；*Arthrinnium arundinis*；*Didymella exitalis*；*Nemania diffusa*；*penicillium digitatum*；*Creosphaeria saffafras*.

培养基：PDA 培养基

(二)方法

1. 竹杆内生真菌的分离与纯化

取健康竹杆用自来水冲洗干净、晾干水分后，将其切成 2 cm 左右的小段，采用下述方法进行表面消毒：75%酒精处理 1 ～ 4 分钟，无菌水冲洗 3 ～ 5 次，

将处理过的植物材料分别在无菌条件下切割成 0.2 cm ×0.2cm 的长段(片)接种于 PDA 培养基上，置 25 ℃恒温培养箱中培养 3 ～ 7 d，根据菌落形态、颜色等挑取不同菌落，置于光学显微镜下观察并鉴定，按常规方法纯化后测序分析。

2. 拮抗实验

采用两点对峙培养法，选取 3 种优势真菌进行活化后，切取培养 3 d 同质等量的真菌和 8 种指示菌的菌丝块接种于 PDA 平板上距中心 2 cm 处同一直线的两点上，于 25 ℃恒温培养，并观察现象。

3. 次生代谢产物抑菌实验

取真菌培养物菌丝体，冷冻干燥研磨。向三种真菌菌丝体研磨物中加入乙酸乙酯，在超声波粉碎仪器下粉碎溶解 30 分钟。待三种菌丝体充分粉碎溶解后，使用真空泵和抽滤装置进行抽滤。将三种抽滤完的液体分别进行蒸馏，蒸出乙酸乙酯，留下营养物质。将提取出的三种真菌的营养物质，进行干燥。将三种干燥后的营养物质用 DMSO 试剂进行溶解，取四环素并稀释为 100 微克/毫升。

将指示菌(单增李斯特菌、枯草芽孢杆菌、白色念珠菌、金黄色葡萄球菌、普通变形菌、沙门氏菌)分别制成菌悬液。取培养皿，加入培养基，制成指示菌平板。用打孔器打 5 个孔，分别加入三种真菌提取物，并以 DMSO 试剂、四环素做对照。恒温箱静置培养 3 d，测量抑菌圈的直径，并观察抑菌圈的透明程度和边缘整齐程度。

二、结果与讨论

(一)结果

1. 竹杆真菌的分离、纯化及鉴定

I1：*Perenniporia medulla-panis*

I2：*Setophoma vernoniae*

I3：*Preussia minima*

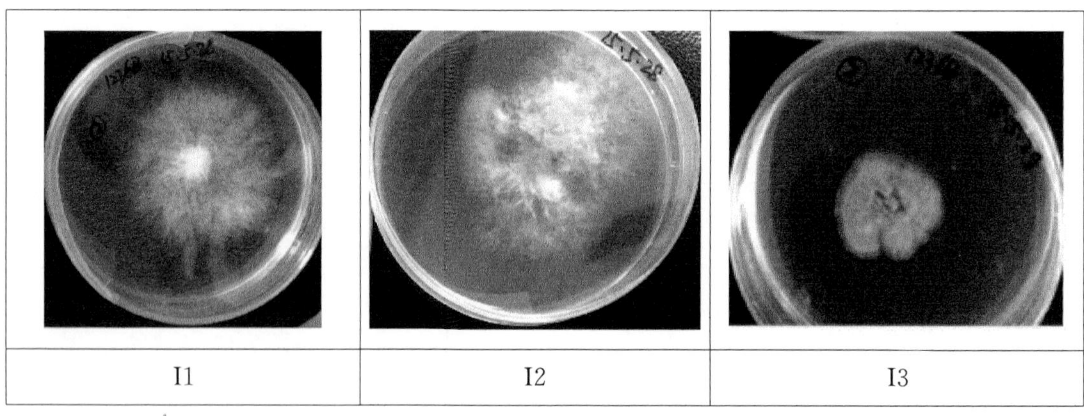

2．拮抗实验

I1

1 产生拮抗
2 产生拮抗
3 不产生拮抗
4 不产生拮抗
5 产生拮抗
6 不产生拮抗
7 不产生拮抗
8 产生拮抗

I2

1 产生拮抗
2 不产生拮抗
3 产生拮抗
4 不产生拮抗
5 不明显拮抗
6 不产生拮抗
7 不产生拮抗
8 产生拮抗

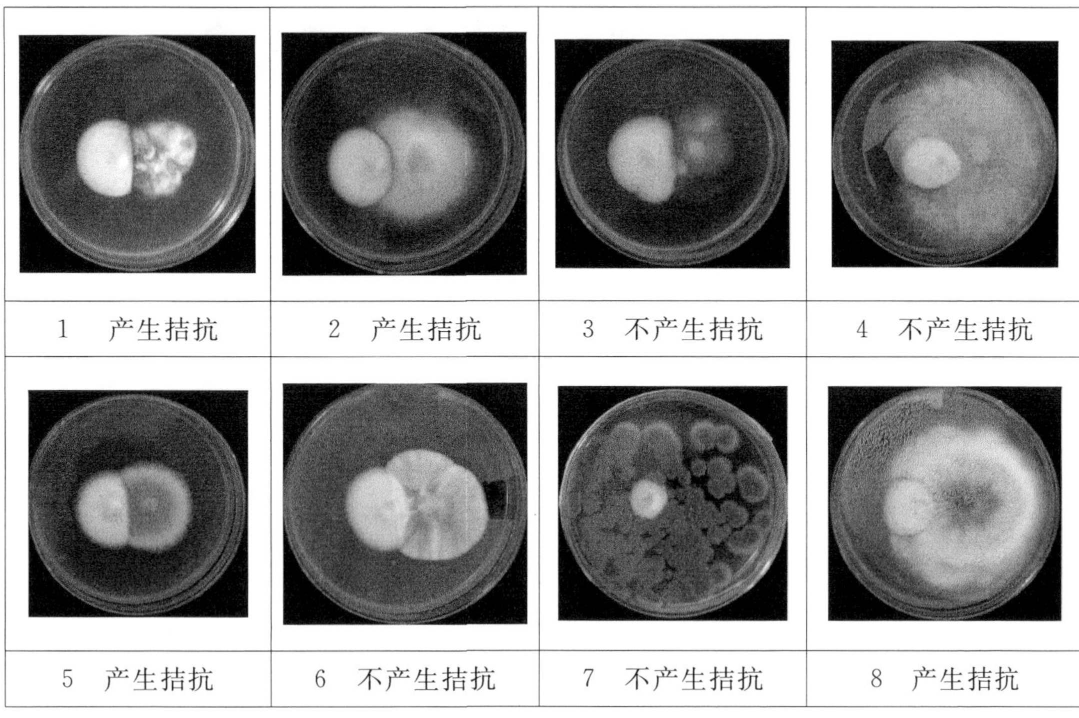

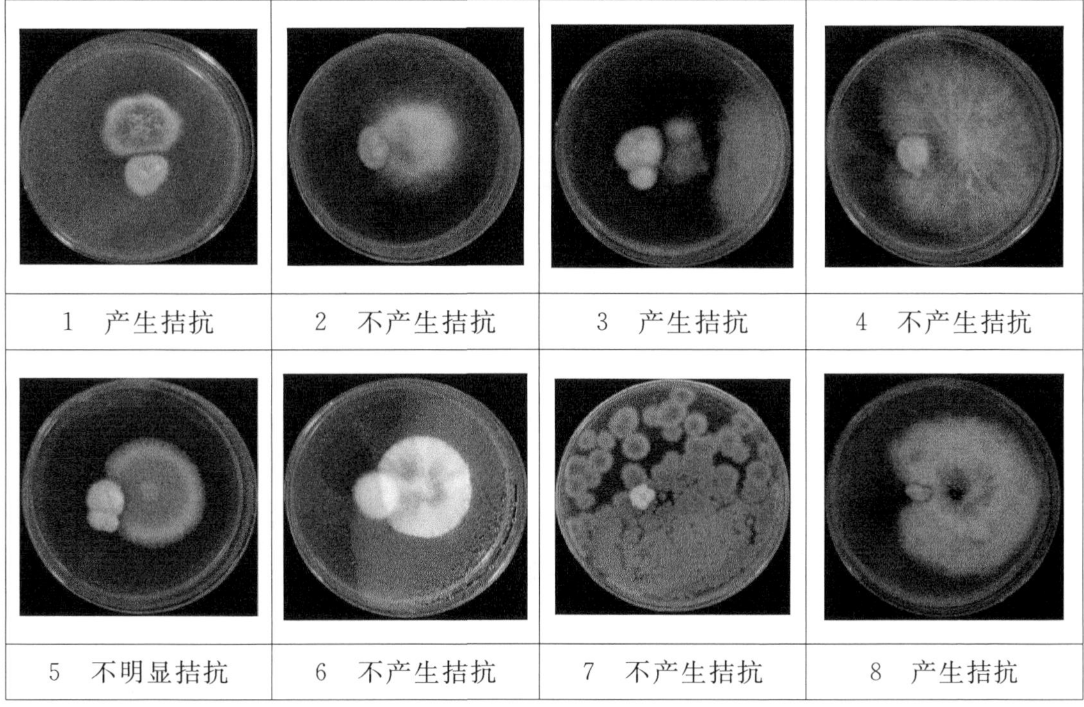

I3

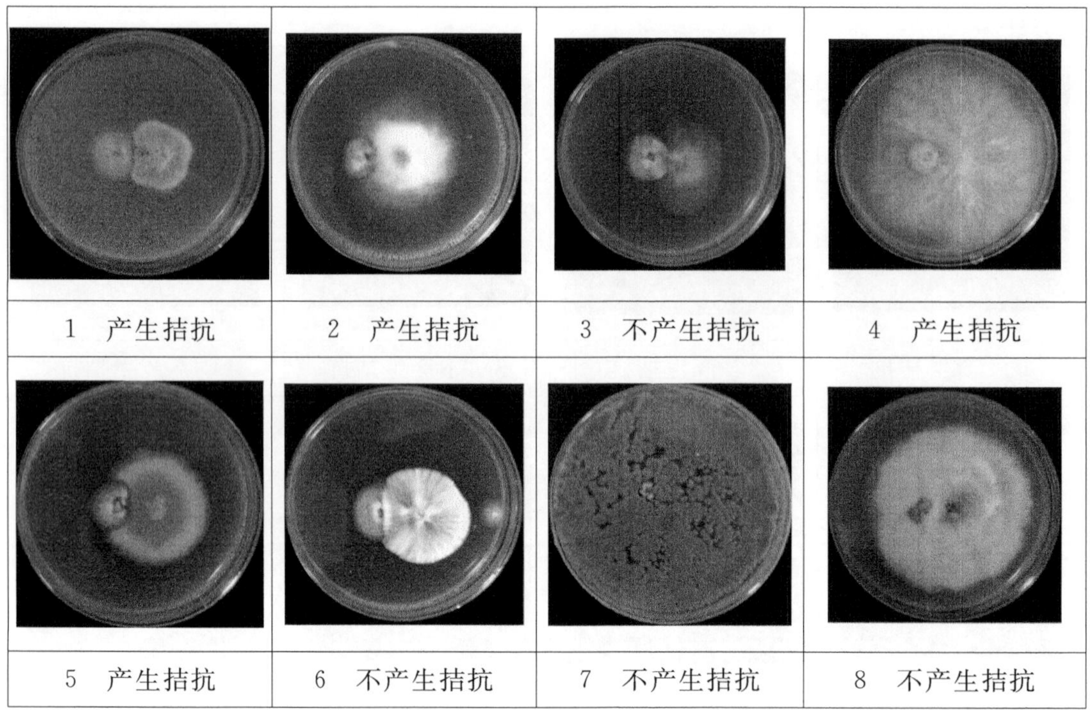

1　产生拮抗	2　产生拮抗	3　不产生拮抗	4　产生拮抗
5　产生拮抗	6　不产生拮抗	7　不产生拮抗	8　不产生拮抗

总结：I1 菌株对 1、2、5、8 菌株产生拮抗

I2 菌株对 1、3、8 菌株产生拮抗，对 5 菌株的拮抗效果不明显

I3 菌株对 1、2、4、5 菌株产生拮抗

3．次生代谢产物抑菌实验

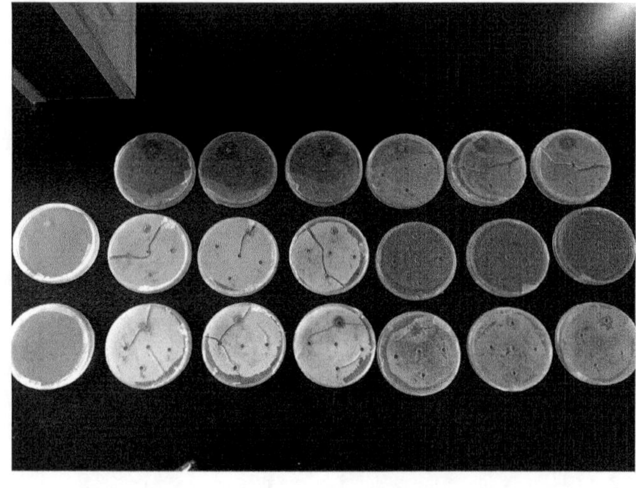

单增李斯特菌	枯草芽孢杆菌	金黄色葡萄球菌	普通变形菌	沙门氏菌
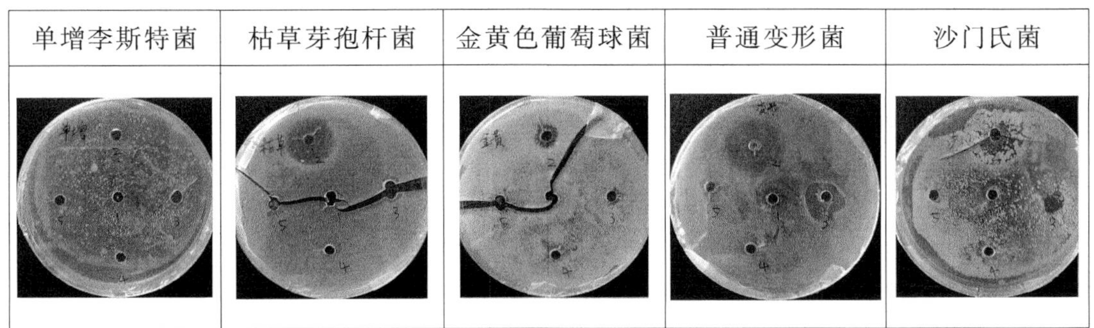				

图中1号为DMSO试剂，2号为四环素的对照组，3号为I1的代谢产物，4号为I2代谢产物，5号为I3代谢产物。

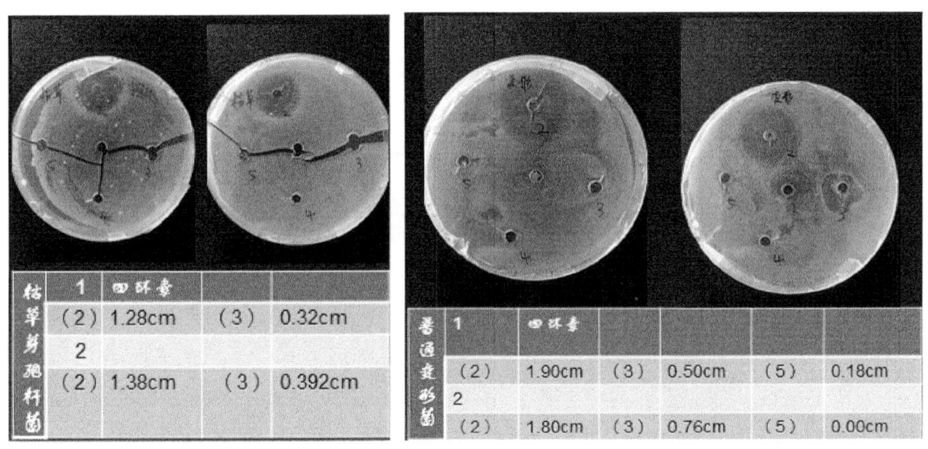

枯草芽孢杆菌	1	四环素		
	（2）	1.28cm	（3）	0.32cm
	2			
	（2）	1.38cm	（3）	0.392cm

普通变形菌	1	四环素				
	（2）	1.90cm	（3）	0.50cm	（5）	0.18cm
	2					
	（2）	1.80cm	（3）	0.76cm	（5）	0.00cm

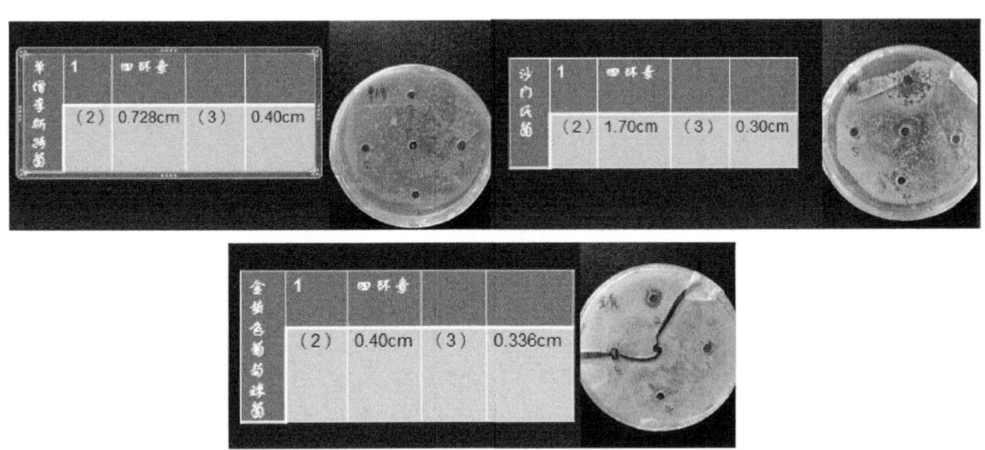

单增李斯特菌	1	四环素		
	（2）	0.728cm	（3）	0.40cm

沙门氏菌	1	四环素		
	（2）	1.70cm	（3）	0.30cm

金黄色葡萄球菌	1	四环素		
	（2）	0.40cm	（3）	0.336cm

总结：

1. 由实验结果分析，I1真菌的代谢产物抑菌效果较明显，I2、I3真菌的代谢产物抑菌效果不明显。

2. I3真菌代谢产物对变形菌有微弱的抑菌效果。

3. 四环素的抑菌效果明显强于I1、I2、I3真菌代谢产物的抑菌效果。

(二) 讨论

1. 本次实验所分离三株真菌

I1：*Setophoma vernoniae*

I2：*Perenniporia medulla－panis*

I3：*Preussia minima*

对真菌及细菌都有一定的抑菌效果。

2. 对于真菌的拮抗反应，实验结果如下：

I1 菌株对 1、2、5、8 菌株产生拮抗。

I2 菌株对 1、3、8 菌株，但是对 5 产生的拮抗效果不明显。

I3 菌株对 1、2、4、5 菌株产生拮抗。

讨论：可以看出与 I1、I2、I3 菌株产生拮抗的真菌很大部分发生重合，I1、I2、I3 与真菌的拮抗效果具有一定的相似性。I1、I2、I3 具有很好的生物防治前景。

3. 对于次生代谢产物抑菌实验结果如下：

①由实验结果分析，I1 真菌的代谢产物抑菌效果较明显，I2、I3 真菌的代谢产物抑菌效果不明显。

②I3 真菌代谢产物对变形菌有微弱的抑菌效果。

③四环素的抑菌效果明显强于 I1、I2、I3 真菌代谢产物的抑菌效果。

讨论：I1、I2、I3 的次生代谢产物对于细菌有一定的抑菌效果，但并不明显。三种真菌的次生代谢产物对于细菌的抑菌效果有一定差异。I1、I2、I3 菌株具有一定生物防治的前景。

不足与展望：

(1)本次实验，作为指示菌的种类还不够多，一定程度上不能反映待测菌的广谱性。

(2)实验操作还不够娴熟，理论知识不够扎实，仍需进一步的学习。

(3)如果有可能希望能够进行更进一步的实验，发掘所实验菌种抑菌效果的内在原因，并可以通过药物等方式成功应用于生物防治。

(4)我们发现这三种菌株及其次生代谢产物有一定的抑菌效果。未来可以对其进行更多的抑菌实验，观察其能抑菌效果的范围。并可以将其应用于更多的生物防止，避免化学物质对环境的影响，更好的保护人类的健康。

土壤中纤维素分解菌的筛选

刘琳丽　杨　倩　范思纯

指导教师：范　黎

（首都师范大学生命科学学院）

摘要： 为了充分利用纤维素，目前国内外对纤维素酶产生菌的研究工作得到极大发展。通过以叶子粉为唯一碳源的 Hutchison 液体培养基和羧甲基纤维素培养基从不同地域的土壤中分离得到 8 株纤维素分解菌，并对它们的酶活性进行了测定；发现 3 号菌株在 25℃、pH 值为 5.5、培养 5d 后具有最高的 CMCase 酶活性。

关键词： 纤维素分解菌；筛选；纤维素酶

中国的纤维素资源非常丰富，仅农作物秸秆一项，每年可达 6～10 亿吨。但由于天然纤维素的复杂和难降解性，人们对它的开发和利用十分有限。[1] 在秸秆中，纤维素被半纤维素及木质素包围，物理的阻止了纤维素酶对纤维素的降解，限制了纤维素酶活性的发挥，因而除去木质素，尽量使纤维素结晶度降低的预处理对秸秆中纤维素的降解是非常重要的。筛选高效纤维素分解菌株和木质素分解菌株是利用纤维素类资源的关键，[2] 在食品、饲料、医药、化工、能源等领域具有广阔的应用前景，但目前应用的纤维素分解菌降解率和木质素分解菌降解率低，因此，筛选高效纤维素分解菌和木质素分解菌并探究其最适生活环境具有重要意义。

1. 材料

1.1　实验材料

在东灵山和雾灵山（采集落叶土壤标本）、北京延庆（玉米地腐殖质标本）和江西景德镇（田间腐殖质标本）、学校 3 号教学楼北侧、学校图书馆门口、篮球场（均是树下土壤样本）等地取不同的土壤，取距离土壤表面 5～20cm 深处土壤 500g 装入纸袋，做好记录。

1.2　Hutchison 液体培养基

KH_2PO_4 1g，$FeCl_3$ 0.01g，$MgSO_4 \cdot 7H_2O$ 0.3g，$NaNO_3$ 2.5g，$CaCl_2$ 0.1g，NaCl 0.1g，H_2O1000mL，pH 值 7.2～7.4。将液体培养基分装于 250mL 三角瓶内，每瓶 100mL，每瓶加入 10 张滤纸条（或叶子粉），121℃灭菌 20min 后备用。

1.3　羧甲基纤维素培养基（CMC）

羧甲基纤维素钠（CMC－Na）10g，NH_4NO_3 1g，蛋白胨 1g，$MgSO_4.7H_2O$ 0.5g，KH_2PO_4 1g，琼脂 20g，H_2O 1000mL。121℃灭菌 20min 后备用。

1.4　DNS试剂(二硝基水杨酸试剂)用比色定糖法测定酶解液中还原糖的含量以测定酶活性

称取酒石酸甲钠22.75g溶于125mL水中，于溶液中依次加入3，5-二硝基水杨酸0.875g，氢氧化钠5g，加热溶解，再加入重蒸酚0.625g，无水亚硫酸钠0.625g，搅拌使之溶解，冷却后定容至250mL，贮于棕色瓶中，放置7d后使用。

1.5　500μg/mL标准葡萄糖溶液

称取105℃干燥2h的分析纯葡萄糖0.125g，加水溶解，稀释定容250mL。

1.6　CMC缓冲液

称取CMC－Na 1g，加入100mL蒸馏水，在水浴中加热使之溶解，再加20mL HAC-NaAC缓冲液(pH值4.8)，40mL蒸馏水混匀。用于酶活性测定。

1.7　pH值4.8的乙酸缓冲液

取三水乙酸钠8.16g溶约750mL水中，加入乙酸2.31mL，用水定容至1000mL。调节pH值至4.8±0.05可用。

2. 方法

2.1　纤维素分解菌的富集、分离

取5mL土壤悬液加入到盛有叶子粉为碳源的Hutchison液体培养基的培养皿中，再转接到新鲜的培养液中，接种量为50%，如此转接数代。将摇好的培养液接种在固体Hutchiso培养基(以滤纸为碳源)如此转接数代，淘汰失去分解能力和不稳定的培养物，进一步在羧甲基纤维素钠培养基上画线筛选和分离。

2.2　菌株发酵产酶和粗酶液的提取

将分离纯化后的菌株在羧甲基纤维素培养基试管斜面上，28℃活化3d。用无菌水制备成菌悬液。吸取菌悬液1mL接入盛有羧甲基纤维素液体培养基中，所得发酵液直接作为粗酶液用于酶活性测定。

2.3　酶的活性测定

2.3.1　葡萄糖标准曲线的绘制

采用3，5-二硝基水杨酸比色定糖法测定酶解液中还原糖的含量。用不同浓度梯度的葡萄糖标准溶液与DNS试剂进行显色反应，用723型分光光度计，在波长520nm处进行比色测定，用空白管溶液调零点，记录吸光度值，以葡萄糖浓度为横坐标，吸光度值为纵坐标。

2.3.2　绘制标准做出葡萄糖的标准曲线

羧甲基纤维素酶(CMCase)活性测定将发酵液作为粗酶液吸取0.5mL加入试管，加CMC缓冲液2.0mL混匀。放入40℃恒温水浴中糖化30min，取出加入DNS试剂2.5mL，沸水浴中沸5min，流水冷却。用723型分光光度计，在520nm用1cm比色皿比色，测得OD值查阅葡萄糖标准曲线，求取含糖量，计算酶活性。

2.3.3　滤纸酶活性(filterpaperactivityFPA)的测定

取50mg(约2cm×5cm)滤纸条，将离心后的酶液吸取0.5mL放入试管，加入

2.0mL 乙酸缓冲液，放入 40℃恒温水浴中糖化 30min，取出加入 DNS 试剂 2.5mL，沸水浴中煮沸 5min，流水冷却。同上测得 OD 值，查阅葡萄糖标准曲线，求出含糖量，计算酶活性。纤维素酶活力的国际单位 1mL 酶底物反应液 1min 内产生相当于 1μg/mL 葡萄糖的还原糖量规定为 1 国际单位(1IU)。酶活性计算公式：

酶活性(IU)＝还原糖浓度/(作用时间×0.5)

酶活力(IU/mL)＝葡萄糖含量(μg)/反应液中酶液加入量(mL)×时间(min)

3. 结果与分析

3.1 葡萄糖标准曲线

用不同葡萄糖浓度与 DNS 共热反应显色后，测出其吸光度 OD 值，做出标准曲线。

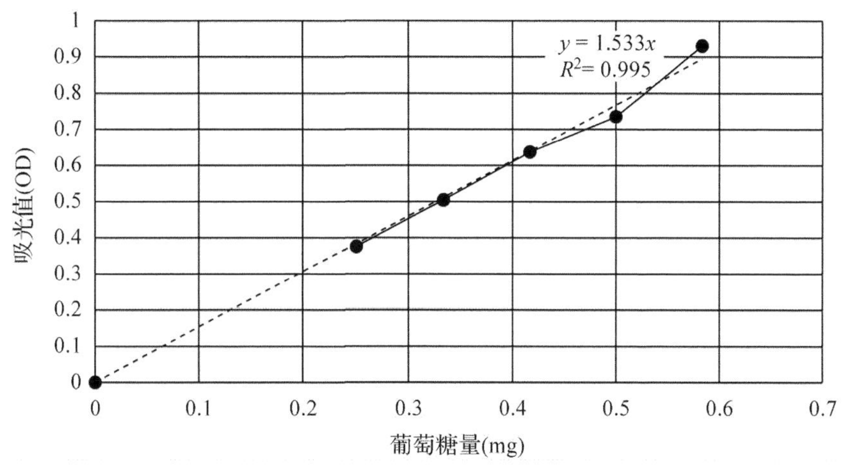

图 1 葡萄糖标准曲线

3.2 纤维素分解菌的分离纯化及纤维素酶活性测定

从不同地域的土壤中分离得到 8 株纤维素分解菌，并对它们的酶活性进行了测定结果见表 1、表 2、表 3 和图 2、图 3。

表 1 8 个菌株的纤维素酶活性测定得出的吸光值(OD 值)

菌种编号	1 号	2 号	3 号	4 号	5 号	6 号	7 号	8 号
纤维素酶活性（吸光值）	0.381	0.988	2.671	0.900	2.446	0.651	0.721	1.212

表 2 根据计算公式得出这 8 株菌的纤维素分解酶活性(单位：IU/mL)

菌种	1 号	2 号	3 号	4 号	5 号	6 号	7 号	8 号
分解酶活力	2.75	7.16	19.34	6.52	17.74	4.72	5.22	8.78

由以上数据可以算出，3 号菌株的纤维素分解酶活性在 19.34IU 为酶活性最大值，

而最低值为 2.75IU。

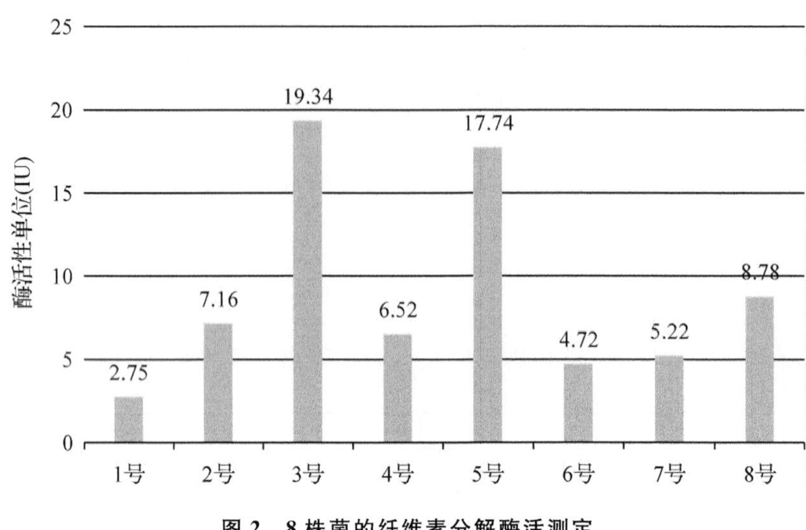

图 2　8 株菌的纤维素分解酶活测定

表 3　根据公式计算这 8 株菌的酶活力(单位：IU/mL)

菌种	1 号	2 号	3 号	4 号	5 号	6 号	7 号	8 号
酶活力	8.344	21.470	58.044	19.556	53.154	14.147	15.668	26.338

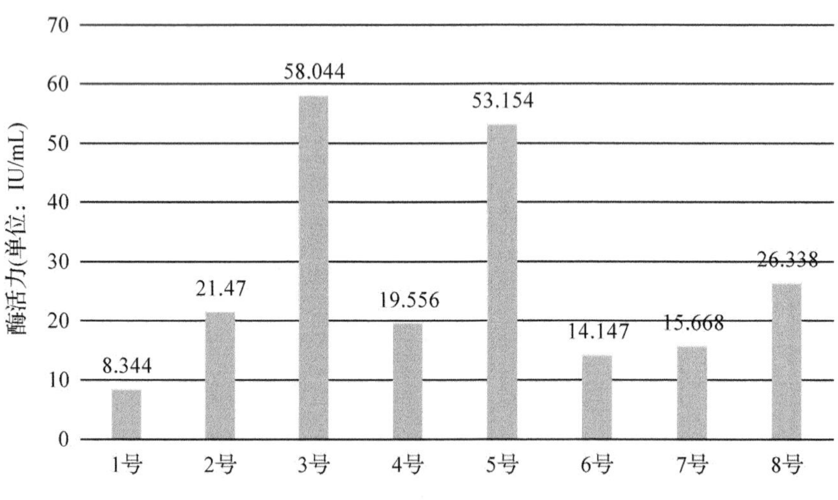

图 3　8 株菌的酶活力测定

由实验结果说明，虽然在实验中还是有一些其他误差来影响实验结果，但是筛选出来的细菌分解纤维素酶活力为 58.04IU/mL，与文献中记载的菌种的最佳酶活力值差别还是很大，3 号菌种来自北京延庆秸秆腐殖质采集样本。另外在实验中也发现不同的菌种之间分解纤维素的能力差别很大。基于此我们认为在土壤中复合菌种对于纤维素的分解效果会更好。

4. 实验感悟

虽然这次试验我们做出来的结果不是很理想，但是我们还是尽心尽力地从头到尾地坚持做实验。虽然其中经历许多次失败，但是我们在一次次失败中反思实验过程，在不断的反思中我们受益良多。并且可以在下一次实验中努力做到更好！

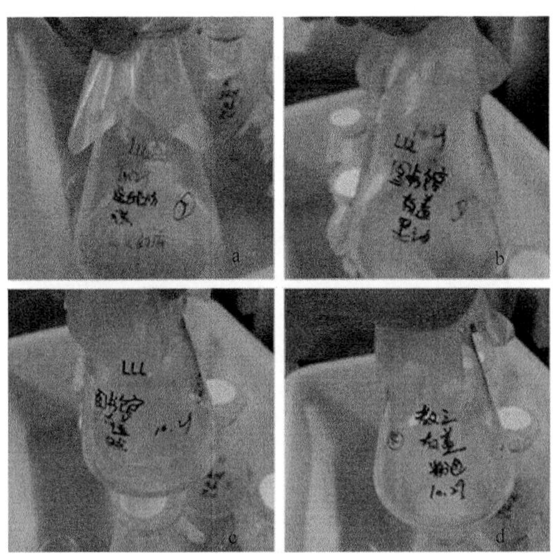

图 4　a 菌株分离自我校篮球场采集的土样，在 Hutchison 液体培养基、摇床 180 转/分钟培养 5 天后的结果。可以看到滤纸分解的效率。b 菌株分离自学校图书馆门口采集的土样，在 Hutchison 液体培养基在摇床上 180 转/分钟培养 5 天后的结果。c 菌株分离自学校图书馆门口采集的土样，在 Hutchison 液体培养基在摇床上 180 转/分钟培养 5 天后的结果。d 菌株分离自学校 3 号教学楼北侧采集的土样，在 Hutchison 液体培养基在摇床上 180 转/分钟培养 5 天后的结果。可以看到滤纸分解的效率。

图 5　e 菌株分离自学校图书馆门口土样的菌株在土豆培养基的生长情况。f 菌株分离自学校图书馆门口土样在 PDA 培养基的生长情况。g 菌株分离自篮球场土样在 PDA 培养基的生长情况。h 菌株分离自延庆采集的土样在 PDA 培养基的生长情况。

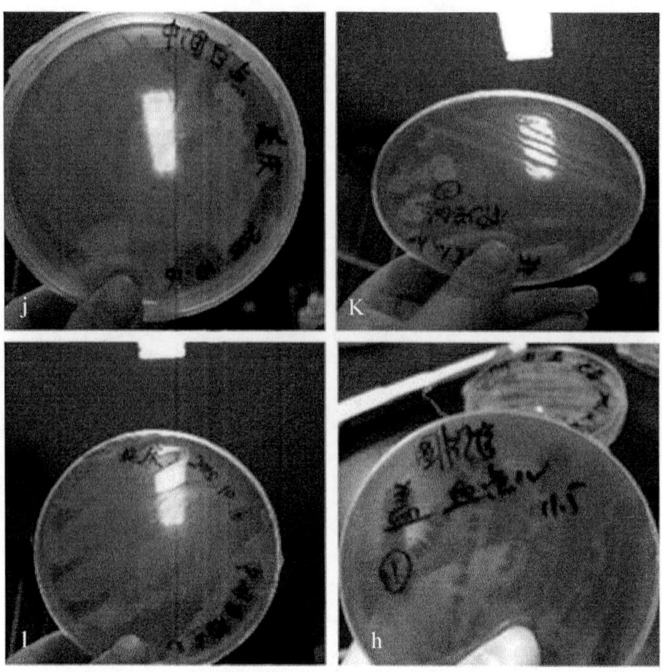

图 6 J 分离自延庆地区土样的菌株在刚果红培养基上生长的情况。K 在东灵山土样本中筛选出来的菌株在刚果红培养基上的生长情况。L 是在延庆采集的土样中筛选出来的另一种菌株在刚果红培养基上的生长情况。M 在学校图书馆门口土样中筛选出来的菌株在刚果红培养基生长的情况。

参考文献

[1] 蔡燕飞，李华兴，彭桂香，等. 纤维素分解菌的筛选及鉴定[J]. 林产化学与工业，2005，25(2)：67－70.

[2] 潘俊波，李金，徐凤花. 高效纤维素降解菌的筛选[J]. 东北农业大学学报，2006，37(2)：175－179.

构巢曲霉原生质体的制备

张嘉言　张净雯　邢　璐
指导教师：申小叶
（首都师范大学生命科学学院）

一、研究目的

我们本次实验是对构巢曲霉的相关菌株进行培养，收集分生孢子，并优化其原生质体制备的方法。所选用的菌株为尿嘧啶、尿苷和VB6营养缺陷型，并在此基础上提高原生质体的制备效率，将为下一步建立构巢曲霉的遗传转化体系奠定基础。

二、研究目标

筛选最佳培养基、最佳培养条件以及优化原生质体去壁的过程。

三、研究对象

构巢曲霉（Aspergillusnidulans）是曲霉属的一种真菌，它的分生孢子柄较短、弯曲，褐色，表面光滑。菌落生长快，圆形、绿色、绒状。广泛分布于粮食、土壤和空气中，是质控菌种。它可用于水质检测、化妆品检测、食品与药品检测等等，是大中型科研提供严格质量体系控制的标准菌株。

四、研究方法

1. 培养基的制备

（1）培养基对于孢子产量菌群的影响。

尝试多种培养基分别进行接种，在相同条件下一定时间内进行培养，计数观察孢子产量的多少，从而选择最为优良的产孢培养基。

（2）培养条件对于菌群的影响：温度、培养时间等。

2. 原生质体的制备

表1

酶解处理	溶壁酶（μg/mL）	纤维素酶（μg/mL）	蜗牛酶（μg/mL）
1	250	0	0
2	0	250	0
3	0	0	250
4	250	250	0
5	250	0	250

续表

酶解处理	溶壁酶(μg/mL)	纤维素酶(μg/mL)	蜗牛酶(μg/mL)
6	0	250	250
7	250	250	250

将收集到的分生孢子悬于 20 mL 过滤除菌的原生质化溶液中，在 30 ℃、150 r /min 下脱壁 3 h。定时取样镜检观察原生质体的情况。当绝大多数孢子细胞内出现空泡时，说明大多数孢子都已经形成原生质体，然后在 4℃、3 000 r/min 下温和离心 10 min，弃上清，将原生质体收集到管底。用预冷的转化用溶液洗 2 遍，3000r/min 温和离心，尽量倒干净上清，将沉淀重悬于 1mL 转化用溶液中，离心管冰浴并放在冰箱中 4 ℃过夜。本实验利用 3 种细胞壁裂解酶的 4 种组合，摸索了制备构巢曲霉分生孢子原生质体的酶解方法，4 种酶解方法组合见上表，得到原生质体。

五、研究的程序

培养基的制备→菌株培养→收集分生孢子→原生质体的制备

六、研究成果形式

培养基与培养温度的优化

结果如下：

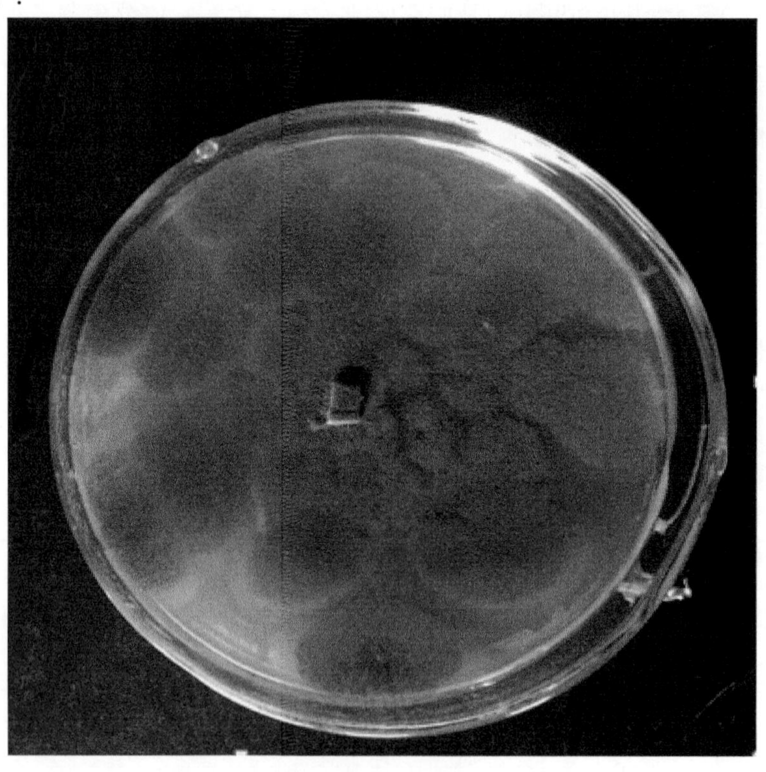

37℃ MMG 培养基

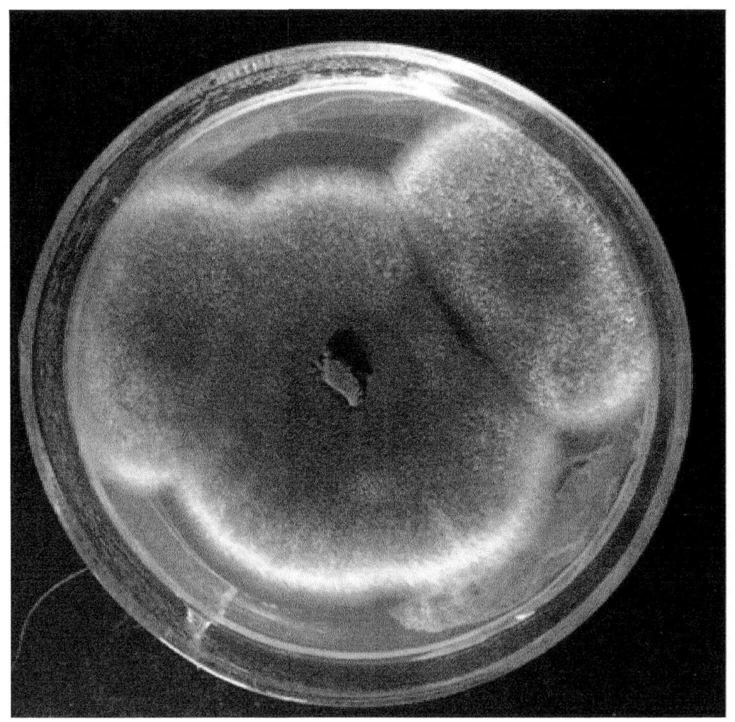

37℃ MMG 培养基

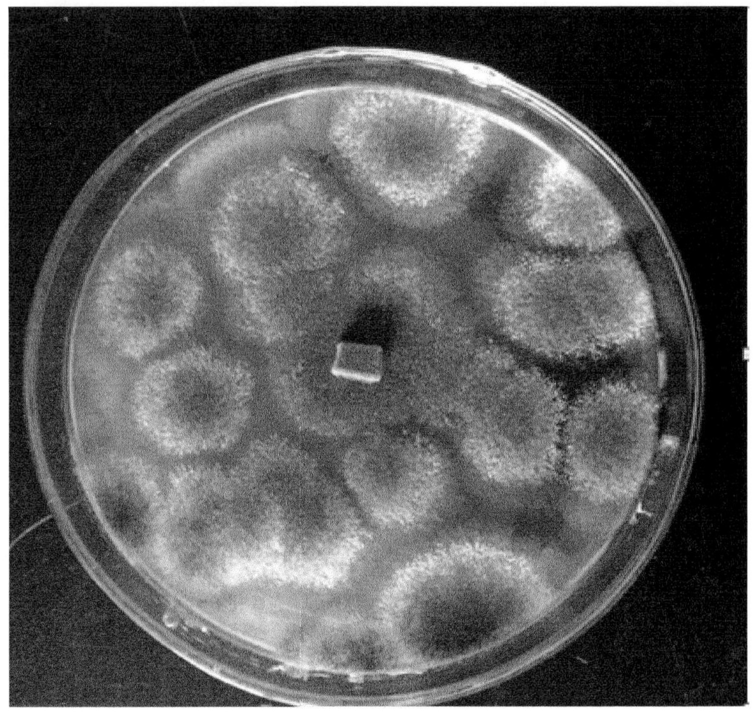

37℃ KLEYN 培养基

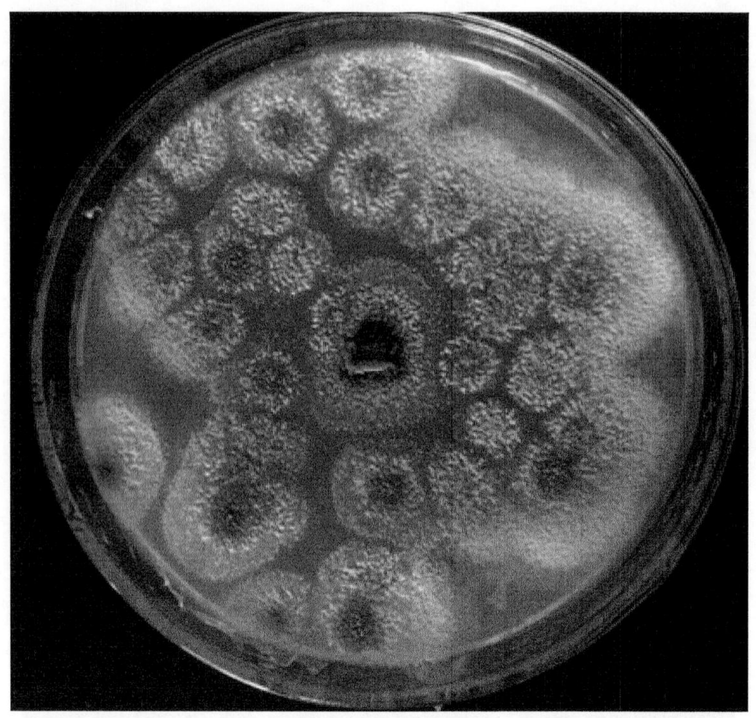

37℃ KLEYN 培养基

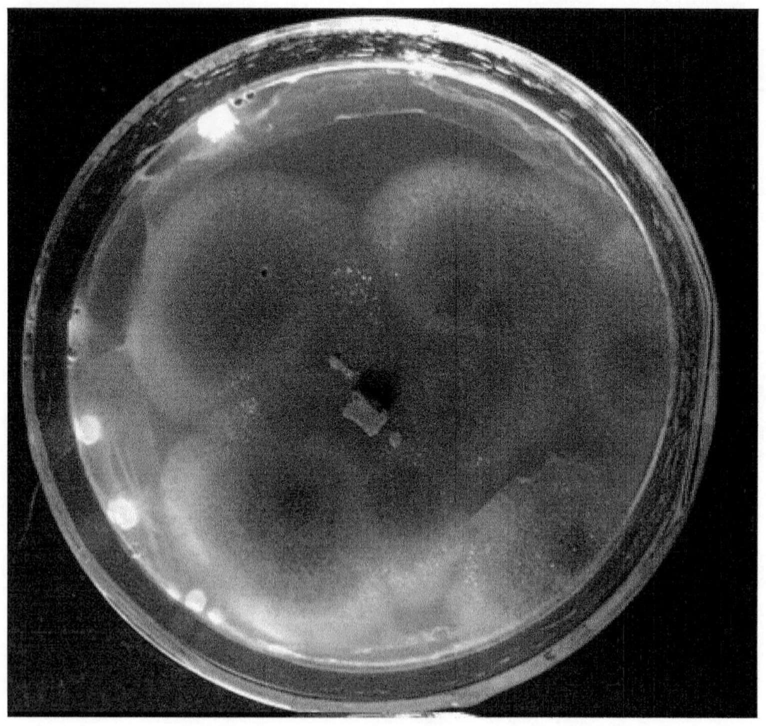

37℃ 生孢培养基

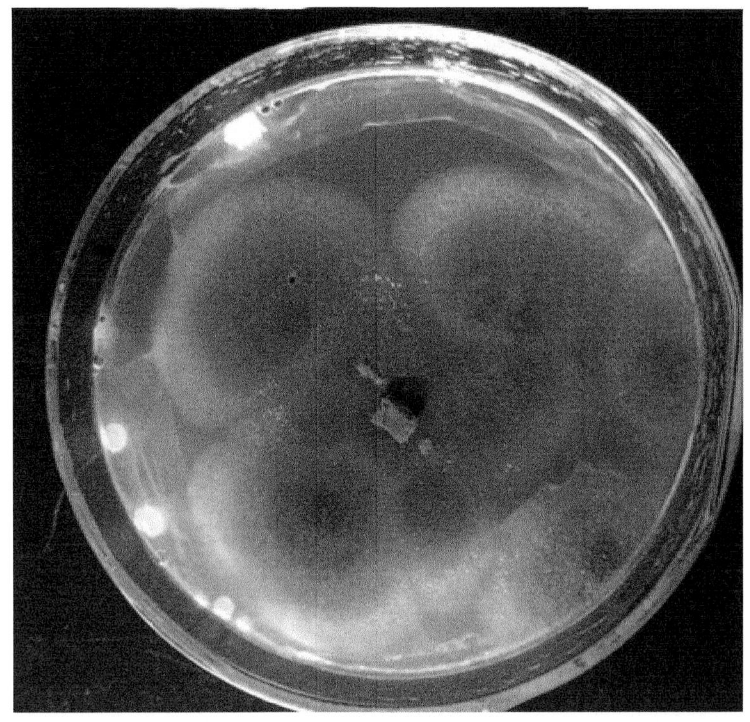

37℃生孢培养基

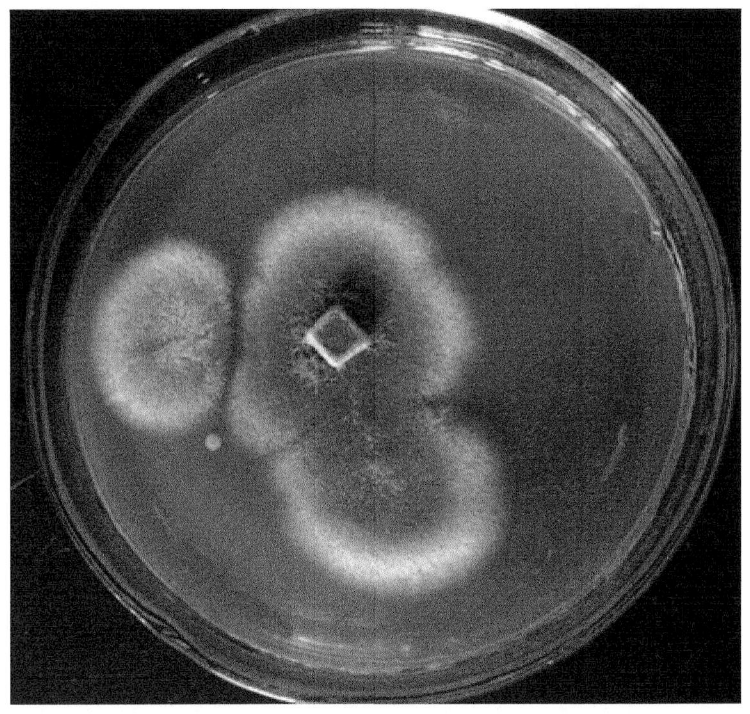

26℃ MMG 培养基

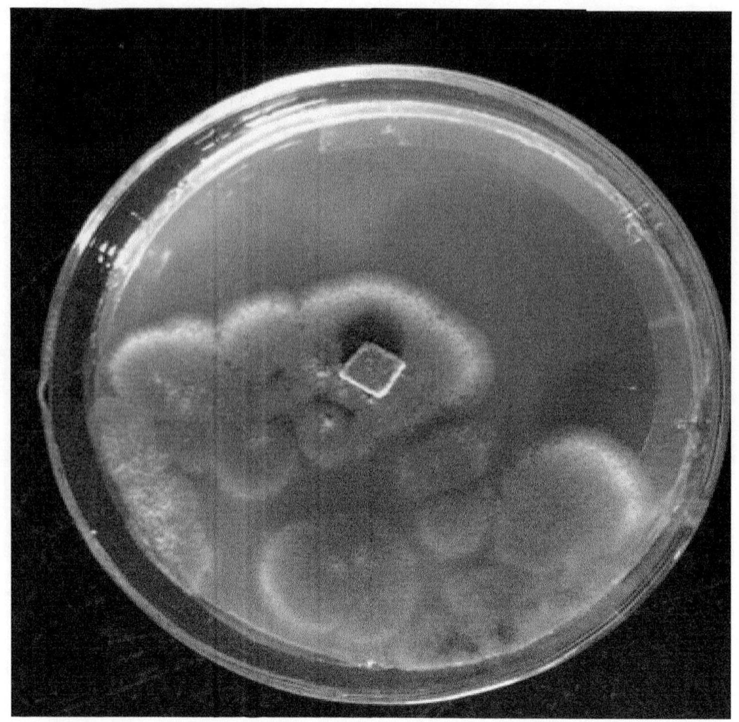

26℃ MMG 培养基

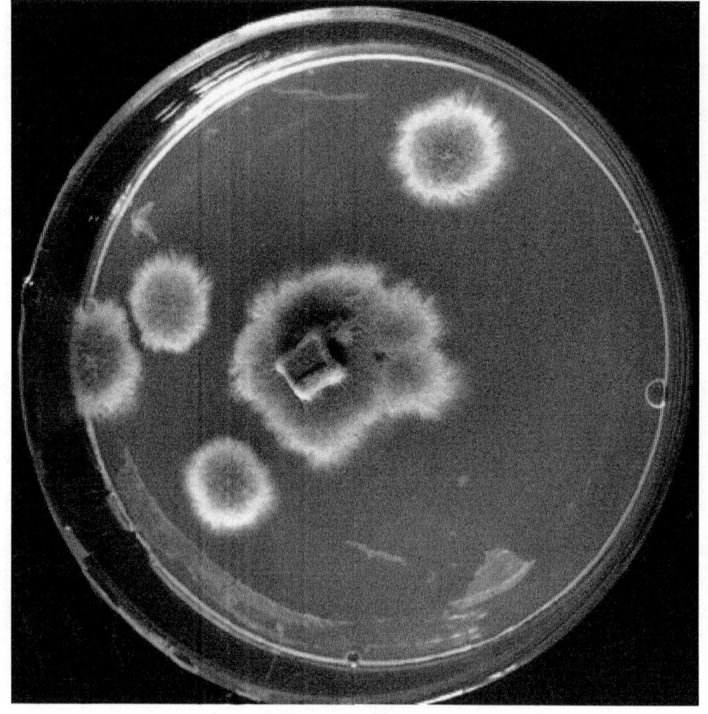

26℃ 生孢培养基

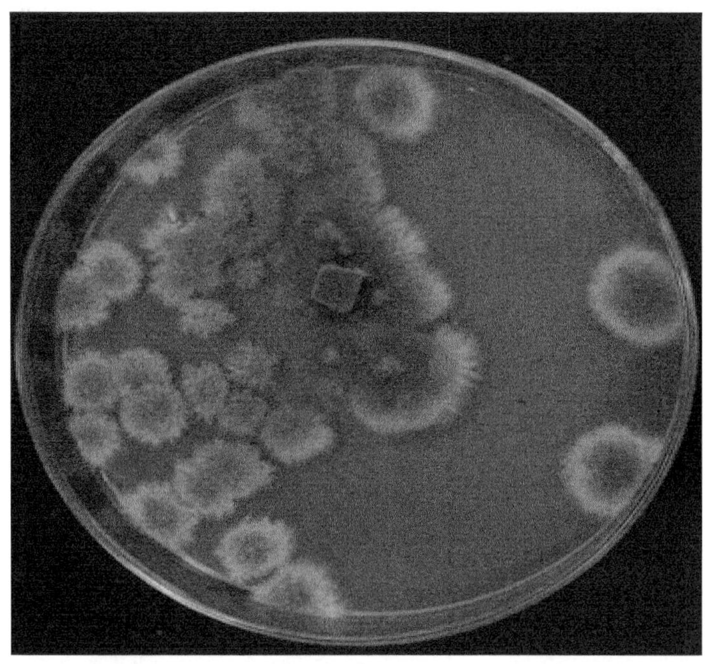

26℃ 生孢培养基

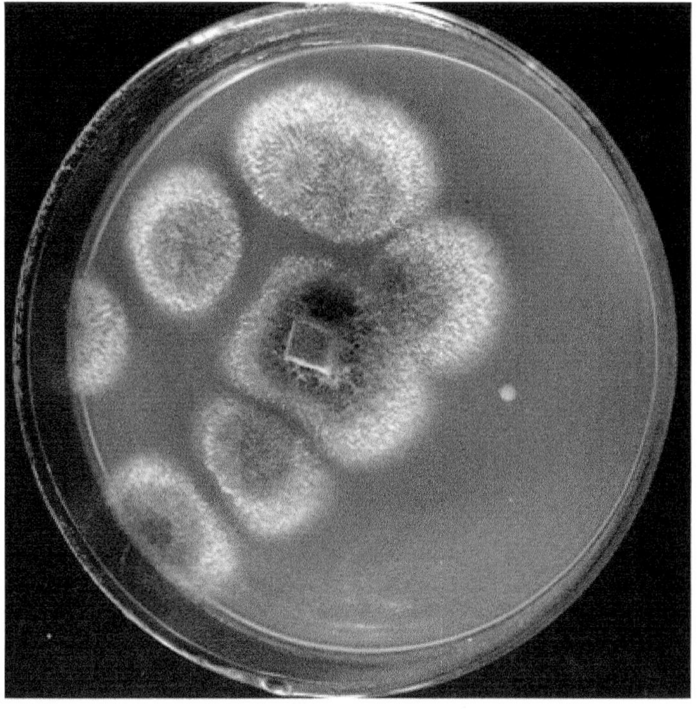

26℃ KLEYN 培养基

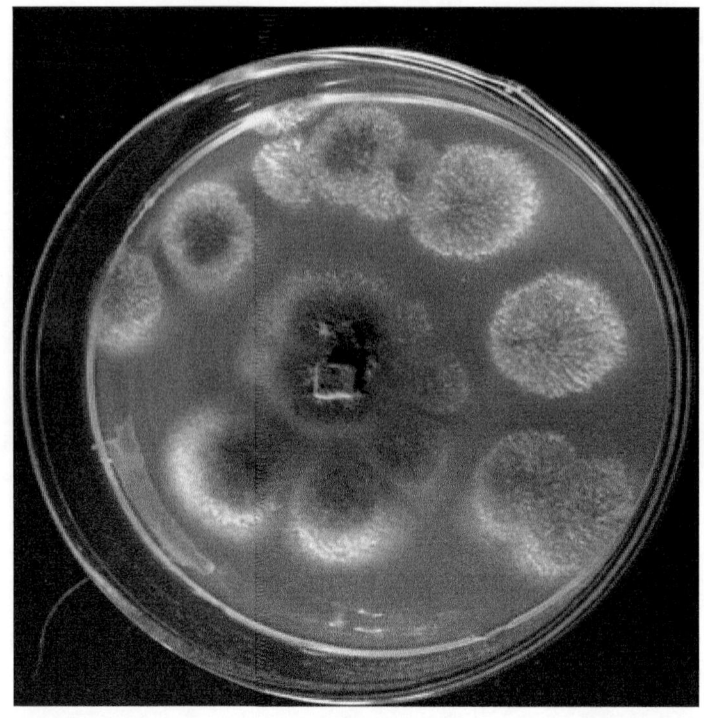

26℃ KLEYN 培养基

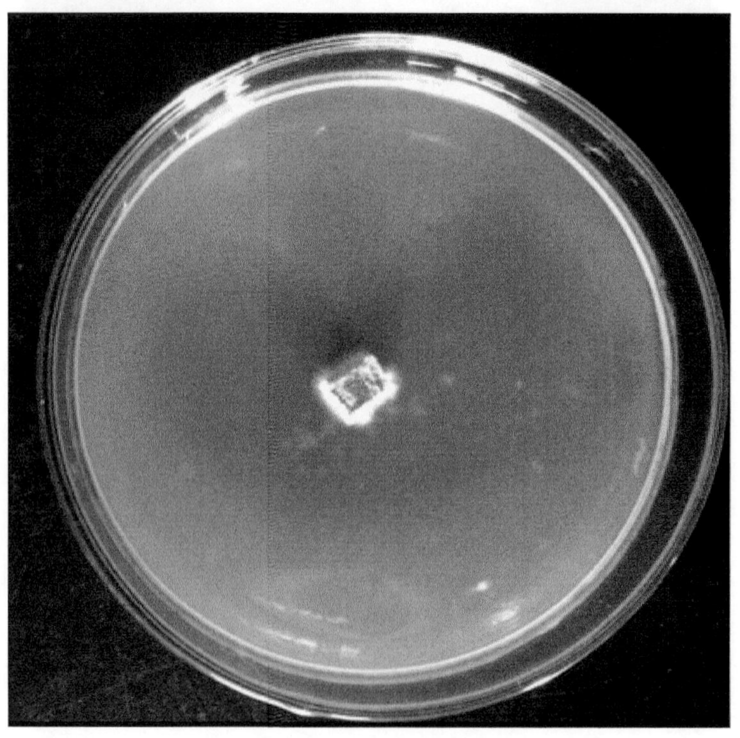

16℃ MMG 培养基

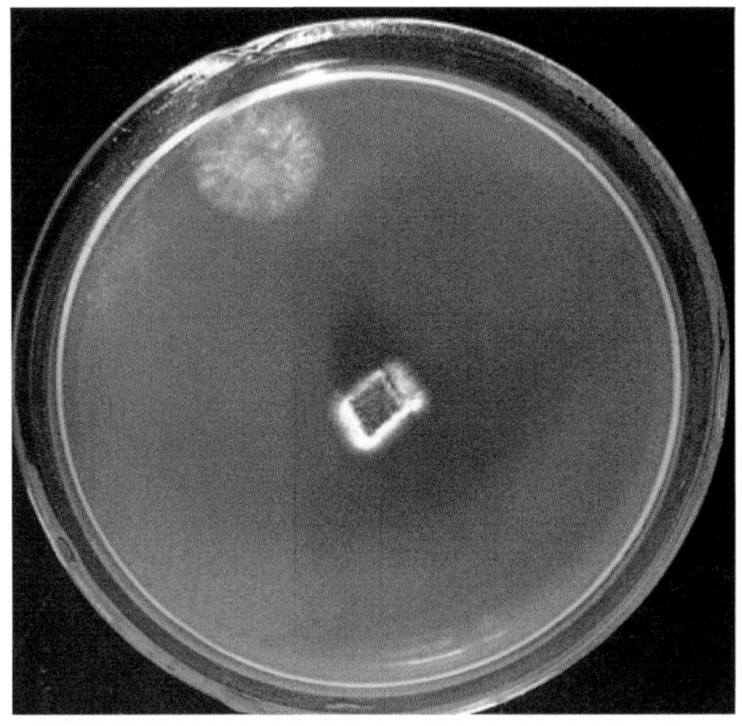

16℃ MMG 培养基

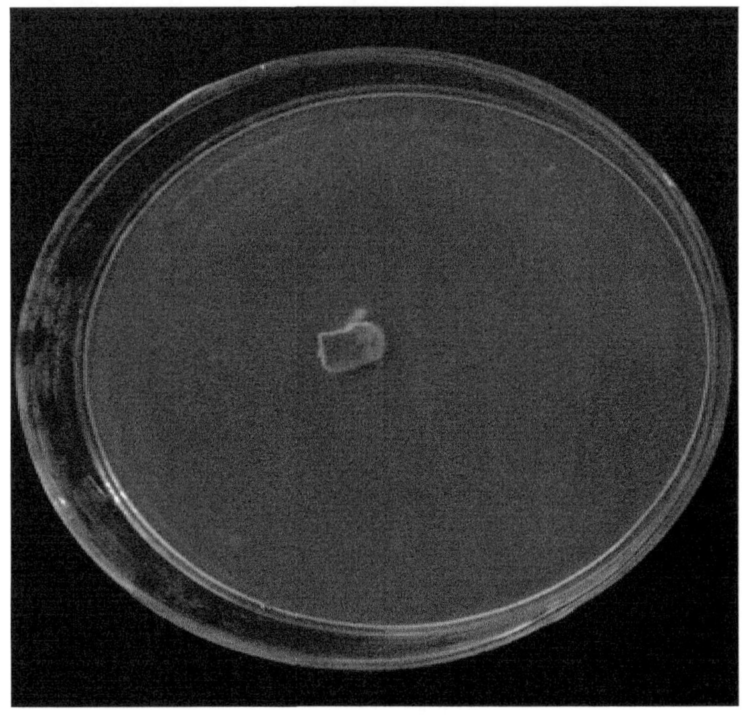

16℃ 生孢培养基

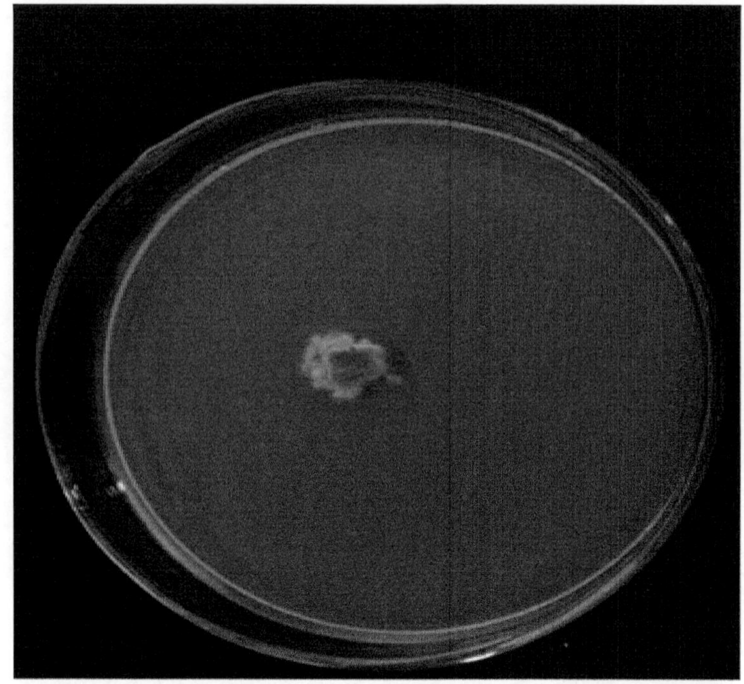

16℃ 生孢培养基

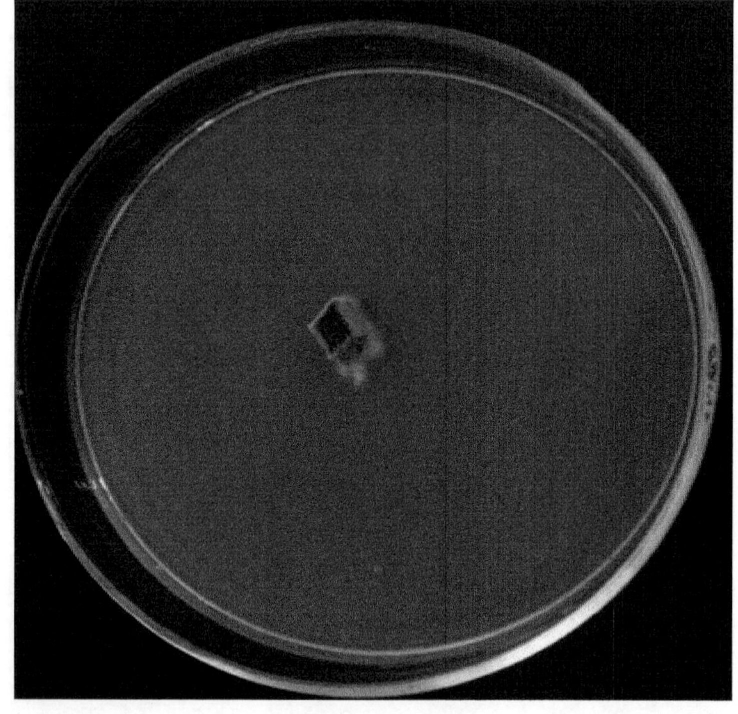

16℃ KLEYN 培养基

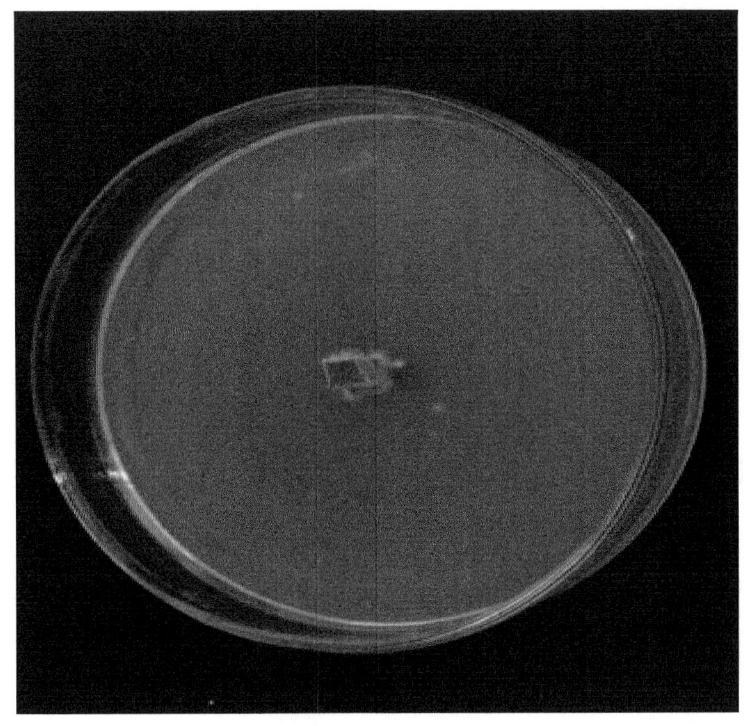

16℃ KLEYN 培养基

表 2 培养基配合

MMG 培养基		生孢培养基		KLEYN 培养基	
$NaNO_3$	6.0g	葡萄糖	1g	蛋白胨	2.5g
KCl	0.52g	酵母膏	2.5g	葡萄糖	0.62g
$MgSO_4 \cdot 7H_2O$	0.52g	KCl	1.8g	NaAc	5g
KH_2PO_4	1.52g	NaAc	8.2g	琼脂	20g
葡萄糖	10g	琼脂	15～20g		
琼脂(固)	15g				

分析：我们对于培养基进行优化分别选用了 MMG 培养基、生孢培养基、KLEYN 培养基这三种培养基对菌种进行培育。(培养基材料配比见上方表格)在选择培养基的基础上我们又对于培养菌种的温度进行了优化分别选取了 37℃、26℃、16℃三个温度梯度对不同培养基所培养的菌种进行培养。同时设立了 3 组平行对照经过每天的观察与记录，我们发现菌种在 37℃下的 MMG 培养基中培育的较好。

每日观察结果如下

第一天：

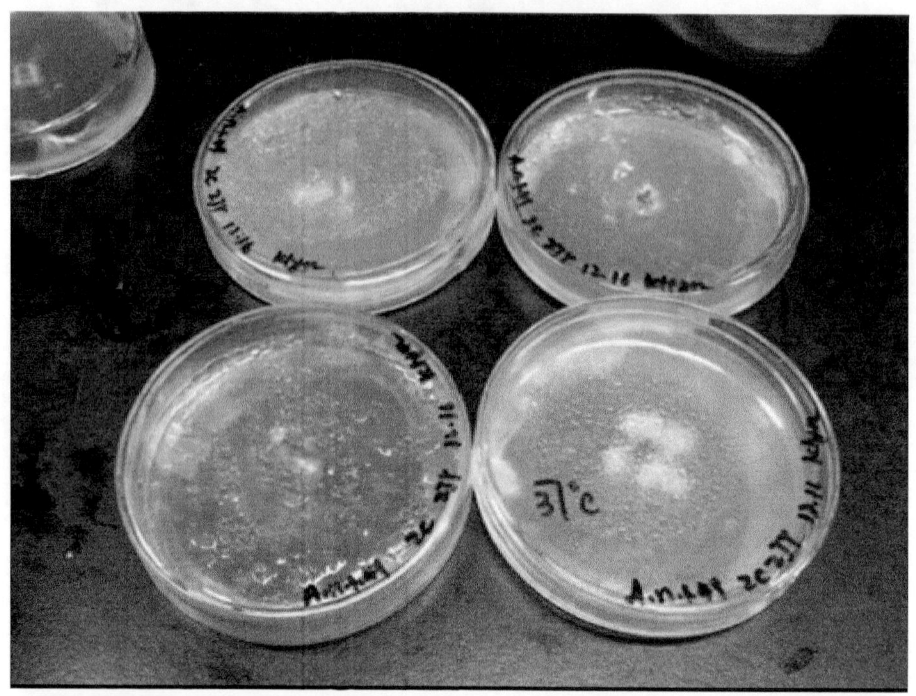

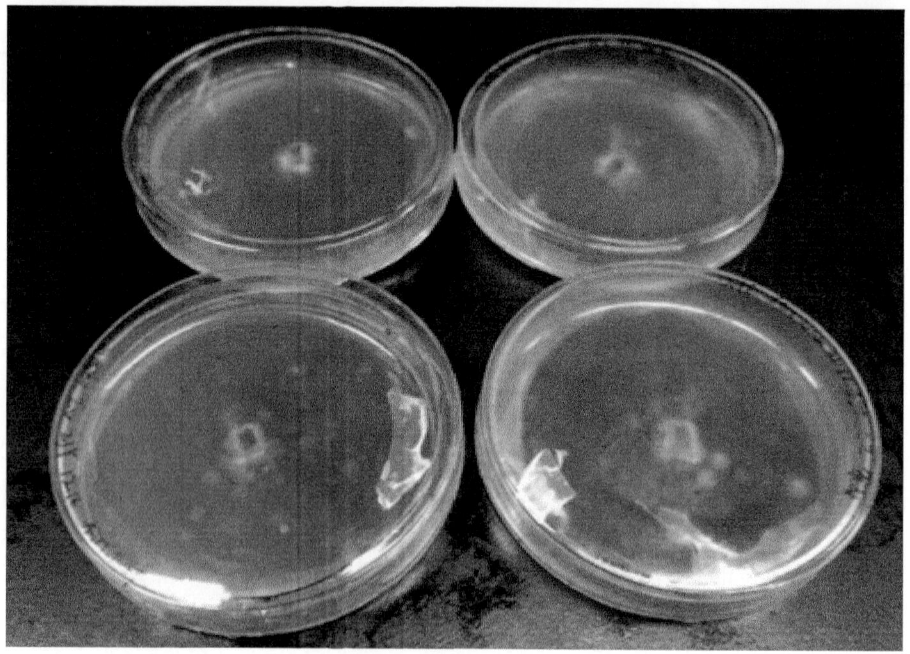

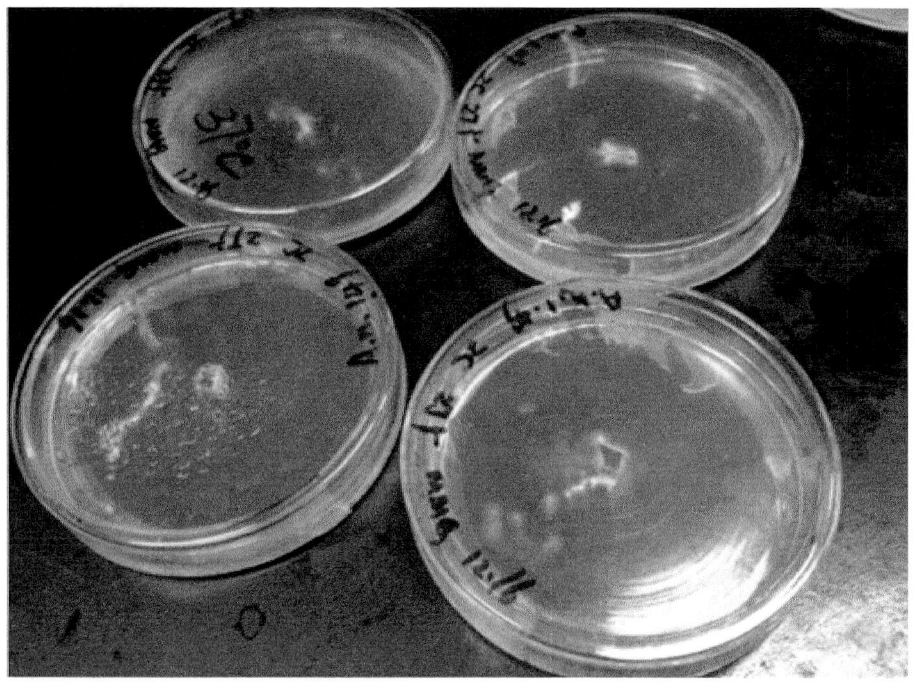

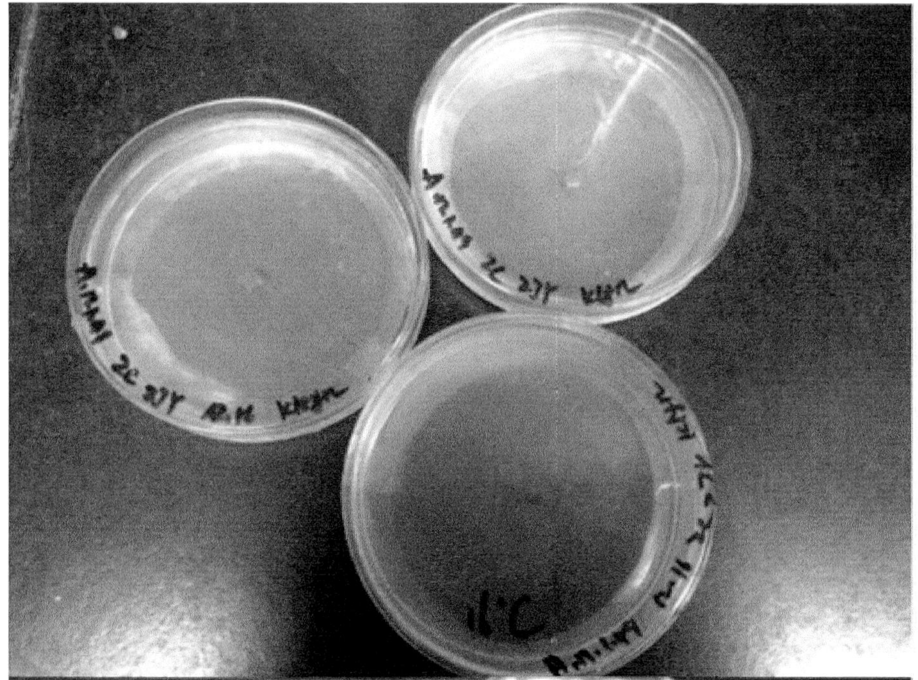

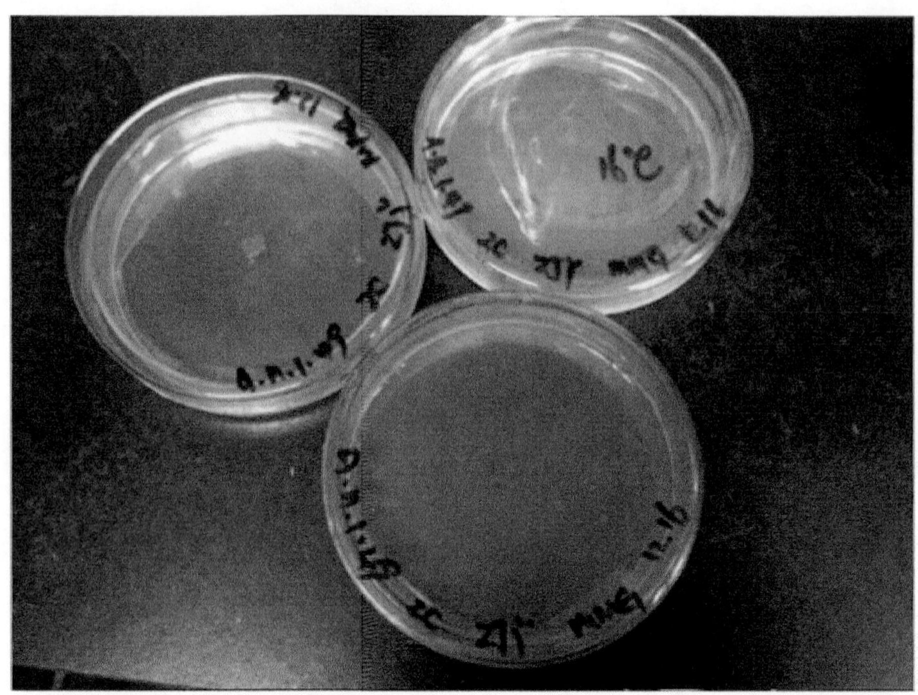

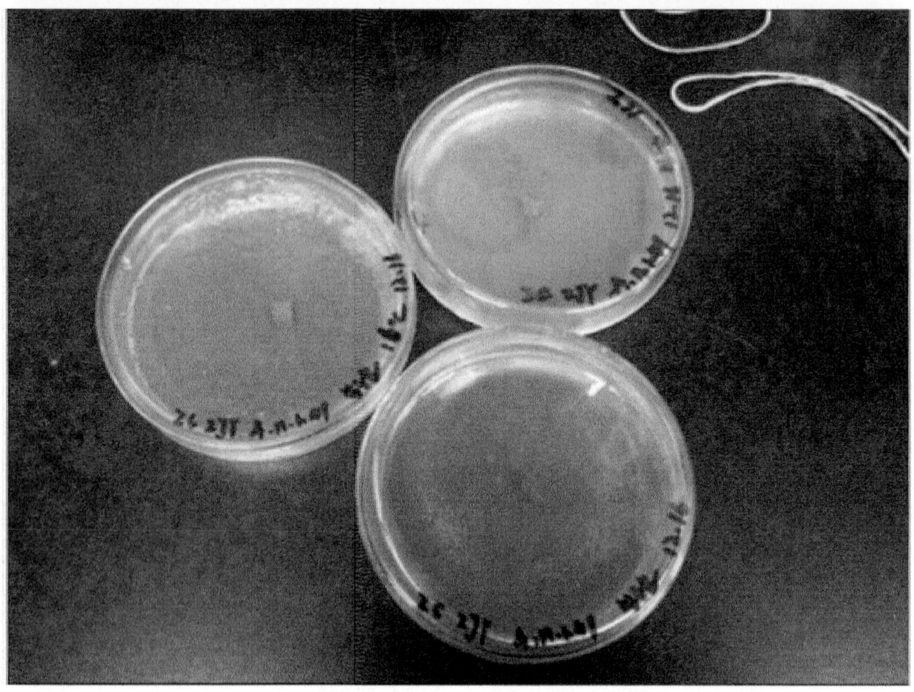

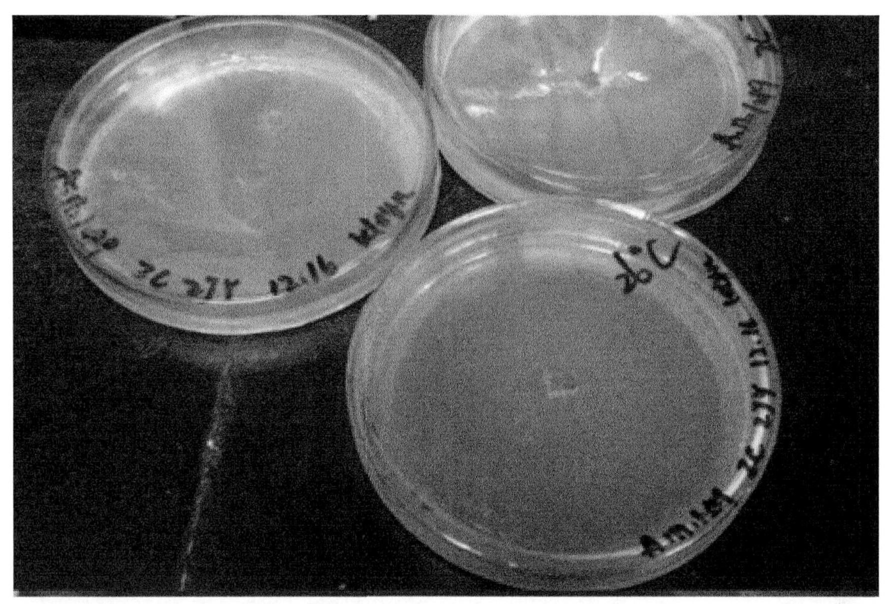

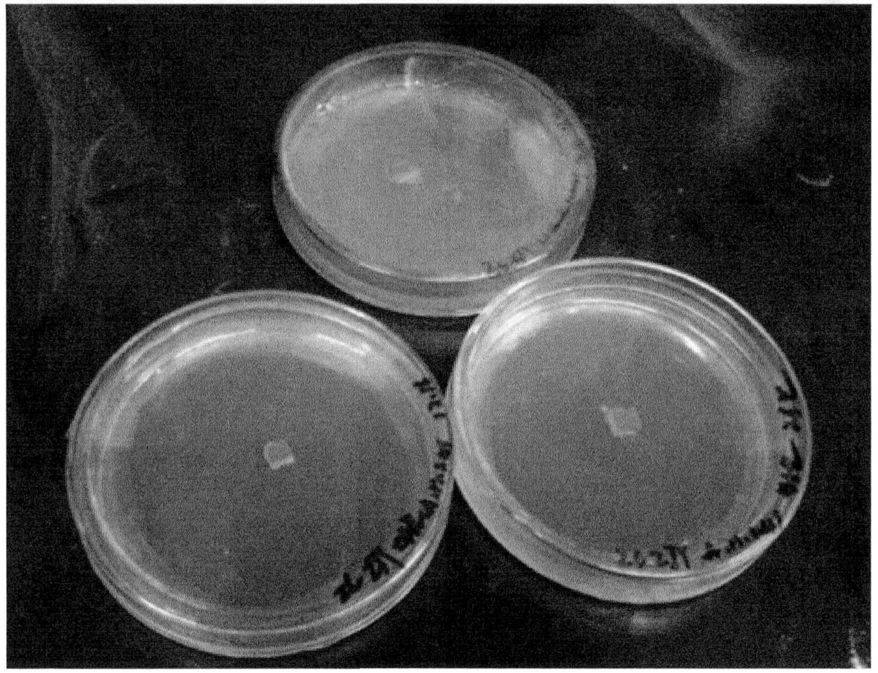

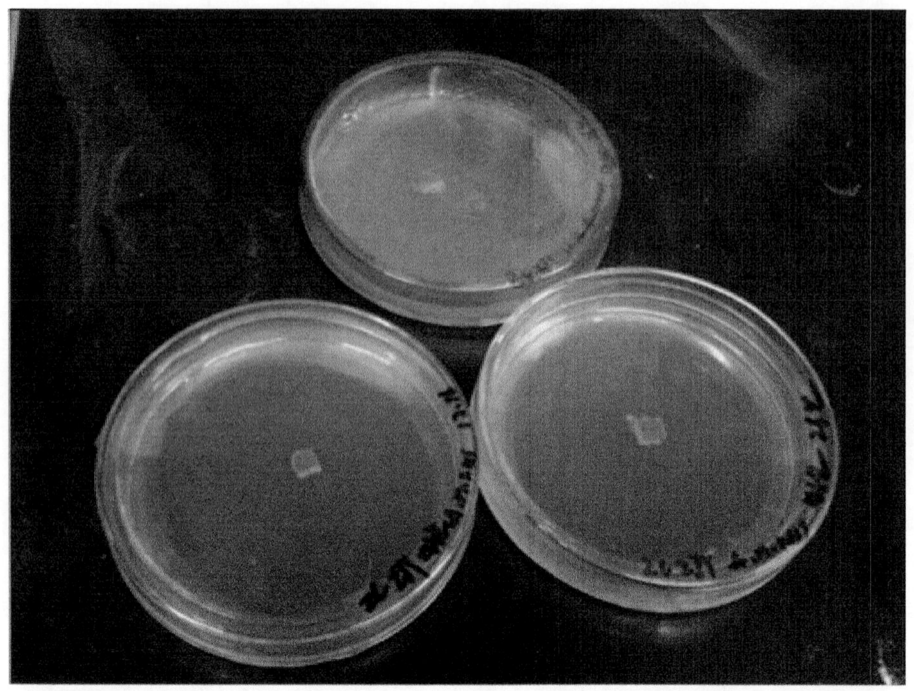

第二天：

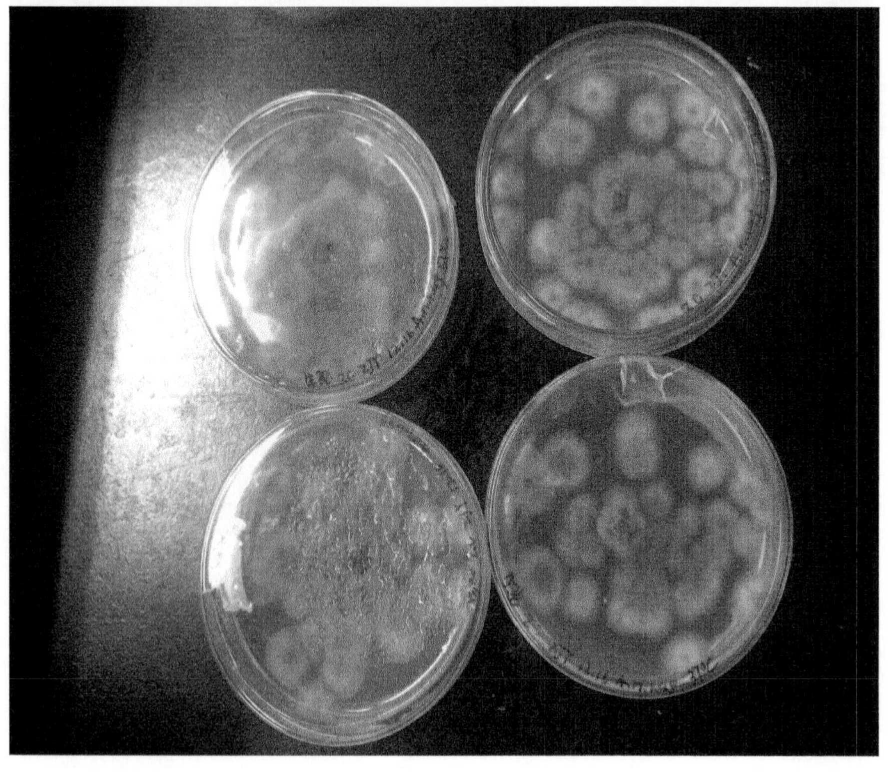

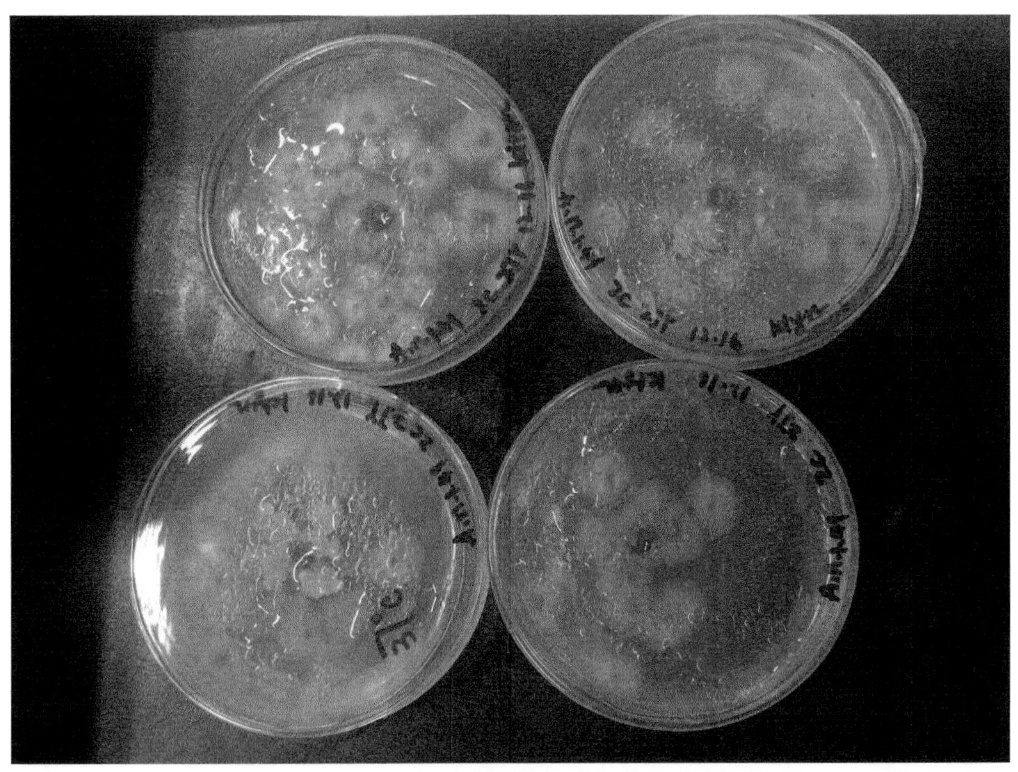

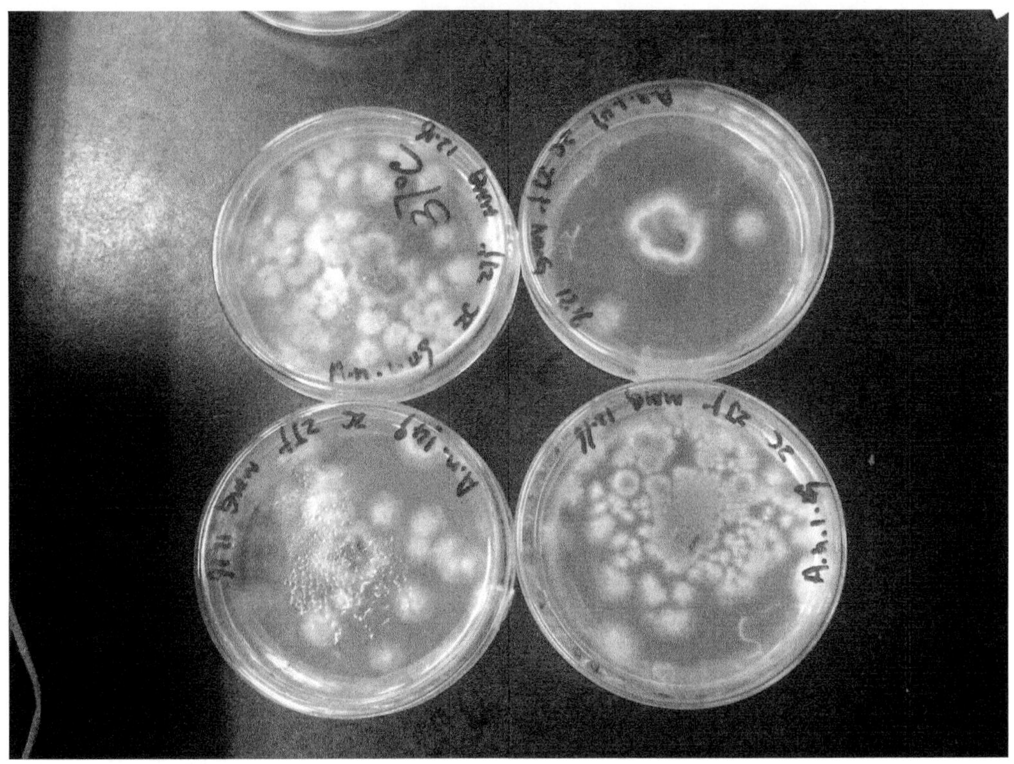

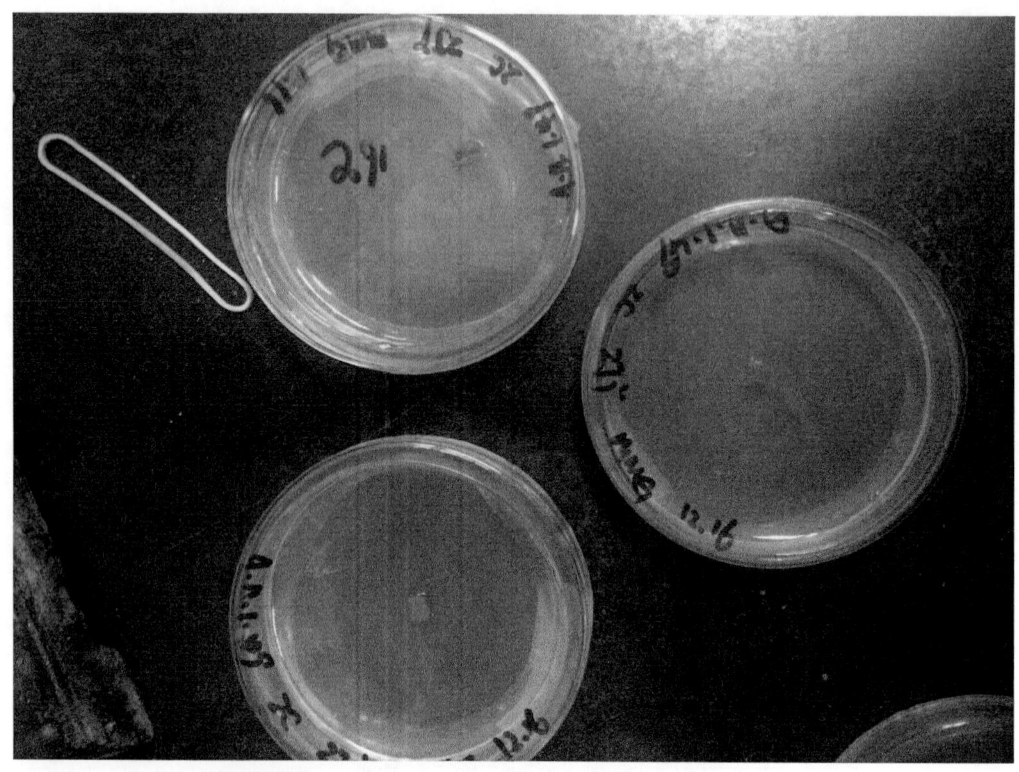

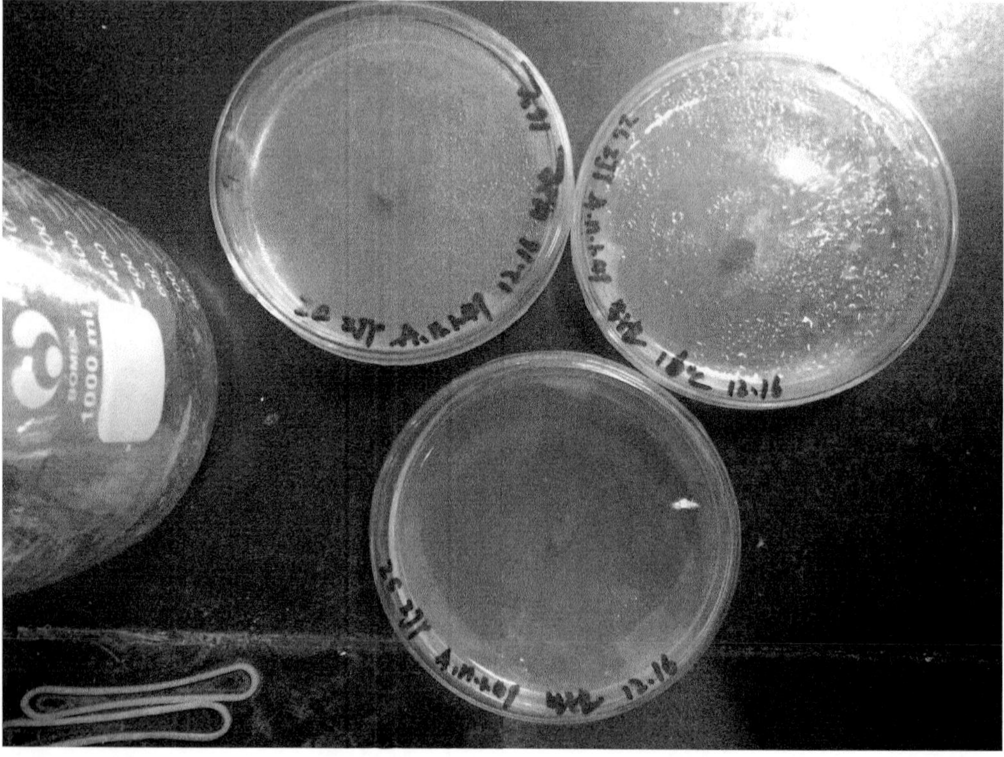

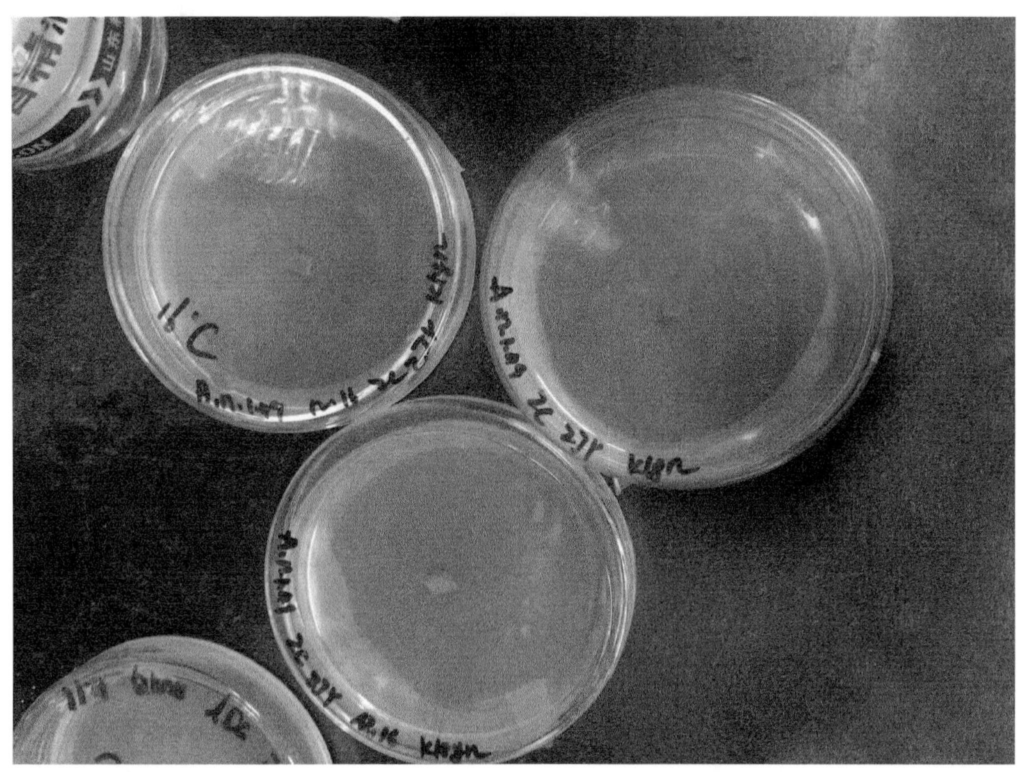
11°C

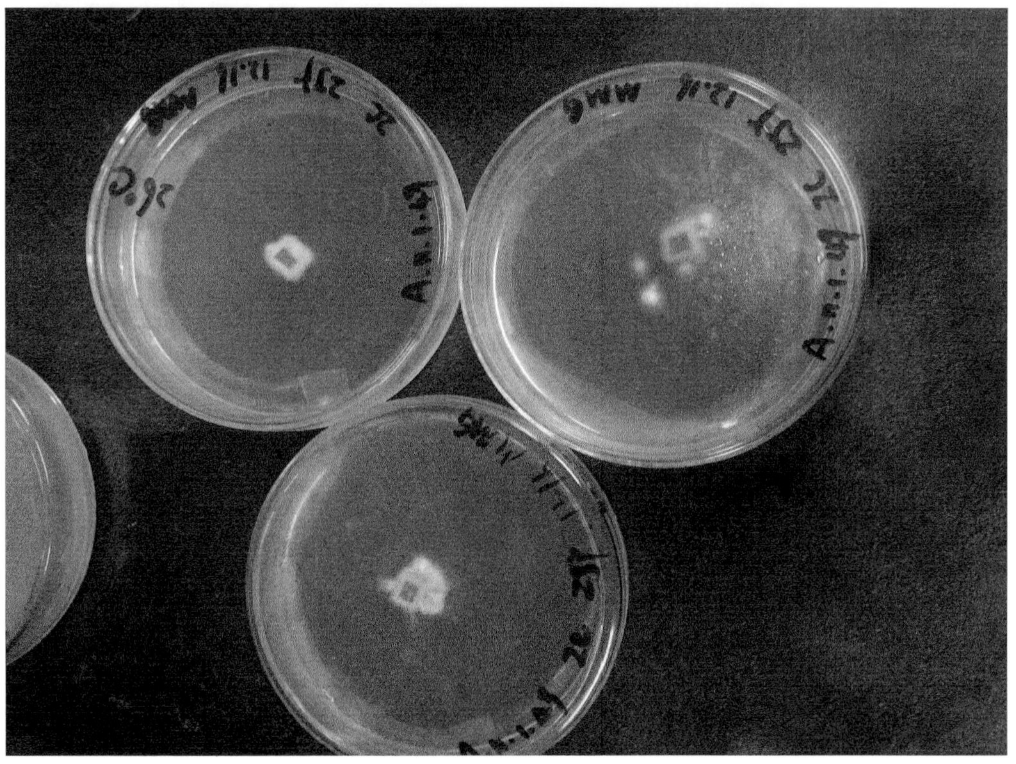
26°C

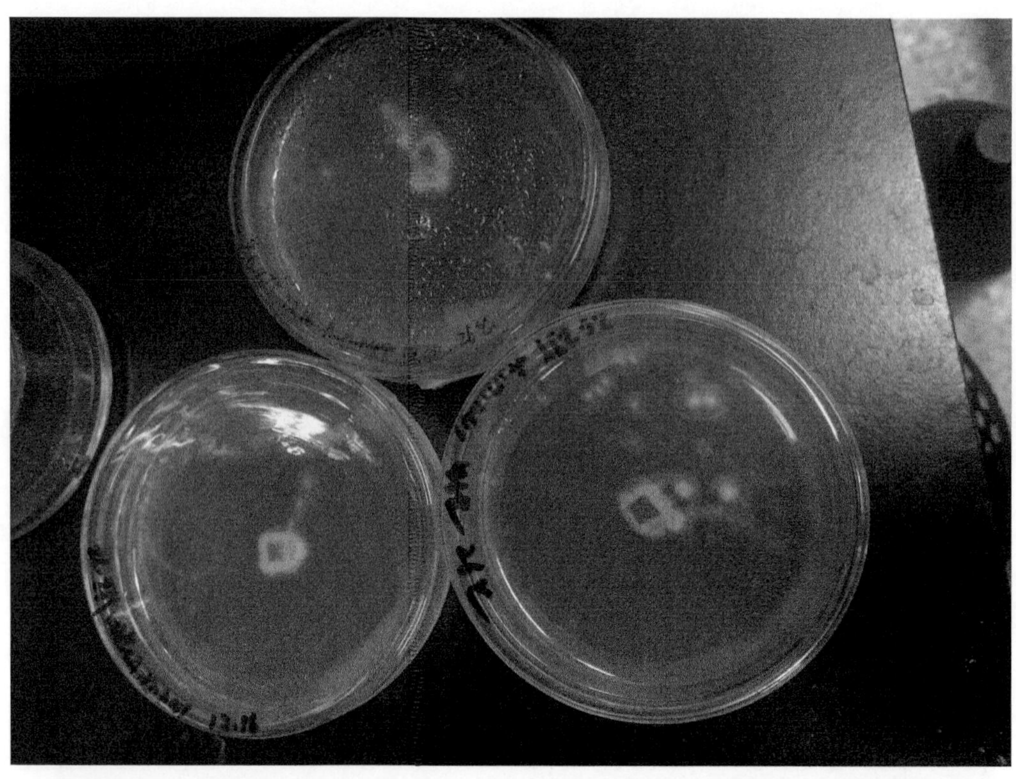

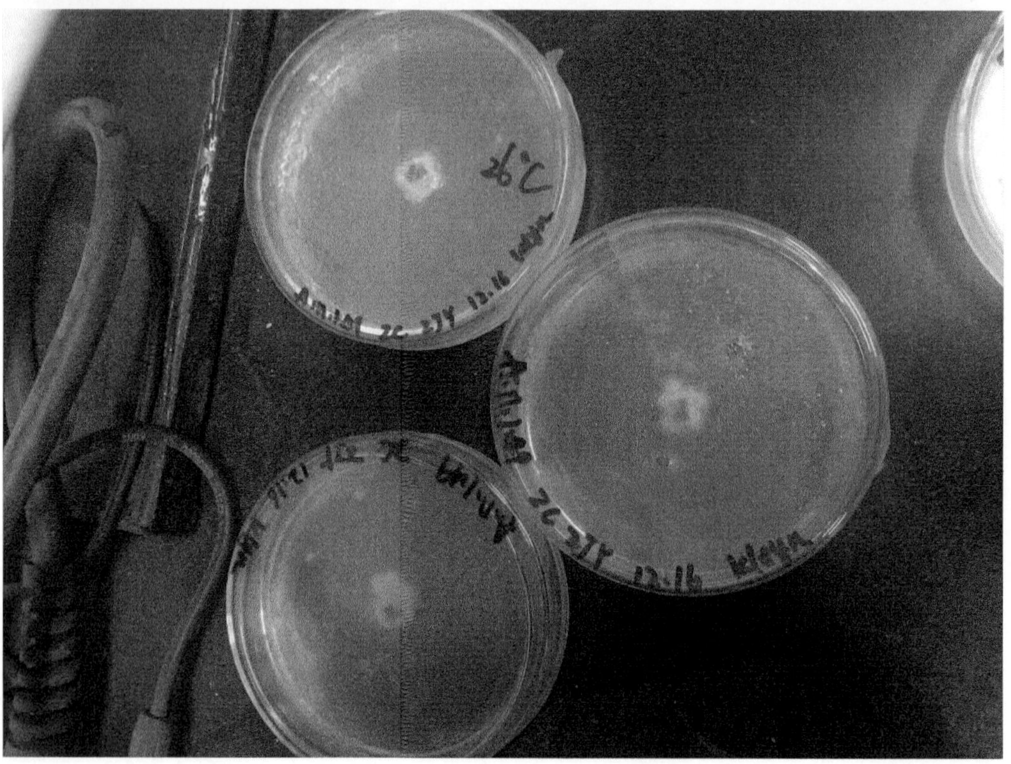

第三天：

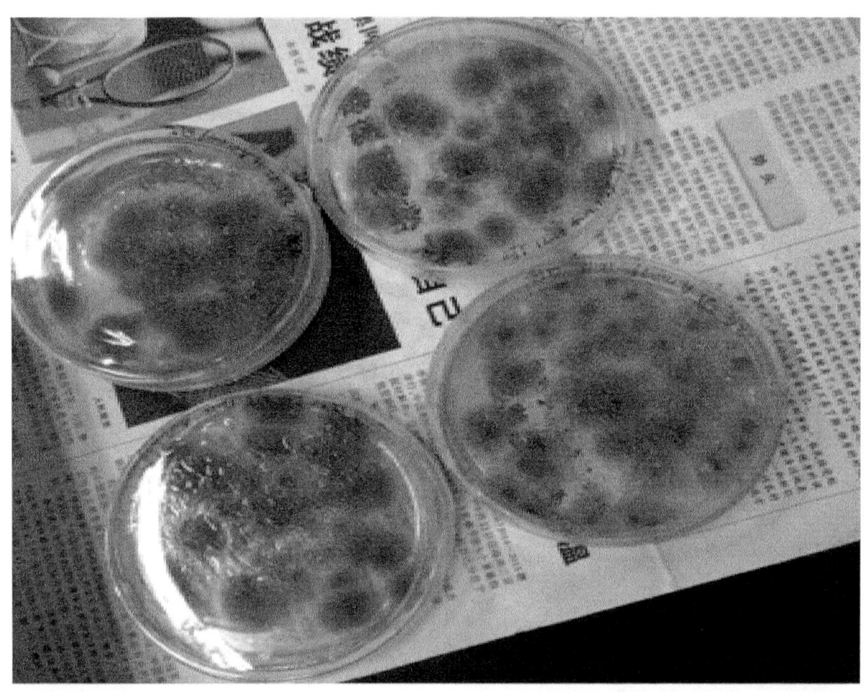

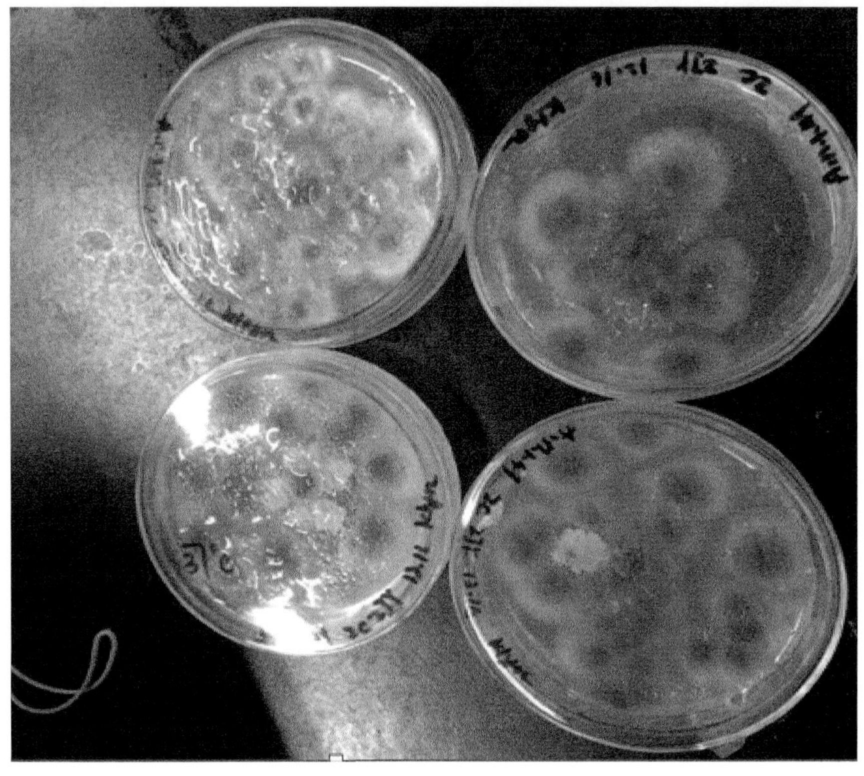

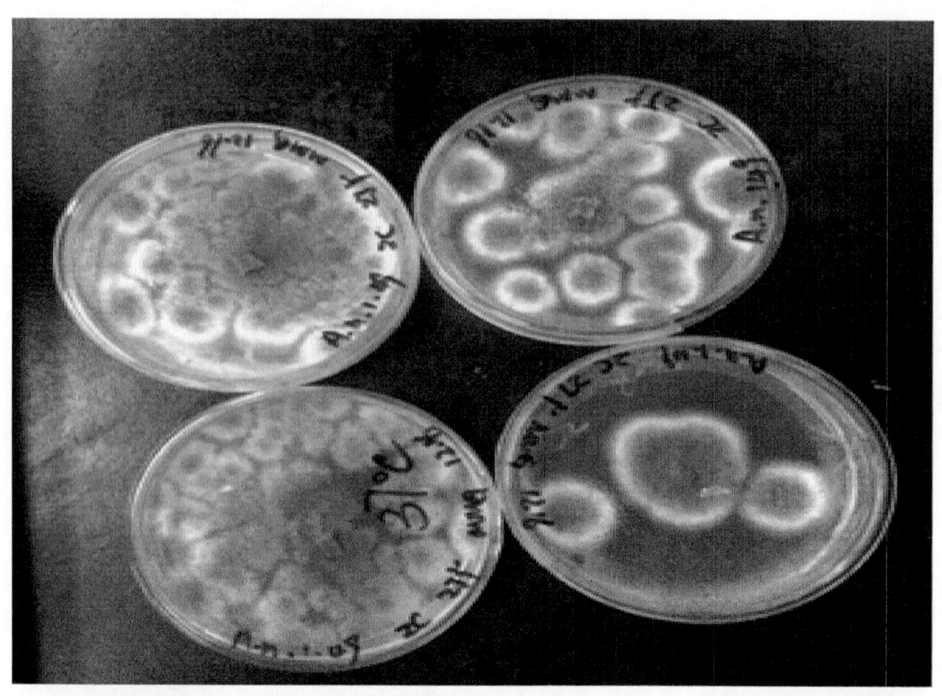

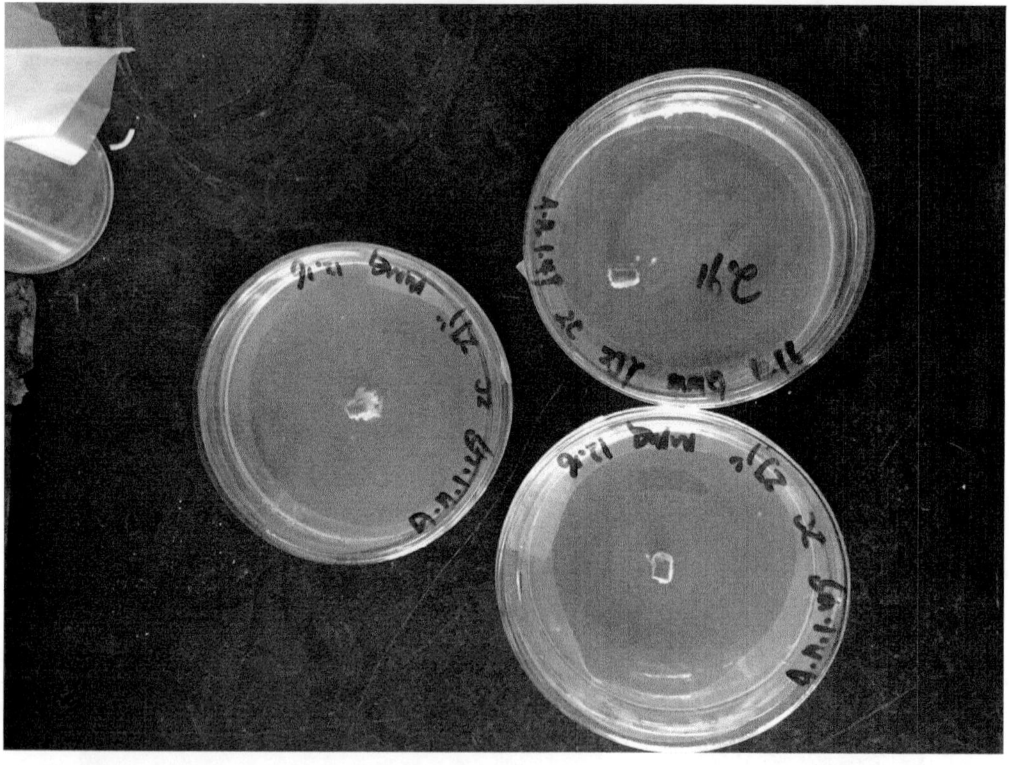

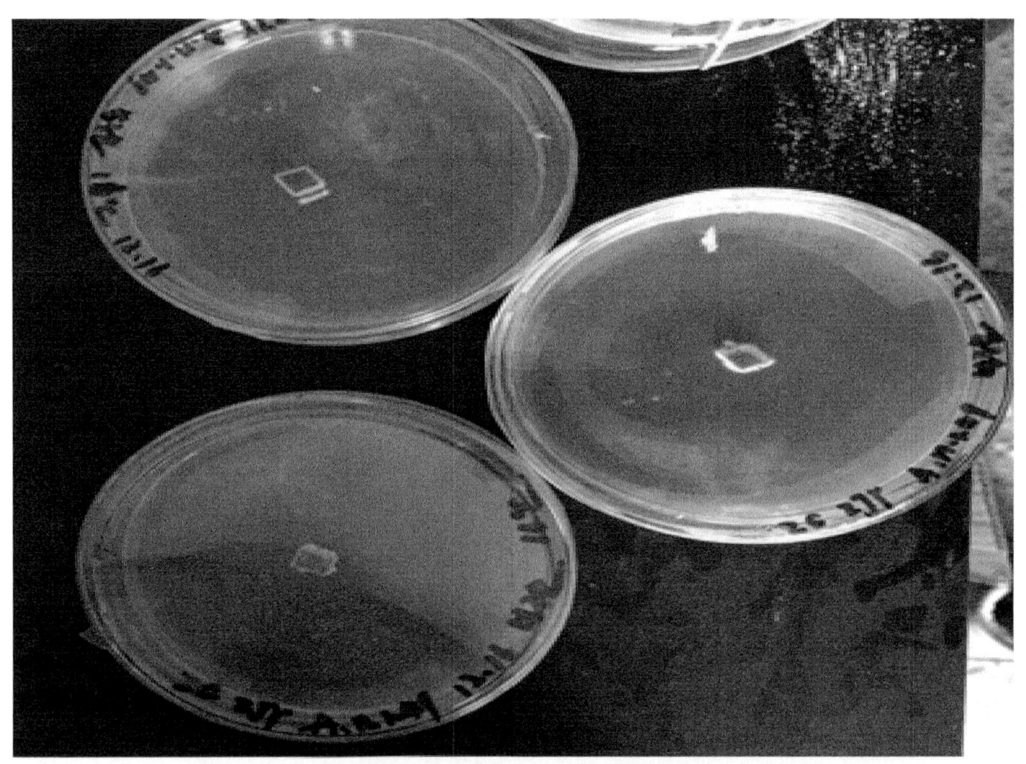

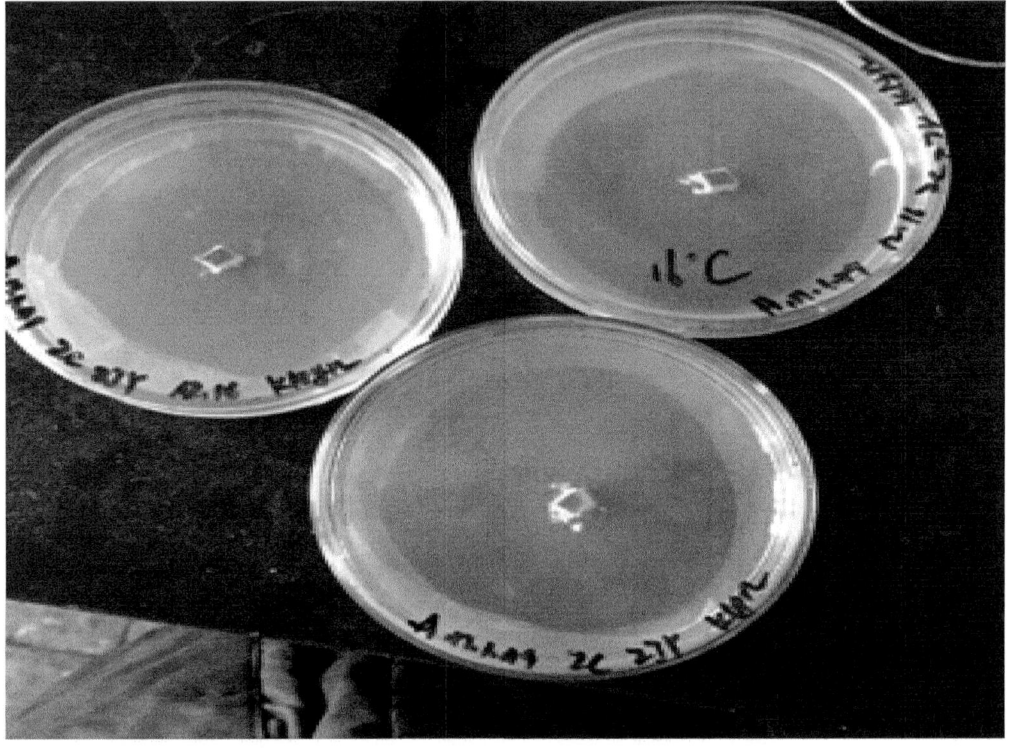

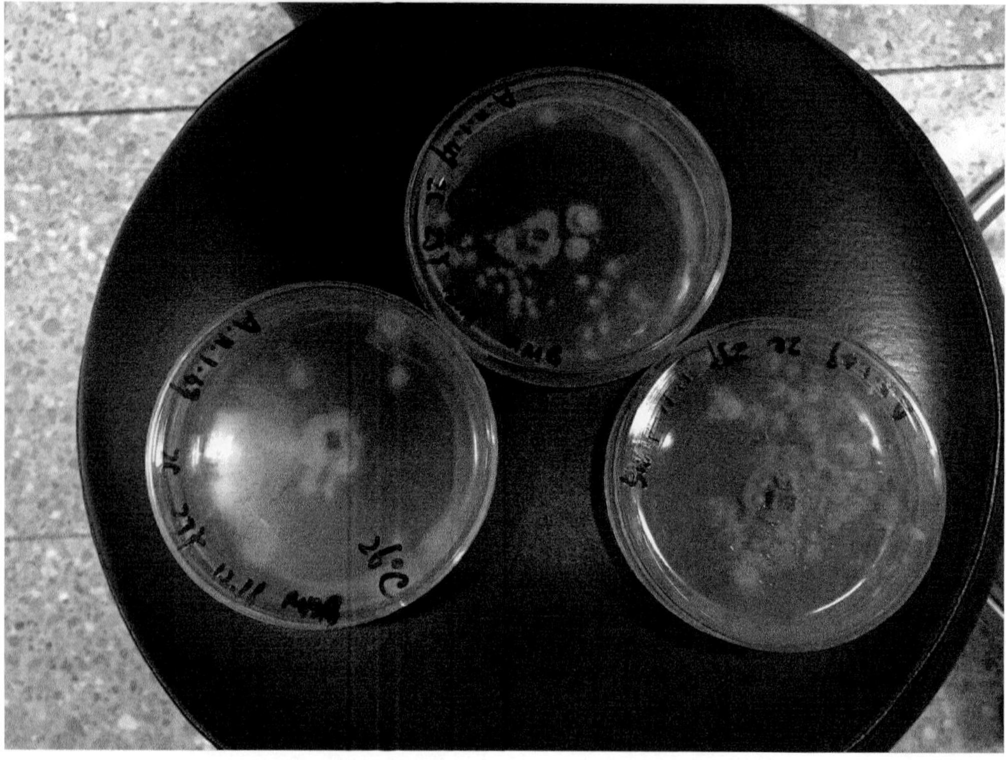

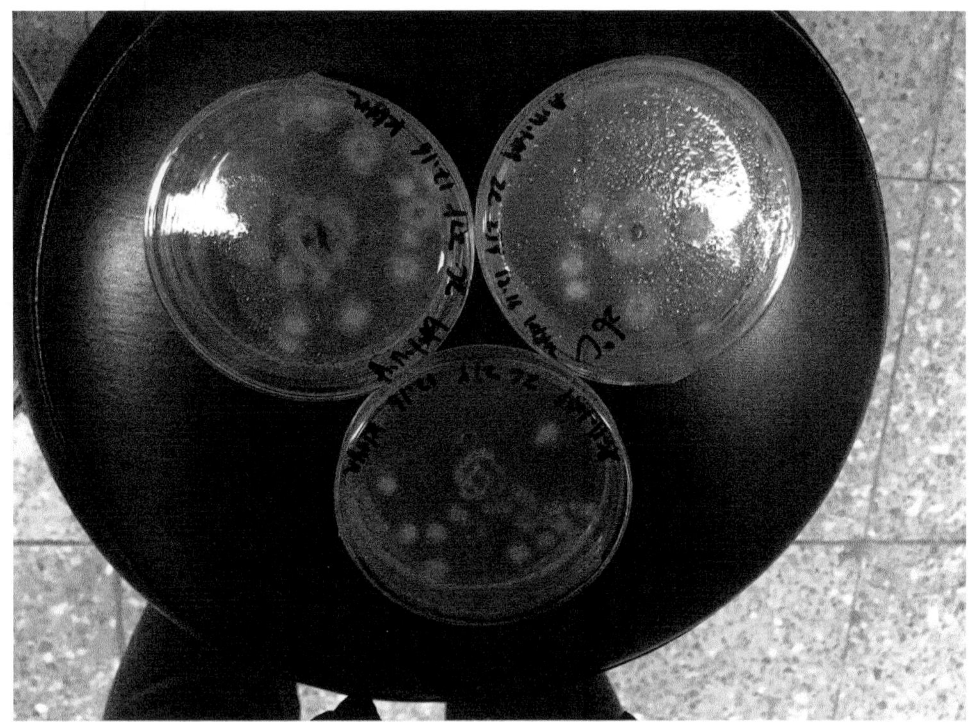

第四天：

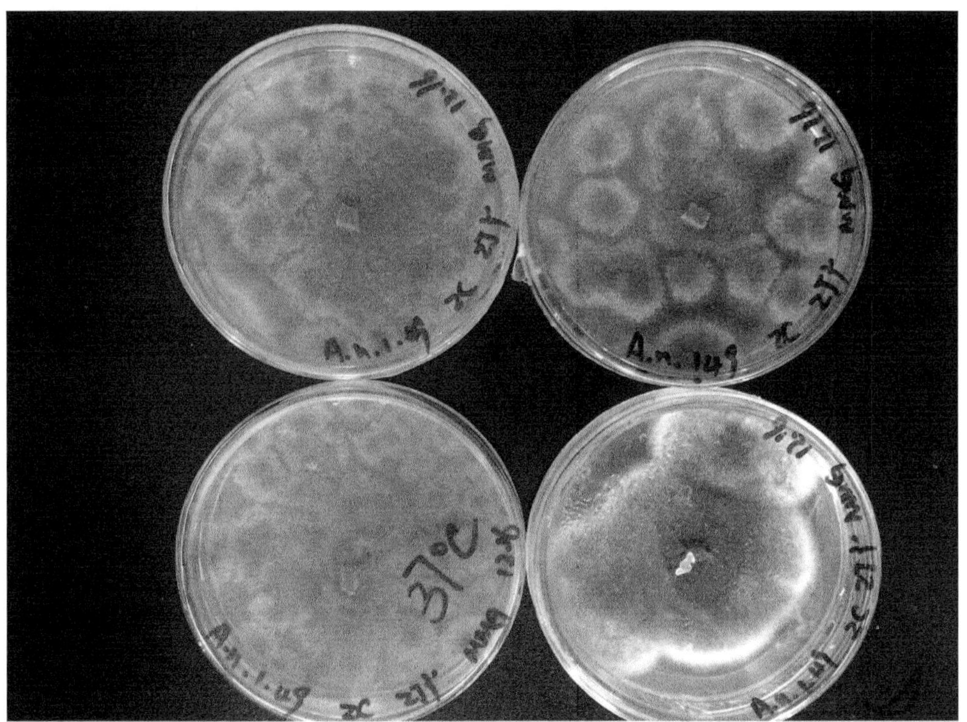

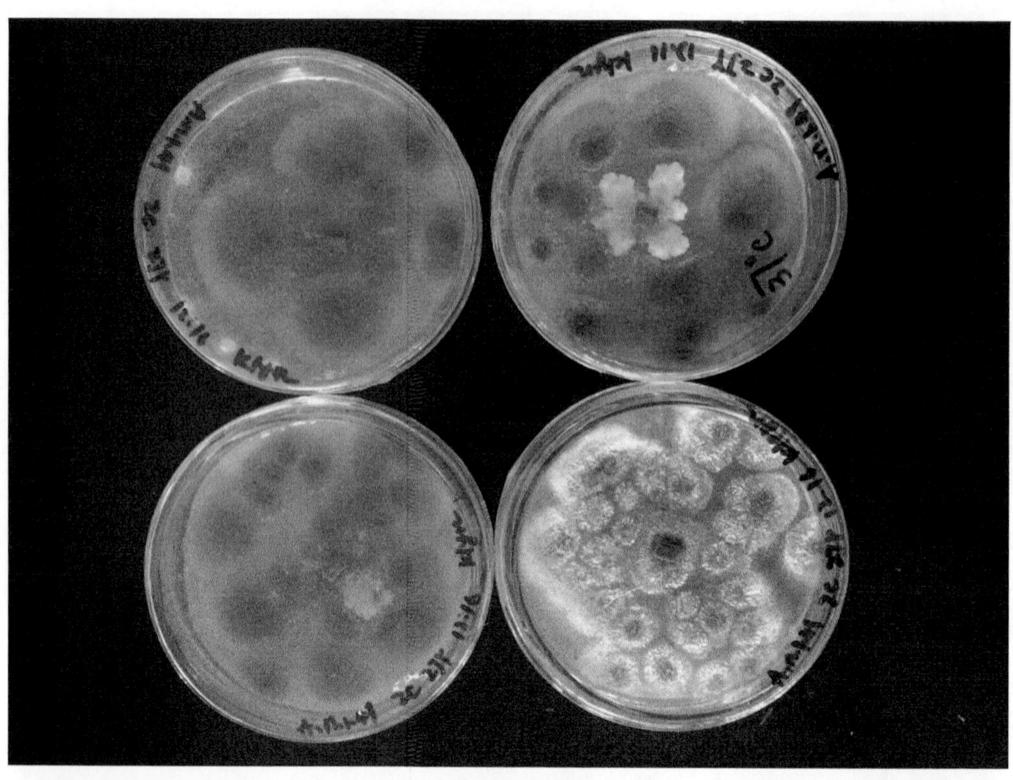

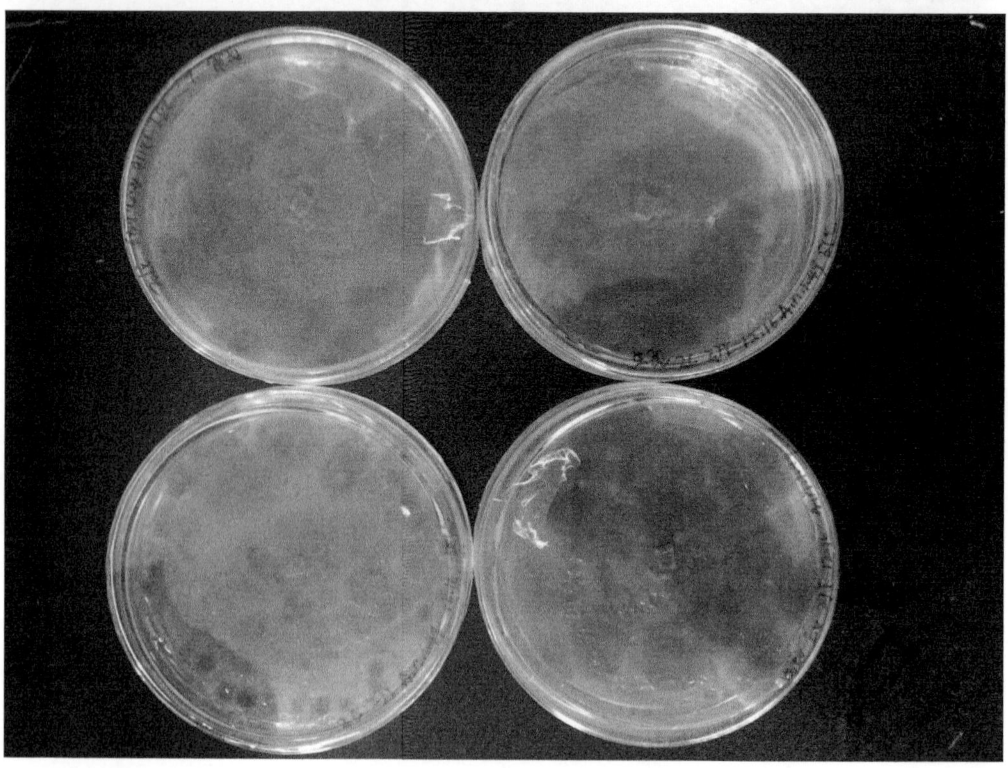

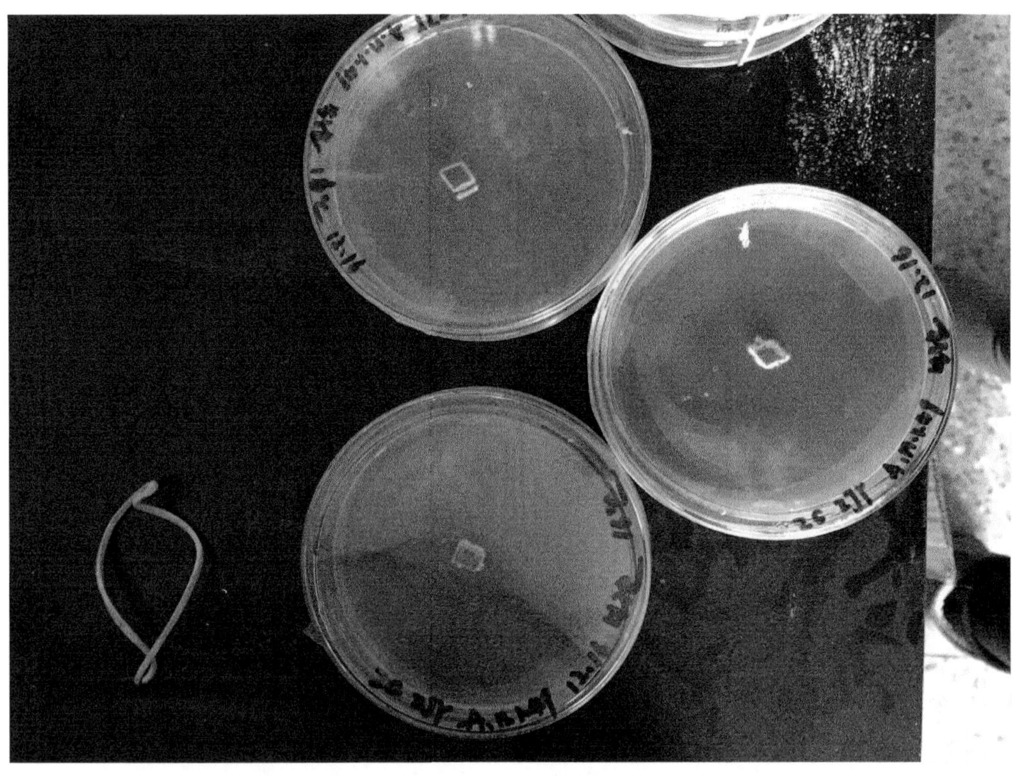

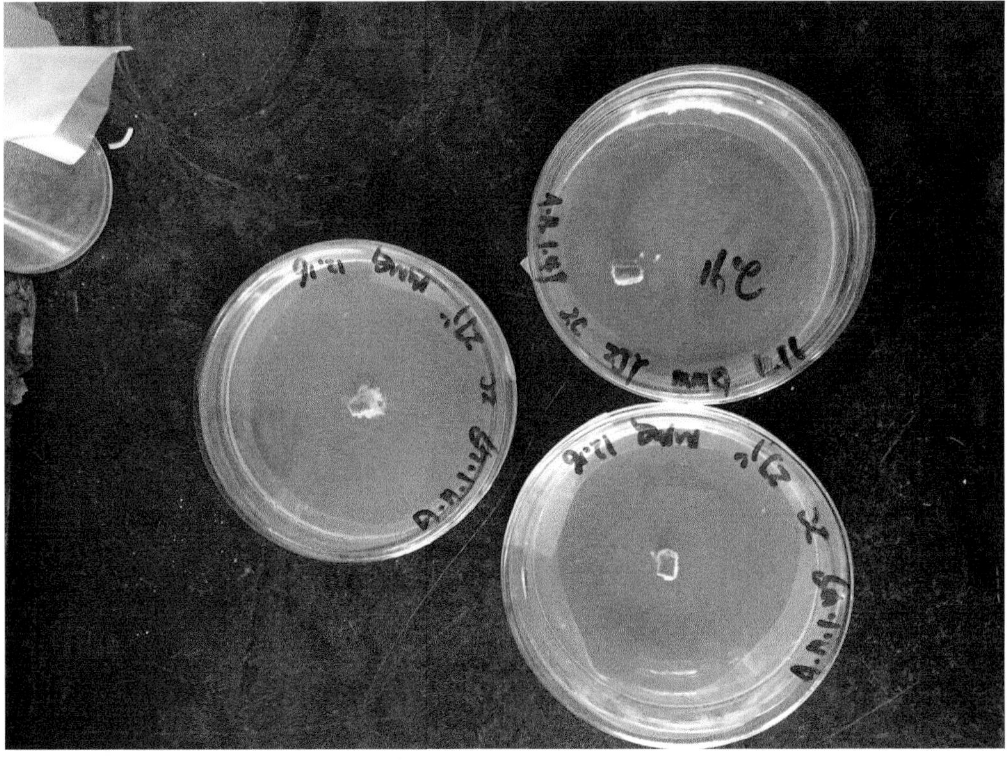

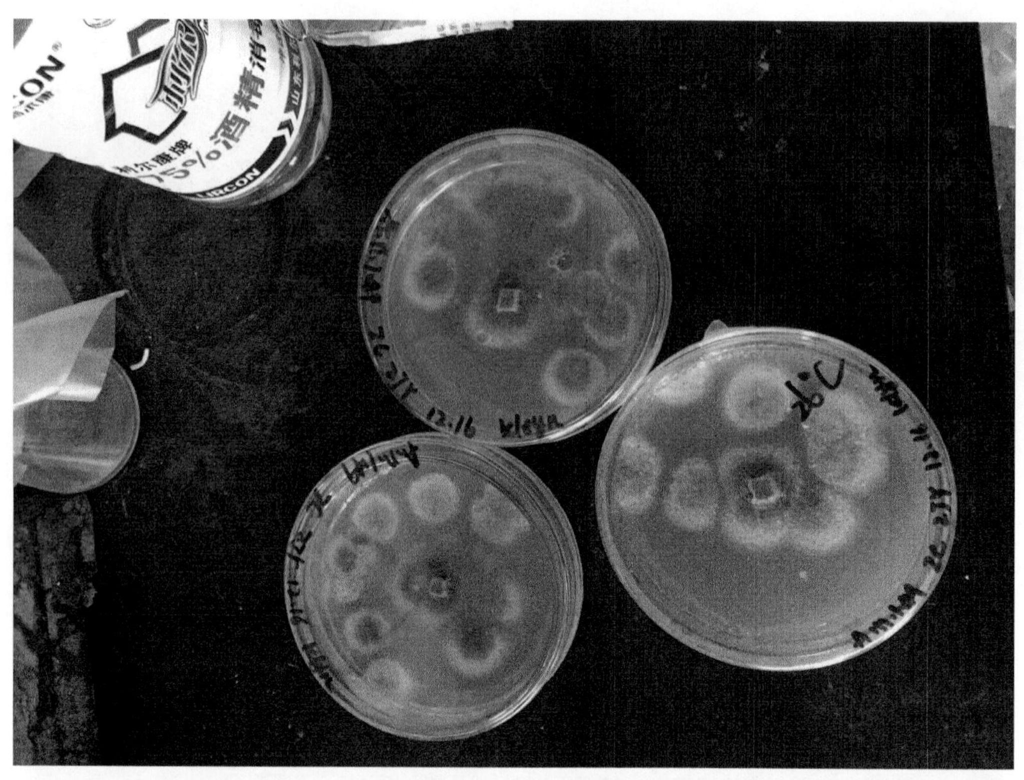
7°C

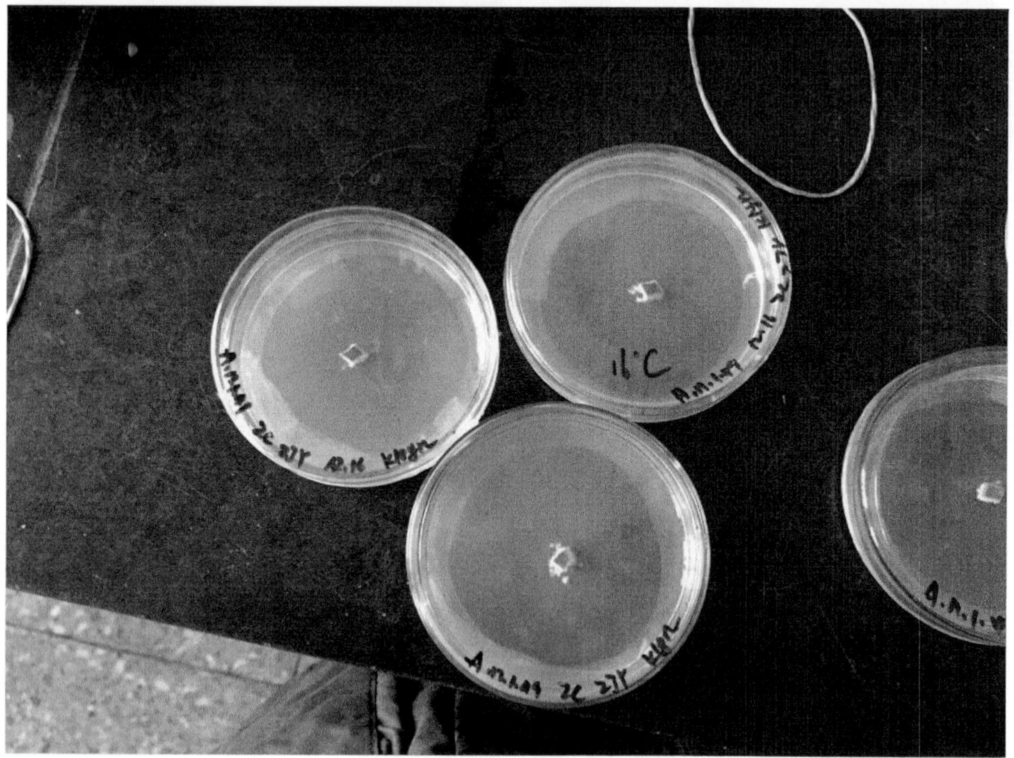
11°C

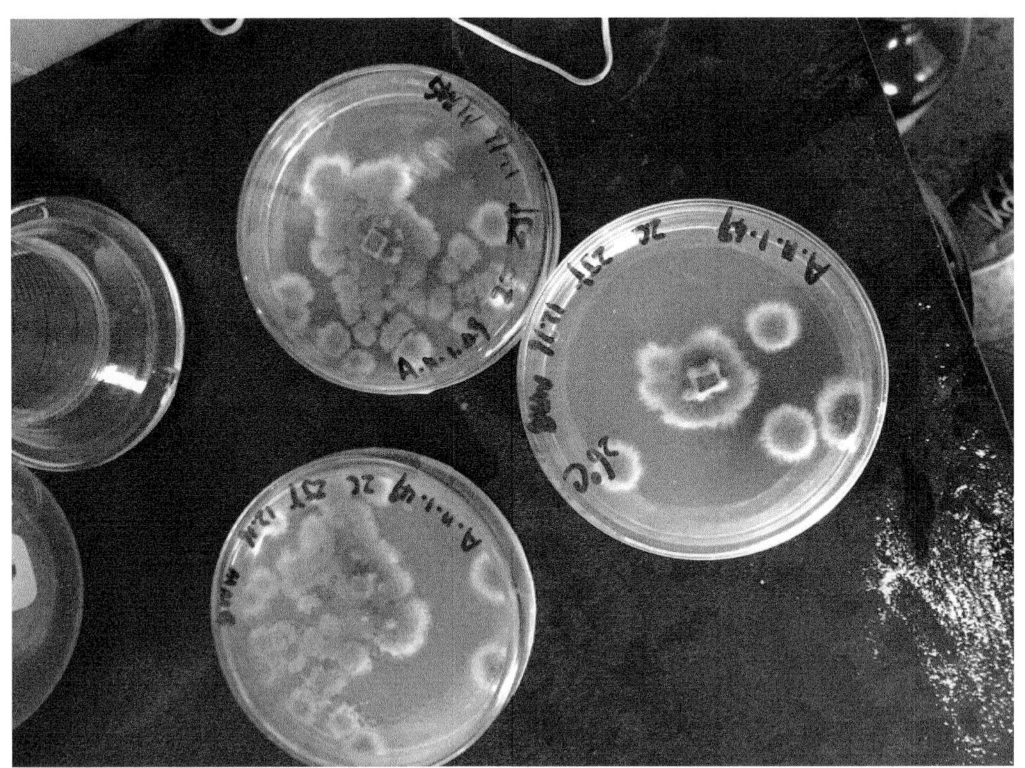

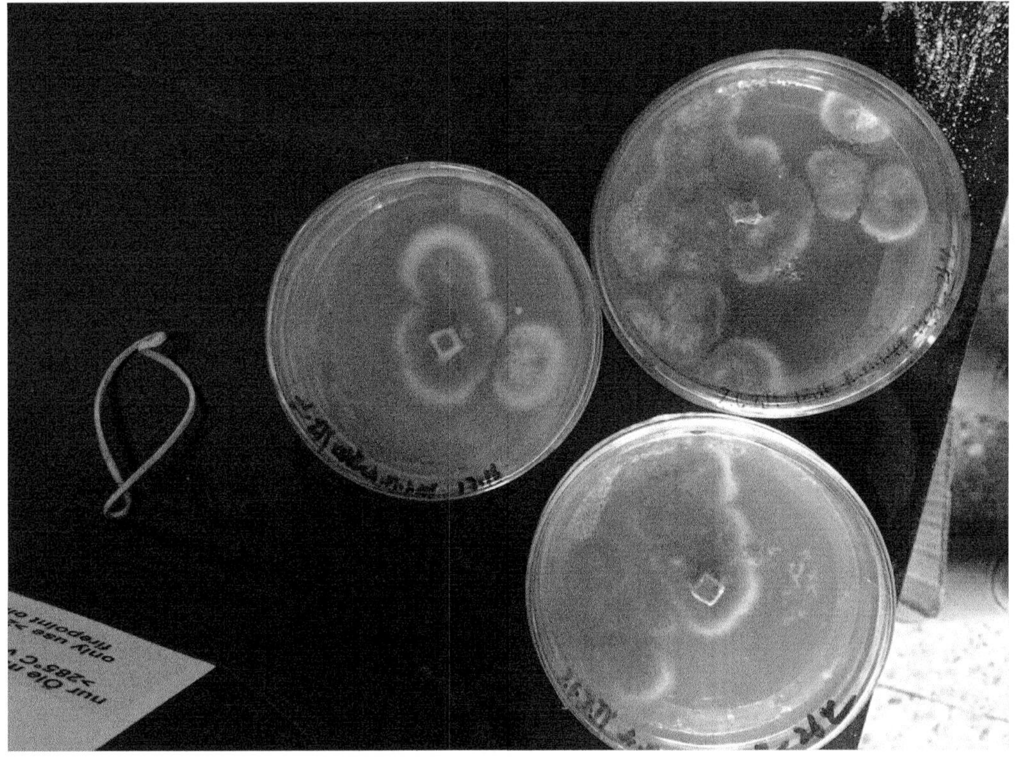

第五天如结果所示(见顶部)

镜检：50%以上孢子萌发且芽管在一个孢子长度以内时的孢子出芽图。

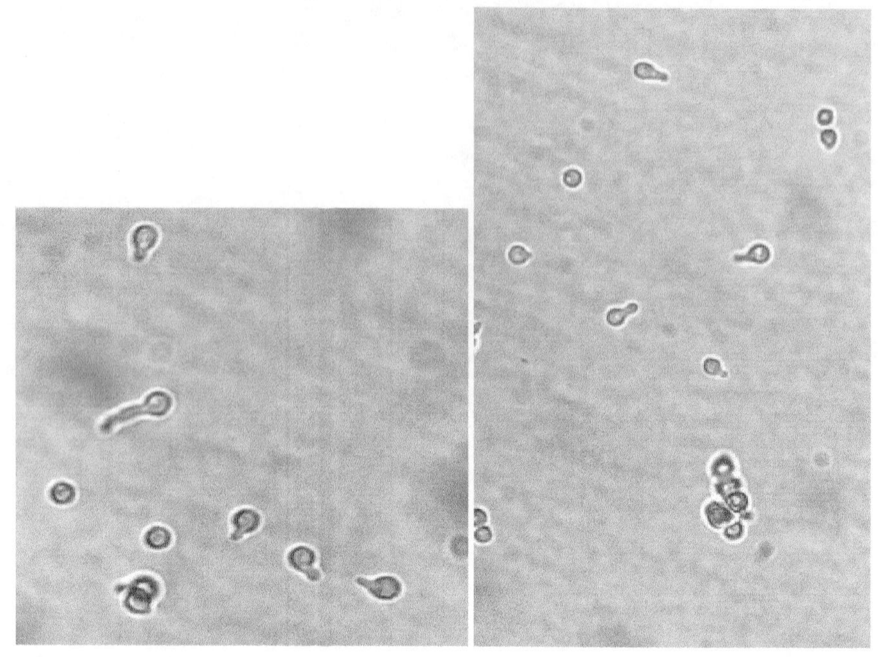

酶解原生质体的优化

将构巢曲霉菌株 A. n－1. 49 的分生孢子分别重悬于 1～7 组经过滤除菌的 20mL 原生质化溶液中，进行高效获得原生质体酶解方法的摸索。7 组原生质化溶液所用酶量见表 3。

表 3

酶解处理	溶壁酶(μg/mL)	纤维素酶(μg/mL)	蜗牛酶(μg/mL)
1	250	0	0
2	0	250	0
3	0	0	250
4	250	250	0
5	250	0	250
6	0	250	250
7	250	250	250

在 30℃，150rpm 的条件下进行脱壁。定时吸取孢子悬液镜检观察各种酶解条件下原生质体的形成数量，当绝大多数孢子内部出现空泡时，即大多数孢子已形成原生质体。当 80%以上的孢子形成原生质体时，记录酶解所用时间。

结果显示：以第 7 组，即溶壁酶、纤维素酶、蜗牛酶用量 1∶1∶1 混合的原生质化溶液进行原生质化的用时最短，说明原生质化效率最高。单独使用一种酶的原生质化溶液(1～3 组)进行原生质化的用时最长，原生质化效率最低。使用 2 种酶混合的原生质化溶液(4～6 组)进行原生质化的用时在 3～4h，原生质化效率一般。

使用第 7 组原生质化溶液获得的原生质体如下图。

表 4　7 种酶解处理形成 80%以上原生质体所用时间

酶解处理样品	所用时间(h)			平均用时(h)
1	4	4	4.167	4.06
2	4.5	4.667	4.667	4.61
3	3.833	3.833	4	3.89
4	3.667	3.667	3.5	3.61
5	3.667	3.667	3.833	3.72
6	3.5	3.5	3.167	3.39
7	3	3.167	3	3.06

七、课题立项的意义

构巢曲霉可用于水质检测、化妆品检测、食品与药品检测，是大中型科研提供严格质量体系控制的标准菌株。而获得有活力、去壁较为完全的原生质体对于随后的原生质体融合和原生质体再生也是非常重要的。通过对构巢曲霉的相关菌株进行培养，收集分生孢子，并优化其原生质体制备的方法几个重要步骤，我们成功得出了对于制备构巢曲霉原生质体的最佳方法与条件。同时让我们体会到了科研人员的辛苦，也品尝到失败的苦涩与成功的甘甜。在实验过程中，不只累积了我们对实验与科研的热爱，也增加了我们对实验室一些用具、药品、菌种的了解。为我们打开了通往科研世界的大门，打开了通往未来的道路。

基于 VHDL 研发的乒乓球游戏机

姜莹莹　高雨佳　申浩伦　王姜闻
指导教师：袁慧梅
（首都师范大学信息工程学院）

摘要： 为结合自身兴趣以及专业知识提高动手能力和自主学习能力，我们针对研发一款基于VHDL的乒乓球游戏机。通过硬件开发语言的编写来实现具体的功能。本款游戏机不仅仅实现基础的乒乓球游戏的娱乐功能，同时可以自动记录分数、判定双方输赢情况。

关键词： 自主学习；VHDL；硬件开发语言

1. 引言

EDA(Electronic Design Automation，电子设计自动化)技术是现代电子工程领域的一门新技术。它提供了基于计算机和信息技术的电路系统设计方法。EDA 技术的发展和推广应用极大地推动了电子工业的发展。EDA 技术就是以计算机为工具，在 EDA 软件平台上，对以硬件描述语言 VHDL 为系统逻辑描述手段完成的设计文件自动地完成逻辑编译，逻辑化简，逻辑分割，逻辑综合及优化，逻辑布局布线，逻辑仿真，直至对于特定目标芯片的适配编译，逻辑映射和编程下载等工作。设计者的工作仅限于利用软件的方式，即利用硬件描述语言来完成对系统硬件功能的描述，在 EDA 工具的帮助下就可以得到最后的设计结果[1]。近年来，集成电路制造技术的快速发展，一方面促进了相应设计技术的发展，另一方面也对设计技术提出了更高的要求。当前集成电路设计，面临着功能强、性能好、规模大、成本低、设计周期短等一系列要求和挑战，这些要求和挑战引起了集成电路设计方法的全面革新。当今，以行为设计为主要标志的新一代数字系统设计理论已形成并得到发展。在集成电路的数字系统的系统级设计中，VHDL 硬件描述语言构造的描述模型优化设计，有利于高效利用设计空间，实现设计结构的精确分析，使芯片资源得以充分利用。

1.1　研究背景和目的

20 世纪末，电子技术获得了飞速的发展，在其推动下，现代电子产品几乎渗透了社会的各个领域，有力地推动了社会生产力的发展和社会信息化程度的提高，同时也使现代电子产品性能进一步提高，产品更新换代的节奏也越来越快。同时随着生活节奏加快，人们户外活动时间越来越少，于是众多电子游戏应运而生，成为大家的娱乐节目。因此设计了这个两人的乒乓球游戏。而电子信息类产品的开发明显地出现了两个特点：一是开发产品的复杂程度加深；二是开发产品的上市时限紧迫。而伴随着如上两个特点的产生，相应的出现了设计上的两个问题。其一，在电子系统日趋数字化、复杂化和大规模集成化的今天，电子厂商愈加迫切地追求电子产品的高功能、优品质、低成本、微功耗和微小封装尺寸，从而使得电子设计日趋复杂。那么如何去完成这些高复杂度的电子设计呢？其二，电子产品设计周期短和上市快是电子厂商坚持不懈的追求，那么面对日趋复杂的设计，又如何能够缩短开发时间呢？解决以上两个问题的唯一途径是电子设计自动化(EDA)，即用计算机帮助设计人员完成烦琐的设计工作。

1.2 主要研究内容

两人乒乓球游戏机是用 8 个发光二极管代表乒乓球台，中间两个发光二极管兼做乒乓球网，用点亮的发光二极管按一定方向移动来表示球的运动。在游戏机的两侧各设置发球和击球开关，甲、乙双方按乒乓球比赛规则来操作开关。当甲方按动发球开关时，靠近甲方的第一个发光二极管亮，然后发光二极管由甲方向乙方依次点亮，代表乒乓球的移动。当球过网后按照设计者规定的球位乙方就可以击球。若乙方提前击球或者未击到球，则甲方得分。然后重新发球进行比赛，直到一方记分达到 21 分为止(视频中以 5 分为止)，记分清零，重新开始新一局比赛。同时可以实现三局两胜功能，考虑到现实情况增加人为中断比赛的选项。

2. 开发工具简介

EDA 是电子设计自动化(Electronic Design Automation)缩写，是 90 年代初从 CAD(计算机辅助设计)、CAM(计算机辅助制造)、CAT(计算机辅助测试)和 CAE(计算机辅助工程)的概念发展而来的。EDA 技术是以计算机为工具，根据硬件描述语言 HDL(Hardware Description Language)完成的设计文件，自动地完成逻辑编译、化简、分割、综合及优化、布局布线、仿真以及对于特定目标芯片的适配编译和编程下载等工作。典型的 EDA 工具中必须包含两个特殊的软件包，即综合器和适配器。综合器的功能就是将设计者在 EDA 平台上完成的针对某个系统项目的 HDL、原理图或状态图形描述，针对给定的硬件系统组件，进行编译、优化、转换和综合，最终获得我们欲实现功能的描述文件。综合器在工作前，必须给定所要实现的硬件结构参数，它的功能就是将软件描述与给定的硬件结构用一定的方式联系起来。也就是说，综合器是软件描述与硬件实现的一座桥梁。综合过程就是将电路的高级语言描述转换低级的、可与目标器件 FPGA/CPLD 相映射的网表文件。

硬件描述语言 HDL 是相对于一般的计算机软件语言，如：C 语言、PASCAL 而言的。HDL 语言使用与设计硬件电子系统的计算机语言，它能描述电子系统的逻辑功能、电路结构和连接方式。设计者可利用 HDL 程序来描述所希望的电路系统，规定器件结构特征和电路的行为方式；然后利用综合器和适配器将此程序编程能控制 FPGA 和 CPLD 内部结构，并实现相应逻辑功能的门级或更底层的结构网表文件或下载文件。目前，就 FPGA/CPLD 开发来说，比较常用和流行的 HDL 主要有 ABEL-HDL、AHDL 和 VHDL。

2.1 硬件描述语言

VHDL[3]的英文全名是 Very-High-Speed Integrated Circuit Hardware Description Language，诞生于 1982 年。1987 年底，VHDL 被 IEEE 和美国国防部确认为标准硬件描述语言 。自 IEEE 公布了 VHDL 的标准版本，IEEE-1076(简称 87 版)之后，各 EDA 公司相继推出了自己的 VHDL 设计环境，或宣布自己的设计工具可以和 VHDL 接口。

此后VHDL在电子设计领域得到了广泛的接受，并逐步取代了原有的非标准的硬件描述语言。1993年，IEEE对VHDL进行了修订，从更高的抽象层次和系统描述能力上扩展VHDL的内容，公布了新版本的VHDL，即IEEE标准的1076-1993版本(简称93版)。现在，VHDL和Verilog作为IEEE的工业标准硬件描述语言，又得到众多EDA公司的支持，在电子工程领域，已成为事实上的通用硬件描述语言。有专家认为，在新的世纪中，VHDL与Verilog语言将承担起大部分的数字系统设计任务。

VHDL主要用于描述数字系统的结构、行为、功能和接口。除了含有许多具有硬件特征的语句外，VHDL的语言形式和描述风格与句法是十分类似于一般的计算机高级语言。VHDL的程序结构特点是将一项工程设计，或称设计实体[4](可以是一个元件，一个电路模块或一个系统)分成外部(或称可视部分)和内部(或称不可视部分)，既涉及实体的内部功能和算法完成部分。在对一个设计实体定义了外部界面后，一旦其内部开发完成后，其他的设计就可以直接调用这个实体。这种将设计实体分成内外部分的概念是VHDL系统设计的基本点。应用VHDL进行工程设计的优点是多方面的。

(1)与其他的硬件描述语言相比，VHDL具有更强的行为描述能力，从而决定了它成为系统设计领域最佳的硬件描述语言。强大的行为描述能力是避开具体的器件结构，从逻辑行为上描述和设计大规模电子系统的重要保证。

(2) VHDL丰富的仿真语句和库函数，使得在任何大系统的设计早期就能查验设计系统的功能可行性，随时可对设计进行仿真模拟。

(3) VHDL语句的行为描述能力和程序结构决定了它具有支持大规模设计的分解和已有设计的再利用功能。符合市场需求的大规模系统高效、高速的完成必须有多人甚至多个代发组共同并行工作才能实现。

(4)对于用VHDL完成的一个确定的设计，可以利用EDA工具进行逻辑综合和优化，并自动的把VHDL描述设计转变成门级网表。

(5) VHDL对设计的描述具有相对独立性，设计者可以不懂硬件的结构，也不必管理最终设计实现的目标器件是什么，而进行独立的设计。

3. 设计方案

3.1 状态机的设计思路

状态机设置了7个状态，分别是“等待发球状态”、“第一盏灯亮状态”、“第八盏灯亮状态”、“球向乙移动状态”、“球向甲移动状态”、“允许甲击球状态”、“允许乙击球状态”、这是该程序中起作用的7个状态。开始的时候处于“等待发球状态”，若甲发球则状态转移到“第一盏灯亮状态”，若乙发球则转移到“第八盏灯亮状态”，具体说明以甲发球为例。

若发球后乙没有提前击球——规定球移动到对方第一个发光二极管时允许击球，那么状态机从“第一盏灯亮状态”转移到“球向乙移动状态”。若在“球向乙移动状态”乙仍然没有提前击球，状态就转移到“允许乙击球状态”，在此状态下，如果乙击球了，那么状态就转移到“球向甲移动状态”。在“第一盏灯亮状态”，“球向乙移动状态”中，如果乙击球了，就算提前击球，这样甲得分，状态转移到“等待发球状态”等待发球。“球向甲移动状态”之后的过程和前面的过程只不过是甲乙角色的调换而已。状态转移规则都是一样。图 1 给出了乒乓球游戏机的状态转移图。

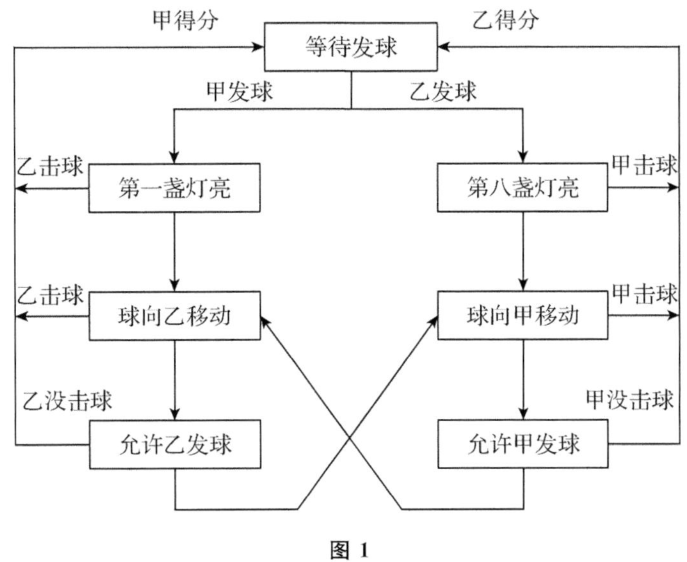

图 1

3.2 乒乓球游戏机实体的设计

设计该乒乓球游戏机的输入/输出端口。首先考虑输入端口，一般都应该设置一个异步置位端口 reset，用于在系统不正常时回到初始状态；两个发球输入端 serve1 和 serve2，逻辑“1”分别表示甲方和乙方的发球；两个击球输入端 hit1 和 hit2，逻辑“1”分别表示甲击球和乙击球；一个开始游戏按钮 Start Button，处于逻辑“1”表示可以游戏；还得有一个时钟输入端口 clk。

其次考虑输出端口，芯片应该有 8 个输出端口来控制 8 个发光二极管，输出逻辑“1”即输出一个高电平，可以使发光二极管点亮；另外，要直观地表示双方的得分，就得用到七段译码器，每方用到 2 个，可以表示 0～21 的数字，每个七段译码器需要芯片的 7 个输出端口来控制，总共需要 28 个输出端口。同时需要两个七段数码管来控制输赢局数，再增加 14 个输出端口。

3.3 状态机编程实现

状态机设置了 7 个状态，分别是等待发球状态(waitserve)、第一盏灯亮状态(light1on)、第八盏灯亮状态(light8on)、球向乙移动状态(ballmoveto2)、球向甲移动状态(ballmoveto1)、允许甲击球状态(allow1hit)和允许乙击球状态(allow2hit)。

状态 waitserve，light1on，ballmoveto2，allow2hit，light8on，ballmoveto1 和 allow1hit 代表的具体数值依次是 0 到 6。在波形模拟图中是用数值来表示状态的。

乒乓球游戏机中有两个计数器 count1 和 count2，分别记忆甲的得分和乙的得分；一个 i 信号，用它的数值来控制状态机外 8 个发光二极管的亮和暗，比如当 i=1 时表示第一个发光二极管亮，用发光二极管的轮流发光表示球的移动轨迹。

输入状态机的信号有游戏开关 startbutton 信号，它是 1 位二进制信号，数值为 1 表示可以进入游戏；serve 信号，是一个 2 位二进制向量，“01”表示甲发球；两个二进制信号 hit1 和 hit2 分别表示甲乙是否击球，若数值为 1，表示击球，不为 1 表示不击球。图 2 表示状态机中状态的转换。

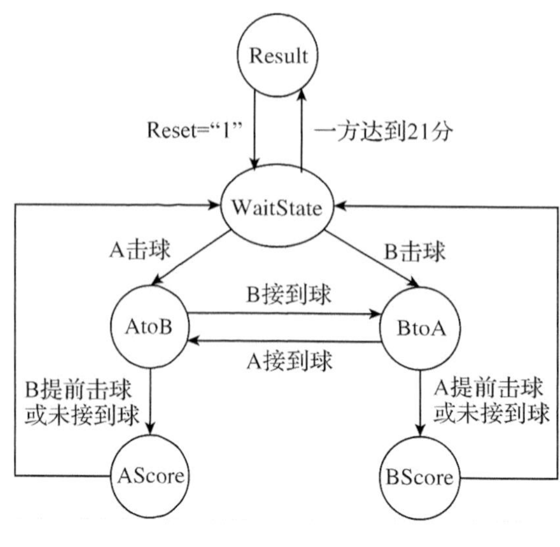

图 2

3.4 记分译码器的设计

七段译码器是在数字电路设计中经常用到的显示电路。所谓七段译码器，其实是由 7 段发光二极管组成的用于显示数字的器件。如图 3 所示。

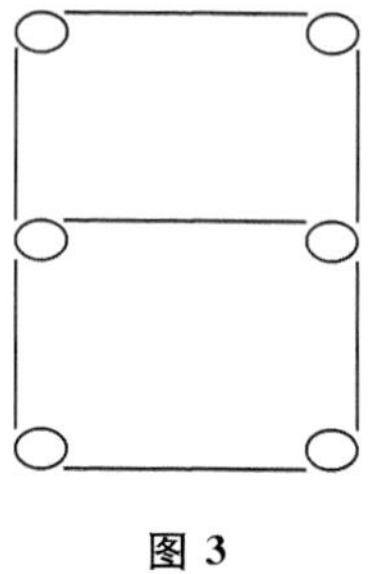

图 3

其中的 a、b、c、d、e、f、g 分别为 7 段发光二极管，通过控制每个发光二极管的亮和暗，可以分别显示 0～9 十个数字。例如，b 和 c 两段发光二极管亮，其他发光二极管暗，则表示数字“1”；a、b、g、e 和 d 五段发光二极管亮，其他发光二极管暗，则表示数字“2”。七段译码器有 7 个输入端，分别控制 a～g 七段发光二极管。

记分译码器(mydecoder)：由于记分需要显示出来，所以要使用七段译码器。而状态机中的记分是由 5 位二进制码来表示的，即 count1 和 count2。以下程序就是实现从 5 位二进制码转换成七段译码显示。bcout1(1)和 bcout2(1)表示 a 段，bcout1(2)和 bcout2(2)表示 b 段，以此类推，bcout1(7)和 bcout2(7)表示 g 段。

4. 波形仿真

图 4 代表乙发球，由 light 端口输出的高电平会驱动芯片以外的发光二极管使之点亮，这样就可以通过发光二极管模拟乒乓球的运动轨迹。可以看到，在甲该击球的时候没有击球，也就是 hit1 在 state 状态 6(allow1hit，允许甲击球状态)的时候没有高电平“1”输入，则算乙得分，count2 由 0 变到 1，score22 的值随之变化，“30”代表了二进制的“0110000”，就是七段译码器显示“1”，之后 state 回到状态 0(waitserve，等待发球状态)。从最后一行 state 值的变化，可以清楚地分析状态转移。

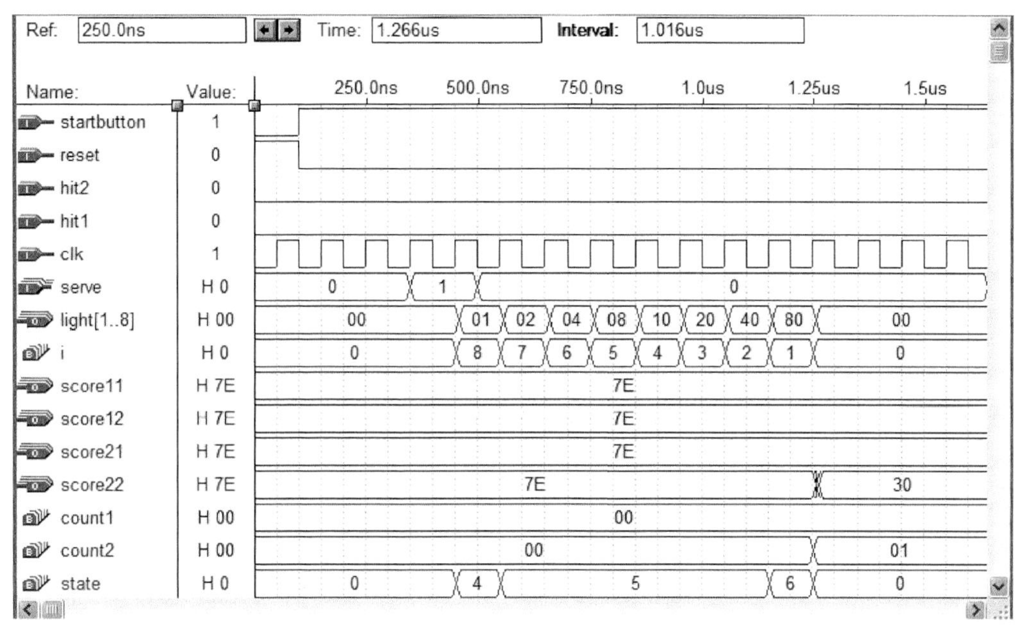

图 4

i 从 8 开始依次递减计数，控制发光二极管亮暗的 light 信号也随着 i 的数值而变化，如图 5 所示：

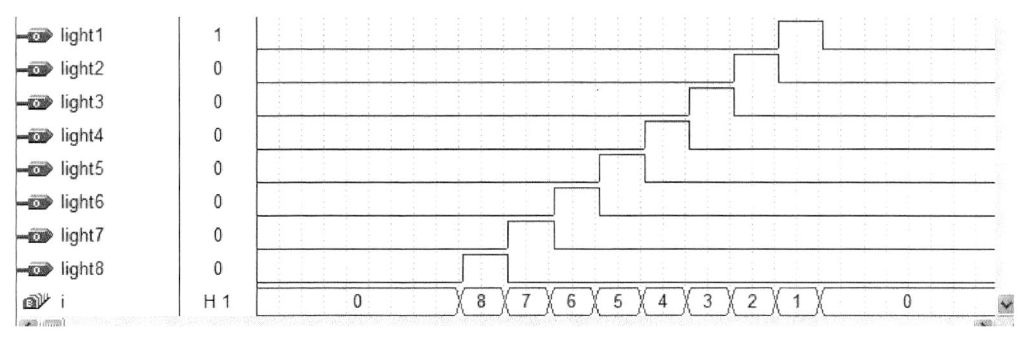

图 5

图 6 在乙发球以后，甲在正确时刻击球的波形仿真图。甲在 state 为状态 6(allow1hit，允许甲击球状态)的时候击球了，在图上 hit1 在此时刻出现高电平，看到 state 转移了状态 2(ballmoveto2，球向乙移动状态)当到了状态 3(allow2hit，允许乙击球状态)乙没有击球，所以甲得分了，count1 由 0 变到 1，而七段译码器随之改变。

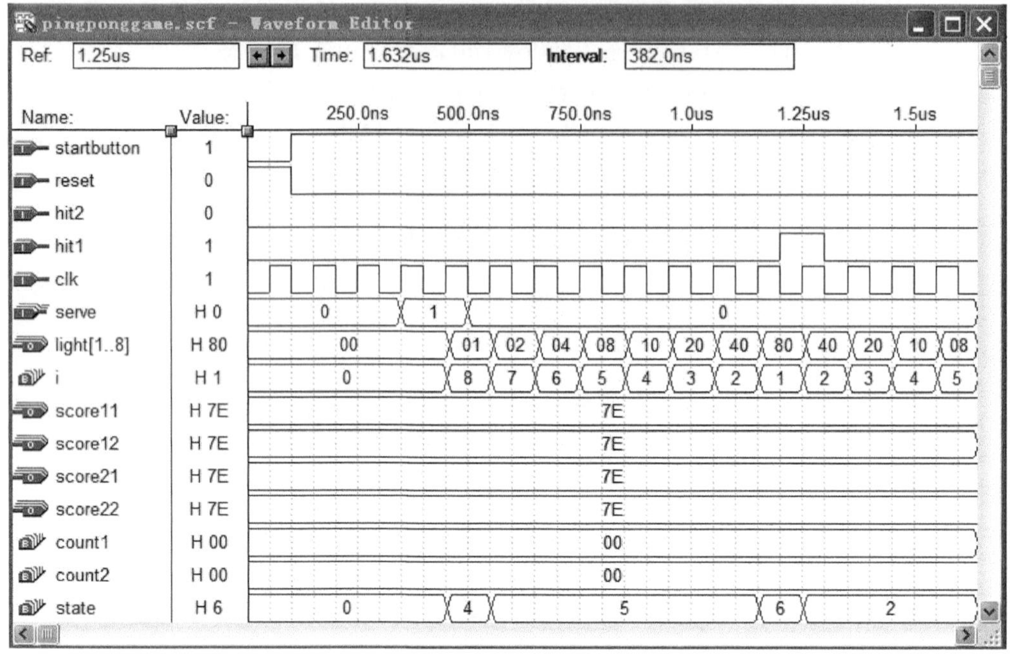

图 6

5. 结果展示

我们最终在实验箱上进行测试，图 7 显示了所有本次研究实验所用到的一切工具。其中，七段数码管用来计算分数，按键用来模拟发球双方，LED 灯用来显示球的路径。

图 7

实现三局两胜功能，如图 8 所示大比分加一。

图 8

6. 结束语

在这个设计中，初步体现了状态机的中心控制作用。通过状态机进程传出的信号，驱动了发光二极管以及七段译码器等外围设备。状态机进程传出的 i 信号，控制了发光二极管的状态，状态机进程传出的 count1 和 count2 信号，控制了七段译码器的显示。同时考虑到现实情况在赛制上进行更改增加了三局两胜的赛制同时可以为了体现人性化的需求增加人为中断比赛的功能。

参考文献

[1] 潘松，黄继业 . EDA 技术实用教程 3[M]. 北京：科学出版社，2006.

[2] 黄任 . VHDL 入门解惑经典实例经验总结[M]. 北京：北京航空航天大学出版社，2005.

[3] EDA 技术基础知识及数字系统设计实例[EB/OL]. http://www.elecfans.com/emb/fpga/20130108304355.html.

可整合性水平对测验效应的影响：基于精细提取理论的一项事件相关电位(ERP)研究

刘　怡　李炳灿　张文法　田梦茜　崔晓宇　郤　宇
指导教师：郭春彦
（首都师范大学教育学院）

摘要： 测验效应是指测验比相等时间的重学有更好的记忆成绩，并且有助于长时保持。这一效应的教育应用对于提高学生实现高效率学习、记忆得到长时保持具有重要价值，因此引起了心理学研究者的广泛关注。许多行为研究通过操纵实验材料，包括词对序列、外语词汇，现实情景中的教育材料比如一篇阅读理解，均发现了测验效应。但对于测验效应产生的神经机制，目前仍不太清楚，Carpenter 在 2009 年发现，在低语义相关条件下根据线索词提取目标词的反应时显著长于高语义相关条件下的反应时，并进而推测低语义相关条件可能激活了更精细化的语义网络，提出精细加工理论。整合性即为将不同项目、材料在整合为整体进行编码。整合性的优势是，一旦刺激材料在学习阶段被编码为整合性表征，那么在提取阶段，只要呈现一部分信息，其整体表征就有可能被全部激活。记忆的双加工模型认为再认由熟悉性和回想共同支持。研究者认为联结再认由回想支持，但研究发现当项目可以整合为一个整体时，熟悉性也能促进联结再认。测验时 ERP 旧/重组效应表明，由于刺激语义关系的差异，提取时的神经关联同样会产生差异。在同样的条件下，整合性的语义加工，即高语义整合刺激，能够产生更高水平的整合性。本研究发现不同语义关联水平的词对（整合性）影响测验效应，弱语义关联词对能够引发更正的熟悉性（FN400）与回想（LPC），从而提高被试的记忆成绩，由此支持了精细提取理论。

关键词： ERPs；情景提取；联结再认；整合性；熟悉性；回想

1. 引言

测验效应是指测验比相等时间的重学有更好的记忆成绩，并且有助于长时保持。这一效应的教育应用对于提高学生实现高效率学习、记忆得到长时保持具有重要价值，因此引起了心理学研究者的广泛关注。许多行为研究通过操纵实验材料，包括词对序列（e. g. Carpenter & DeLosh，2006），外语词汇（e. g. Carpenter，Pashler 等，2008），现实情景中的教育材料比如一篇阅读理解（Roediger，2008），均发现了测验效应。

对于测验效应产生的原因，研究者主要从测验与重学在编码或提取认知过程上的区别进行阐述。精细加工理论，主要关注编码过程，认为测验阶段会产生与学习项目相关联的信息，出现精细加工，而重学条件不出现精细加工（Carpenter，2009）。随后有行为研究表明，测验不仅会增加线索与靶子的记忆，而且会增加语义中介信息（连接线索与靶子的词或概念）的有效性，从而提出了中介效应假设（Carpenter，2011；Pyc & Rawson，2010）。而一些研究通过操纵测验形式，发现回忆测验（自由回忆、线索回忆等）比再认测验产生更大的测验效应，由此提出提取努力假设，主要关注提取过程，认为测验比重学需要更多的提取努力，并且在保持一定正确率的情况下，越困难的测验形式会产生越明显的测验效应(Glover，1989；Carpenter & Delosh，2006)。适当迁移加工理论(TAP)则是关注于编码与提取过程加工的匹配程度，二者加工过程越匹配，测验效应越明显(Hogan & Kintsh，1971)。

但对于测验效应产生的神经机制，目前仍不太清楚，仅有少数研究使用 ERP、FMRI 等神经科学研究方法直接考察测验效应，仅有少数研究使用 FMRI 方法考察测验效应(Eriksson 等，2011；Hashimoto 等，2011；van 等，2013；Wing & Cabeza，2013)，仅有一篇文章使用 ERP 方法直接考察测验效应，比较测验项目与重学项目引发的某些脑电成分差异，结果显示测验比重学有更明显的 LPC(左侧顶叶新旧效应)，即认为测验比重学有更多的回想，从而支持了精细加工理论，但其仅关注最终测验为再认任务的测验效应(Rosburg，2014)。

目前关于提取练习能够促进学习的研究结论基本上全是由行为数据得来的，毫无疑问需要神经机制研究方面的证据提供支持。比如 Carpenter 在 2009 年发现，在低语义相关条件下根据线索词提取目标词的反应时显著长于高语义相关条件下的反应时，并进而推测低语义相关条件可能激活了更精细化的语义网络，提出精细加工理论。而 Carpenter 仅比较了有关联词对(弱、强)之间的差异，并没有关注无关联词对，而且缺乏相应的神经机制依据。

而不同关联程度(可整合性水平)词对到底是如何影响测验效应的形成机制呢？目前还没有神经科学方面的实验对其进行探究。整合性是指两个或多个项目被编码称为一个整体的新项目(cf. Graf & Schacter，1989)。整合的项目对可以被加工为一个新的整体项目，而这个新的整体项目能够进一步引发熟悉性。整合性水平加工理论(level of unitization，LOU)认为整合性是一个连续体，两个项目被加工为两个不同的或一整个相同的项目(Parks and Yonelinas，2014)。在低整合水平，对两个项目的记忆取决于对两个单独元素的联结；而在高整合水平，因为两个项目已经能够成为一个整体，熟悉性于是能够支持联结再认。整合性的优势是，一旦刺激材料在学习阶段被编码为整合性表征，那么在提取阶段，只要呈现一部分信息，其整体表征就有可能被全部激活。一些电生理学研究表明，熟悉性增强了联结熟悉性(Rhodes & Donaldson，2007，2008；Bader，2010；Diana，2011；Pilgrim，2012；Tibon，2014)。Thodes 和 Donaldson(2008)操纵实验前高和低整合水平的短语的整合性，发现了整合词对的 ERP 熟悉性关联，而非整合性词对就没有出现。Diana(2011)通过整合项目和来源，发现整合性增强了 ERP 中熟悉性的振幅。这些 ERP 的研究结果，支持了熟悉性支持联结记忆中整合性的作用。但根据 Parks 所提出的整合性水平理论，在不同的整合性水平中，比如不同的关联词对，在测验中能够观察到的熟悉性有何差异。

我们试图通过使用不同语义关联程度的词对(无相关、弱相关、强相关)考察关联程度差异是否影响测验效应？能否为精细加工理论提供进一步的行为及神经科学依据并初步考察测验效应产生的神经机制？关联强度差异(可整合性水平差异)对测验中熟悉性有无影响？

在联结再认范式中，被试学习两个或多个同时呈现的项目，然后被要求区分这些词对之前是否同时出现(旧词对)，还是重新组合的词对(重组词对)。ERP 的相关研究表明，熟悉性和回想过程由两种不同的指标所指示(for reviews，see Curran et al.，2006b；Mecklinger，2006；Rugg and Curran，2007)。早期双侧额叶新旧效应，在 300～500ms 双侧额叶达到最大值，通常被称为 FN400，同时常常与熟悉性相关。而在 500～800ms 出现的左顶叶晚期新旧效应，通常被称为 LPC，并指示与回想相关。

在本实验中，我们预期实验材料的语义关系能够影响不同程度的整合性，这种不同程度的语义整合能够进一步影响整合性，同时进一步影响测验效应的结果。因此在行为水平上，我们预期整合性水平高(强语义关联)的词对能够产生更好的记忆成绩，在 ERP 水平上，我们预期，测验条件下比重学条件在最终测验上有更好成绩；语义关联程度差异影响测验条件下成绩，而不影响重学条件下记忆成绩；测验条件下可观察到 LPC，且无关联词对 LPC 正于弱关联词对，弱关联词对正于强关联词对，而重学条件下所有项目观察不到 LPC。

2. 方法

2.1 被试

20 名右利手被试参与了本实验，每人每小时给予 30 元人民币作为报酬。三个被试因为试次数不够被剔除在外。剩余 18 名被试的平均年龄为 22.89 岁(从 19 岁到 26 岁变化)。其中 11 名被试为女性。所有被试均裸眼或矫正视力正常。同时在做实验前，每位被试都签署了知情同意书。

2.2 实验材料

在本研究中，最为关键的是实验材料的选择，我们需要严格地评定出具有关联程度梯度的线索—靶子词对，我们使用的是标准关联词对中国版本(耿海燕，2007)，比如教师—学生(强关联词对)、校服—学生(弱关联词对)、公园—学生(无关联词对)该词表与 Roediger and McDermott(1995)关联英文词库评定程序相同。对所选取词对的词频、具体性等进行相应评定。所有的填充词都随机安排至每个 Block，同时，每种条件下的词语都以字频平衡过。每种条件下字对的语义关系都由整合性判断测验前测判断。20 名母语为汉语的被试(单独 20 名被试，9 名男性)参加了前测。在实验中，被试在电脑屏幕上随机被呈现字对，同时被要求对“字对能否组成一个有意义的词语”进行四点评分，1 点表示不能整合为一个有意义的词语，4 点表示可以整合为一个有意义的词语。被试被告知，判断并没有正确的答案，被试只需要根据主观感觉评分即可。结果表明，语义相关字对整合性较高[$M=3.89$，$SD=0.35$]，语义不相关字对整合性较低[$M=1.25$，$SD=0.24$]。

2.3 ERP 方法

采用 Neuroscan 公司生产的 ESI-64 导脑电记录系统，电极位置在国际 10～20 系统基础上构成，用 Ag/AgCL 电极帽记录 62 个头皮位置相应的 EEG。左眼上下 2 个电极记录垂直眼点(VEOG)，两眼外侧 2 个电极记录水平眼点(HEOG)。参考电极置于左耳乳突处，接地点在 FPz 和 Fz 连线中点，右耳乳突也放置一个电极。每个电极与头皮之间的电阻均小于 5 kΩ。连续记录时滤波带通为 0.05～100 Hz，采样率为 500 Hz。对测验阶段记录的 EEG 进行离线分析，以左右乳突的代表平均为参考电压进行校正。去除眼电伪迹，并剔除波幅超过±75μV 的试次，滤波带通为 0.05～40Hz。实验结果使用 SPSS 20.0 进行数据统计分析。

2.4 ERP 数据分析

根据已往关于记忆提取和对本研究波形的观察，我们选取三个电极区域(额叶，F3/FZ/F4；中央区，C3/CZ/C4；后部顶叶，C3/CZ/C4)两个时段(300～500ms，500～700ms)。

2.5 实验流程

本实验为 3×2 被试内设计。首先在学习阶段，被试在相同条件下学习所有线索—靶子词对(比如老师—学生)，一半时间对线索靶子的关联程度思考，后一半时间进行 1～5 分评定反应，1 为完全无关联，5 为强关联。随后为 ERP 记录阶段，一半项目进入测验条件，测验任务为线索回忆，即仅呈现线索，一半时间让被试回忆靶子，后一半时间被试需要从四个选项中选择回想起的靶子词的第一个汉字的首字母，如(X、R、T?)，一半项目进入重学条件，呈现给被试完整的线索—靶子词对，被试需要做出和测验条件下相同的反应，即选择靶子词的第一个汉字的首字母。一天后被试需要对所有项目均进行最终联结再认测验，电脑屏幕上呈现一系列词对，要求被试进行“相同”和“重组”判断。如果字对在学习阶段都出现过且是一对，按“相同”键；如果两者在学习阶段都出现过但不是一对，按“重组”键，呈现顺序和反应键在被试间进行平衡。

实验流程示意图如下(不包含联结再认判断测验)：

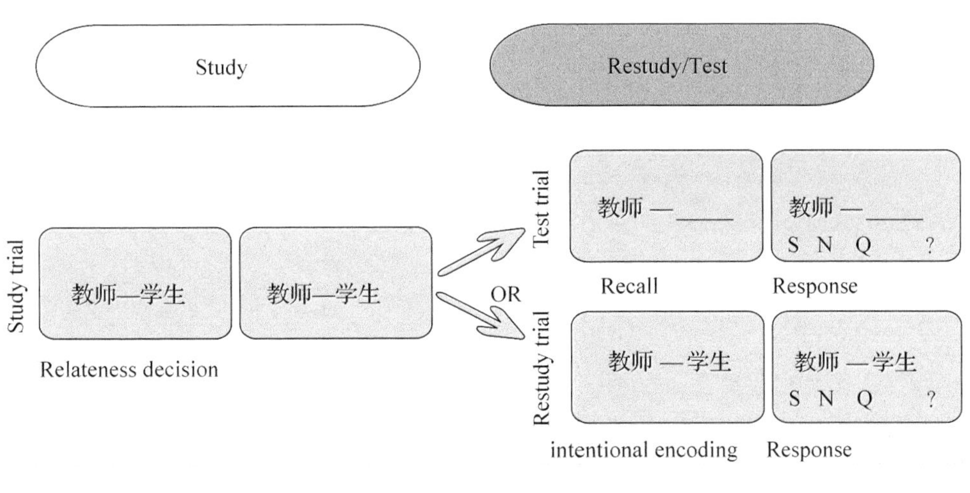

3. 结果

3.1 行为结果

行为上，我们计算出在最终联结再认测验中被试对旧项目的正确判断。通过比较三种语义关联词对条件下对旧项目的正确判断比例，我们得出三者存在显著差异，弱语义关联词对能够产生最好的记忆成绩，显著地高于强关联词对，[$F(1,17)=29.56$，$p=0.000$]。即测验条件下，无关联词对在最终测验中正确率高于弱关联词对，且弱关联词对正确率高于强关联词对。重学条件下，不同关联强度不影响最终测验成绩。

3.2 脑电结果

在300～500ms时间窗口，我们观察到了语义关联强度(弱语义关联，强语义关联，无语义关联)× 电极位置交互作用边缘显著，$F(3,45)=2.621$，$p=0.062$，条件主效应显著。简单效应分析显示，相对强语义关联词对，弱语义关联词对在额区能够引发更正的脑电成分，$t(17)=2.841$，$p=0.017$，即观察到N400。

在500～700ms时间窗口，我们观察到语义关联程度主效应 [$F(1,15)=43.248$，$p<0.001$] 以及显著的语义关联强度(弱语义关联，强语义关联，无语义关联)× 电极位置交互作用[$F(3,45)=16.105$，$p<0.001$]。简单效应分析显示，对于弱语义关联词对以及无关联词对，我们观察在后部顶区观察到显著的LPC ($t(17)=3.230$，$p=0.045$)，而强语义关联词对没有观察到该脑电成分($p's>0.093$)。

4. 讨论

本实验的实验结果为，整合性能够影响测验效应，在神经机制上表现为整合性水平高的词对，即强语义关联的词对能够引发回想和熟悉性。和假设一致，相比语义不相关条件下，语义高相关条件字对能够引发正确率更高的再认、更快的反应时，同时能够在ERP中呈现出回想。因此我们观察到了高语义条件和低语义条件的ERP结果差异。

很多使用了概念加工所促进的整合性都支持了这种语义的加工(Rhodes，2007；Pilgrim，2012；Tibon and Levy，2014)。这些研究一致地发现，相较于低语义联结，高语义联结能够更强地引发熟悉性。整合性水平理论认为任何项目对都能够或独立或整合地联结在一起(Parks and Yonelinas，2014)。从这一角度来看，我们可以进一步推论，在高整合性水平一侧，熟悉性能够支持联结再认。因此，高语义联结更能够引发高水平的整合性。

此外，本文发现语义关系能够促进两个项目整合成为一个新的项目。联结再认(Associative recognition memory)是能够学习两个或多个项目，同时提取两者或多者关系的记忆。双加工模型(Dural process models)认为再认由熟悉性和回想共同支持(Yonelinas，2010)。传统观点认为联结再认由回想支持，但最近的研究发现当项目可以整合为一个整体时，熟悉性也能促进联结再认(Yonelinas et al.，1999；Jager et al.，2006；Rhodes and Doaldson，2007，2008；Quanmme et al.，2007；Bader et al.，2010)。当个体能够将两个项目合并成为一个新的整体项目时，而不是两个单独的项目时，熟悉性同样能够支持联结再认(Yonelinas，2010)。

同时，与熟悉性在联结再认中的选择性出现不同，回想在各个条件下都出现了。这种顶叶新旧效应的出现和其他使用了联结再认任务的实验出现了一样的结果(Rhodes，2007，2008；Pligrim et al.，2012)。同时，各个条件下的顶叶新旧效应并没有出现差异，表明不同条件下的词对都由回想支持。因此，我们能够进一步推论，语义整合性水平并没有影响回想的参与。这种结果和 Rhodes (2008)的研究一致，在其实验中，熟悉性和回想相互独立出现。但同时，研究与 Jager (2006)及其同事的研究不一致，在这一实验中，如果项目能够成为一个整体，那么仅仅熟悉性就能够支持联结再认，而回想并不需要。这种回想的参与程度需要进一步的研究。

尽管整合性水平理论认为整合性有不同的水平，但整合水平的梯度依然少有人研究。我们可以通过研究操纵联结的方式来进一步探索这个问题。在本实验中，实验材料的语义关系能够影响不同程度的整合性，这种不同程度的语义整合能够进一步影响整合性，同时进一步影响测验效应的结果。本研究在 Carpenter 的基础上，进一步考察精细提取加工理论的合理性，不仅提供了行为与神经科学依据，也对测验效应的神经机制有了初步探讨，我们的研究涉及编码与提取阶段对记忆的影响，为深入理解人类记忆的结构及发展规律等问题提供了理论基础。

除此之外，本研究具有很强的现实意义。将测试效应应用到教育实践和工作学习中已逐渐成为一种趋势。对于如何让学生自身实现高效而长久的记忆，比如培养学生学会和使用自我测试的学习策略，比如每学习新知识后学生要有意识地要求自己回忆重要知识点——可以将重要概念写在卡片上将对概念的解释写在背面利用卡片来作线索回忆；教师如何进行有效教学，比如在编制小测验的题目时，应以填空简答为主适当增加难度；如何设计教材与开发各类学习资源，那么对于题目的编制者来说，如何将测试效应的研究运用到编制习题中去将是个非常有价值的问题。

参考文献

[1]Bader, R., Mecklinger, A., Hoppstädter, M., & Meyer, P. (2010). Recognition memory for one-trial-unitized word pairs: evidence from event-related potentials. Neuroimage, 50(2): 772—781.

[2]Christine Bastin, Martial van der Linden, Caroline Schnakers, Daniela Montaldi, & Andrew R. Mayes. (2010). The contribution of familiarity to within- and betweendomain associative recognition memory: use of a modified remember/know procedure. European Journal of Cognitive Psychology, 22 (6): 922—943.

[3]D. I., Donaldson, & M. D., Rugg. (1998). Recognition memory for new associations: electrophysiological evidence for the role of recollection. Neuropsychologia, 36(5): 377—395.

[4]Giovanello, K. S., Keane, M. M., & Verfaellie, M. (2006). The contribution of familiarity to associative memory in amnesia. Neuropsychologia, 44(10): 1859—1865.

[5]Harlow, I. M., Mackenzie, G., &Di., D. (2010). Familiarity for associations? a test of the domain dichotomy theory. Journal of Experimental Psychology Learning Memory & Cognition, 36(6): 1381—1388.

[6]Jäger, T., Mecklinger, A., & Kipp, K. (2006). Intra and inter-item associations doubly dissociate the electrophysiological correlates of familiarity and recollection. Neuron, 52(3): 535—545.

[7]Mecklinger, & Axel. (2000). Interfacing mind and brain: a neurocognitive model of recognition memory. Psychophysiology, 37(5): 565—582.

[8] Michael D, Rugg, & Tim, Curran. (2007). Event-related potentials and recognition memory. Trends in Cognitive Sciences, 11(6): 251—257.

[9]Migo, E., Mayes, A., & Montaldi, D. (2007). Associative memory and the medial temporal lobes. Trends in Cognitive Sciences, 11(3): 126—135.

[10]Montaldi, D., & Mayes, A. R. (2010). The role of recollection and familiarity in the functional differentiation of the medial temporal lobes. Hippocampus, 20(11): 1291—1314.

[11]Parks, Colleen M., &Yonelinas, Andrew P. (2015). The importance of unitization for familiarity-based learning. Journal of Experimental Psychology: Learning, Memory, and Cognition, 41(3): 881—903.

[12]Quamme, J. R., Yonelinas, A. P., & Norman, K. A. (2007). Effect of unitization on associative recognition in amnesia. Hippocampus, 17(3): 192—200.

[13]Rhodes, S. M., & Donaldson, D. I. (2007). Electrophysiological evidence for the influence of unitization on the processes engaged during episodic retrieval: enhancing familiarity based remembering. Neuropsychologia, 45(2): 412—424.

[14]Rhodes, S. M., & Donaldson, D. I. (2008). Electrophysiological evidence for the effect of interactive imagery on episodic memory: encouraging familiarity for non-unitized stimuli during associative recognition. Neuroimage, 39(2): 873—884.

[15]Rugg, M. D., & Curran, T. (2007). Event-related potentials and recognition memory. Trends in Cognitive Sciences, 11: 251—257.

[16]Tibon, R., Ben-Zvi, S., & Levy, D. (2014). Associative recognition processes are modulated by modality relations. Journal of Cognitive Neuroscience, 26(8): 1785—1796.

[17]Tibon, R., & Levy, D. A. (2013). The time course of episodic associative retrieval: electrophysiological correlates of cued recall of unimodal and crossmodal pair-associate learning. Cognitive Affective & Behavioral Neuroscience, 14(1): 220—235.

[18]Tibon, R., Gronau, N., Scheuplein, A. L., Mecklinger, A., & Levy, D. A. (2014). Associative recognition processes are modulated by the semantic unitizability of memoranda. Brain & Cognition, 92c(92C): 19—31.

[19]Wilding, E. L. (2000). In what way does the parietal ERP old/new effect index recollection? International Journal of Psychophysiology: Official Journal of the International Organization of Psychophysiology, 35: 81—87.

[20]Yonelinas, A. P. (1997). Recognition memory ROCs for item and associative information: The contribution of recollection and familiarity. Memory & Cognition, 25(6): 747—763.

[21]Yonelinas, A. P. (2002). The nature of recollection and familiarity: a review of 30 years of research. Journal of Memory & Language, 46(3): 441—517.

[22]Yonelinas, A. P. (1999). The contribution of recollection and familiarity to recognition and source-memory judgments: a formal dual-process model and an analysis of receiver operating characteristics. Journal of Experimental Psychology Learning Memory & Cognition, 25(6): 1415—1434.

[23]Yonelinas, A. P., Aly, M., Wang, W., & Koen, J. D. (2010). Recollection and familiarity: examining controversial assumptions and new directions. Hippocampus, 20(11): 1178—1194.

[24]Kuo, M. C. C., Liu, K. P. Y., Ting, K. H., & Chan, C. C. H. (2012). Differentiation of per-

ceptual and semantic subsequent memory effects using an orthographic paradigm. Brain Research, 1486(48): 82—91.

[25]Kutas, M., & Federmeier, K. D. (2009). N400. Scholarpedia, 4.

[26]Kutas, M., & Federmeier, K. D. (2011). Thirty years and counting: finding meaning in the N400 component of the event-related brain potential (ERP). Annual Review of Psychology, 62: 621—647.

[27]Lehman, M., Smith, M. A., &Karpicke, J. D. (2014). Toward an episodic context account ofretrieval-based learning: Dissociating retrieval practice and elaboration. Journal of Experimental Psychology. Learning, Memory, and Cognition, 40(4): 1—8.

[28]Li, B., Gao, C., Wang, W., & Guo, C. (2014). Processing fluency hinders subsequent recollection: an electrophysiological study. Frontiers in Psychology, 6(1): 549—564.

[29]Mangels, J. A., Picton, T. W., & Craik, F. I. M. (2001). Attention and successful episodic encoding: an event-related potential study. Cognitive Brain Research, 11(1): 77—95.

[30]Mccarthy, G., & Wood, C. C. (1985). Scalp distributions of event-related potentials: an ambiguity associated with analysis of variance models. Electroencephalography & Clinical Neurophysiology, 62(3): 203—208.

[31]Mecklinger, A. (2006). Electrophysiological measures of familiarity memory. Clin. EEG Neurosci. 37(4): 292—299.

模拟法庭实践教学模式之不足与完善

——以新形势下卓越法律人才培养为视角

朱　月　高逸凡　张　欢　尹子殊
指导教师：丁　飞
（首都师范大学政法学院）

摘要： 卓越法律人才教育培养计划的启动，进一步促使国内各大法学院校加大推进法学实践教学改革的步伐。模拟法庭作为一种实践教学方法，与传统教学方法相比，有助于培养符合未来社会发展需求的法学人才。然而囿于教学过程容易流于形式化、内容单一，与实体法割裂，组织单一，与现实脱节、地位不明确等现存模拟法庭教学模式的诸多缺陷。模拟法庭实践教学体统的成熟和有效的模式仍在探索。为此，有必要对模拟法庭在实践教学中应承担的角色重新定位，从困境分析和实现解决方法两方面探讨模拟法庭实践教学在现阶段高等法学教育改革中的重要作用与推进方式。

关键词： 模拟法庭；卓越法律人才；法律诊所；实践教学

引言

近年来，我国高等法学教育还不能完全适应社会主义法治国家建设的需要，社会主义法治理念教育还不够深入，培养模式相对单一，培养体系还不够完善，学生实践能力总体不强，应用型、复合型法律职业人才培养不足。提高法律人才培养质量成为中国高等法学教育改革发展最核心最紧迫的任务。中共中央政法委、教育部于 2011 年联合提出“卓越法律人才培养计划”(以下简称为“计划”)，旨在培养应用型、复合型法律职业人才，强化学生法律职业伦理教育、强化学生法律实务技能培养，提高学生运用法学与其他学科知识方法解决实际法律问题的能力。

模拟法庭作为少数“实训式教育方法”之一[①]，结合具体案例，帮助学生深入理解和初步运用课堂上教师所讲理论，从法律职业角度分析案例，对于培养法律职业人才起到重要作用。模拟法庭教学属实践教学模式，目前发展还不成熟，还处在实践的模拟阶段，并非真正的实务应用。僵化、教条式的学习和“表演”式的模式，只表其形，未表其意。同时，由于过于注重结果的展现，也未形成稳定的评价系统。本文以“卓越法律人才培养计划”为视角，从我国高校模拟法庭实践教学的困境解析入手，重新认识和定位模拟法庭实践教学在法学实践教学中的地位和作用，探讨有效实现及解决机制。

一、卓越法律人才培养视角下的模拟法庭教学

培养应用型、复合型法律职业人才，是实施卓越法律人才教育培养计划的重点。也

---

① 葛天博、李明尧：《卓越法律人才培养视域下模拟法庭教学效能、困境与改革方向》，《黑龙江省政法管理干部学院学报》，2014 年第 3 期。

是模拟法庭教学追求的目标。所谓应用型法律职业人才，是指能将法律专业知识和技能应用于法律社会实践的专门的人才类型，是熟练掌握法律基础知识和基本法律职业技能，主要从事法律应用的专业人才，如熟练掌握诉讼技能的律师。所谓复合型法律职业人才，应是不仅具有法律专业知识和法律文化功底，同时掌握法律之外的其他学科知识，具有解决交叉领域复杂问题的能力和潜能的专业人才，如处理医疗法律纠纷的专业法律人才。[①] 应用型法律职业人才能够把知识、科技变为现实的生产力，复合型法律职业人才是既有一定的专业基础又能突出某一方面专业技能的人才。模拟法庭教学旨在将学生所学理论融于实践，将课本知识付之实务应用。现今法律人才流入市场显现出来的最大弊端，即是法学教育与法律职业的断代。在校期间，以培养应用型、复合型法律职业人才为目的拟定培养计划进而付之实施，则可改善这一现象。

对此，“计划”中明确意见：“在法学实践教学环节加大实践教学比重，确保法学实践环节累计学分(学时)不少于总数的15%。加强校内实践环节，开发法律方法课程，搞好案例教学，办好模拟法庭、法律诊所等。充分利用法律实务部门的资源条件，建设一批校外法学实践教学基地，积极开展覆盖面广、参与性高、实效性强的专业实习，切实提高学生的法律诠释能力、法律推理能力、法律论证能力以及探知法律事实的能力。”关于模拟法庭教学的优点一般表现为：第一，帮助学生全面了解诉讼过程，熟悉审判程序；第二，掌握诉讼法的基本原则和基本制度；第三，正确适用民事、刑事和行政等实体法；第四，锻炼学生的思辨能力和表达能力，锻炼辩论技巧；第五，培养法律人必需的思维方法和能力。

由此，模拟法庭作为实践教学的主要模式，在法律职业人才培养中主要从以下几个方面发挥作用：

第一，让未来的法律职业人才具有正确的法律理念和公平公正的法律精神，树立法律信仰；第二，要培养未来法律职业人才的职业素养，使其具有正确的政治态度和政治立场，拥有良好的思想品质和道德修养；第三，要提高未来法律职业人才的综合素质，不仅要求有专业的职业能力和专业知识、更要具有广泛的学科知识、坚实的法律基础以及能创造性的分析并解决复杂法律问题的分析能力；第四，培养其社会责任感，不仅要为法律服务，更要为社会服务，不仅要培养法治国家的建设者和管理者，更要培养社会各个行业需要的法律人才。

应用型、复合型职业法律人才的培养，目的是培养具有公平公正理念和全面学科知识的职业法律人才，它包括对法律人才进行专业知识的培养、法律职业素质的培养、法律能力以及职业道德等，使法律职业人才具有全面的自身素质、创新精神、实践能力和国际意识，以便更好地适应我国经济社会的发展和社会法制建设的需要。

二、模拟法庭实践教学模式之困境

在模拟法庭实践教学模式日益普及的情况下，其教学效果值得关注。有学者对多所

① 参见吴作伦：《培养复合型人才，丰富应用型人才的培养内涵》，浙江科技学院中德论坛，高层次应用型人才培养。

高校 600 名参加过模拟法庭实验课程学习的本科生进行过问卷调查，结果显示，认为模拟法庭实验教学效果好的仅占 11.2%，较好的占 47.7%，一般的占 36.5%，不合格的占 4.5%。[①] 也就是说，超过四成的学生认为模拟法庭实验教学效果一般或者不合格。综观国内模拟法庭教学，其教学效果亟待提高。目前的这种模式面临着巨大困境，是由多种因素造成的。

1. 教学过程容易流于形式化

目前，我国多数高校的法学院系虽然建立了标准化的模拟法庭实验室，但教学过程简单化，缺乏规范的教学指导文件。而学生自身理论知识的局限、指导教师缺位以及活动目的的功利性往往使得模拟法庭目的相比教学更具有表演性。参与的学生通常会选择内容比较完整的案件材料作为模拟法庭的案例，这就导致在模拟法庭教学中缺乏了让学生独立思考的机会与过程，对实体法理论学习并没有太大促进作用。庭前准备大多成为按“剧本”彩排，庭审过程完全按照预定的“剧本”进行。模拟法庭成为带有浓重戏剧成分的实景演出，没有对抗，无须应变，学生只需照本宣科即可。除熟悉诉讼程序外，学生并没有从该项课程中得到知识、思维、技能等的全面训练。这种“走过场”式的模拟法庭，作为普法宣传教育手段尚可，但是作为培养法律职业人才的实践教学模式则远不能实现预期教学效果。

2. 教学内容较为单一

大多模拟法庭的教学案例主要集中在刑事诉讼领域，对民事诉讼领域和行政诉讼领域甚少涉猎。就目前我国的司法制度而言，不同的诉讼领域的诉讼模式、诉讼程序、证据规则都大不相同。模拟法庭教学内容主要集中在刑事诉讼领域，第一，使得很多对其他诉讼领域更感兴趣的学生对之丧失兴趣，影响教学效果；第二，因为法律职业中刑事诉讼其实占比例很小，对于学生毕业之后从事法律职业的帮助亦十分有限；第三，相对于理论教学，目前推广的模拟法庭教学内容主要局限在程序法领域，实体法领域如民法、婚姻法等课程涉及较少。

3. 教学组织单一

目前模拟法庭教学活动的组织仅靠法学院校单方负责，主要由任课教师或学生工作教师组织，很少邀请实务部门专家参与，局限在封闭的教学资源和传统的教学环境下，缺乏校内外资源联动，导致模拟法庭实践教学活动在很大程度上并未有效吸收实务元素，其创新性不足，实效性不高。更为重要的局限在于，模拟法庭作为教学方法，其研讨的内容是已经结案的案例，其注重的是法官如何运用现行有效法律来解决当时的问题，而非从当时庭审过程，或者审判委员会群体决策的过程来剖析一份司法判决的理性与逻辑。[②] 除此之外，模拟法庭无法反映法律与社会、经济、政治力量在促成判决形成过程中的重大作用。特别是当下中国社会发展处于传统与现代交错的历史时期，社会生活中的传统因素如何对法治现代化施加影响，难以通过模拟法庭得以显现。实际上，模拟法庭仅从教会学生理解法律的一个角度研习法律，由此，无法展现法律与不断发展的

① 陈学权：《法庭实验教学方法新探》，《中国大学教学》，2012 年第 8 期。

② 陈兵、张光宇：《卓越法律人才教育培养计划与模拟法庭实践教学》，《黑龙江高教研究》，2014 年第 10 期。

社会之间存在脱节的真实维度。

4．教学地位不明确

现阶段，将模拟法庭定位为教学方法，从一定程度上契合了当前高等法学教育与社会现实需求之间相互博弈的现实，能为其发展争取更大空间，但容易演变为传统理论教学的附属，失去模拟法庭实践教学独有的价值与功能。从长远看，只有独立的课程设置方能实现模拟法庭自成体系的教学价值和功能。如果将模拟法庭实践教学定位于仅仅服务理论教学或偶尔相关普法活动的表现形式，缺乏科学系统的教学安排，将严重限制其作为实践教学体系重要组成部分的教学效果，模拟法庭教学的地位有待进一步明确和提升。

5．教学模式存在诸多缺陷

第一，模拟法庭的开展受课时的限制。由于模拟法庭在实践教学中遵从课时安排，这就导致模拟法庭所选用的案件案情相对简单，证据不宜过多。所以，学习者不能感受来自复杂案件对法律工作者的考验。

第二，模拟法庭特殊的空间决定了仅有少数学习者能够有机会参与案件审判。在模拟法庭中有控方(原告)、辩方(被告)、法官、证人等角色，参与庭审全过程的人员通常需学生十名左右，多数学生是庭审的观众。那么能在庭审中担任角色的学生不多，所以，每次开展模拟法庭教学，积极性较高的只是在庭审中担任角色的学生，其他的学生态度不是很积极，影响教学和学习的效果。

第三，目前多数综合院校不具备模拟法庭的硬件设备和条件。学生组织模拟法庭活动基本都是依靠临时借用教室，简单搭设、布置庭审现场。而实际庭审审查案件、出示证据时需要的各种设备基本都不具备，既不符合司法实践中法庭硬件设施的配备，也限制了学生在模拟法庭中对庭审现场中必要程序的模拟和再现。①

三、模拟法庭实践教学之完善

1．合理安排模拟法庭教学内容

第一，在模拟案件的选择上，要选择典型性强、法律知识点多、法律程序较为完整的案例。第二，要注意培养学生的开放性、批判性学习观念，要启发学生总结他人的经验和教训，提高实务能力。第三，要注意与其他法学课程的衔接，应当安排到学生法学理论基本知识有所掌握后，同时如果学校已经开设了如谈判技巧、文书写作等专门课程时，可在课程中相对弱化对这部分知识的教学。

同时，为了改善以往模拟法庭课程只重视刑事案件模拟实践的不足，使学生获得不同类型诉讼的庭审经验，模拟法庭课程应根据案件性质不同，分专业设置对民事、刑事、行政、国际法等案件进行模拟庭审演练，专业教师也可以进一步做专业细分。在理论知识学习过程中加入模拟法庭的实践训练。这种更加全面的课程体系设置，能够对学生进行多种职业素质的综合训练，使理论学习与实践练习紧密结合，强化学生的基础知识和职业功底。

① 冷凌：《试论模拟法庭在法学专业学生实践能力培养中的作用及创新》，《教育与职业》，2012年第2期。

2. 建立考核与竞赛相结合的考核机制

在课程考核方式上，由于模拟法庭课程表演性较强，模拟庭审的对抗性较弱，可能导致学生参与积极性不高，能力提升程度有限。可以采取竞赛的方式进行课程考核，根据学生的赛前准备、临场的应变和对证据的分析运用等能力进行全方位评价。这样做有利于提高学生对实践活动的重视程度，调动学生参与模拟法庭实践的积极性，增强庭审的对抗性。通过这种考核方式，模拟法庭活动便不只是单纯的表演，而是全体学生积极参与、讨论交流、发挥能力的平台。学生能够更加体会到辩论技巧、逻辑思维、团队合作等能力对于法律职业发展的重要性。

3. 保障模拟法庭教学的师资力量和工作热情

第一，模拟法庭教学要选择"双师型"人才主导教学，即有丰富的理论和实务经验的教师来授课和指导。第二，要定期不定期地组织授课教师去经验成熟的高校学习和交流，所谓"他山之石可以攻玉"，不断改进模拟法庭教学方法。第三，要善于引进校外的一些具有丰富实务经验的资深法官、检察官和律师到学校进行授课和指导，聘请他们作为模拟法庭兼职指导教师，给予学生更多法律职业不同角度的专业意见，启发学生多维度思考。

4. 引导学生尝试多种角色

受师资等教学资源的影响，当前我国模拟法庭实验教学在角色分配上还不是很理想，学生扮演的角色比较固定，接受到的训练很有限。通过降低教学规模，增加师资和教学资源，这样的不足可以得到有效的解决。学生可以有更多机会担任不同的角色，据自己所分配的角色去承担不同的任务，以律师、法官、公诉人甚至是书记员的视角全面理解案件。这样做，能够使学生全面地了解各种法律职业工作的不同特点，在高密度的锻炼和不同诉讼角色的频繁转换中，学生能够体会到不同法律职业人的思维方式，锻炼不同法律职业人的诉讼技能。

5. 结合"诊所式"教学模式

"诊所式"法律教育是20世纪60年代美国的法学院兴起的一种新的法学教育方法。其特点在于仿效医学院利用诊所培养实习医生的形式，通过诊所教师指导学生参与法律实际运用。目前在我国，开设"诊所式"教育基地的学校很少，但这种教育方式和理念非常值得借鉴和推行。在模拟法庭的教学中可以尝试这种方式，使法学院学生在一个真实或虚拟的"法律诊所"中，在专业教师的指导下为委托人"诊断"其法律问题，开出"处方"，解决法律问题。专业教师可以选择实践中的案件或争议，交由学生分析、论证，为当事人提供有价值的法律建议，并进行模拟庭审。通过接待当事人、提供法律咨询、起草法律文书、准备诉讼证据等各个环节的训练，学生的实践能力和职业技巧会得到很大的提高。

6. 实践基地的保障

模拟法庭对于一些纯理论性课程和非诉讼业务难以开展，如接待当事人，提供法律意见等，但是在日常的办案中这些环节是不可或缺的。法学院可以与人民法院、人民检察院、律师事务所建立法学实践基地，使其成为模拟法庭指导教师，并提供与社会司法实践相接触的机会。专业教师还可以请实践基地的法官、检察官、律师亲临模拟法庭教学现场进行指导与专业点评，或者就其法律实务经验举办讲座，以丰富学生的“实战”经验，为学生将来能够更快的适应法律职业打好基础。

模拟法庭教学虽说是模拟法律职业实践，不完全相同，模拟法庭教学不可能等同于实践但又可高于实践。教学中启发学生通过角色扮演与问题导向的法律梳理与分析，多角度、深层次地认识、运用法律知识，以期达到培养法律职业人才的教学效果。同时，卓越法律人才的培养对高校法学教育明确提出了法律人才职业化的要求，但必须明确法学教育中实践性教学模式的加入，亦是为法学教育服务的，不能忘此初衷。模拟法庭教学还要与法学传统教学目标、内容和方法相结合。在教学过程中培养学生对知识进行立体式学习，让学生参与实践性课程与知识学习进行呼应和印证，并采用多种形式充分激发学生主动性和潜能，为培养应用型、复合型法律职业人才增添动力。

研制洛伦兹力演示仪

李　涵　李　芸　刘宁轩
指导教师：闫海涛
（首都师范大学物理系）

摘要： 国内外对于洛伦兹力的应用及研究一直都是热点问题。在中国高中物理课程的学习中，我们是运用电子束的偏转来演示的洛伦兹力，而本文涉及的洛伦兹力演示仪，是利用导电溶液在磁场环境下发生旋转且有明显现象来分析的自制仪器，原理易懂，现象明显，造价较低，适用于中学物理教学之中。同时，本文对影响洛伦兹力的几个因素进行了探讨，以理论推导和实验验证相结合的方式，探索出仪器的最优配置，制作出了本演示仪，并详细介绍了仪器的使用方法和改进方向。

关键词： 洛伦兹力；演示仪；影响洛伦兹力的因素；实验验证；仪器使用说明

一、设计背景

（一）高中教学

对于“洛伦兹力”这一物理名词的初认识，一般都是在高中物理课程的学习中。人教版高中物理教材选修 3－1 第 3 章磁场，在讲到洛伦兹力时，采用的是电子束洛伦兹力演示仪，利用稀薄气体在电子束通过时能够显示电子的径迹，显示电子在磁场中的运动轨迹来帮助学生理解。如图 1 所示。

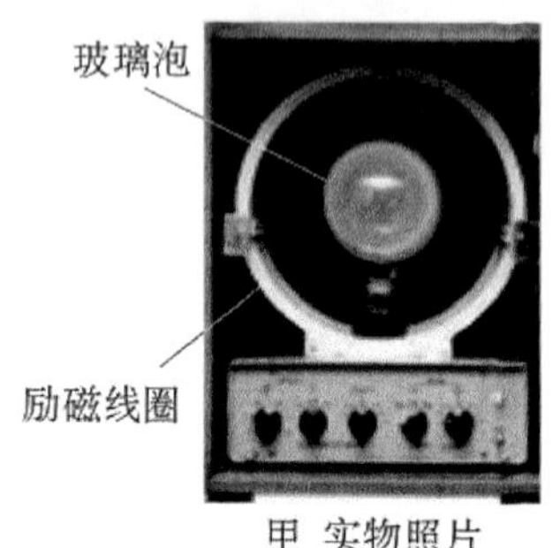

甲　实物照片

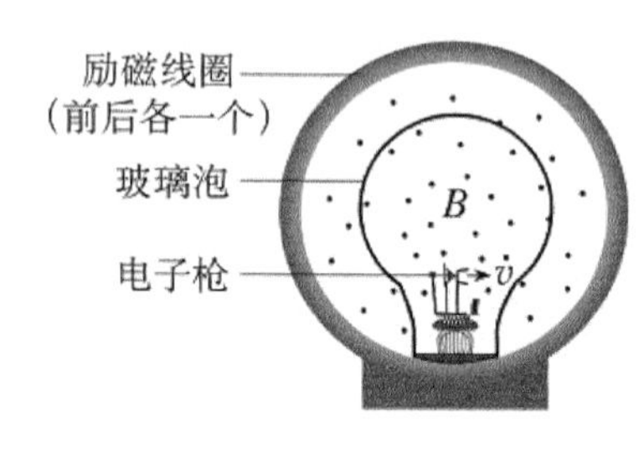

乙　结构图

图 1　人教版高中物理教材选修 3-1 第三章插图

（二）国内外研究现状

关于洛伦兹力，国内目前有很多科学类杂志和报纸都刊登过有关洛伦兹力的研究成果，但是国内在洛伦兹力演示仪方面，除了造价昂贵的传统的专用电子管型演示仪外，还没有可以普及的、明确的液体实验仪的设计方案和成果。国外对于洛伦兹力的研究大部分致力于电子加速器、电磁超声换能器、芯片卫星和水处理等尖端科技，关于演示仪方面也没有较为明显的优势。所以我们致力于研制洛伦兹力演示仪，希望能够设计出一种造价低，但演示现象明显的液体洛伦兹力演示仪，让学生能够直观的观察到现象，便于理解。

（三）研究目的

在实际的物理教学过程中我们发现，虽然教材中的洛伦兹力演示仪能够进行演示实验辅助教学，但是电子束毕竟是一种看不见摸不着的物体，高中学生对此可能会存在一些理解上的问题。所以我们希望能够设计并研究一种新的洛伦兹力演示仪，利用高中生易懂的原理，更生活化的器材，使学生能够清晰的看到实验现象，在实际教学中效果更佳。

所以经过思考和讨论，我们决定利用液体的旋转来显示洛伦兹力，用悬浮物来代替粒子，制作液体洛伦兹力演示仪，使高中学生更易了解洛伦兹力，会判断其方向，描述其现象；另外，通过理解本实验仪的工作原理及实质，尝试改进液体洛伦兹力演示仪，并能够自主探究影响洛伦兹力的各个因素；还可尝试实验仪器制作，提高动手制作实验器具的能力，寻找最优配置；最后，使学生能够提高分析问题、解决问题，以及实验创新的能力。

二、仪器设计

（一）洛伦兹力相关知识简介

中学物理教科书的洛伦兹力只包括磁场部分，公式如下：

$$F=qv\times B \qquad \text{式(1)}$$

因受力方向与运动方向垂直，故洛伦兹力不做功，只改变运动方向。

判断洛伦兹力方向的方法：将左手掌摊平，让磁感线穿过手掌心，四指表示正电荷运动方向，则和四指垂直的大拇指所指方向即为洛伦兹力的方向。但需注意，运动电荷是正的，大拇指的指向即为洛伦兹力的方向。反之，如果运动电荷是负的，仍用四指表示电荷运动方向，那么大拇指的指向的反方向为洛伦兹力方向，如图 2 所示。

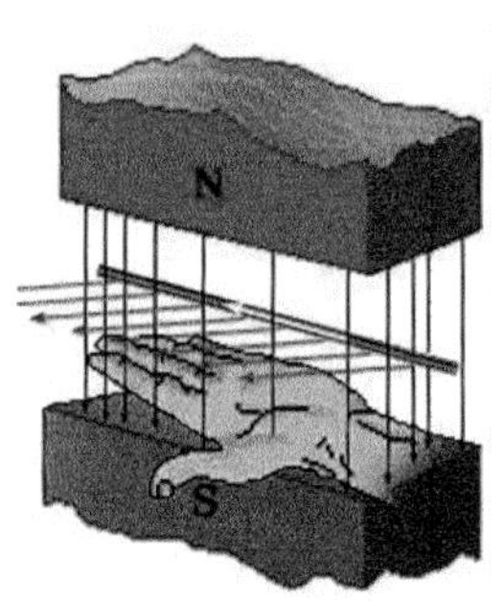

图 2　左手定则判断洛伦兹力方向图

另一种对负电荷应用左手定则的方法是认为负电荷相当于反向运动的正电荷，用四指表示负电荷运动的反方向，那么大拇指的指向就是洛伦兹力方向。

（二）仪器设计原理

利用直径为 9cm 的培养皿做实验容器，内置导电液体，用置于培养皿中心的铜棒作正极，用铜片剪裁而成围在外圈的铜圈作负极，用圆形磁铁提供垂直于培养皿表面的磁场环境。如图 3。

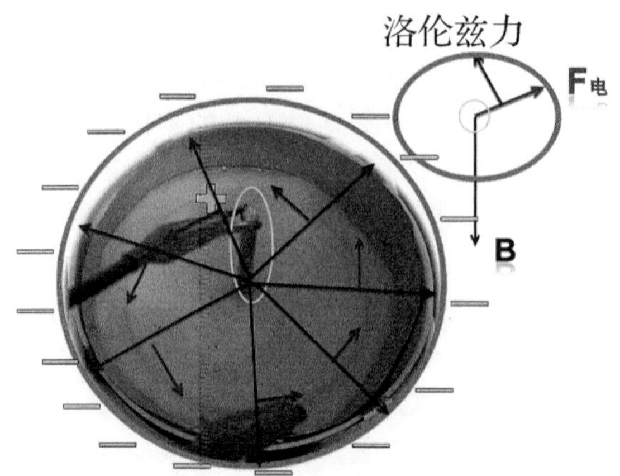

图 3 自制仪器原理图

当正负极接通电源后，培养皿中心和四周圆圈会形成中心电场。导电液体中的正负粒子会被电离并分别向两极聚集，在培养皿中电流通过导电液体由一极流向另一电极。导电液体内的电流，正是由正负两种离子定向运动而形成的。

由于整个容器处在竖直方向的磁场中，磁场对运动的粒子有洛伦兹力的作用，其方向和粒子运动的方向垂直且平行于液面。正负粒子在电场的作用下定向运动的方向是相反的，但根据左手定则，他们受到的洛伦兹力方向是相同的，都近似于是圆的切线方向。故而它们将带动培养皿中的液体以同一方向旋转。如图 4 所示。

图 4 容器俯视图原理(图中逆时针箭头代表各点粒子运动方向)

在本仪器中，洛伦兹力其实是微观的运动电荷受到的磁场对它的作用力，而导电液体的旋转则把微观的变成了宏观的，把看不见的变成了看得见的，更便于高中学生学习并理解洛伦兹力。

仪器涉及耗材：圆形磁铁、直径 9cm 培养皿、食盐水、铜棒、铜片、学生电源(或 5 号电池组)、木板、开关、导线等。

(三)寻找最优配置

为了寻找最优配置，即最终制作一个现象明显，耗材少，造价低，人性化与美观的液体洛伦兹力实验仪，我们进行了几个阶段的探索过程。

1. 初期阶段

用自来水、圆形磁铁、10 伏电压、铜正极、铜圈负极搭建了简易的实验仪，验证原理的可行性。简易装置如图 5 所示。

图 5　简易仪器装置

可观察到，图中简易仪器现象较明显，由此可证实原理及设想的可行性。之后，我们定性的改变了液体、正负极材料和磁场大小，定量的改变了悬浮物数量，观察现象的变化。

图 6 为盐水中放置十个指示物时的现象。

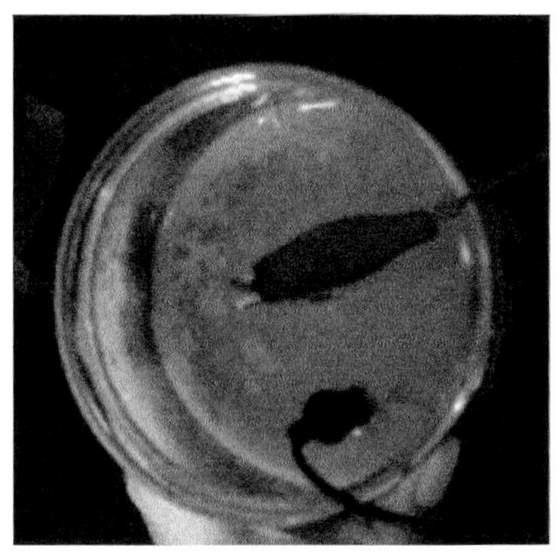

图 6　盐水中放置十个指示物时的现象

2. 中期阶段

根据以上现象，确定最终的便于获取的适宜液体、悬浮物大小和数量、正负极材料、圆形磁铁个数等，初步定下仪器的相关指标。

组合实验仪器，定量的并改变电压大小和正负极方向进行演示，观察不同电压时旋转速度的快慢，探究转速与电压的关系，改良实验仪器。

图 7 为不同电压大小下观察现象的过程。

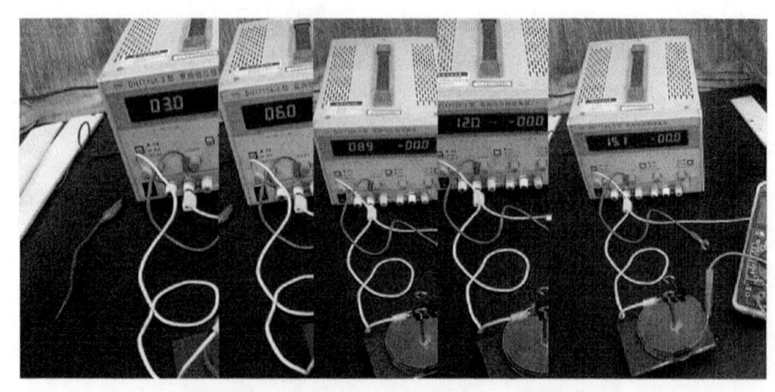

图 7　不同电压大小下观察现象

因为想要定量的对磁场大小进行控制，我们尝试使用通电线圈，通过一定匝数的铜丝来制作螺线管，希望能够通过控制电流大小和方向来控制磁场，观察现象的变化。但经过多次实验，结果却不尽如人意。

3. 后期阶段

总结初期出现的问题和经验，组装最终仪器，并且美化外表。

最终配置：圆形磁铁 3 个，铜棒正极，铜片负极，电源为 12V，溶液为盐水，温度为室温，指示物为 5 个小碎彩色塑料片(或墨水滴落于容器中)。图 8 为自制仪器立体图。

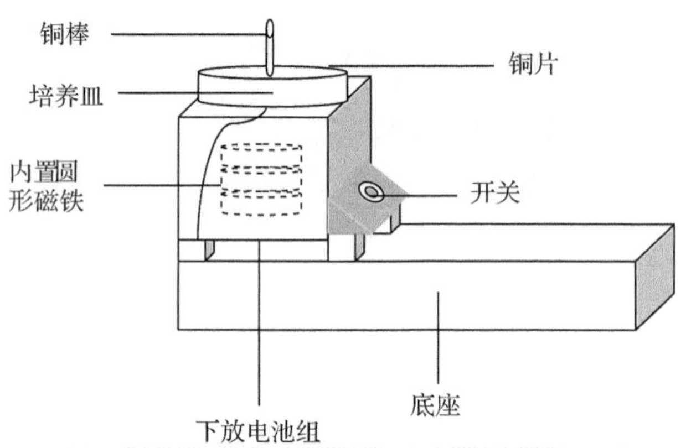

图 8　自制仪器立体图

探究其质量及可推广性、优缺点、改进方法等，对仪器的其他方面进行更深度的研究，适当调整，并完成仪器说明。

三、相关影响因素分析

(一)理论分析

设外加磁场强度为 B，粒子在溶液中运动的速度为 v，粒子带电量为 q，溶液中电流 I，正负极两段电压 U。

则洛伦兹力为：

$$F=qv\times B \qquad \text{式(2)}$$

溶液中电流与运动速度的关系为：

$$I=nqv \quad 式(3)$$

且有：

$$I=U/R \quad 式(4)$$

由电阻定义知：

$$R=\rho l/s=\frac{1}{\sigma}\int\frac{dl}{s} \quad 式(5)$$

式中，ρ 为电阻率；σ 为电导率；l 为电子运动轨迹长度；s 为液体侧面积。

把 $s=2\pi rh$ 带入式(4)，并将运动轨迹长度 l 近似为半径方向长度 r，则：

$$R=\frac{1}{2\pi\sigma h}\int\frac{\mathrm{d}r}{r}=\frac{\ln r}{2\pi\sigma h} \quad 式(6)$$

把式(5)带入式(3)，得：

$$I=\frac{2\pi\sigma hU}{\ln r} \quad 式(7)$$

由式(1)和式(6)可得，影响观察洛伦兹力现象的因素为磁场强度 B，电压大小 U，电导率 σ。其中，由电化学知识可以知道，影响电导率 σ 的因素为温度和浓度。

同时，我们还猜想影响因素是否与正负极材料、指示物数量等因素有关。

（二）定性改变相关变量验证

1. 控制变量法下，不同磁场大小(磁铁个数)因素带来的影响

(1)原始数据

表 1　不同磁场大小

	正极	负极	液体	磁铁	电压	指示物
1	铜棒	铜片	自来水	4 个	12V	小碎彩色塑料片 5 个
现象	转速很快，能明显看出小塑料片的运动情况，但是有几个碎片贴在四周，液体中有蓝色沉淀悬浮物，旋转速度非常快					
2	铜棒	铜片	自来水	3 个	12V	小碎彩色塑料片 5 个
现象	转速很快，能明显看出小塑料片的运动情况，但是有部分小碎片贴在负极上，液体中有蓝色沉淀悬浮物，旋转速度很快					
3	铜棒	铜片	自来水	2 个	12V	小碎彩色塑料片 5 个
现象	小塑料片的运动较快，有一两个小碎片贴在负极上，液体中有蓝色沉淀悬浮物，旋转速度较快					
4	铜棒	铜片	自来水	1 个	12V	小碎彩色塑料片 5 个
现象	小塑料片的运动较慢，有一两个小碎片贴在负极上，液体中有蓝色沉淀悬浮物，旋转速度较快					

(2)数据处理

电压为 12V 时，转速(即现象的明显程度)与磁铁块数的关系比较如下图 9 所示。

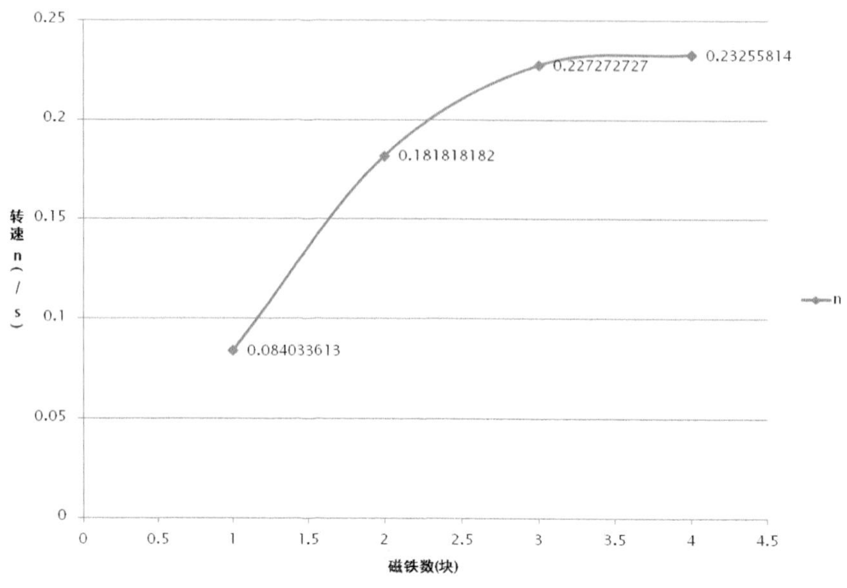

图 9　转速与磁铁快数关系

(3)分析

通过实验可知，磁铁越多，B 越大，现象越明显。在洛伦兹力公式中，$F=qv\times B$，即 B 越大，受力越大，运动速度越大。但是由于仪器限制，我们观察到当大于 3 块磁铁后，现象并不会更加明显，可能由于溶液内粒子浓度和电压大小的限制。故为了资源的有效利用，我们采用 3 个圆形磁铁。

2. 控制变量法下，不同液体浓度带来的影响

(1)原始数据

通过用量筒和烧杯配置溶液，观察运动稳定转 10 圈、半径约为中间位置即 $r=2.25$cm 处的指示物的记录如下表所示：

表 2　不同盐溶液浓度

C(mol/L)	$20T$(S)	σ(s/m)
1	13.6	4.81
2	20.9	7.39
3	27.7	9.80
4	49.5	17.51
5	45.5	16.09
6	23.2	8.21

(2)数据处理

做出电导率和浓度的关系图像如下图 10 所示。

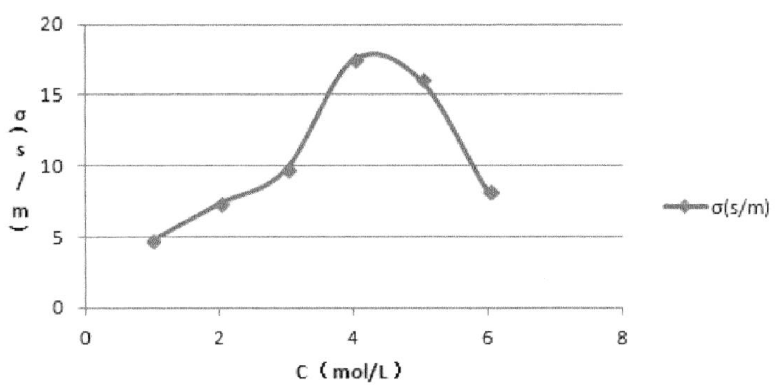

图 10　电导率与浓度关系(σ—C 图)

(3)分析

通过实验可知，在液体浓度不同时，能观察出较明显的不同，有的浓度下现象更明显。在强电解质溶液中，电解质完全电离，随着浓度逐渐增加，离子运动速度先增大后减小，在电导率与浓度的关系曲线上可能会出现最高点。

由图 10 可知，在溶液浓度约为 4.2mol/L 时，电导率最大，故最终本仪器配置盐溶液选取浓度为 4.2mol/L。

3. 控制变量法下，不同正极材料带来的影响

(1)原始数据

表 3　不同正极材料

	正极	负极	液体	磁铁	电压	指示物
1	铜棒	铜片	自来水	3 个	12V	小碎彩色塑料片 5 个
现象	转速很快，能稍微看出小塑料片的运动情况，且有的小塑料片不动，液体中有蓝色沉淀悬浮物，旋转速度较快					
2	炭棒	铜片	自来水	3 个	12V	小碎彩色塑料片 5 个
现象	基本上不转，看不出小塑料片的运动情况，电解速度也不快					

(2)分析

通过实验可知，在正极材料分别为铜棒和炭棒时，前者较后者明显很多，但由于未进行多种炭棒实验，无法准确说明是否正极材料不同，现象一定不同。我们在本仪器设计中，选择铜棒。

4. 控制变量法下，不同液体温度带来的影响

(1)原始数据

表 4　不同液体温度

	正极	负极	液体	磁铁	电压	指示物	温度
1	铜棒	铜片	自来水	3 个	12V	小碎彩色塑料片 5 个	室温
现象	转速较快，能稍微看出小塑料片的运动情况，且有的小塑料片不动，液体中有蓝色沉淀悬浮物，旋转速度较快						
2	铜棒	铜片	自来水	3 个	12V	小碎彩色塑料片 5 个	80℃左右
现象	转速较快，能看出小塑料片的运动情况，所有小塑料片运动的速度不尽相同，液体中有蓝色沉淀悬浮物，旋转速度较快						

(2)分析

通过实验可知，温度越高，现象稍微明显些。由原理也可知，温度越高，液体中分子运动越快，分离也越快，使液体中离子所受洛伦兹力越明显。但是升温所需能源与现象的明显度并未成正比，故我们依旧选取室温温度。

(三)定量改变相关变量验证

1. 控制变量法下，不同电压大小因素带来的影响

(1)原始数据

表 5　两块磁铁时转速与电压大小

U(V)	I(mA)	T(S)	n(/S)
3.0	2.606	162	0.061728
6.0	6.109	113	0.088496
8.9	10.110	88	0.113636
12.0	14.149	67	0.149254
15.0	17.654	64	0.156250

表 6　四块磁铁时转速与电压大小

U(V)	I(mA)	T(s)	n(/s)
3.0	2.606	96	0.104167
6.0	6.109	70	0.142857
8.9	10.110	56	0.178571
12.0	14.149	50	0.200000
15.0	17.654	48	0.208333

(2)数据处理

磁铁块数分别为 2 和 4 时，转速(即现象的明显程度)与电压的关系比较如下图 11 所示。

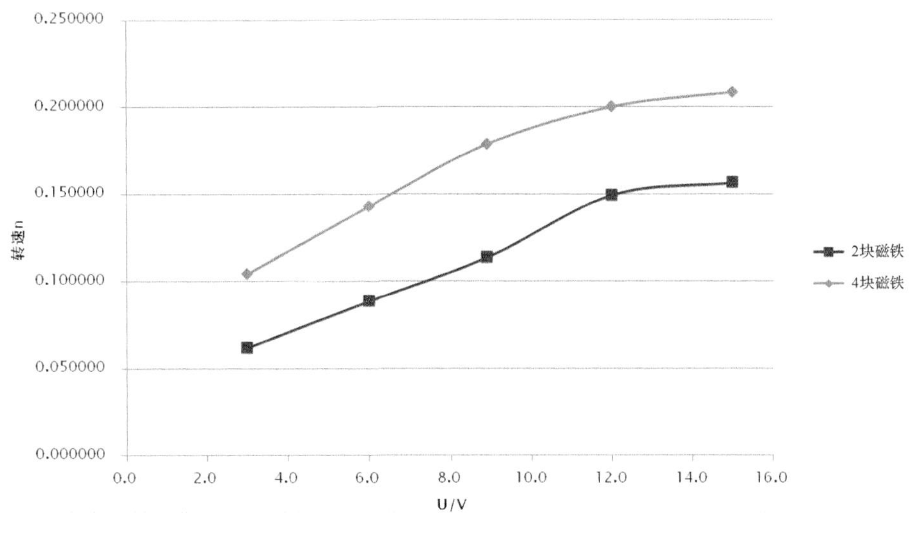

图 11　转速与电压的关系

(3)分析

通过原理可知，电压越大，即电场越强，现象应该越明显。在电场力公式中，$F=qE$，即 E 越大，受力越大，分离速度越大，液体中离子浓度大，所受洛伦兹力越明显。但是由于仪器限制，本实验中，观察出随着电压升高，在大于 12V 后，变化并不是很明显，这可能源于容器中粒子浓度有限等。故我们的仪器采用 12V。

2. 控制变量法下，不同指示物数目因素带来的影响

(1)原始数据

表 7　不同指示物数目

	正极	负极	液体	磁铁	电压	指示物
1	铜棒	铜片	盐水	3 个	12V	小碎彩色塑料片 15 个
现象	转速一般，能稍微看出小塑料片的运动情况，且有的小塑料片不动，液体中有蓝色沉淀悬浮物，旋转速度较快					
2	铜棒	铜片	盐水	3 个	12V	小碎彩色塑料片 10 个
现象	转速较快，能看出小塑料片的运动情况，且距离正极位置不同的小塑料片转速不同，液体中有蓝色沉淀悬浮物，旋转速度较快					
3	铜棒	铜片	盐水	3 个	12V	小碎彩色塑料片 5 个
现象	转速很快，能看出小塑料片的运动情况，液体中有蓝色沉淀悬浮物，旋转速度较快					

(2)分析

通过实验可知，指示物数目越多，其所受重力越大，即越难随液体的运动而运动，

虽然不会影响洛伦兹力的大小，但表征出来的现象却越不明显。而数目过小，又不足以观察到其运动的状态，所以适中为最好。由于仪器限制，随着实验的进行，逐渐有沉淀物悬浮，这些悬浮物倒是能够更明显的标示液体中洛伦兹力的情况，只是不易于演示实验。故我们最终采取 5 个指示物，或者用墨水滴入在容器中观察现象。

(四)实验过程中的发现及分析

1. 在旋转时，有时会出现半径较大的地方，指示物转速较慢甚至不转的情况。

解释：我们默认磁场为垂直平面且均匀，但所用圆形磁铁的磁场实际上并不能达到均匀分布，呈中间磁场强度大，两边较小。且由上述推导出的公式：

$$I=\frac{2\pi\sigma hU}{\ln r} \quad 式(8)$$

可知，在 r 大的地方，I 较小，且指示物属于轻小物体，电极对其的吸引力较大。

因而在半径较大的地方不易观察到现象。

2. 在旋转时，观察到指示物并不是完全做圆周运动，而是有越转越往外的趋势。

解释：我们做理论分析的时候，把电子运动的轨迹默认为沿半径方向，故而受到的洛伦兹力时刻沿切线方向，认为带电粒子做圆周运动。但是实际上，带电粒子在容器中并不是单纯的受洛伦兹力的作用，还受到电场力的影响，所以在溶液中，会做螺旋线形的运动，但是这不影响实验仪的演示作用。我们甚至可以思考如何表征此运动。

3. 通电观察一定时间后，发现转速变慢。

解释：液体中粒子的浓度是一定的，当粒子经过一定时间的通电聚集在正负两极上后，容器中运动的粒子减少，使得指示物转速也逐渐变慢。所以我们通电一定时间调转正负极即可。

四、仪器使用说明

(一)各部分简介

仪器立体图及成品图，如图 12、图 13 所示。

1. 立体图

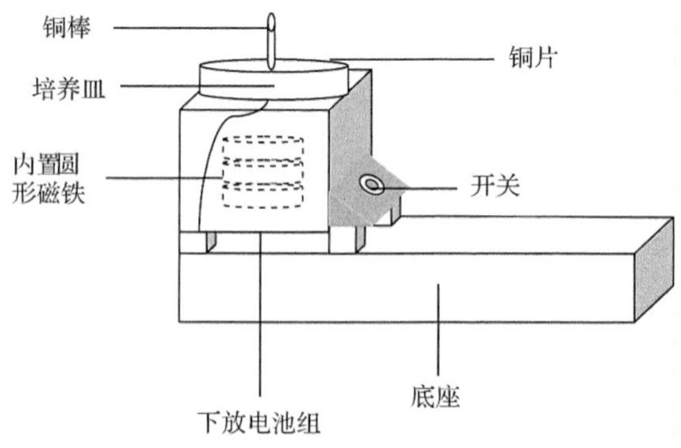

图 12　自制仪器立体图

2. 成品图

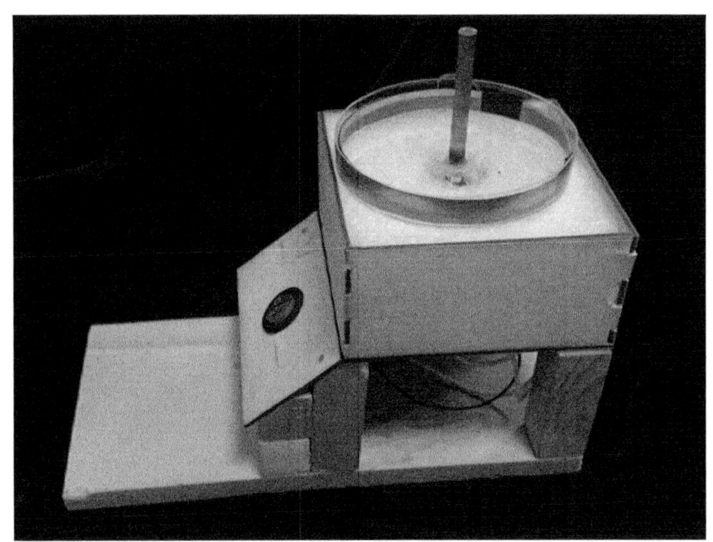

图 13　自制仪器成品图

（二）判断磁场方向，运用左手定则

调整仪器，使其中心铜棒接电源正极，周围铜圈接电源负极。

打开开关，俯视装置如若观察到容器内液体顺时针方向旋转，则此时磁场方向为垂直容器表面向外；若为逆时针方向，则此时磁场方向为垂直容器表面向内。

（三）判断电场方向，运用左手定则

调整仪器，使磁铁 N 极朝下，即磁场方向垂直容器表面向内。

打开开关，如若观察到容器内液体逆时针方向旋转，则此时中心铜棒连接电源正极；如若观察到容器内液体顺时针方向旋转，则此时中心铜棒连接电源负极。

五、仪器优缺点及改进方向

（一）优点

原理易懂，便于高中生的理解；操作简单方便，有助于学生课下探究实践；现象明显有趣；能提高学生实验及对原理探索的兴趣；造价低，适宜进行普及；绿色环保，人性化等。

（二）缺点

电源电压可能不稳，不利于精确的测量；实验时，无法排除其他磁场带来的干扰；导线接触电阻带来的能源浪费；温度、风速等环境可能带来影响。

（三）改进方向

防水性：装倒溶液时还不是特别方便；

电磁铁：将磁铁换为电磁铁，使得磁场的控制更为方便。

参考文献

[1] 李宝臣．如何理解洛伦兹力的几个问题[J]．物理教学，1985(4).
[2] 赵光明．关于洛伦兹力的两个问题的讨论[J]．保山师专学报，1996(4).
[3] 成亮英．对一个洛伦兹力演示实验的解释[J]．物理教学，1984(3).
[4] 王芳．关于洛伦兹力演示实验的研究[J]．物理与工程，2015，125(5)．

不同大小的炙没药分子的太赫兹/远红外光谱分析

杨　光　国　飞

指导教师：左　剑

（首都师范大学物理系）

摘要： 太赫兹光谱技术对于中药的研究具有积极的作用。利用太赫兹光谱技术可以进行中药鉴定和品质的评价，为促进中医药科学提供有效的研究途径。本文主要介绍了利用太赫兹波谱技术，采用FTIR测量方法对炙没药分子在THz波段的光谱特性进行研究的过程及结果。通过实验分析得出通过不同大小分子筛的炙没药分子吸收光谱图的规律，并在此基础上选择重复性较好的炙没药通过实验分析得到颗粒大小相同混合比例不同的炙没药分子的吸收光谱图规律。

关键词： 太赫兹；中药；波谱

一、引言

（一）太赫兹辐射简介

太赫兹波（Terahertz Waves，THz），也称作T射线，通常是指频率范围在0.1～10 THz，波长在3～0.03 mm（1 THz＝1012 Hz）之间的电磁波。太赫兹光谱技术能够提供分子的基本结构信息，太赫兹光谱包含了丰富的物理和化学信息，如许多轻分子的转动频率、大分子活官能团的振动模式和生物大分子的谐振频率都处在太赫兹波段。另外，太赫兹光谱也覆盖了电子材料的低能激励现象，凝聚态相位介质的低频振动模式，固体材料的声子、磁振子，等离子体激元以及液体分子振动等激励现象。因此研究太赫兹光谱对于研究基础物理相互作用具有重要的意义。目前，常见的太赫兹光谱技术有太赫兹时域光谱（TDS）技术、时间分辨光谱技术和太赫兹发射光谱技术。[1]

（二）国内外研究现状

自20世纪70年代首次提出后，在相当一段时间由于缺少相应的发射和探测技术一直被称“THz空隙”。20世纪80年代随着技术和材料的发展，尤其是超快激光技术和半导体材料科学技术的发展，为太赫兹电磁波的产生和探测提供了有效途径。2004年，美国MIT将太赫兹光谱技术列为改变未来世界的十大技术之一。2005年，日本将其作为“国家支柱技术十大战略目标”之首。中国科学院上海应用物理研究所和首都师范大学利用太赫兹时域光谱技术研究材料光谱特性并且获得的了一定研究进展。现在，世界上已有130多个研究机构开展了光电子材料、太赫兹激光器、太赫兹光谱学和太赫兹生物医学成像等方面的研究。在很多领域，如生物学、医学、化学、农学、天文学、国防安全和通信等，掀起了一股太赫兹研究应用的热潮，至今方兴未艾。[2]

(三)研究目的

进行光谱研究的主要目的是为了得到炙没药的特征谱，根据其特征谱数据我们便能进一步进行药物的鉴定与识别，为药物的大数据库提供部分数据。而且通过对不同颗粒大小炙没药的分析，我们可以从中获取颗粒大小对药物检测的影响，进而将这些影响因素考虑到以后的药物检测技术中。在做同种药品不同比例的药物的研究之前，我们对多种药物的重复性进行排查，尽量避免由于其他因素对光谱图像的影响，这些都是一种最为基础却又必不可少的研究。对于同种药品不同比例研究，我们希望从中探寻到不同比例对于吸收峰的影响，不仅希望探寻到一种便于观察的比例以便应用到检测技术，更希望能够从探寻到某种规律或者分析出出现某些明显不符合推断的光谱图产生的原因，为不断地发展药物检测技术提供相关数据。

二、具体实验

(一)实验一：不同颗粒大小的炙没药测量

1. 实验原理

傅里叶变换红外光谱技术(FTIR)是利用分子振动偶极距变化对红外光谱特征吸收这一特性，通过迈克尔逊干涉仪将两束红外光相互干涉，形成干涉光与样品作用。傅里叶变换红光谱仪主要由光学测量部分和计算机部分组成。其光学测量部分目前大多是迈克尔逊干涉仪组成。干涉仪将由光源来的信号以干涉图的形式送往计算机进行傅里叶变换的数学处理，最后将干涉图还原成光谱图。

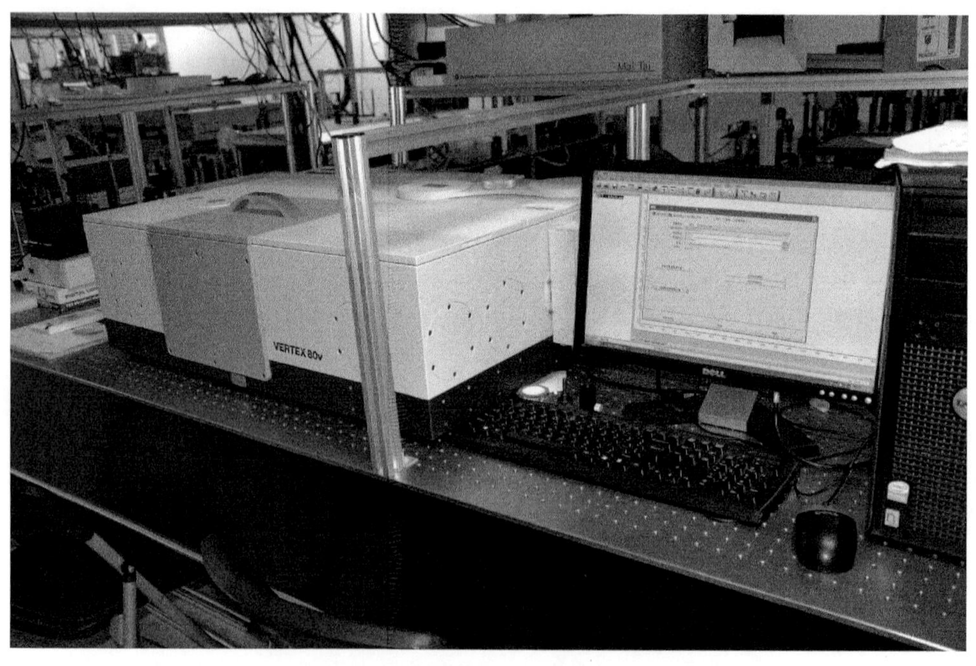

图 1　VERTEX80V 型号傅里叶变换红外光谱仪实物

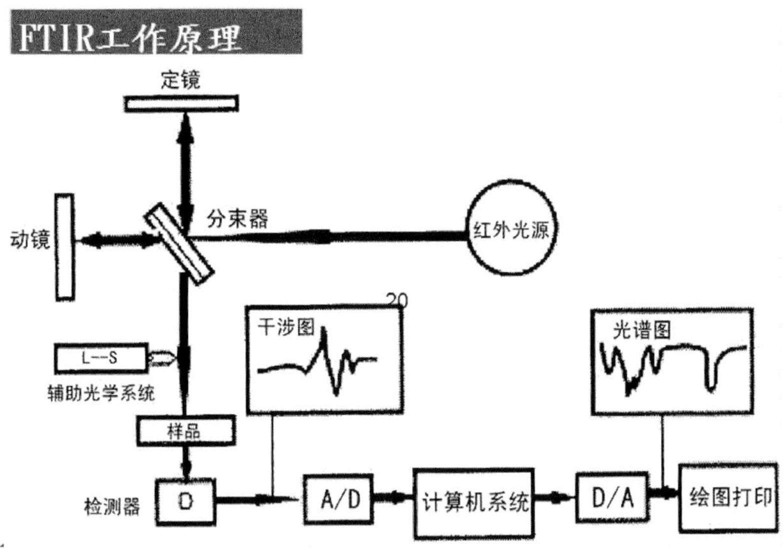

图 2　FTIR 的工作原理

由光源射来的一束红外光进入干涉仪后被分束器分为两束：一束透射光(T)和一束反射光(R)。透射光(T)经动镜的反射到分束器后又分为两部分，一部分透射返回光源(TT)，另一部分经反射到达样品(TR)；反射光(R)经定镜的反射到分束器后又分成两部分，一部分经反射返回光源(RR)，另一部分透射到达样品(RT)。也就是说，经过样品到达干涉仪检测器的有两束光，并且这两束相干光被叠加，随着动镜的移动这两光束的光程差会改变，进而产生干涉，得到干涉图，据此做出干涉图函数的傅立叶余弦变化图谱即得光谱，这就是傅里叶变换。[3]

2. 实验器材及样品介绍

(1)主要实验仪器为玛瑙研钵、压片磨具、压片机、样品夹、分子筛和傅里叶变换红外光谱仪。

图 3　玛瑙研钵、压片磨具

图 4　压片机

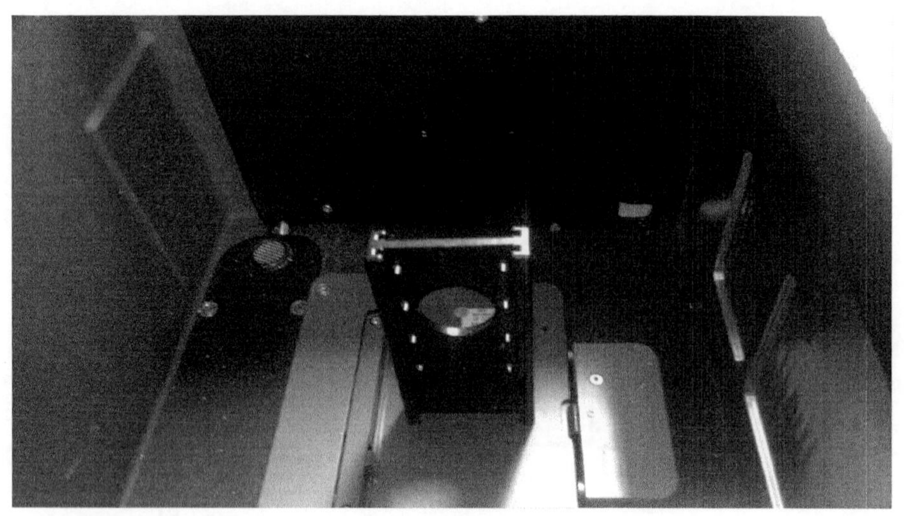

图 5 傅里叶变换红外光谱仪样品腔

表 1 不同目数分子筛对应孔径

目数	400 目	300 目	240 目	200 目	150 目
孔径	0.038mm	0.050mm	0.061mm	0.074mm	0.100mm

(2)实验所用的样品为炙没药。没药属(Commiphora)植物分泌的胶状树脂作为没药(myrrh)为世界多个国家常用植物药。现代药理学研究表明没药提取物和所含的化学成分具有细胞毒、抗细菌、抗真菌、镇痛、抗氧化、抗炎等生物活性。炙没药是一种萜类化合物，其中包含 30 多种单萜、120 多种倍半萜、50 多个三萜。此外还包含甾体、黄酮和各种糖类。之所以选择炙没药作为本次实验的药品，主要是因为其本身黏性适中很适合制片，并且其本身压片后产生的太赫兹吸收光谱吸收峰明显。

3. 具体实验操作

将炙没药研磨成粉，再加入一定量的稀释剂聚乙烯(10μm)。在实验中，我规定和聚乙烯(10μm)比例为 1∶1 进行研磨，根据过目筛的目数调整总药量，并保证聚乙烯在混合物中比例不变。将混合物研磨成均匀光滑的细小颗粒，研磨时间大概在 10 分钟左右，将研磨完的样品，大概称出 35mg，放入压片磨具中，再用压片机将其压成厚度约为 0.24mm 的薄片，所用的压力大约为 4.5 吨。样品片的厚度要尽可能的薄，这样可以减少由于非共振散射引起的高频基线漂移。

实验所用样品命名如下：炙没药，颗粒大小为 10 微米的聚乙烯，二者混合物通过不同目筛，根据通过目筛数不同分别命名。

4. 实验结果及分析

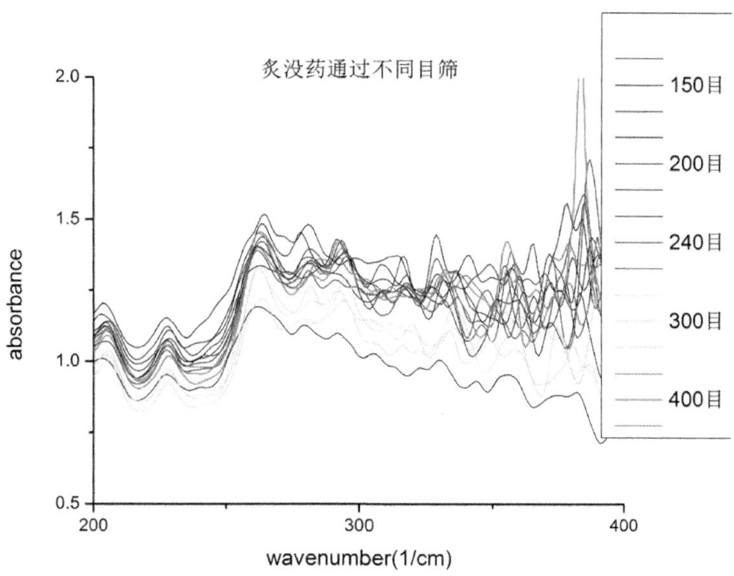

图 6　5 种样品在 200cm^{-1}～400cm^{-1}波数的吸收光谱图

我们实验将炙没药以及聚乙烯混合物通过不同的目筛并压片后放入傅里叶变换红外光谱中，分别测量 5 个样品的频域光谱图。图中横坐标为波数，纵坐标为吸光度。为验证样品重复性，所有样品均测试三次。从图 6 可以看出标志着 400 目的三条绿线基本都集中在一起，而标志着 150 目的三条黑线从开始就处于分离状态，在 250cm^{-1}还可以算是波形趋势大致相同。

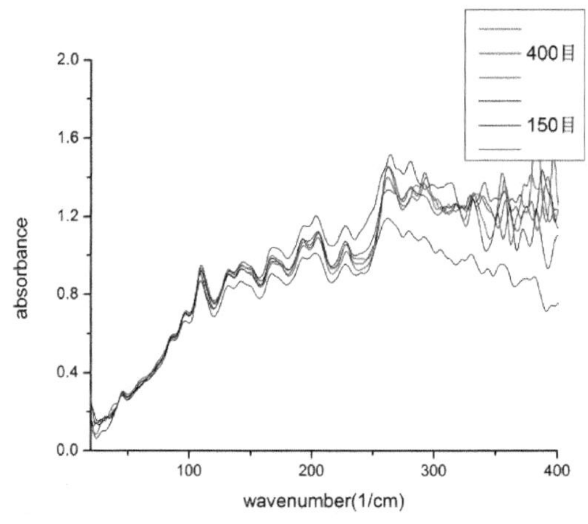

图 7　400 目和 150 目在波数为 20cm^{-1}～400 cm^{-1}的对比吸收光谱图

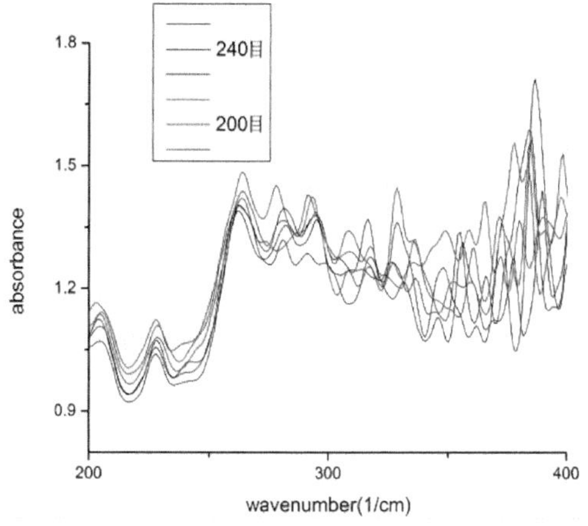

图 8　240 目和 200 目在波数为 200cm^{-1}～400 cm^{-1}的对比吸收光谱图

240 目与 200 目对比虽不太明显，但通过 Origin 软件进行取点，我们可以发现中 240 目在 $280cm^{-1}$后曲线走势开始出现分歧，而 200 目则在 $260cm^{-1}$后曲线走势开始出现分歧。所以本次实验中的数据，除 400 目与 150 目对比明显外，其他几组实验数据依然呈现出颗粒尺寸越大图像重合性越差的趋势。

根据图 7 我们不难看出。两不同目数所测量的三次光谱存在肉眼可见的明显差别。400 目的三次光谱相似性极佳，三条曲线基本重合并一直持续到了 $294cm^{-1}$左右。而 150 目的曲线仅有一开始的重复性很好，但从 $120cm^{-1}$就开始分离，虽然在之后的一段波数中三条曲线仍然能保持同样的趋势，并也能在相同的地方取得吸收峰。但图像重合程度与 400 目存在明显差别。400 目与 150 目是该实验中图像差别最明显的一组实验数据。

根据图 8 可以看出 240 目与 200 目对比虽不太明显，但通过 Origin 软件进行取点，我们可以发现图 7(a) 中 240 目在 $280cm^{-1}$后曲线走势开始出现分歧，而 200 目则在 $260cm^{-1}$后曲线走势开始出现分歧。所以本次实验中的数据，除 400 目与 150 目对比明显外，其他几组实验数据依然呈现出颗粒尺寸越大图像重合性越差的趋势。

经分析，影响实验研究的因素可能为光的散射现象。瑞利散射规律是由英国物理学家瑞利勋爵于 1900 年发现的，因此得名。为了要符合瑞利散射的要求，微粒的直径必须远小于入射波的波长，通常上界大约是波长的 1/10，并且散射光强度与入射光波长的四次方成反比，也就是说波长越短，散射越强。由于在本实验使用的是太赫兹波段光波，瑞利散射很弱并不是影响本实验的重要因素。米氏散射与瑞利散射较为相似，二者的区别在于，米氏散射微粒较大，线度接近或大于光波长。当粒子线度 a 与光波长可以比拟(a/λ 数量级为 0.1～10)甚至更大时，随着粒子线度的增大，散射光强与波长的依赖关系逐渐减弱，而且散射光强随波长的变化出现起伏，这种起伏的幅度也随着比值 a/λ的增大而逐渐减少。拉曼散射是指一定频率的激光照射到样品表面时，物质中的分子吸收了部分能量，发生不同方式和程度的振动，然后散射出较低频率的光。由于拉曼散射非常弱，强度大约为瑞利散射的千分之一。所以依旧不是影响本实验的重要因素，很明显我们的实验结果所受影响更可能是由于米氏散射所引起的。

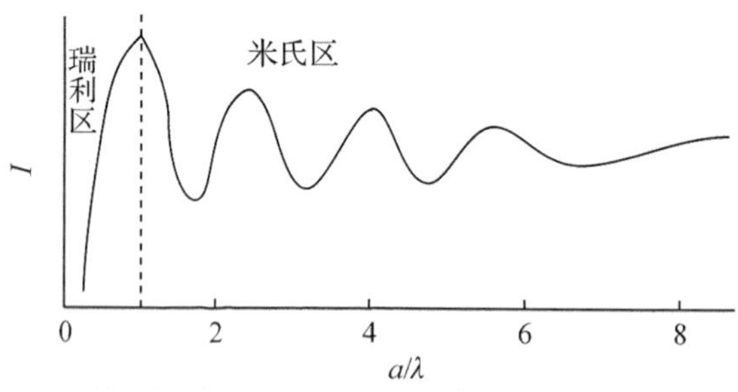

图 9　散射强度与波长的依赖关系

表 1　不同目数分子筛对应孔径

目数	400 目	300 目	240 目	200 目	150 目
孔径	0.038mm	0.050mm	0.061mm	0.074mm	0.100mm

表 2　粒子线度与光波长比值

Λ(nm)	a/λ(400 目)	a/λ(300 目)	a/λ(240 目)	a/λ(200 目)	a/λ(150 目)
100000	0.38	0.5	0.61	0.74	1
66666.67	0.57	0.75	0.915	1.11	1.5
50000	0.76	1	1.22	1.48	2
40000	0.95	1.25	1.525	1.85	2.5
33333.33	1.14	1.5	1.83	2.22	3
28571.43	1.33	1.75	2.135	2.59	3.5
25000	1.52	2	2.44	2.96	4

5. 实验结论

经过对 8 组不同颗粒采用 FTIR 系统测量的方法，研究了药品颗粒对于太赫兹光谱检测技术的粒大小的中药样品对比发现，样品的太赫兹光谱重复性和离散程度随着颗粒大小变小而减小。

(二)实验二：同种药品不同比例的炙没药测量

1. 实验原理

同实验一

2. 实验器材及样品介绍

同实验一

3. 具体实验操作

我们首先选取了 8 种炙没药，将这 8 种炙没药依次研磨成粉，并按照 1∶1～1∶10 的比例加入稀释剂聚乙烯(10μm)。通过调整炙没药与聚乙烯的数量，保证炙没药与聚乙烯的配比符合 1∶1～1∶10 的实验要求。之后将混合物研磨成均匀光滑的细小颗粒，研磨时间大概在 10 分钟左右，将研磨完的样品，大概称出 35mg，放入压片磨具中，再用压片机将其压成厚度约为 0.24mm 的薄片，所用的压力大约为 4.5 吨。样品片的厚度要尽可能的薄，这样可以减少由于非共振散射引起的高频基线漂移。最后通过 Origin 软件制图，经过光谱图像分析，从 8 种药品中选取重复性最好的药品——生艾叶进行实验分析。

实验所用样品命名如下：炙没药，颗粒大小为 10μm 的聚乙烯，二者混合物配比不同，根据通过比例不同分别命名。

4. 实验结果及分析

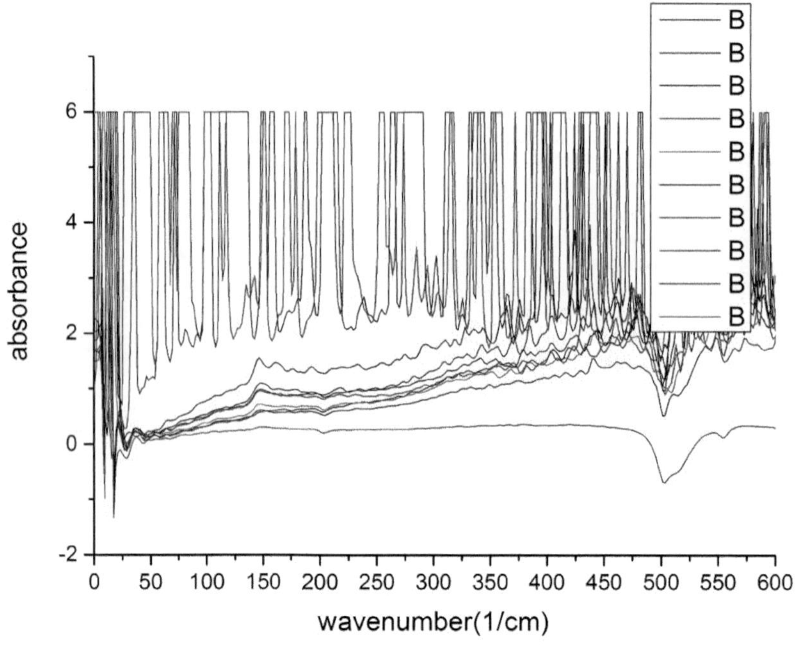

图 10　生艾叶与聚乙烯不同混合比例 1∶1～1∶10

由图像可以清晰的看出生艾叶与聚乙烯比例为 1∶1，1∶2 时吸收峰最为明显，并且随着稀释比例的增大吸收峰有普遍降低的趋势，但并不符合随着比例依次降低的趋势。而且不难看出在 450cm^{-1}～550cm^{-1}波段各比例吸收峰均有明显下降趋势。

三、总结

各种炙没药对太赫兹波具有灵敏的光谱相应，在有效的光谱测量范围，它们均有特征吸收峰，而且各个光谱之间具有明显的差异，由此利用太赫兹光谱能够有效地区分不同种类，不同分子大小，不同药物分子比例的太赫兹光谱。通过药品颗粒对于太赫兹光谱检测技术的颗粒大小的中药样品对比发现，样品的太赫兹光谱重复性和离散程度随着颗粒大小变小而减小。

参考文献

[1] 张存林．太赫兹波段与成像[J]．激光与光电子学进展，2010(2).
[2] 何明霞．太赫兹科学技术在生物医学中的应用研究[J]．电子测量与仪器学报，2012(6).
[3] 王明智．傅立叶红外光谱仪(FTIR)的基本原理及其应用[J]．科技风，2014(6).

蛋白质糖基化标记和检测技术在实验教学中的应用

曾海群　柳皖平　王安安

指导教师：李　利

（首都师范大学生命科学学院）

摘要： 蛋白质糖基化是生命体中最重要的一种蛋白质翻译后修饰之一。糖基化在细胞免疫、信号传导、蛋白翻译调控、蛋白降解等诸多生物过程中起着重要作用。随着蛋白质组学技术的不断发展，糖基化研究也越来越受到广泛的关注。因此蛋白质糖基化检测技术在条件允许的状况下，应为本科生开设的一项实验技术。我们选用一种快速直观，简便易行的检测方法——Pro－Q ®Emerald 300 Glycoprotein Gel Stain 检测技术，同时我们对这一方法进行了一些简化等改进方法，使之适应在本科教学中开设。为了让本科生在掌握实验技术的同时，又学会自主分析的能力，我们将这个技术放在一个完整的课题中，即让学生发现问题，应用所学技术解决问题并分析问题，以此保证了实验的系统性和完善性。

关键词： 蛋白质；蛋白翻译后修饰；糖基化；SDS-PAGE

一、前言

蛋白质是生命的物质基础，是构成细胞的基本有机物，是生命活动的主要承担者，没有蛋白质就没有生命。机体中的每一个细胞和所有重要组成部分都有蛋白质参与，因此蛋白质的研究在生物化学领域中非常重要。在真核细胞中普遍存在低聚糖通过糖苷键与蛋白质上特定的氨基酸共价结合的形式，主要包括 O-糖基化、N-糖基化、C-甘露糖化和 GPI(glycophos-phatidlyinositol)锚定连接(BlomN et al.，2004)。

糖基化多发生在临近脯氨酸的丝氨酸或苏氨酸残基上，糖基化位点处的蛋白多为 β 构型。O-多聚糖以逐步加接单糖的形式形成低聚糖，主要在高尔基体与细胞核或细胞质中形成。发生在高尔基体上的糖基化，起始于丝氨酸和苏氨酸羟基上连接 N-乙酰半乳糖胺、N-乙酰葡萄糖胺、甘露糖及海藻糖等的还原端；发生在细胞核和细胞质中的糖基化是在丝氨酸或苏氨酸残基上连接一个单糖——N-乙酰葡萄糖胺。在哺乳动物体内最常见的 O 糖基化形式是由 GalNAc 转移酶催化的 O-GalNAc 糖基化，进而连接 Gal，GalNAc 或者 GlcNAc 部分(Hart G. W.，1997；GavelY et al.，1990)。

N-糖基化是在内质网上由糖基转移酶催化，在内分泌蛋白和膜结合蛋白的天冬酰氨残基的氨基上结合寡糖的过程。普遍认为 N 糖基化发生在蛋白 Asn-Xaa-Ser/Thr(Xaa 为除脯氨酸外的所有氨基酸残基)序列上。C 甘露糖化是将一分子 α-mannopyr-anosyl 残基通过 C—C 键连接到色氨酸吲哚环 C—2 上。GPI 锚定连接指的是磷脂酰一纤维糖组在靠近蛋白 C 端部位结合，将蛋白连接到细胞膜上(Taylor M. T. et al.，2002；Hitchen P. G.，2006)。

我们还对试剂和仪器的选用进行了优化。基于以上改进，本科生的实验具有数据更准确，操作更方便，效果更明显的优点。实验教学，不仅要增强学生的动手能力，让学生掌握基本的实验技能，还要让学生具有自主分析的能力。为此，我们将这个技术放在一个完整的课题中，既保证了这个实验的完整性，又培养了学生的思维能力，科研能力和创新能力。我们选取小立碗藓为实验材料，小立碗藓生长所需营养简单，容易培养，故可以作为本科生的常用实验材料。

通过类似复杂度较高的实验教学，对本科生实验技能进一步提高以及科研能力的培养具有一定的作用。

二、材料培养及实验方法

(一)仪器设备

研钵、万分之一天平、离心机、旋涡机、超声机、移液枪、分光光度计

(二)试剂配置

Pro-Q ® Emerald 300 Glycoprotein Gel Stain Kit with SYPRO ® Ruby Protein Gel Stain

提取 buffer I：Tris－HCl　pH 7.8　50 mM 终浓度。

Tris：0.61 g ＋ 40mL ddH_2O ，HCl 调制 pH 7.8。

甘油：10 mL。

EDTA－Na_2：0.0037g ＋ddH_2O 到 100 mL。(储液)

Pmsf：0.1 g 溶于 10 mL 乙醇，浓度为 10 mg/mL，工作液稀释为 200 mM。

NEM：0.625 g 溶于 5 mL 乙醇中，此为 50 倍储液。

DTT：0.9255 g 溶于 10 mL ddH_2O 中。

PBS buffer：(1)100 mM $NaH_2PO_4 \cdot 2H_2O$　50 mL(0.78g)

(2)100 mM Na_2HPO_4　200 mL(2.84g)

(三) 材料培养

小立碗藓(*Physcomitrellapatens*)是在 BCD 固体培养基上进行培养，培养条件是 23 ±1℃，16h/8h 的光/暗周期，光强 150 $\mu mol/m^2 \cdot s$ (Cui et al., 2012)。将生长 15 天的小立碗藓(茎叶体和原丝体混合体)，加入适量液体培养基，用研磨机 Sepx Certiprep(美国)研磨材料成适宜的匀浆状态，吸取 1.5 mL～2.0 mL 匀浆于有赛璐玢膜的 BCD 培养基(含酒石酸胺)上，轻轻摇晃，使匀浆均匀铺开，暗培养 24h，光照培养 8 天，转到 BCD 固体培养基(不含酒石酸胺)上，生长至 20 天，收取材料。

(四)实验方法

蛋白提取、纯化及定量

1. 实验步骤

(1)称取小立碗藓茎叶体材料约 2g，加液氮研碎成粉末状，期间加入少许 PVP-40，充分研磨至粉末精细泛白，转移至 10mL 离心管。

(2)加入 2 mL 抽提缓冲液 I [50 mM Tris-HCl(pH 7.8)、10% v/v 甘油、1 mM

EDTANa$_2$、1mM PMSF 和 2% v/vβ-巯基乙醇]，充分匀浆并超声破碎 2 次，每次 2s/2s，10 cycles。冰浴 30min。

(3)离心：19000rpm，4℃，30min，留上清 4℃存。

(4)沉淀再用抽提缓冲液Ⅱ(100mM 磷酸缓冲液 pH 7.1、10%v/v 甘油、200 mM KCl、2 mM $MgSO_4 \cdot 7H_2O$、1 mM EDTANa$_2$、2%w/v CHAPS、1 mM PMSF 和 2% v/v β-巯基乙醇)悬浮起来，再对其超声破碎一次(2s/2s，10 cycles)；加入 7M Urea、2M 硫脲、30mM DTT，室温轻微摇晃 40min～1h。

(5)再离心：19000rpm，4℃，30min，取上清与上次所得上清液混合。

(6)酚抽提：加入等体积 Tris 饱和酚，振荡 10～30min。再离心(30min，15000rpm，4℃)。

(7)取酚相加入 5 倍体积饱和硫酸铵溶液(甲醇溶解 6.238g 硫酸铵定容至 500 mL，充分摇匀)，－20℃静置过夜或 14～16h 以上至出现沉淀为止。

(8)离心：15000 g，30 min，4℃。

(9)留取蛋白沉淀，丙酮(含 13mMDTT)洗涤 2 次。

(10)旋转蒸干：用冷冻真空浓缩仪(型号)，－40℃真空干燥蛋白质成干粉状。

(11)用 IEF 缓冲液[7M 尿素、2M Thiourea、4% w/v CHAPS、40mM DTT、0.5%v/v IPG buffer(pH 3～10)和 2‰ w/v 溴芬蓝]溶解蛋白粉 1～2h，充分溶解后，超声 10min，离心(17000g，30min，20℃)以去除未溶解的蛋白或其他杂质。

2. 蛋白质定量使用改进的 Bradford 方法(Cui et al.，2009)，BSA 作标线

步骤简述如下：

(1)标线绘制：用 BSA 梯度绘制标准蛋白含量曲线；

(2)取适量蛋白液加入 40 uL TCA(10%)，静置 5min；

(3)离心 16000 rpm，5 min，18℃，弃上清；

(4)洗涤：100 uL 丙酮洗涤沉淀重复一次；

(5)溶解：向沉淀加入 40 uL NaOH(0.1 mol)，溶解 10 min，使蛋白充分溶解；

(6)测量 OD 值：加入 1mL CBB-G250 充分混匀，尽快测出蛋白样品的吸光值(595nm)，记录并比对标线，计算出蛋白浓度。

SDS-PAGE：装板→胶液配制→灌胶→点样→电泳。

3. 糖基化蛋白的 Pro-QE merald 染色

(1)溶解 Pro-QE merald 染料：DMF 溶解染料，充分溶解后离心，保存于－20℃冰箱。

(2)固定：完成电泳后，用 100 mL 固定液(50%甲醇，3%乙酸)固定凝胶 30 分钟，换上新的固定液过夜固定。

(3)用 MilliQ 纯水洗脱固定凝胶 2～3 次，每次 30min 至 1h。

(4)糖基氧化：用氧化性溶液孵育凝胶 30min。

(5)再洗脱：用纯水再清洗 3 次，每次 15min。

(6)染色：用稀释好的染色液，染凝胶 1.5～2h。

(7)清洗：用纯水再清洗 2 次，每次 15min。

4. 实验结果

(1)蛋白质定量标准曲线

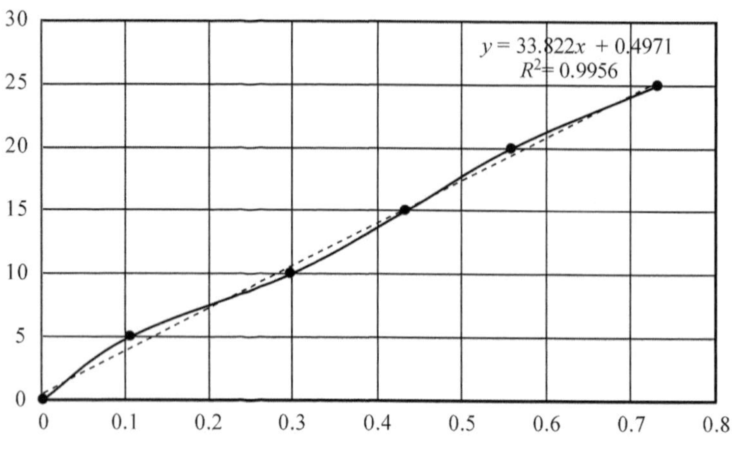

图 1　蛋白质定量标准曲线

通过 BSA 标准样做标准曲线，样品的浓度定量的相对准确度依赖标准曲线的绘制，合适的标准曲线其 R^2 小于 1 而大于 0.99 以上。

(2)蛋白定量：每克藓重小立碗藓，蛋白获取率达 2.5 mg/g。

(3)小立碗藓全蛋白 SDS-PAGE 图谱

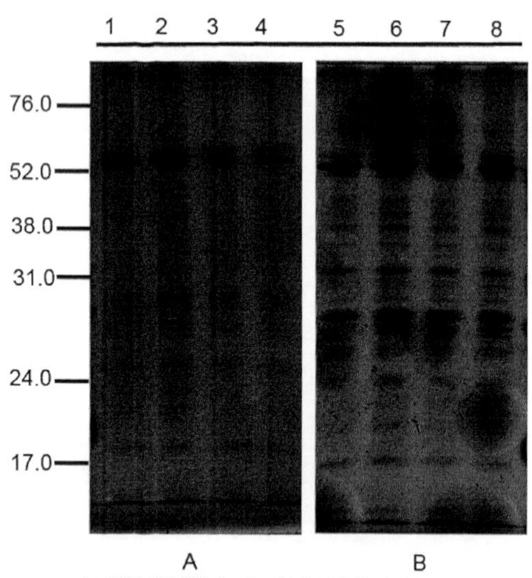

图 2　SYPRO®-RPGS 及 Pro-Q® EGS 染色的凝胶图谱

A 是 SYPRO®-RPGS 染色；B 是 Pro-Q® EGS 染色的图谱。图上 1、2、3、4，分别是小立碗藓全蛋白不同的上样量；5、6、7、8 与 1、2、3、4 蛋白相同。

通过 Pro-Q®EGS 以及 SYPRO®-RPGS 预染色 SDS－PAGE 一向胶，摸索出这两种染色方法的最适浓度，及最优步骤。分别是 Pro-Q®EGS 染料可以按照其公司推荐的浓度再稀释 3 倍，增加 0.5h 的染色时间同样能达到预期实验目的。

（4）糖蛋白及全蛋白图谱

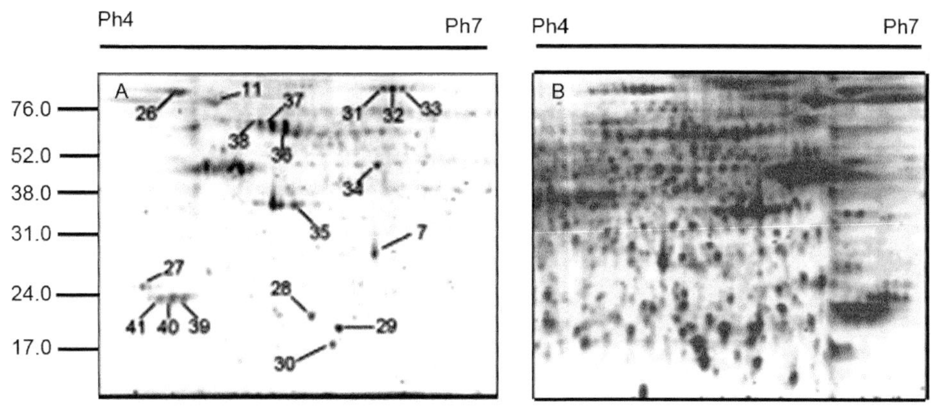

图 3 SYPRO®-RPGS 及 Pro-Q® EGS 染色的 2-D 凝胶图谱

右侧图谱是 SYPRO®-RPGS 染色；左侧图谱是 Pro-Q® EGS 染色的图谱。

通过 2-D 实验分析，我们在小立碗藓茎叶体全蛋白谱图上成功检测到 20 个糖蛋白点，后期的蛋白质谱鉴定正在进行中。

5. 讨论

（1）方法的创新

蛋白翻译后修饰是个复杂的生物学过程，其研究方法更是繁复而步骤繁多，本科生不易掌握，我们通过实验确立了一个相对快捷，实验步骤相对简单的蛋白质糖基化修饰的一套适合本科教学的实验方法。

（2）试剂的选择

在众多的烷基化试剂中，我们选择 Pro-Q ®Emerald 300 Glycoprotein Gel Stain Kit with SYPRO ® Ruby Protein Gel Stain 试剂盒。方便快捷，易操作。

（3）仪器的选用

本实验选用超声细胞破碎仪，因其有保持细胞活性、省时、样品损失少等优点，已为目前在生物生产中最常用的破碎方法。然而该仪器在本科生教学中很少应用，本实验可增加学生对该仪器的熟悉度。

（4）实验方案的确立

本科生实验教学具有很大的改革空间。以往，我们都是将技术独立于实验背景，纯粹为了让本科生掌握一本技术而进行实验操作，那样会让学生觉得实验操作单调无趣。现在，我们将实验技术融入一个小课题中，让学生发现问题，分析问题，利用所学技术解决问题，达到学以致用，学有所思的效果。此种教学方法具有普适性，可以广泛应用于本科生其他实验操作中。

参考文献

[1]Blom N., Sicheritz Pontén T., Gupta R., et al. Prediction of posttranslational glycosylation and phosphorylation of proteins from the aminoacid sequence[J]. Proteomics, 2004(4): 1633－1649.

[2]Hart G. W. Dynamic Olinked glycosylation of nuclear and cytoskeletal proteins[J]. Annu Rev Bio-

chem, 1997, 66: 315—335.

[3]Gavel Y., von Heijne G.. Statistical studies of N-glycosylated proteins have indicated that the frequency of nonglycosylated Asn-Xaa- (Thr/ Ser) sequons increases toward the C terminus[J]. Protein Eng, 1990, 3: 433—442.

[4] Taylor M. T., Drickamer K. IntroductiontoGlycobiology [M]. Oxford: Oxford University Press, 2002.

[5] Hitchen P G., Dell A., Bacterial glycoproteomics[J]. Microbiology, 2006, 152(Pt6): 1575—1580.

[6]Zhou H., Liu Y., Chui J., et al., Investigation on glycosylation patterns of proteins from human liver cancer cell lines based on the multiplexed proteomics technology[J]. Arch Biochem Biophys. 2007, 459(1): 70—78.

优化木糖转运蛋白的表达水平

张若昕　赵林芃　郑思琦
指导教师：曹利民
（首都师范大学生命科学学院）

摘要： 在食品级安全的细胞工厂酿酒酵母(*Saccharomyces cerevisiae*)中，通过引入木糖代谢的最初利用途径，可以使细胞代谢旺盛，共发酵葡萄糖和木糖生产乙醇。文献表明，细胞有氧发酵中呼吸和发酵途径的代谢通量分布并不依赖于底物的类型而是底物进入细胞的运输速率。鉴于此，我们采用分子生物学的手段在实验室原有酵母菌 WXY15 的基础上进一步改造，以丙酮酸激酶(pyk1)为调控中心，同时优化其木糖转运蛋白的表达水平，并增加拷贝数，从而进一步提高酵母利用木糖产生乙醇的效率。前期主要利用快速克隆 GGA 技术构建含有 mgt(木糖转运蛋白基因)和 pyk1(丙酮酸激酶基因，作为糖酵解的限速酶)的质粒(T3)，在前期工作中，已经转入了质粒 T1 和 T2，它们是额外表达木糖代谢的基因，经过基因的克隆，筛选，扩增，验证成功之后，向前期酵母菌株中共转入 3 组质粒(T1、T2、T3)，使目的基因成功表达，从而得到新的工程菌株。将新菌株在葡糖糖浓度为 41.3g/L 和木糖浓度为 44.2g/L 的底物环境下发酵后，利用高效液相色谱(HPLC)检测优化菌株的代谢产物，新菌株经过 48h 发酵可以产生 39.72g/L 的乙醇，糖醇转化率达到 46.5%，为理论最大值的 91.1%。实验还在进行中，由于时间关系，后期数据仍在处理中，经过初步检测乙醇的实验结果，我们可以证明，当菌株转入木糖转运蛋白基因 mgt 和丙酮酸激酶基因 pyk1 后，对提高前期酵母菌株代谢乙醇的效率起到了一定的作用。

关键词： 酿酒酵母；乙醇；GGA；HPLC；木糖转运蛋白(mgt)基因；丙酮酸激酶(pyk1)基因

借着本次实验室开放基金的机会，我们第一次进了我们学校的科研实验室，也是第一次和大家一起合作努力去完成完整的一个的基因构建，克隆，筛选，表达的最基本的实验流程。一开始老师就会给予了我们非常丰富和耐心的指导，帮助我们融入这个一开始有些陌生的实验室。在研究中遇到了很多的困难，对实验器材及试剂的不熟悉，实验方案屡次不成功时，我们会先一起积极思考，想明白原理后去分析结果解决问题，遇到不懂的地方的时候，我们小组也会积极地和老师一起商量改进方案，并将老师讲的各种仪器和试剂的配制及使用方法认真记在本上，在实验中，我们互相探讨，互相提醒，努力追求精准。在实验后，及时整理实验记录本，以供我们小组后续其他同学使用和集体讨论。每次做完一个实验内容，我们小组都会集体讨论一下实验中可取之处，下一步的方向，若是失败还会讨论实验失败的原因，以及改正方案。老师也经常关注我们的实验进展，提供一些方法上或操作上的建议。结题之际，非常感谢实验室的学姐学长，以及老师对我们的耐心帮助与指导。

一、实验方法

1. 研究的对象及其取样

研究对象为酿酒酵母 WXY15(实验材料来自于实验室培养菌种)。

2. 仪器设备的应用

(1)离心机

在实验中，为了使加入 EP 管的液体充分混合，可以用离心机适当离心使溶液混合均匀；另外，在电泳完成后切胶回收提取 DNA 的时候也需要离心处理。

(2)广口瓶和灭菌锅

培养大肠杆菌所用的培养基需要自己配制并且放入灭菌锅中 120℃灭菌 2 小时。

(3)超净工作台

实验中对于灭菌后的培养基的分装以及大肠杆菌的接种都有严格的无菌环境要求，所以都需要在超净工作台中进行。

(4)恒温摇床

对大肠杆菌感受态细胞和 PCR 产物形成的菌液进行摇床培养，使其充分融合。

(5)PCR 仪

我们实验中使用的是普通 PCR 仪，用于扩增目的基因，是整个实验中最基础的一步，将目的基因、引物、酶等加好之后设定讨论好的程序即可开始。

(6)微波炉、锥形瓶和电泳仪

电泳是验证 PCR 产物的最直接的方法，电泳凝胶的配制需要用酒精溶解琼脂糖粉末并用微波炉加热使其充分溶解并形成均匀的溶液，在凝胶槽上选择孔径大小合适的梳子、将溶解好的琼脂糖倒在凝胶槽上、冷却；

制作好的凝胶板放入电泳槽中(点样孔在负极也就是黑色电极一端)，加酒精至没过凝胶板，接好电源、调好参数，就可以开始跑电泳。

(7)全自动凝胶成像分析系统

该系统配置高分辨率高灵敏度 CCD 摄像头，自动软件分析，仅通过计算机鼠标的操作，就可完成从图像采集、图像分析到数据输出的过程，在实验中，将完成电泳的凝胶放入机器中，计算机会自动成像，方便我们更直观的检测电泳结果。

(8)HPLC 高效液相色谱仪

HPLC 具备贮液器、高压泵、梯度洗提装置(用双泵)、进样器、色谱柱、检测器、恒温器、记录仪等主要部件，测定数据传输至计算机系统进行数据分析与图表绘制，最终向我们展示包含峰值的色谱图，我们根据色谱图进行相关实验分析。

3. 相关因素和无关因素的控制

在实验中，最基础也是最重要的就是 PCR 这一步，当我们不知道用多少引物能够更高效的时候，我们通常会做几管平行的，分别加入不同量的引物，体积相差的部分用水补齐；另外，在进行 PCR 延伸这一步的时候，也会适当调节其时间长短，以达到最优。实验中的其他条件都是相同的，包括人工操作、时间长短、物质的量等等。

4. 操作程序与方法

(1)扩 T3 基因(PCR、跑电泳以及切胶回收)

PCR 程序：95℃ 3min、95℃ 10s 、55℃ 5s、72℃ 20s、72℃ 10min(延伸 1kb/5s) 16℃ hold。

50uL 体系：模板 100ng、引物一对各 2uL、酶 mix 25uL、ddH_2O 补齐。

(2)T3 基因转化至大肠杆菌细胞内

GGA：(15uL 体系：按比例配置模板＋质粒＋promoter＋T4 DNA buffer＋Bsa＋BsaI＋T4 DNA ligase＋ddH_2O 补齐)。

化转大肠：冰上小心操作，PCR 产物和感受态细胞冰上混合 30min 后热激 45s，无抗 LB 摇床培养 1h。离心去掉大部分上清液并将剩余上清与沉淀混合均匀涂在 LBK 培养基平板上，倒置过夜培养。

(3)对是否转入成功的筛选

若 16～20h 后有白色菌落产生(并不能说明一定含有连接好的目的基因，可能有很多其他情况)可以挑一些白色菌落做菌落 PCR，菌落 PCR 成功后跑电泳并切胶回收(质粒小提试剂盒)。

菌落 PCR：同普通 PCR，酶用专用的酶。

QiaGen 质粒小提试剂盒：步骤见说明书。

(4)此时收到的质粒送测序、测序正确后保存备用。

(5)T4 基因同步骤(1)～(4)。

(6)质粒片段构建(构建片段 site1-G418-L3、L3-T3-L4、L4-T4-L5、L5-site2)。

先分别 PCR 扩增各个片段。用重叠延伸 PCR 或 GGA 的方法(GGA 的片段要重新用 GGA 引物扩增后才能使用)连接以上各个片段。

5. 片段连接成完整质粒并导入酵母菌细胞中

转酵母菌的过程和转大肠杆菌的过程类似，热激的温度变为 42℃，培养基有所改变。

6. 重组的酵母菌进行葡萄糖木糖共发酵

重组酵母菌株的培养首先是在有氧的环境下、在 YPD 培养基中在 30℃下培养过夜，将细胞在 4℃下 3000rpm 离心后用无菌水洗两次，再将酵母菌细胞转移到装有 30mL YP 的 50mL 锥形瓶中(10g/L 酵母提取物，20 g / L 蛋白胨)里面含有 50g/L 木糖和 50g/L 葡萄糖在 30℃120rpm 摇床上发酵。初始接种量是 4g/L，培养瓶用封口膜密封，培养过程最初是有氧的，随着培养的进行，渐渐地变成氧气限制。整个发酵的实验做了 2 次平行实验。实验过程中定时对代谢产物乙醇和木糖醇，以及木糖和葡萄糖的含量的变化进行测量。

7. 代谢物测量(用 Waters Alliance 2695 HPLC 进行分析)

用 Waters Alliance 2695 HPLC(Waters，Milford，USA) 对葡萄糖、木糖、木糖醇和乙醇进行了分析。HPLC 包含一个 Aminex HPX 87 h 柱子(Bio －Rad，美国)与流动相 5mm 的硫酸连同水域 2410 折射率对光控可变探测器，流量是 0.6 mL / min，柱温度和检测温度分别是 30℃和 55℃。

二、研究结果与分析

1. 成功构建 T1、T2、T3 质粒(其中 T3 质粒的构建工作由本小组成员完成，T1 和 T2 的构建主要基于实验室前期研究工作)。

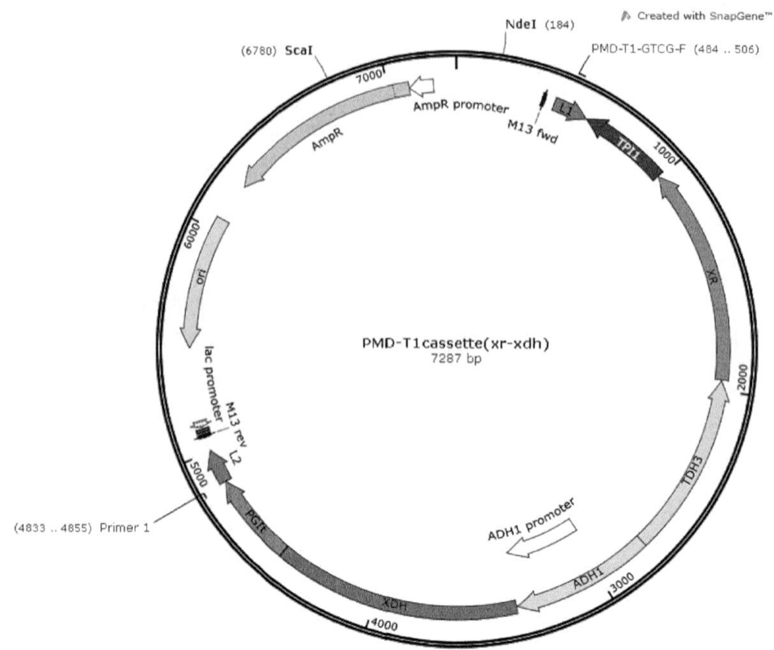

图 1　T1 质粒构建完成的效果图

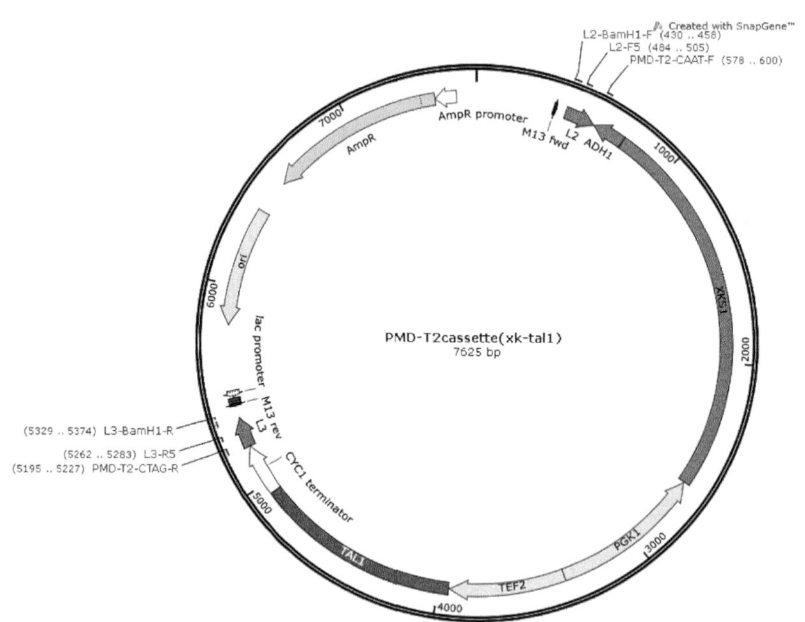

图 2　T2 质粒构建完成的效果图

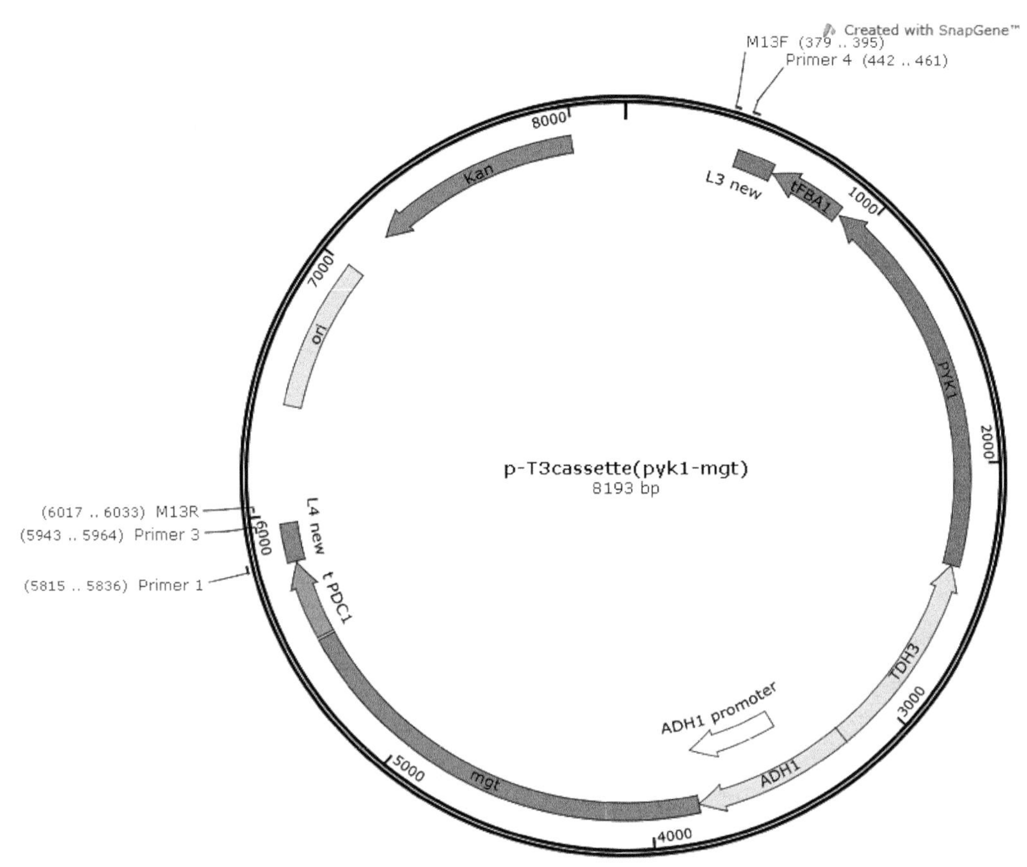

图 3 T3 质粒构建完成的效果图

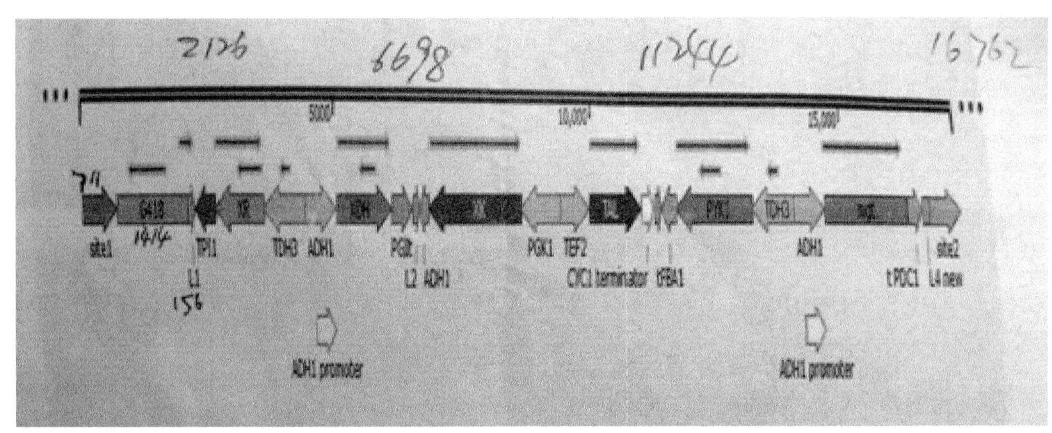

图 4 几组 T 质粒在酵母细胞中的拼接效果

2. 成功转入酵母，验证结果中左端 site2-G418-L1-T1 验证成功但是右端 L4-site2-T3 并没有验证成功。

3. 高效液相检验结果

新的工程菌株在葡糖糖浓度为41.3g/L和木糖44.2g/L的底物环境下，新的工程菌株经过48h的发酵可以产生的乙醇浓度为39.72g/L，糖醇转化率达到46.5%，为理论最大值的91.1%。

三、讨论

1. 开始我们多次连接site1－G418－L1(site2：750bp，G418：150bp，L1：150bp)，分别尝试使用重叠延伸PCR和GGA的方法，但均未成功，效果也不是很好。重叠延伸PCR时，2个短的片段很容易拼接成功，但是和第三个拼接的时候就比较难了。可能是因为三个片段的差长度差异太大，模板不容易和引物正确配对成功。

2. 做大肠转化的时候，LBK平板为什么有的时候长不出菌落？或者菌落过小？

没有菌落在选择性平板上生长可能是在涂板的时候涂布器温度过高烫死了大肠杆菌，也有可能是E. coli的感受态状态不好或转化时间过短，没有吸收把质粒吸收进去。也有可能是因为前一天摇菌时间不足，致使涂布的菌液中菌体浓度过低。菌落过小时可以延长培养时间。另外，遇到这种情况时，要多挑几个菌落验证。第一次实验时要做一个空白对照，以确保所用试剂以及环境中没有污染，LBK平板结果可靠。

3. 实验的改进

当然，对照组的数据才能更有力的说明实验结果是否确实提高了菌株产乙醇的效率，所以带有对照组的实验正在进行中。同时，在利用HPLC测定乙醇产量时，组内的数据平行性不高，可以通过多次进样、延长发酵时间、混匀样品等途径解决。

一开始的实验设计是T1、T2、T3、T4四个质粒，因为T4的构建一直未能测序成功，所以改变实验方案，舍弃了T4质粒，具体原因还不能确定，可能是因为模板浓度太低，长度不一导致连接不成功。

由于时间关系，我们把T1、T2、T3三个质粒同时转入了酵母菌，根据现有实验结果现在还不能判断是否是我们主要构建的T3质粒在提高乙醇产量的过程中起了重要作用，所以有时间的话应该分别转三种质粒再一起转进酵母中，对比实验结果，判断哪个基因更有效。

4. 未来展望

乙醇的产率目前已经很高了达到了理论最大值的90%以上。接下来的研究问题应该是如何使乙醇的产率变得稳定并且作为工程菌株可以进一步投入生产。我们都知道新一代能源汽车很可能选用乙醇作为其主要的清洁能源，所以如何将我们的工程菌株投入发酵罐或生产线时同样能保持一个较高的产乙醇的效率是进一步研究的问题。

四、结论

实验还在进行中，由于时间的关系，进一步的数据仍在处理中，经过初步的乙醇测定的数值可以推测出木糖转运蛋白和丙酮酸激酶基因的转入可以对进一步提高酵母菌的产乙醇的效率起到一定的作用。

拟南芥渗透胁迫应答突变筛选系统的建立

黄杰芳　王羽翕　刘文文

指导教师：包　方

（首都师范大学生命科学学院）

摘要： 干旱胁迫是世界范围内限制作物产量的主要环境因素之一。活性氧(ROS)的爆发和胞内钙离子浓度([Ca^{2+}]$_{cyt}$)波动是植物干旱/高渗胁迫应答的早期反应，本课题以甘露醇处理制造干旱胁迫，以拟南芥为植物材料，通过酶标仪检测拟南芥中的ROS或[Ca^{2+}]$_{cyt}$变化，试图以此建立一套新的突变体筛选体系，以期通过对干旱胁迫应答早期反应缺陷的拟南芥突变体的筛选，鉴定植物干旱/高渗胁迫应答早期反应中的关键基因。

关键词： 渗透胁迫；突变体筛选系统；ROS；[Ca^{2+}]$_{cyt}$；*Arabidopsis thaliana*

一、研究背景

干旱胁迫是世界范围内限制作物产量的主要环境因素之一。植物在分子、细胞和生理生化等水平上进化出一系列的应答机制，以保护自身免受干旱胁迫带来的有害影响。

其中，植物激素脱落酸(ABA)在胁迫应答过程中起着重要作用。ABA处理可促进保卫细胞中活性氧(ROS)的产生，进而影响离子通道活性，调控保卫细胞渗透势，促进气孔关闭等作用。可见，ROS的产生是植物干旱/高渗胁迫应答的早期反应[2]。已知辣根过氧化物酶(HRP)能够催化ROS分解，产生O_2，O_2又可以进一步氧化Luminal产生荧光，这样，就可通过酶标仪测定的荧光信号间接反映ROS的释放量。

此外，Ca^{2+}是一种重要的第二信使，在各类信号转导途径中具有重要功能[3]。当植物受到外界生物或非生物的刺激时，会引起内质网等钙库中的Ca^{2+}外流，导致胞质[Ca^{2+}]改变。干旱胁迫同样能够使细胞质基质中的[Ca^{2+}]发生改变，因此胞质内钙离子浓度[Ca^{2+}]$_{cyt}$改变也可作为植物体应答逆境反应的指标。水母荧光蛋白(Aequorin)是一种结合钙离子的发光蛋白，由脱辅基蛋白(原水母发光蛋白)和一个辅荧光素分子腔肠素组成。该蛋白含有三个EF手形钙结合位点。当这些位点被钙离子所占据时，水母发光蛋白的构象发生改变，将腔肠素转化成coelenteramide，而当激发的coelenteramide回复到基态时，产生的蓝色荧光(λ= 469 nm)可以被化学发光仪探测到[2]，因此，基于这种方式，表达水母发光蛋白的拟南芥植株可被用于检测胞质钙离子浓度，以及其在受到一些试剂或环境诱导时的细胞内[Ca^{2+}]$_{cyt}$变化。

本课题试图利用上述原理，建立一套新的突变体筛选体系，筛选受到干旱胁迫应答早期反应缺陷的拟南芥突变体。我们利用甘露醇模拟干旱胁迫筛选拟南芥抗旱突变体，并通过对其形态学及生理生化指标(活性氧释放量或[Ca^{2+}]$_{cyt}$变化)的测定来鉴定高渗胁迫应答突变体，预期找到植物干旱/高渗胁迫应答早期反应中的关键基因。

二、材料与方法

(一)通过检测过氧化物释放量筛选胁迫应答突变体

1. 实验材料

1.1　拟南芥材料：Columbia－0 野生型拟南芥

1.2　实验试剂：Luminol(购自 Sigma)、HRP(购自 Sigma)、甘露醇、MQ 水。

2. 实验方法

2.1　种子表面消毒及无菌培养

在超净台中用70%乙醇对种子消毒 2 min，再用 10%漂白水灭菌 10 min，无菌水冲洗 5 次，此后加 1 mL 水－4℃低温处理 2～3 天。将已灭菌的拟南芥种子接种到分装于 96 孔板的 1/2MS 培养基上，21℃～23℃，16 h 光照/8 h 黑暗条件下培养约 10 天后，可用于胁迫处理和 ROS 检测。

2.2　培养基

配置 1/2 MS 植物培养基，100 mL MQ 水，0.22 g MS 盐，1 g 蔗糖，0.8 g 琼脂，高压蒸汽灭菌 15 min。之后将培养基分装至 96 孔板，每孔 200 μL。

2.3　溶液配置

按下表配母液和工作液，母液用锡箔纸遮光包裹，Luminol 置于－20℃，HRP 置于－4℃保存。

	母液	工作液 1	工作液 2
Luminol(100 μM=17 μg/mL)	17 mg/mL in DMSO(100 mM)	2μL	2μL
HRP(10 μg/mL)	10 mg/mL in water	2μL	2μL
甘露醇	0.2 mol/L	2 mL	0
MQ 水	—	0	2 mL

2.4　ROS 检测

将在 96 孔板生长的幼苗，或叶盘(取自生长 5 周左右的拟南芥叶片，用 3.8 mm 打孔器取叶盘)，分别放入 96 孔板中，每孔加入 150 μL MQ 水，浸泡 20 h 或以上，以消除取材过程中叶片受伤产生的影响。

之后，吸出 96 孔板中的 MQ 水，加入 100 μL 工作液。将 96 孔板放入酶标仪(由李乐攻老师实验室提供)，设置参数，检测不同时间的 OD600 读数，以确定 ROS burst 出现的时间和峰值。

(二)通过检测胞内钙离子浓度变化选胁迫应答突变体

1. 实验材料

1.1　植物材料：稳定表达水母荧光蛋白的 Columbia－0 拟南芥株系(Aq)及其经 EMS 诱变的 T2 代。Aq 种子由李乐攻教授实验室提供。

1.2　实验试剂：甘露醇，$CaCl_2$,腔肠素，MQ 水。

2. 实验方法

2.1 种子消毒

在超净台中用70%乙醇对种子消毒2 min，再用10%漂白水灭菌10 min，无菌水冲洗5次，此后加1 mL水，－4℃低温处理2～3天。

2.2 配置培养基

配置1/2 MS植物培养基，100 mL MQ水，0.22 g MS盐，1 g蔗糖，0.8 g琼脂，高压蒸汽灭菌15 min。之后将培养基分装至96孔板，每孔200 μL。

2.3 种子培养

将已灭菌的拟南芥种子接种到分装好的培养基上，于恒温光照间培养10天。

2.4 腔肠素处理

每孔加入20 μL的10 μM的coelenterazine，黑暗处理16 h或以上。

2.5 酶标仪检测

将96孔板放入酶标仪，设置参数，通过酶标仪滴加甘露醇，检测不同时间的荧光读数，以确定峰值出现的时间和峰值。

三、实验结果

(一)通过检测过氧化物释放量筛选胁迫应答突变体

为确定ROS检测体系的可行性，我们在96孔板中加入H_2O_2，随后加入含有Luminol和HRP的工作液，结果检测到了荧光信号，说明该体系可以用于检测过氧化物。向叶盘上加入MQ水进行的阴性对照处理中没有出现荧光峰值。然而，用甘露醇对拟南芥叶盘或幼苗进行的高渗胁迫处理中也未能检测到荧光信号。

(二)利用水母荧光蛋白(Aq)检测胞内钙离子浓度变化的条件优化

实验需要预先将腔肠素溶液施加到Aq幼苗叶片上，我们尝试在腔肠素溶液中加入不同浓度的Tween20，以提高其在叶表面的附着效果，并在Mannitol处理后检测每个个体的荧光信号强度。当不加入Tween20处理时，突变体产生荧光的平均值为5733.39，标准差为10062.49；当加入0.01% Tween20处理时，突变体产生荧光的平均值为6017.10，标准差为4320.79；当加入0.10% Tween20处理时，突变体产生荧光的平均值为10231.02，标准差为8259.55；当加入1.00 % Tween20处理时，突变体产生荧光的平均值为35180.35，标准差为49287.11。结果显示，不加Tween20的处理，荧光峰值读数标准误非常大，随着Tween20浓度的增加，荧光强度平均值也随着升高，但标准误差也在逐渐增大，只有添加0.01% Tween20的处理中，标准误差最低，且荧光读数峰值的平均值与只加腔肠素溶液的处理相当。

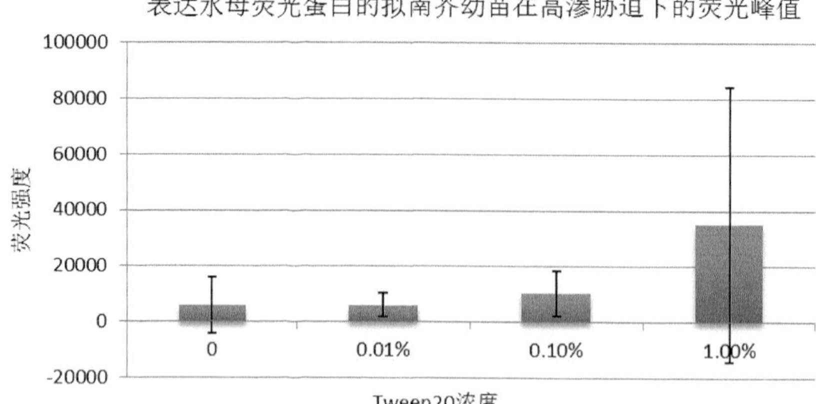

四、讨论

(一)通过检测过氧化物释放量筛选胁迫应答突变体

如上述结果显示，本实验用叶子做的数次测验均无峰值产生，所以，我们猜想原因如下：

(1)由于本实验采用叶盘和拟南芥幼苗面积过小，导致每个小孔中植物材料产生的ROS量有限，低于酶标仪测量精度，所以没有检测到荧光信号。

(2)本实验使用透明的96孔板放入酶标仪中进行检测。由于孔板透明，所以光可以穿过孔板，导致可能被检测的荧光量减少。所以，应尝试将96孔板换为不透光的白色96孔板，这样可以避免光的损失。

(3)目前尚不确定在加入甘露醇后，叶片产生ROS的峰值出现时间。我们设定每个小孔的测定时间为20 s，这个时间可能比较短，尚未检测到荧光的峰值，所以应该将每个小孔的测定时间加长，确保可以捕捉到荧光产生的峰值。

(二)利用水母荧光蛋白(Aq)检测胞内钙离子浓度变化的条件优化

本实验采用水母荧光蛋白(Aq)检测胞内钙离子浓度变化。我们证明了用甘露醇处理拟南芥幼苗后可以检测到Aq蛋白所发的荧光信号，证明该方法可行。然而，我们也注意到，荧光强度的个体差异相当大，标准误差甚至可达平均值的两倍左右。这样非常不利于突变体的准确鉴定。原因之一可能是腔肠素溶液不能很好地附着在拟南芥幼苗叶片上，导致不同个体对腔肠素的吸收不同。为了加强腔肠素对叶片的附着，本实验采用一系列浓度梯度的Tween20进行处理。不加Tween20的处理时，荧光峰值的平均值较低，标准误差较大，这可能是由于腔肠素不能很好附着在叶片上，导致甘露醇胁迫后有些叶片释放出的Ca^{2+}没有全部与腔肠素结合，测量值小于实际值，测出的荧光值较低，同时也造成不同突变个体之间的差异较大。随着加入Tween20浓度的增加，荧光峰值平均值增大，叶片表面腔肠素与细胞内释放的Ca^{2+}结合程度更高，但同时标准误差增大，不同突变个体之间的差异增大。只有当Tween20浓度为0.01%时，实验结果较不加Tween20处理时的荧光峰值高且标准差低，所以，采用0.01%Tween20进行处理为最佳。

参考文献

[1] Axel Mithöfer and Christian Mazars(2002) Aequorin-based measurements of intracellular Ca^{2+}-signatures in plant cells. Biological Procedures Online, 4(1): 105—118.

[2] John M Smith and Antje Heese (2013) Rapid bioassay to measure early reactive oxygen species production in Arabidopsis leave tissue in response to living *Pseudomonas syringae*. Plant Physiology, 163: 471—485.

[3] John M Smith and Antje Heese (2014) Rapid bioassay to measure early reactive oxygenspecies production in Arabidopsis leave tissue in response to living *Pseudomonas syringae*. Plant Methods, 10: 6.

[4] Leonie Steinhorst and Jörg Kudla (2013) Calcium and Reactive Oxygen Species Rule the Waves of Signaling. Plant Physiology, 163(2): 471—485.

[5] 张娇娇，江力，杨杰，等. 拟南芥抗旱突变体的筛选和鉴定[J]. 合肥工业大学学报，35(4): 531—535.

[6] 杨杰，江力，张娇娇，等. 拟南芥抗旱突变体 vem1 对 NaCl 和 ABA 胁迫的响应[J]. 植物生理学报，2013(4): 337—342.

得失背景下社会比较对公平决策的影响

王春生　刘昕鹤　杨　悦
指导教师：罗　劲
（首都师范大学教育学院）

摘要：公平是人类社会的基本价值理念和行为，而公平决策是消除人际间不平等、解决公平问题的重要方式和手段。社会比较是公平决策的先决条件，大量研究已经发现社会比较会影响公平对公平决策的影响也无人探究。因此，本研究分别在赢得和损失的背景下，进行多人分配和分配多决策，但多是从多个回应者的角度，而少有探讨多人分配的情况。另外，损失背景下社会比较人的UG实验，考察得失背景和社会比较对人类公平决策的影响。两个实验的结果均表明，分配方案的公平性、和第三方比较，以及公平分配的背景都会影响人们对分配方案的决策时间，接受率和公平感。当分配方案是公平的，且相对于第三方处于有利地位时，人们对分配方案的接受率和公平感评定最高，决策时间最短。而当分配方案是不公平的，且相对于第三方处于不利地位时，人们对分配方案的接受率和公平感评定最低，决策时间最长。另外，相比于获得背景，损失背景下的决策时间更短、对分配方案的公平评定更低、但接受率更高。我们的研究同时从多人分配和分配多人的角度，揭示了得失背景下社会比较对公平决策的不同影响。在随后的ERP研究中发现，由于社会比较的影响，P300明显分成了两段：前段(320～450ms)对比自己更差更敏感，后段(450～650ms)对比自己更好更敏感。此外，在进一步的时频分析中，我们发现400～600ms 20～28Hz频段对比自己更好更敏感，在600～800ms 20～28Hz频段上对比自己更差更敏感。

关键词：公平决策；社会比较；得失背景；ERP

1. 引言

公平是人类社会的基本价值理念和行为准则，也是人类社会文明进步的重要标志(Y. Zhou，Wang，Rao，Yang & Li，2014)。国际权威杂志*Science*有关研究不公平的专刊称：人们在社会交往中，如果受到不公平待遇，人际间的信任感就会降低，合作将难以为继，而有了公平，就能够促进人际间持续合作，不断推动经济社会发展进步(Brosnan & de Waal，2014；Chin & Culotta，2014；Piketty & Saez，2014)。在现代国家治理中，公平决策是消除人际间不平等、解决公平问题的重要方式和手段(Wu，Zhou，van Dijk，Leliveld & Zhou，2011)。

社会比较是公平决策的先决条件(Goodman & Haisley，2007)。以往社会比较影响公平决策的研究大多是提议者和接受者之间的比较，接受者把提议者作为唯一的他人参照对象，仅关注自己和提议者各自占有的份额(Charness & Rabin，2002)。例如，研究者通常采用经典的“最后通牒博弈(Ultimatum Game，UG)”范式(W. Güth，Schmittberger & Schwarze，1982)测定人们在决策任务中的公平感。在该任务中，两个实验参与者分配一笔固定数目的钱，其中一名参与者作为分配者(proposer)向另外一个回应者(responder)提出如何分配这笔钱，回应者可以接受也可以拒绝分配者的分配方案。如果回应者接受了分配者的提议，那么就按照分配者的提议进行分配；如果回应者拒绝了分配者的提议，则两个人的收益都为0。尽管从利益最大化的角度考虑，人们应该接受所有分配方案，但是研究发现大多数回应者都会拒绝小于20%的提议(Camerer & Thaler，1995；W. Güth et al.，1982；Thaler，1988)，体现了人们对公平的追求。

但是，人始终处于社会关系之中，社会比较的参照对象不仅是提议者，还包括其他社会成员，公平决策更会在复杂的社会比较中产生(Bohnet & Zeckhauser，2004)。根据公平的相对地位模型，公平感不仅取决于提议者和接受者之间资源的分配，还取决于其他社会成员赢得资源的多少(Bohnet & Zeckhauser，2004)。目前，只有很少多人UG的公平决策研究把个体置于社会关系中进行复杂的社会比较(Alexopoulos，Pfabigan，Lamm，Bauer & Fischmeister，2012；Bohnet & Zeckhauser，2004；Knez & Camerer，1995；McDonald，Nikiforakis，Olekalns & Sibly，2013；Shupp，Schmitt & Swope，2006；Wu et al.，2011)。

这些多人UG的研究是在一个提议者和多个接受者的比较中发生的，是一种分配多人的任务，主要探索了两方面内容。第一，以往分配多人公平决策的行为研究主要是从不公平补偿和第三方收益两个方面进行的。一些研究表明，除了分配方案能够影响公平决策外，他人对不公平提议的补偿方案同样能够增加或者降低人们的公平感(Collie，Bradley，& Sparks，2002)。另一些研究表明，除了分配方案的公平，第三方的收益好于自己，也会增加不公平感(Fox & Dayan，2004；McDonald et al.，2013)。第二，以往分配多人公平决策的脑电和脑成像研究主要考察了接受者的亲社会性和社会平均收益影响公平决策的神经元反应。一些脑电研究表明，有权接受或拒绝分配方案的接受者具有积极的社会偏向性，当自己和第三方的分配收益都不公平时会引起对不公平敏感的中前额负波(medial-frontal negativity，MFN)振幅的增加(Alexopoulos，Pfabigan，Goschl，Bauer，& Fischmeister，2013；Alexopoulos et al.，2012)。另一些脑电研究表明，社会平均收入影响接受者公平决策。当分配不公平，人们更可能拒绝分配方案，并引起更负走向的MFN，并且这个效应不受平均收益调节；当接受者的收益高于平均值时，与高不公平提议相比，中等不公平提议引起振幅更大的晚正成分(late positive potential，LPP)；当接受者的收益低于或等于平均值时，这些振幅差别消失。这表明，早期MFN对分配公平敏感，晚期LPP对社会比较的公平敏感(Wu et al.，2011)。此外，一些脑成像研究发现，多重社会比较条件下，人们腹侧纹状体(ventral striatum，VS)和后扣带(posterior cingulated cortex，PCC)的激活不是由人们的分配公平决定，而是由第三方收益与个体收益的比较决定。这说明，腹侧纹状体和后扣带能够编码接受者和第三方之间分配的公平(Du et al.，2013)。另一些脑成像研究发现，后脑岛不仅编码分配方案在提议者和接受者之间的均等程度，同时也能反映出社会情境的微妙差异(Wright，Symmonds，Fleming，& Dolan，2011)。以往分配多人的公平决策研究是在一个更加社会化的环境中进行的，但是，这些研究只是提议者与接受者和一个无权决策的第三方三者之间的分配，第三方并不像现实生活中的其他接受者那样与接受者具备可比性，因而第三方并没有完全起到参照对象的作用(Alexopoulos et al.，2013；Alexopoulos et al.，2012；McDonald et al.，2013)。同时，公平决策不仅受到分配多人的影响，也受到一个接受者对多个提议者不同利益分配方案的比较，即多人分配的影响。然而，到目前为止，多人分配的公平决策研究仍是空白。

当前大多数公平决策的研究都是在获得领域进行的，损失领域的公平决策研究还很少。经济领域的研究表明，在决策时相比于等量赢得，人们会对损失赋予更高的权重，在损失背景和赢得背景下人们的决策是非常不同的(Kahneman & Tversky，1979；Li，Qi，Liu，& Luo，2013；Li et al.，2011；Qi，Li，Tian，Dai，& Zhang，2014；Xu，Liang，Wang，Li，& Jiang，2009)。Buchan 等人最早发现人们在损失和赢得背景下的公平感是不同的(Buchan，Croson，Johnson，Wu，& John，2005)。在损失和赢得背景下的 UG 任务中发现，相比于赢得背景，在损失背景下，接受者感到分配方案更不公平，拒绝率也更高(X. Zhou & Wu，2011)。fMRI 研究发现，不公平损失比不公平获得的拒绝率更高，公平感更低，左背外侧前额叶、双侧脑岛、前扣带回/前中扣带回和双侧背部纹状体与损失框架下的拒绝有关，但与获得框架无关，突显了背景参照在社会决策过程中的重要作用(Guo et al.，2013)。另一类研究是采用"我给你"和"我拿走"来作为损失和获得的背景。结果发现，男人在获得框架下比损失框架下的接受率更高，在损失背景，厌恶唤醒、皮肤电和心率增加，表现出防御反应，而在赢得背景，皮肤电增加而心率减少；女人没有表现出背景效应(Sarlo，Lotto，Palomba，Scozzari，& Rumiati，2013)。同样采用"我给你"和"我拿走" UG 任务范式的 fMRI 研究发现，损失背景相对于赢得背景有更强的枕顶联合区(occipito-temporal junction)的激活(Tomasino et al.，2013)。据我们所知，到目前为止，损失背景下的公平决策研究仅是在经典的两人 UG 任务中进行，尚没有研究探索损失背景下多人分配或分配多人的公平决策研究。

基于此，本研究试图采用改进的多人分配或分配多人的 UG 任务，分别从赢得和损失的背景下，考察他人参照的分配公平和第三方参照比较公平对人类公平决策的影响并使用 ERP 技术探索这一过程中的神经反应过程。

2. 实验一

2.1 实验 1 和实验 2

得失背景下，社会比较对公平决策的影响(多人分配、分配多人)

56 名健康的大学生参加了实验 1(年龄 18～27 岁，平均年龄 21.4±0.36 岁；25 名男生)，另 55 名健康的大学生参加了实验 2(年龄 18～30 岁，平均年龄 23.6±0.32 岁；24 名男生)。所有大学生均为右利手，视力或矫正视力正常，他们报告没有神经或者精神病史。在实验完成后，所有被试都会获得 30 元的底金报酬，另一部分奖金由随机抽取最后通牒博弈中的某个试次的所得决定。在实验前，所有被试都填写了知情同意书。该研究获得中国科学院心理研究所伦理委员会的批准。

2.2 刺激材料

实验 1 中两个提议者的提议各自用一个圆饼表示每个圆饼被分成 10 份，每 1 份代表 1 元钱，实验 2 中一个提议者对两个人的提议各自用一个圆饼表示。圆饼中灰色的部分是提议者分给自己的份数，红色的部分是提议者分给接受者的份数，红框框定的方案作为当前分配方案。在获得条件，当前方案为公平提议(＋5：＋5)，备选方案比当前方案更好(＋3：＋7)、一样(＋5：＋5)和更差(＋7：＋3)条件各20次；当前方案为不公平提议(＋7：＋3)，备选方案比当前方案更好(＋5：＋5)、一样(＋7：＋3)和更差(＋9：＋1)条件各20次，共计120次。在损失条件，当前方案为公平提议(－5：－5)，备选方案比当前方案更好(－7：－3)、一样(－5：－5)和更差(－3：－7)条件各20次；当前方案为不公平提议(－3：－7)，备选方案比当前方案更好(－5：－5)、一样(－3：－7)和更差(－1：－9)条件各20次，共计120次。

2.3　实验流程

采用修正的UG范式。首先，实验前一天让被试写一个自我介绍。实验当天告知被试实验规则。在实验1中，告知被试，他要和多个不同的提议者玩一个游戏；在实验2中，告知被试，他和另一个被试(假被试)同时和多个不同的提议者玩一个游戏，实验前提议者根据他们俩的自我介绍分别给他们俩分配金钱，红框框定的是分配者给他的方案，另一个是给另一个被试的方案。

实验前提议者根据被试的自我介绍分配金钱，每轮有两个提议者对被试提出分配方案，但电脑会随机选择其中一个方案作为给被试的方案。在实验1和实验2中，被试均有权接受或拒绝电脑选定的提议。如果接受提议，就按照提议者建议的份额分配金钱；如果拒绝提议，接受者和提议者都得不到金钱。当前试次的结果不会影响其他提议者的分配，也不会把任何接受者的决定告诉其他提议者。然后，被试完成获得和损失试次各120次，获得和损失条件在被试间平衡。

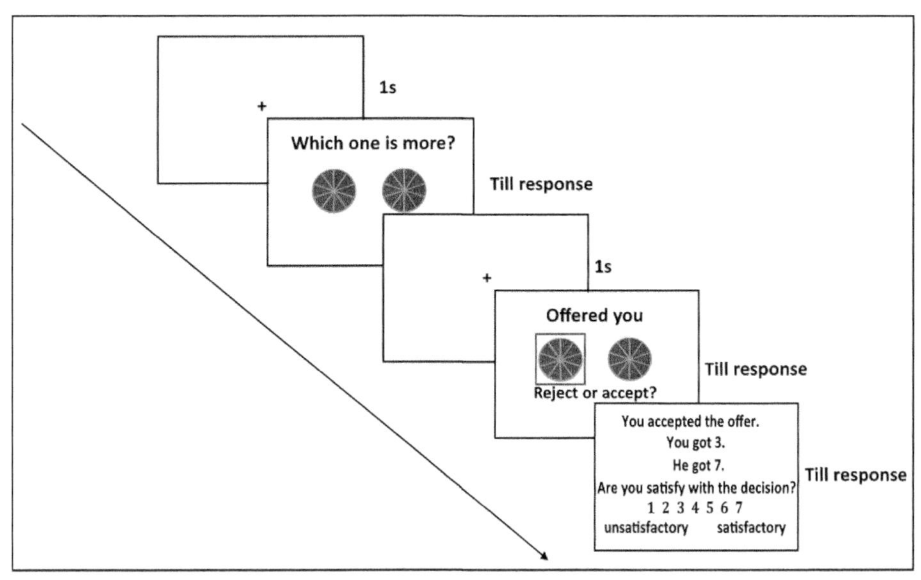

图1　实验流程中的单一试次

实验程序如图1所示。在每一个试次中，屏幕上首先呈现两个提议方案。一半被试在获得条件被要求判断哪一个提议中自己会获得的多，左边多按左键F键，右边多按右键J键；在损失条件下，判断哪一个提议中自己会损失少，左边少按左键F键，右边少按右键J键，以增强被试对两个提议方案的比较。为了避免提问引发的一致性效应对决策的影响，另一半被试判断哪一个提议自己会获得的少(获得条件)或损失的多(损失条件)。当被试判定后，选定方案用白框框定；“＋”注视点1s后，电脑随机用红框框定其中一个方案是选定给被试的方案，另一个方案不再分配给被试，被试做出接受或拒绝的选择，拒绝按“F”键，接受按“J”键，左右手按键在被试间平衡；被试按键决定后，呈现被试接受或拒绝后提议者和被试各自在分配中的结果，并要求被试在7点量表上(1极度不满意到7极度满意)判断当前分配提议的情绪等级。

2.4　实验结果

首先对每个被试的数据进行预处理，剔除3个标准差外的反应时数据。之后进行2(提议公平：公平VS不公平)×3(第三方比较：选择方案比备选方案更好VS稍好VS稍差VS更差)×2(得失背景：获得VS损失)的三因素重复方差分析，因变量为接受条件下的反应时，接受率和对分配方案的情绪评定等级。

2.4.1　反应时

实验1，以反应时为指标进行方差分析的结果表明：得失背景的主效应显著，人们在承担损失的公平决策速度(M＝1235ms)快于分配获得时的公平决策速度(M＝1395ms)，$F(1, 55)=11.5$，$p<0.001$，$\eta_p^2=0.17$。提议公平的主效应显著，公平条件下的决策时间(M＝1194ms)小于不公平条件(M＝1436ms)，$F(1, 55)=59.29$，$p<0.001$，$\eta_p^2=0.52$。第三方比较的主效应显著，$F(2, 110)=59.29$，$p<0.001$，$\eta_p^2=0.52$。事后多重比较发现，选择方案比备择方案更好(M＝1247ms)、一样(M＝1313ms)和更差(M＝1386ms)的决策时间均存在显著差异。更好与一样间$p<0.05$；更好和更差(M＝1386ms)间$p<0.001$；一样和更差间$p<0.05$。

第三方比较和得失背景存在显著的交互作用，$F(2, 110)=6.75$，$p<0.01$，$\eta_p^2=0.11$。进一步检验简单效应发现，在损失条件下，选择方案比备择方案更好(M＝1188ms)、一样(M＝1253ms)和更差(M＝1266ms)三种情境间均没有显著差异。在获得条件下，选择方案比备择方案更好(M＝1306ms)和一样(M＝1372ms)两者间的决策时间没有显著差异，但更差(M＝1506ms)与更好和更差两者分别存在显著差异，$ps<0.001$。

第三方比较和提议公平存在显著交互作用，$F(2, 110)=3.44$，$p=0.026$，$\eta_p^2=0.067$。进一步检验简单效应发现，在公平条件下，选择方案比备择方案更好(M＝1154ms)、一样(M＝1194ms)和更差(M＝1235ms)三种情境间均没有显著差异。在不公平条件下，选择方案比备择方案更好(M＝1340ms)、一样(M＝1432ms)和更差(M＝1536ms)的决策时间均存在显著差异。更好与一样间$p=0.022$；更好和更差间$p<0.001$；一样和更差间$p<0.05$。

实验2，以反应时为指标进行方差分析的结果表明：得失背景的主效应显著，承担损失的公平决策速度(M＝1392ms)快于分配获得时的公平决策速度(M＝1614ms)，$F(1, 54)=19.48$，$p<0.001$，$\eta_p^2=0.27$。提议公平的主效应显著，公平条件下的决策时间(M＝1371ms)小于不公平条件(M＝1635ms)，$F(1, 54)=49.1$，$p<0.001$，$\eta_p^2=0.48$。第三方比较的主效应显著，$F(2, 108)=18.06$，$p<0.001$，$\eta_p^2=0.25$。事后多重比较发现，选择方案比备择方案更好(M＝1417ms)、一样(M＝1497ms)和更差(M＝1596ms)的决策时间均存在显著差异。更好与一样间$p<0.05$；更好和更差(M＝

1386ms)间 $p<0.001$；一样和更差间 $p<0.01$。

第三方比较和得失背景存在显著的交互作用，$F(2, 108)=4.43$，$p<0.05$，$\eta_p^2=0.076$。进一步检验简单效应发现，在损失条件下，选择方案比备择方案更差($M=1352$ms)与一样($M=1368$ms)和更好($M=1458$ms)两者分别存在显著差异，$p<0.01$，$p<0.05$。在获得条件下，选择方案比备择方案更好($M=1482$ms)、一样($M=1626$ms)和更差($M=1735$ms)间的决策时间均存在显著差异，$ps<0.001$。

第三方比较和提议公平存在显著交互作用，$F(2, 108)=4.03$，$p<0.05$，$\eta_p^2=0.068$。进一步检验简单效应发现，在公平条件下，选择方案比备择方案更好($M=1317$ms)和更差($M=1436$ms)的决策时间存在显著差异，$p<0.01$；其他条件间均不存在显著差异。在不公平条件下，选择方案比备择方案更好($M=1517$ms)、一样($M=1633$ms)和更差($M=1757$ms)的决策时间均存在显著差异。更好与一样间 $p<0.05$；更好和更差间 $p<0.001$；一样和更差间 $p<0.01$。

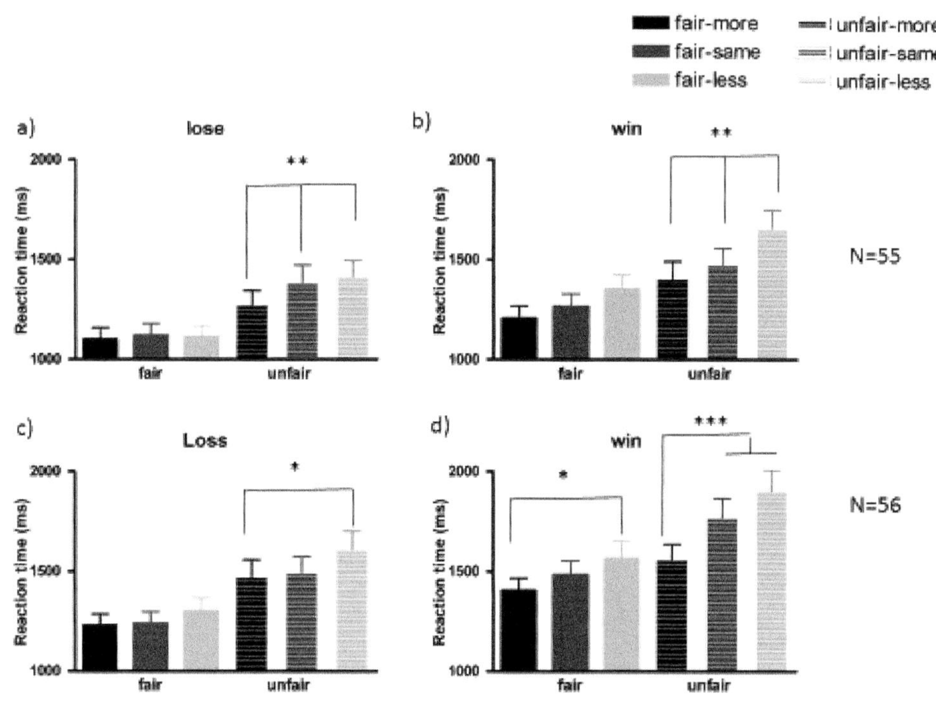

图 2　得失背景下与第三方比较对公平决策速度的影响

a)损失背景下多人分配的公平决策；b) 获得背景下多人分配的公平决策；c)损失背景下分配多人的公平决策；d) 获得背景下分配多人的公平决策

2.4.2　接受率

实验 1，以接受率为指标进行方差分析的结果表明：得失背景的主效应不显著，承担损失时的接受率($M=89.7\%$)与分配获得时的接受率($M=91.2\%$)没有显著差异。提议公平的主效应显著，公平条件下的接受率($M=98.4\%$)大于不公平条件($M=82.5\%$)，$F(1, 55)=24.49$，$p<0.001$，$\eta_p^2=0.31$。第三方比较的主效应显著，$F(2, 108)=$

9.57，p=0.002，η_p^2=0.148。事后多重比较发现，选择方案比备择方案更好(M=92.32%)和一样(M=91.6%)时的接受率没有显著差异；但它们都大于选择方案比备择方案更差(M=87.4%)时的接受率，ps<0.01。

提议公平和第三方比较存在显著的交互作用，F(2，108)=10.3，p<0.01，η_p^2=1.58。进一步检验简单效应发现，在提议公平条件下，选择方案比备择方案更好(M=98.8%)、一样(M=98.9%)和更差(M=97.5%)三种情境间没有显著差异。在提议不公平条件下，选择方案比备择方案更好(85.8%)和一样(M=84.3%)的接受率没有差异，但这些条件的接受率均显著大于选择方案比备择方案更差(M=77.4%)时的接受率，ps<0.01。其他交互作用均不显著。

实验2，以接受率为指标进行方差分析的结果表明：得失背景的主效应边缘显著，承担损失的接受率(M=92.6%)高于分配获得时的接受率(M=89.1%)，F(1，54)=3.47，p=0.068，η_p^2=0.06。提议公平的主效应显著，公平条件下的接受率(M=97.3%)大于不公平条件(M=84.3%)，F(1，54)=27.13，p<0.001，η_p^2=0.33。第三方比较的主效应显著，F(2，108)=18.05，p<0.001，η_p^2=0.25。事后多重比较发现，选择方案比备择方案更好(M=93.35%)和一样(M=92.6%)的接受率没有显著差异；但它们都大于选择方案比备择方案更差(M=86.4%)时的接受率，ps<0.001。

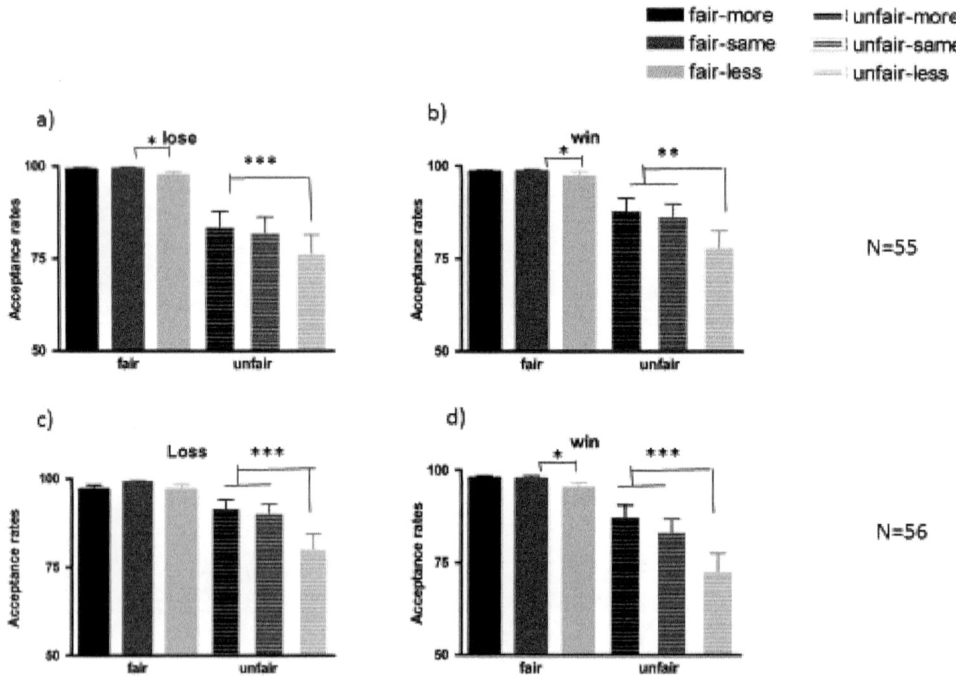

图3 得失背景下与第三方比较对公平决策接受率的影响

a)损失背景下多人分配的公平决策；b)获得背景下多人分配的公平决策；c)损失背景下分配多人的公平决策；d)获得背景下分配多人的公平决策。

提议公平和得失背景存在显著的交互作用，F(2，108)=4.49，p<0.05，η_p^2=

0.077。进一步检验简单效应发现，在公平条件下，损失背景($M=97.7\%$)和获得背景($M=97.0\%$)的接受率没有显著的差异。在不公平条件下，损失背景($M=87.5\%$)的接受率显著高于获得背景的接受率($M=81.2\%$)，$ps<0.05$。

第三方比较和提议公平存在显著的交互作用，$F(2, 108)=11.23$，$p<0.01$，$\eta_p^2=0.17$。进一步检验简单效应发现，进一步检验简单效应发现，在提议公平条件下，选择方案比备择方案一样($M=98.4\%$)和更差($M=96.2\%$)的接受率间存在显著差异，$p<0.05$。更好($M=97.5\%$)和其他两个条件的接受率间不存在显著差异。在提议不公平条件下，选择方案比备择方案更好(85.8%)和一样($M=84.3\%$)的接受率不存在显著差异。但它们都大于选择方案比备择方案更差($M=76.6\%$)时的接受率，$p<0.01$，$p<0.001$。

2.4.3 满意程度评定

实验1，以主观报告为指标进行方差分析的结果表明：得失背景的主效应显著，面对承担损失的满意程度($M=3.5$)低于面对分配获得时的满意程度($M=4.9$)，$F(1, 55)=11.5$，$p<0.01$，$\eta_p^2=0.173$。提议公平的主效应显著，公平条件下对分配提议的满意程度($M=4.4$)大于不公平条件($M=3.0$)，$F(1, 55)=89.27$，$p<0.001$，$\eta_p^2=0.62$。第三方比较的主效应显著，$F(2, 110)=37.4$，$p<0.001$，$\eta_p^2=0.41$。事后多重比较发现，选择方案比备择方案更好($M=3.97$)、一样($M=3.74$)和更差($M=3.42$)的满意程度依次降低，$ps<0.001$。交互作用均不显著。

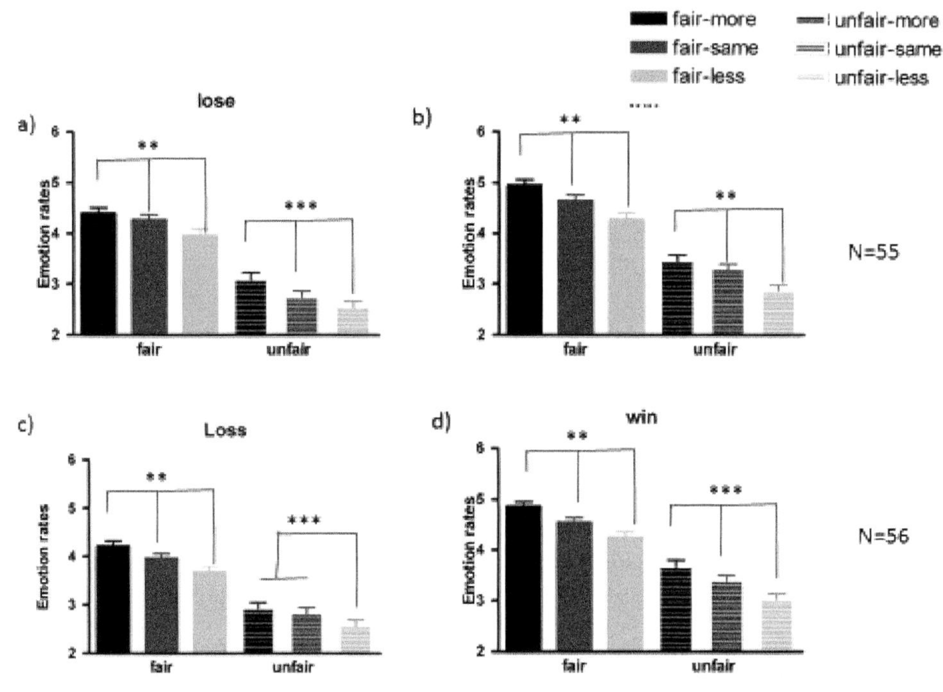

图4 得失背景下与第三方比较对公平决策方案满意程度的影响

a)损失背景下多人分配的公平决策；b) 获得背景下多人分配的公平决策；c)损失背景下分配多人的公平决策；d) 获得背景下分配多人的公平决策。

实验2，以主观报告为指标进行方差分析的结果表明：得失背景的主效应显著，面对承担损失的满意程度($M=3.37$)低于面对分配获得时的满意程度($M=3.96$)，$F(1, 54)=24.3$，$p<0.001$，$\eta_p^2=0.31$。提议公平的主效应显著，公平条件下对分配提议的满意程度($M=4.26$)大于不公平条件($M=3.08$)，$F(1, 54)=157.1$，$p<0.001$，$\eta_p^2=0.74$。第三方比较的主效应显著，$F(2, 108)=40.37$，$p<0.001$，$\eta_p^2=0.43$。事后多重比较发现，选择方案比备择方案更好($M=3.92$)、一样 ($M=3.69$)和更差($M=3.39$)的满意程度依次降低，$ps<0.001$。交互作用均不显著。

2.5 小结

在实验1、实验2中社会比较主效应显著，更好、一样、更差三者反应时依次更长，对分配的满意程度依次更低，接受率依次更低。在反应时上，本研究的反应时比经典UG中反应时更长(van't Wout, Kahn, Sanf本研究采用修正版的最后通牒博弈范式，分别从多个分配者和多个回应者的角度探讨了得失背景下社会比较对公平决策的影响。不管是多个分配者还是多个回应者，当个体在社会比较中处于有利情况时，个体的接受率更高，反应时更短，对分配方案的公平程度评定也更高(Bohnet & Zeckhauser, 2004; Knez & Camerer, 1995; McDonald et al., 2013; Wright et al., 2011; Wu et al., 2011; Zheng et al., 2015)；另外，损失背景下个体的反应时比获得背景更短、对分配方案的公平程度评定更低、接受率更高，这与前人研究不完全相同(Guo et al., 2013; Y. Wu et al., 2014; X. Zhou & Wu, 2011)。

在获得背景下，当存在多个回应者时，社会比较会影响公平决策。个体在与第三方的社会比较中越不利，反应就会越慢，而对分配方案的接受率和公平程度评定也越低，这与前人研究的结果是一致的(Bohnet & Zeckhauser, 2004; Knez & Camerer, 1995; McDonald et al., 2013; Wu et al., 2011; Zheng et al., 2015)。经典的公平理论认为，人们为了判断利益分配是否公平，通常会与其他参与者(E. Fehr & Schmidt, 1999)或平均值进行比较(Bolton & Ockenfels, 2000)。人们希望和其他相同处境的人保持公平，因此当与第三方参照处于不利不公平的情况时，回应者会拒绝不公平的分配方案。回应者希望通过拒绝让分配者提高分配额度，这有可能是一种社会准则的维持(Bohnet & Zeckhauser, 2004)。如果回应者相对于第三方处于不利不公平的地位，则拒绝率会升高，因为此时回应者既相对于分配者处于不公平的情况又相对于第三方处于不利不公平的情况(Shupp et al., 2006)。但是在一些三人UG的研究中，研究者们发现无力第三方的呈现对博弈的影响较小或没有影响，这可能有两种解释：当回应者相对于第三方处于有利不公平时，此时个人利益的动机大于追求公平的动机，占据主导地位，因此不会拒绝分配；另外，这些研究中被试的角色是随机分配的，回应者与第三方之间的相似性较小，因此回应者没有将无力的第三方作为社会比较的对象(Werner Güth & van Damme, 1998; Kagel & Wolfe, 2001; Shupp et al., 2006)。有研究者通过一个real-effort任务的表现将被试分为分配者或回应者来增加两个回应者之间的相似性，结果就发现了社会比较对公平决策的影响(McDonald et al., 2013)。

以往很少有研究探讨存在多个分配者时回应者会如何决策，Wright等人的研究中初步探讨了这个问题。他们在决策前通过一个学习过程，让被试了解到3种分配者惯常的分配水平，分别为低、中、高。呈现高水平的分配者会让被试认为中水平的分配者更不公平，而呈现低水平的分配者则会让被试认为中水平的分配者更公平，从而造成了一种选择偏差。研究结果发现，两种公平在都会影响个体对提议的接受率，公平程度越高，接受率也越高(Wright et al.，2011)。本研究的结果与 Wright 等人的研究结果是一致的(Wright et al.，2011)：个体不仅关注与分配者之间的公平程度，同时也会关注与第三方之间的公平程度。当相对于分配者处于不公平的情况时，相对于第三方处于有利的情况会让个体接受更多不公平提议，尽管此时个体的实际收益并没有增加。这说明社会比较中的有利或平等情况可能是一种额外的奖赏，减少了相对于分配者的不公平对个体的影响。而不利情况则会让被试拒绝更多的不公平提议，这可能是个体的不平等厌恶造成的(E. Fehr & Schmidt，1999)。另外，Wright 等人的研究中没有发现如前人研究所发现的激活前脑岛的情绪反应(Guroglu，van den Bos，Rombouts，& Crone，2010；Sanfey，Rilling，Aronson，Nystrom，& Cohen，2003)。这可能是因为被试的事先学习让他们能够提前了解分配者的意图，导致被试在看到分配者时会产生期待，进而削弱了情绪反应。已有研究表明，公平决策中的拒绝可能是对遭遇不公平对待所引起的愤怒的表达和宣泄(Pillutla & Murnighan，1996)，而情绪的宣泄可能会减弱执行惩罚的意愿(Xiao & Houser，2005)。因此，本研究采用了直接呈现两名分配者的分配方案，并从中随机选择一个让回应者进行决策的实验设计，这种方式能够更为直接地让被试对两种方案进行比较，同时又不会产生对分配者的预期，影响实验结果。

损失背景下，我们也发现了社会比较对公平决策的影响。两个实验均发现人们在损失背景下的反应时更短、对分配方案的公平程度评定更低、接受率也比获得背景更高，这与前人的研究并不完全一致(Guo et al.，2013；Y. Wu et al.，2014；X. Zhou & Wu，2011)。之前的研究发现损失背景下的拒绝率会更高，而且人们对同一分配方案的公平程度评定更低，研究者认为这可能是因为人们将损失与不公平联系起来，导致了损失背景下拒绝率的提高(X. Zhou & Wu，2011)。另外，损失背景下人们会更加关注公平准则，分配者会倾向于做出更公平的分配(Buchan et al.，2005；Leliveld，Van Beest，Van Dijk，& Tenbrunsel，2009)，而回应者对不公平分配的感受也会更强烈(Guo et al.，2013)。这可能是因为损失背景是一种厌恶情境，而此时的准则违背可能威胁物种的生存，因此人们在损失背景下会更加倾向于维持公平准则(Ernst Fehr & Fischbacher，2003)。而在本研究中，尽管人们在损失背景下的公平程度更低，但是人们依然选择了接受更多不公平的分配方案。前景理论认为，损失情况下，人们会更加关注自我利益(Kahneman & Tversky，1979；Tversky & Kahneman，1981)。人们都是损失厌恶的，为了减少损失，人们会更加关注自己的利益。因此尽管个体在损失背景下感觉更不公平，但为了减少损失，个体仍然会更倾向于接受分配方案。另一个更为重要的原因是，本研究存在多个分配者(实验 1)和多个回应者(实验 2)，被试需要在社会比较的情境下进行决策，而之前相关损失背景的研究则均是双人 UG，没有社会比较的影响。在本研究中，人们可能在损失背景下依然关注公平，但会同时关注自己与分配者和第三方之间的公平。社会比较与得失背景的交互作用表明，当社会比较处于有利情况时，得失背景下的接受率没有差异；而当社会比较处于不利情况时，损失背景下的接受率高于获得背景下的接受率。这可能是因为此时个体相对于第三方已经处于不公平的情况，如果拒绝则会进一步扩大与第三方的差异，增加与第三方之间的不公平程度。而损失背景下人们更加希望尽可能与他人保持一致，因此损失背景下个体会选择接受更多不公平方案。

总之，本研究发现了社会比较对公平决策的影响，同时也发现在得失背景中，这种影响也是不同的。在本研究中，被试需要进行决策的当前方案有两种，公平方案为5∶5，不公平方案为7∶3。这种设计使得研究者能够比较被试在不同社会比较的情境下对同一分配方案的反应，剔除了分配方案的公平程度对公平决策的影响，进而发现社会比较在公平决策中的作用。有研究表明当分配方案是中等程度的不公平分配时，被试更容易出现竞争(Halko，Hlushchuk，Hari，& Schürmann，2009)。本研究中不公平分配设置为7∶3，更易于激发人们的社会比较。其次，本研究没有设置两个分配方案相同的情况，这是为了避免被试在之前比较两个方案时就做出了决策，使之后的反应时缩短。而通过设置逐渐增加的第三方分配额度，能够清楚的看到个体相对于第三方越有利，则接受率越高，决策时间越短，对当前分配方案的公平程度评定也越高。最后，从实验1和实验2的结果差异看来，不同社会比较对象对公平决策的影响也是不同的：实验2中第三方比较的效应值在接受率和公平评定上都大于实验1。这可能是因为被试作为回应者，与另一个回应者的相似性更大，因此会更多得与其进行比较(Festinger，1954)。未来的研究可以探讨不同社会比较对象对公平决策的影响。已有研究发现分配者的性别(Fabre，Causse，Pesciarelli，& Cacciari，2015；S. J. Solnick，2001；Sara J. Solnick & Schweitzer，1999)、面孔吸引力(Ma & Hu，2015)、社会地位(Hu et al.，2015)、与回应者的亲密程度(Campanha，Minati，Fregni，& Boggio，2011)等均会影响回应者的决策，因此在本研究中所有分配者和第三方都是采用匿名的形式，没有告知任何身份相关的信息。在之后的研究中，我们可以控制呈现第三方的部分身份信息，以探讨面对不同身份的人时，人们是否会进行社会比较，以此更加真实地模拟现实生活中的公平决策。本研究通过行为实验初步探讨了社会比较对公平决策的影响，相同的实验结果可能有不同的加工过程，因此接下来的研究可以采用ERP和f-MRI等手段来探讨相关的神经机制。

3. 研究二：赢得背景下，社会比较对公平决策影响的ERP研究

问题提出，基于研究一的结果，社会比较确实会影响社会决策；同时考虑到多人分配和分配多人结果十分相似，本研究采用多人分配的方式继续探索社会比较对公平决策影响的ERP效应。

3.1 研究假设

基于前人采用UG范式对公平决策的研究，不公平条件会诱发比公平条件更大的FRN；社会比较会在P300上得到体现，即更好、一样、更差的P300波幅依次更小。

3.2 被试

25名大学生(年龄18～26岁，平均年龄21.6±0.36岁；12名男生)。所有大学生均为右利手，视力或矫正视力正常，他们报告没有神经病或者精神病史。在实验完成后，所有被试都会获得70元的底金报酬，另一部分奖金由随机抽取最后通牒博弈中的某个

试次的所得决定。在实验前，所有被试都填写了知情同意书。该研究获得中国科学院心理研究所伦理委员会的批准。

3.3　实验材料

与行为实验材料类似，两个提议者的提议各自用一个圆饼表示每个圆饼被分成10份，每1份代表1元钱。圆饼中灰色的部分是提议者分给自己的份数，红色的部分是提议者分给接受者的份数，红框框定的方案作为当前分配方案。在获得条件，当前方案为公平提议(＋5：＋5)，备选方案比当前方案更好(＋3：＋7)、一样(＋5：＋5)和更差(＋7：＋3)条件各36次；当前方案为不公平提议(＋7：＋3)，备选方案比当前方案更好(＋5：＋5)、一样(＋7：＋3)和更差(＋9：＋1)条件各36次，共计216次。此外，为了避免被试发现给他的只有两种分配情况(＋5：＋5；＋7：＋3)，在程序中加入36个干扰方案(＋2：＋8VS＋4：＋6；＋8＋2VS＋6：＋4；各18个)。

3.4　实验程序

与行为实验类似，采用修正的UG范式。首先，实验前一天让被试写一个自我介绍。实验当天告知被试实验规则。告知被试，他要和多个不同的提议者玩一个游戏，实验前提议者根据他们俩的自我介绍分别给他们俩分配金钱，红框框定的是分配者给他的方案，另一个是给另一个被试的方案。

实验前提议者根据被试的自我介绍分配金钱，每轮有两个提议者对被试提出分配方案，但电脑会随机选择其中一个方案作为给被试的方案。被试有权接受或拒绝电脑选定的提议。如果接受提议，就按照提议者建议的份额分配金钱；如果拒绝提议，接受者和提议者都得不到金钱。当前试次的结果不会影响其他提议者的分配，也不会把任何接受者的决定告诉其他提议者。然后，被试完成实验程序，公平和不公平条件会顺序随机，并且确保相同的提议不会连续出现三次。

实验程序如图5所示。程序分为两部分。

程序一，屏幕首先呈现白色"＋"注视点；1s后呈现两个提议方案。要求一半被试在获得条件被要求判断哪一个提议中自己会获得的多，上边多按左键F键，下边多按右键J键，一样多按空格以增强被试对两个提议方案的比较。为了避免提问引发的一致性效应对决策的影响，另一半被试判断哪一个提议自己会获得的少。

程序二，完成程序一后，要求被试继续完成程序二。屏幕首先呈现红色"*"注视点1400±200ms，随后会呈现两个提议方案(3000ms，按键不消失)，同时电脑随机用红框框定其中一个方案是选定给被试的方案，另一个方案不再分配给被试，被试做出接受或拒绝的选择，拒绝按"F"键，接受按"J"键，左右手按键在被试间平衡；被试按键决定后，呈现白色"＋"(100ms)。

a)

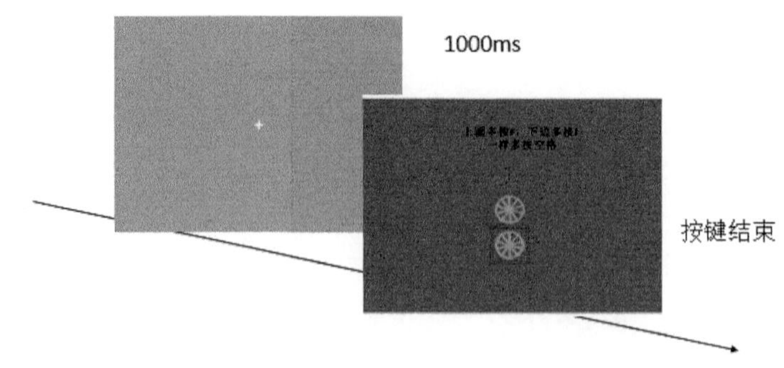

b)

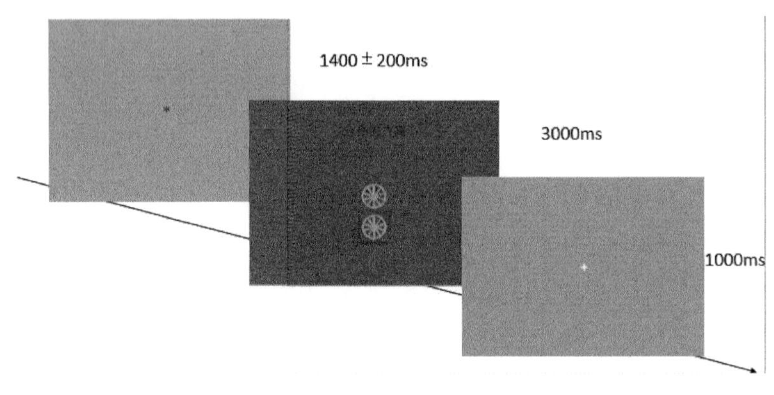

图 5

a)程序一：单个试次；b)程序二：单个试次

3.5　ERPs 记录及数据处理

采用 Neuroscan 公司生产的 ESI-64 导脑电记录系统，电极位置在国际 10-20 系统基础上构成，用 Ag/AgCl 电极帽记录 62 个头皮位置相应的 EEG。左眼上下 2 个电极记录垂直眼电(VEOG)，两眼外侧 2 个电极记录水平眼电(HEOG)。参考电极置于左侧乳突处，接地点在 FPz 和 Fz 连线中点，右侧乳突也放置一个电极。每个电极与头皮之间的电阻均小于 5kΩ。连续记录时滤波带通为 0.05～100Hz，采样率为 500Hz。对测验阶段记录的 EEG 进行离线分析，以左右乳突为代表平均为参考电压进行校正。截取刺激呈现前 100ms 到呈现后 800ms 的脑电，用－100－0 对基线进行校正。去除眼电伪迹，并剔除波幅超过±100μV 的试次，滤波低通为 30Hz。

对 ERPs 数据进行分类叠加得到 2(公平/不公平)X3(更好/一样/更差)六个条件的 ERPs。参照前人研究和观察结果，确定分析时段为 260～320ms、320～450ms、450～650ms。分析时，选取电极(F1/Fz/F2，FC1/FCz/FC2，C1/Cz/C2，CP1/CPz/CP2，P1/Pz/P2)15 个电极，并将每排电极做平均，进行 2(公平/不公平)X3(更好/一样/更差)X5(F/FC/C/CP/P)三因素重复测量方差分析。方差分析中使用 Greenhouse-Greisser 校正。

时频分析，选取刺激呈现前800ms到刺激呈现后1500ms的EEG数据，使用平均参考方式进行校正，用－100－0对基线进行校正，滤波为带通0.1～30Hz使用EEGlab对数据进行处理。

参照前人的研究和观察结果（文献），确定分析时段为400～600ms、600～800ms；分析频段为13～16Hz、16～20Hz、20～30Hz。分析时选取电极（F1/Fz/F2，FC1/FCz/FC2，C1/Cz/C2，CP1/CPz/CP2，P1/Pz/P2）15个电极，并将每排电极做平均，对每个时间段的每个频段进行2（公平/不公平）X3（更好/一样/更差）X5（F/FC/C/CP/P）三因素重复测量方差分析。方差分析中使用Greenhouse-Greisser校正。

3.6 研究结果

3.6.1 行为结果分析

以反应时为指标进行方差分析的结果表明：提议公平的主效应显著，公平条件下的决策时间（M=845ms）小于不公平条件（M=955ms），$F(1, 24)=30.0$，$p<0.001$，$\eta_p^2=0.56$。第三方比较的主效应显著，$F(2, 48)=14.06$，$p<0.001$，$\eta_p^2=0.37$。事后多重比较发现，选择方案比备择方案更好（M=870ms）和一样（M=871ms）的决策时间间没有显著差异，但与更差（M=959ms）均存在显著差异，$p<0.01$。其他交互作用均不显著。

以接受率为指标进行方差分析的结果表明：提议公平的主效应显著，公平条件下的接受率（M=98.3%）大于不公平条件（M=62.2%），$F(1, 24)=24.03$，$p<0.001$，$\eta_p^2=0.50$。第三方比较的主效应显著，$F(2, 48)=14.06$，$p<0.001$，$\eta_p^2=0.37$。事后多重比较发现，选择方案比备择方案更好（M=87.4%）和一样（M=82.4%）的接受率没有显著差异；但它们都大于选择方案比备择方案更差（M=71.1%）时的接受率，$p<0.01$；$p<0.05$。

提议公平与第三方比较存在显著交互作用，$F(2, 48)=8.44$，$p<0.01$，$\eta_p^2=0.26$。进一步检验简单效应发现，在公平条件下，选择方案比备择方案更好（M=98.9%）、一样（M=99.6%）和更差（M=96.6%）的接受率没有显著差异；在不公平条件下，选择方案比备择方案更好（M=75.9%）、一样（M=65.2%）的接受率不存在显著差异，但都显著大于选择方案比备择方案更差（M=45.6%）时的接受率，$p<0.01$；$p<0.05$。

3.6.2 ERPs结果分析

总的来看，FRN（260～320ms）上只有不公平条件下，选择方案比备择方案更差（M）诱发的FRN比一样的更负，其他条件并不存在显著差异。经典的不公平比公平更负并没有出现，这可能是社会比较对公平决策的作用导致的。

在不公平条件下，更好与更差在P300的两个时间窗间表现出分离的现象。具体来说，在320～450ms时间窗，P300对更差更加敏感，而在450～650ms时间窗内，P300对更好更加敏感。

FRN：

时间窗为260～320ms。分析显示，提议公平和第三方比较主效应均不显著，提议公平与第三方比较交互作用显著，$F(2, 48)=5.87$，$p<0.001$，$\eta_p^2=0.197$。进一步进行简单效应分析发现，在公平条件下，选择方案比备择方案更好（M=1.609）、一样（M

＝1.762)和更差($M=2.228$)的波幅没有显著差异；在不公平条件下，选择方案比备择方案一样($M=2.455$)和更差($M=1.146$)的波幅存在显著差异，$p<0.01$。选择方案比备择方案更好($M=1.741$)与其他两个条件间均无显著差异。

P300：

320～450ms：分析显示，提议公平主效应不显著。第三方比较主效应显著，$F(2, 48)=4.66$，$p<0.05$，$\eta_p^2=0.192$。事后多重比较发现，选择方案比备择方案一样($M=5.573$)和更差($M=4.807$)的波幅间存在显著差异，$p<0.01$。选择方案比备择方案更好($M=4.912$)与其他两个条件间均无显著差异。

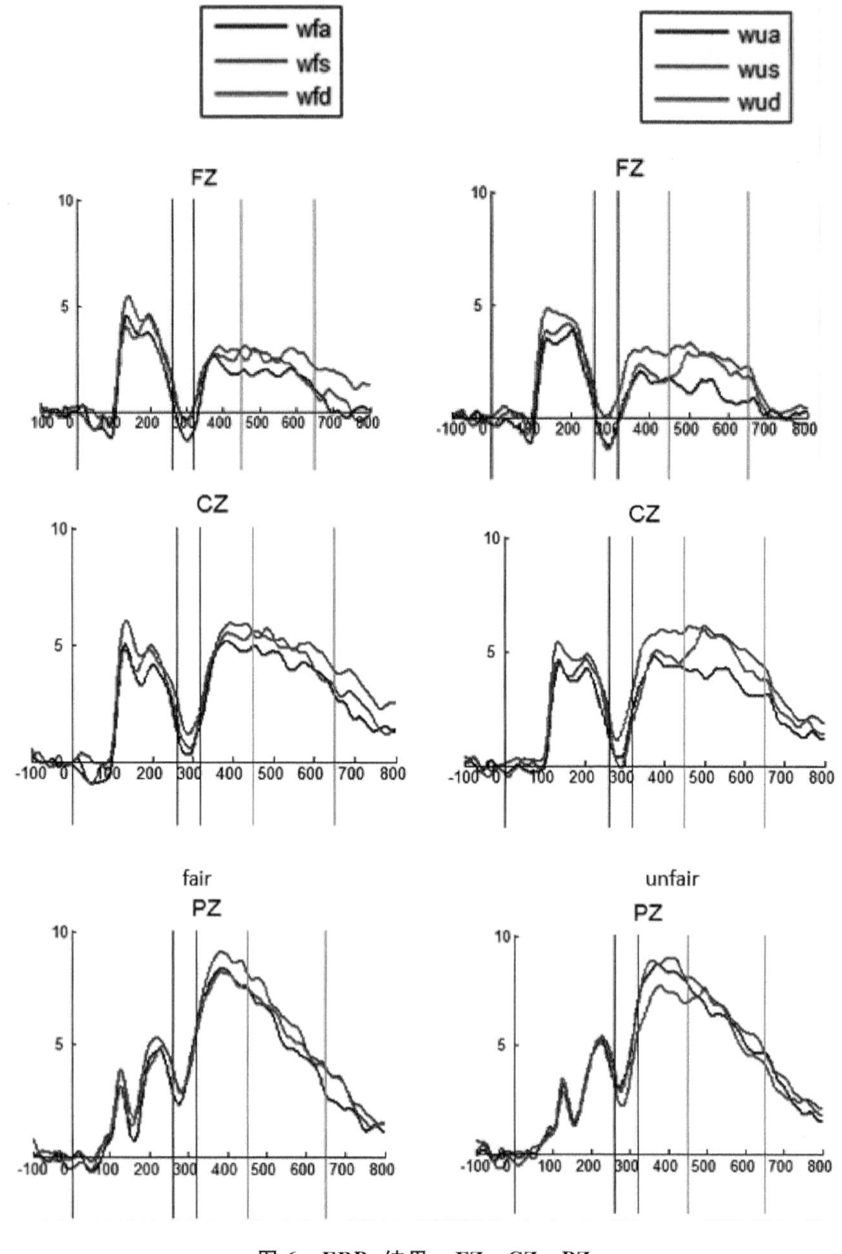

图6 ERPs结果：FZ、CZ、PZ

提议公平与第三方比较交互作用显著，$F(2, 48)=3.313$，$p<0.05$，$\eta_p^2=0.121$。进一步进行简单效应分析发现，在公平条件下，选择方案比备择方案更好($M=5.047$)、一样($M=5.379$)和更差($M=5.237$)的波幅没有显著差异；在不公平条件下，选择方案比备择方案一样($M=5.866$)和更差($M=4.377$)的波幅存在显著差异，$p<0.01$。选择方案比备择方案更好($M=4.778$)与其他两个条件间均无显著差异。

450～650ms：分析显示，提议公平主效应不显著。第三方比较主效应显著，$F(2, 48)=4.66$，$p<0.05$，$\eta_p^2=0.163$。事后多重比较发现，选择方案比备择方案更好($M=3.882$)和一样($M=4.658$)的波幅间存在显著差异，$p<0.05$。选择方案比备择方案更差($M=4.517$)与其他两个条件间均无显著差异。

提议公平与第三方比较交互作用显著，$F(2, 48)=3.767$，$p<0.05$，$\eta_p^2=0.136$。进一步进行简单效应分析发现，在公平条件下，选择方案比备择方案更好($M=4.029$)、一样($M=4.191$)和更差($M=4.680$)的波幅没有显著差异；在不公平条件下，选择方案比备择方案更好($M=3.735$)和一样($M=5.124$)的波幅存在显著差异，$p<0.01$。选择方案比备择方案更好($M=4.375$)与其他两个条件间均无显著差异。

3.6.3　时频分析结果

13～16Hz、400～600ms：

提议公平主效应不显著，第三方比较主效应显著，$F(2, 48)=4.617$，$p<0.05$，$\eta_p^2=0.161$。事后多重比较发现，选择方案比备择方案一样($M=-1.891$)和更差($M=-1.471$)的波幅间存在显著差异，$p<0.05$。选择方案比备择方案更好($M=-1.669$)与其他两个条件间均无显著差异。提议公平和第三方比较交互作用不显著。

20～28Hz、400～600ms：

提议公平主效应不显著，第三方比较主效应显著，$F(2, 48)=3.632$，$p<0.05$，$\eta_p^2=0.131$。事后多重比较发现，选择方案比备择方案更好($M=-1.417$)和一样($M=-1.183$)的波幅间存在显著差异，$p<0.05$。选择方案比备择方案更差($M=-1.287$)与其他两个条件间均无显著差异。提议公平和第三方比较交互作用不显著。

20～28Hz、600～800ms：

提议公平主效应不显著，第三方比较主效应显著，$F(2, 48)=3.338$，$p<0.05$，$\eta_p^2=0.122$。事后多重比较发现，选择方案比备择方案一样($M=-0.644$)和更差($M=-0.908$)的波幅间存在显著差异，$p<0.05$。选择方案比备择方案更好($M=-0.835$)与其他两个条件间均无显著差异。提议公平和第三方比较交互作用不显著。

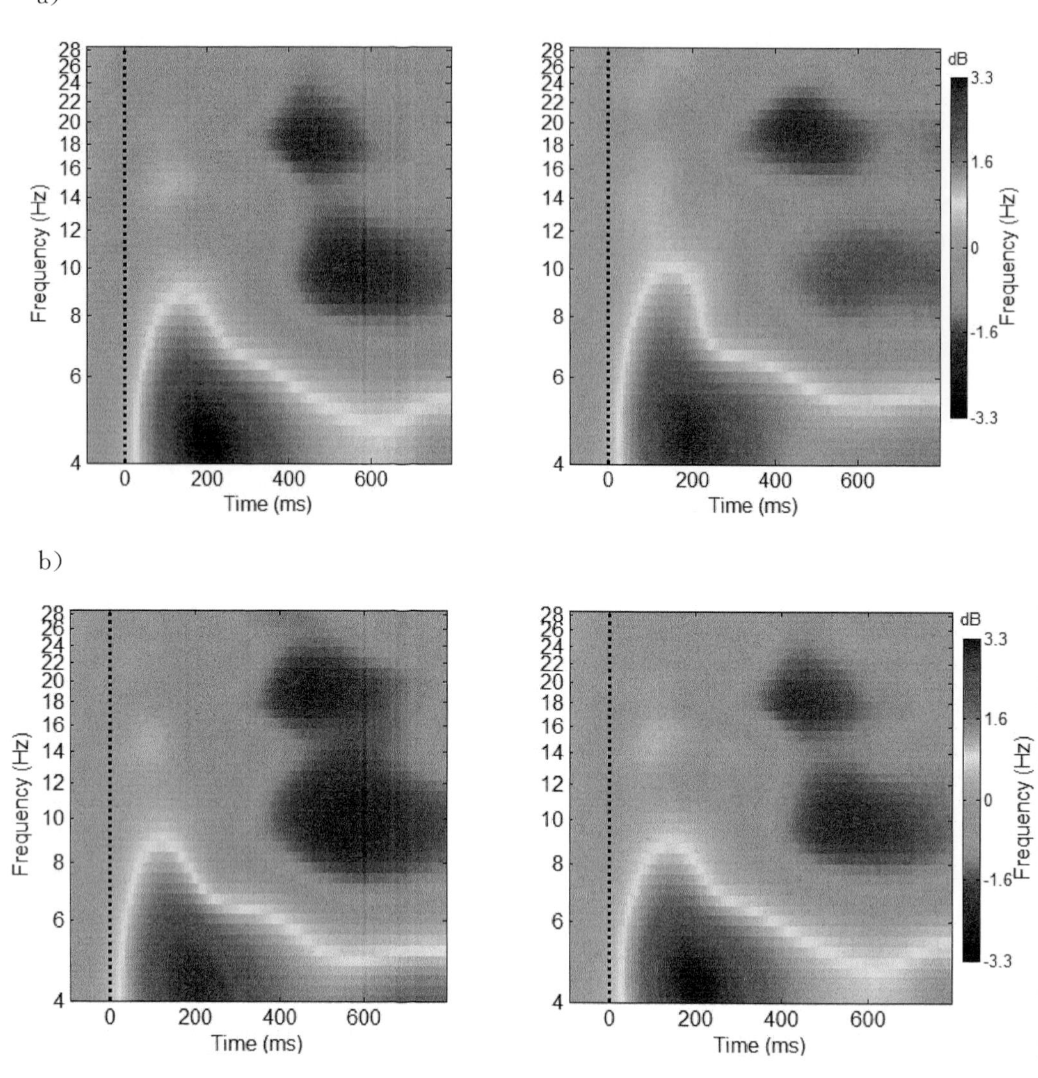

图 7 CZ

a)一样 VS 更差 ; b) 更好 VS 一样

4. 讨论

在公平与不公平方案的比较中，并没有出现经典的不公平条件下 FRN 振幅比公平下更负的情况。但这并不矛盾，出现这样的结果可能是社会比较的作用。FRN 的这一效应可能受到其他因素的影响，从而导致不公平与公平间差异更大或更小。比如，有研究者采用 3 人最后通牒博弈范式，探索分配者面孔有无吸引力对接受者公平决策的影响。结果发现，在有吸引力面孔条件下，被试作为接受者在公平和不公平条件下的 FRN 间不存在显著差异(Q. Ma & Hu, 2015a, b)，而在无吸引力面孔条件下，FRN 差异显著。研究者随后又采用相同范式比较了有无吸引力的无力第三方对回应者决策的影响，也发现了类似的现象(Q. Ma & Hu, 2015)。此外，也有研究者发现，如果受到分配者排斥，被试作为接受者在不公平和公平间的 FRN 差异要比控制条件的更大(Qu et al.，2013)。而分配者的善良意图会导致接受者在不公平和公平条件间的 FRN 差异更小(Q. Ma et al.，2015)。因为社会比较与奖赏系统有关，奖赏往往导致情绪的变化，比如产生愉快等积极情绪。Sanfey et al. (2003)发现在完成 UG 任务时，被试的情绪和认知相关脑区都有激活，他的观点也得到了来自 EEG、皮肤电(ECR)、主观情绪评分方面证据的支持(van't Wout et al.，2006；Hewig et al.，2011)。当接受者感到受到不公平分配伤害时，会产生一些负性情绪。这种愉悦情绪抵消这些负性情绪，进而弱化他们的公平的担忧，减少对比过程产生的 FRN。

P300 是出现在刺激呈现后的 300～600ms，最大波幅位于中后部的正偏向波。一些研究表明 P300 对奖赏幅度敏感，对更大幅度奖励产生更积极的反应(Yeung and Sanfey，2004；Sato et al.，2005)。Q. Ma et al. (2015)的研究发现不公平条件下，好意图诱发出更大的 P300，这可能是因为先前的注意分配对公平决策的调节作用。P300 也与动机有关(Yan Wu，Zhang，Elieson，& Zhou，2012)，比如，有研究表明喜好的结果与不喜好的结果相比具有更大的 P300 波幅(Zheng et al.，2015)。也有研究表明 P300 对奖赏的幅度和唤醒度敏感，而且更大的奖励与更小的奖励相比，P300 波幅更大(Yan Wu & Zhou，2009；T. Yamagishi et al.，2012)。虽然近期使用 UG 范式的研究发现，公平分配比不公平分配产生更大的 P300 波幅(Qu et al.，2013；Yin Wu，Hu，van Dijk，Leliveld，& Zhou，2012)。这些观点对公平决策中的 P300 都有一定的解释作用。但对于本研究的结果而言，这些解释都无法说清楚。本研究中的 P300 很可能受到了社会比较的影响，从结果来看，P300 分为两段，前半段(320～450ms)意味着对比别人更好更加敏感，而后半段(450～650ms)意味着对比别人更差敏感。此外，时频分析结果显示，20～28Hz 波段上 400～600ms 对比别人更差更加敏感，而在 600～800Hz 频段上对比别人更好更加敏感。

参考文献

[1]Alexopoulos，J.，Pfabigan，D. M.，Goschl，F.，Bauer，H.，& Fischmeister，F. P. (2013). Agency matters! Social preferences in the three-person ultimatum game. *Front Hum Neurosci*，7，312. doi：10.3389/fnhum.2013.00312.

[2]Alexopoulos，J.，Pfabigan，D. M.，Lamm，C.，Bauer，H.，& Fischmeister，F. P. (2012). Do we care about the powerless third? An ERP study of the three-person ultimatum game. *Front Hum Neurosci*，6，59. doi：10.3389/fnhum.2012.00059.

[3]Bohnet，I.，& Zeckhauser，R. (2004). Social comparisons in ultimatum bargaining. *Scandinavian Journal of Economics*，106(3)，495—510. doi：10.1111/j.1467—9442.2004.00372.x.

[4]Bolton，G. E.，& Ockenfels，A. (2000). ERC：A theory of equity，reciprocity，and competition. *American Economic Review*，90(1)，166—193. doi：10.1257/aer.90.1.166.

[5]Brosnan，S. F.，& de Waal，F. B. M. (2014). Evolution of responses to (un)fairness. *Science*，346 (6207). doi：10.1126/science.1251776.

[6]Buchan，N.，Croson，R.，Johnson，E.，Wu，G.，& John，M. (2005). Gain and loss ultimatums. *Advances in Applied Microeconomics*，13，1—23.

[7]Camerer, C. , & Thaler, R. H. (1995). Anomalies: Ultimatums, dictators and manners. *The Journal of Economic Perspectives*, 209—219.

[8]Campanha, C. , Minati, L. , Fregni, F. , & Boggio, P. S. (2011). Responding to unfair offers made by a friend: neuroelectrical activity changes in the anterior medial prefrontal cortex. *Journal of Neuroscience*, 31(43), 15569—15574. doi: 10. 1523/jneurosci. 1253—11. 2011.

[9]Charness, G. , & Rabin, M. (2002). Understanding Social Preferences with Simple Tests. *The Quarterly Journal of Economics*, 117 (3), 817 — 869. Retrieved from http: //www. jstor. org/stable/4132490.

[10]Chin, G. , & Culotta, E. (2014). What the numbers tell us. *Science*, 344(6186), 818—821. doi: 10. 1126/science. 344. 6186. 818.

[11]Collie, T. , Bradley, G. , & Sparks, B. A. (2002). Fair process revisited: Differential effects of interactional and procedural justice in the presence of social comparison information. *Journal of Experimental Social Psychology*, 38(6), 545—555. doi: http: //dx. doi. org/10. 1016/S0022—1031(02)00501—2.

[12]Du, X. , Zhang, M. , Wei, D. , Li, W. , Zhang, Q. , & Qiu, J. (2013). The neural circuitry of reward processing in complex social comparison: evidence from an event-related fMRI study. *PLoS One*, 8(12), e82534. doi: 10. 1371/journal. pone. 0082534.

[13]Fabre, E. F. , Causse, M. , Pesciarelli, F. , & Cacciari, C. (2015). Sex and the money — How gender stereotypes modulate economic decision-making: An ERP study. *Neuropsychologia*, 75, 221—232. doi: http: //dx. doi. org/10. 1016/j. neuropsychologia. 2015. 06. 013.

[14]Fehr, E. , & Fischbacher, U. (2003). The nature of human altruism. *Nature*, 425(6960), 785—791. Retrieved from http: //dx. doi. org/10. 1038/nature02043.

[15] Fehr, E. , & Schmidt, K. M. (1999). A theory of fairness, competition, and cooperation. *Quarterly Journal of Economics*, 114(3), 817—868. doi: 10. 1162/003355399556151.

[16]Festinger, L. (1954). A Theory of Social Comparison Processes. *Human Relations*, 7(2), 117—140. doi: 10. 1177/001872675400700202.

[17]Fox, S. , & Dayan, K. (2004). Framing and risky choice as influenced by comparison of one's achievements with others: The case of investment in the stock exchange. *Journal of Business and Psychology*, 18(3), 301—321. Retrieved from <Go to ISI>: //WOS: 000220320500003.

[18]Güth, W. , Schmittberger, R. , & Schwarze, B. (1982). AN EXPERIMENTAL-ANALYSIS OF ULTIMATUM BARGAINING. *J Econ Behav Organ*, 3(4), 367—388. doi: 10. 1016/0167—2681(82)90011—7.

[19]Güth, W. , & van Damme, E. (1998). Information, Strategic Behavior, and Fairness in Ultimatum Bargaining: An Experimental Study. *Journal of Mathematical Psychology*, 42(2—3), 227—247. doi: http: //dx. doi. org/10. 1006/jmps. 1998. 1212.

[20]Goodman, P. S. , & Haisley, E. (2007). Social comparison processes in an organizational context: New directions. *Organizational Behavior and Human Decision Processes*, 102(1), 109—125. doi: http: //dx. doi. org/10. 1016/j. obhdp. 2006. 10. 005.

[21]Guo, X. , Zheng, L. , Zhu, L. , Li, J. , Wang, Q. , Dienes, Z. , & Yang, Z. (2013). Increased neural responses to unfairness in a loss context. *Neuroimage*, 77, 246 — 253. doi: 10. 1016/j. neuroimage. 2013. 03. 048.

[22]Guroglu, B. , van den Bos, W. , Rombouts, S. A. R. B. , & Crone, E. A. (2010). Unfair? It de-

pends: Neural correlates of fairness in social context. *Soc Cogn Affect Neurosci*, 5(4), 414—423. doi: 10.1093/scan/nsq013.

[23]Halko, M. L., Hlushchuk, Y., Hari, R., & Schürmann, M. (2009). Competing with peers: Mentalizing-related brain activity reflects what is at stake. *Neuroimage*, 46(2), 542—548. doi: http://dx.doi.org/10.1016/j.neuroimage.2009.01.063.

[24]Hu, J., Blue, P. R., Yu, H., Gong, X., Xiang, Y., Jiang, C., & Zhou, X. (2015). Social status modulates the neural response to unfairness. *Soc Cogn Affect Neurosci*, nsv086.

[25]Kagel, J., & Wolfe, K. (2001). Tests of Fairness Models Based on Equity Considerations in a Three-Person Ultimatum Game. *Experimental Economics*, 4(3), 203—219. doi: 10.1023/A: 1013290819565.

[26] Kahneman, D., & Tversky, A. (1979). Prospect theory: An analysis of decision under risk. *Econometrica: Journal of the Econometric Society*, 263—291.

[27]Knez, M. J., & Camerer, C. F. (1995). Outside Options and Social Comparison in Three-Player Ultimatum Game Experiments. *Games and Economic Behavior*, 10(1), 65—94. doi: http://dx.doi.org/10.1006/game.1995.1025.

[28]Leliveld, M. C., Van Beest, I., Van Dijk, E., & Tenbrunsel, A. E. (2009). Understanding the influence of outcome valence in bargaining: A study on fairness accessibility, norms, and behavior. *Journal of Experimental Social Psychology*, 45(3), 505—514.

[29]Li, Q., Qi, Y., Liu, X., & Luo, J. (2013). Can the memory of an object be enhanced by imagining its loss? *Chinese Science Bulletin*, 58(15), 1767—1774. doi: 10.1007/s11434—012—5659—0.

[30]Li, Q., Qin, S., Rao, L. L., Zhang, W., Ying, X., et al. (2011). Can Sophie's Choice Be Adequately Captured by Cold Computation of Minimizing Losses? An fMRI Study of Vital Loss Decisions. *PLoS One*, 6(3), e17544. doi: 10.1371/journal.pone.0017544.

[31]Ma, Q. G., & Hu, Y. (2015). Beauty Matters: Social Preferences in a Three-Person Ultimatum Game. *PLoS One*, 10(5), 17. doi: 10.1371/journal.pone.0125806.

[32]McDonald, I. M., Nikiforakis, N., Olekalns, N., & Sibly, H. (2013). Social comparisons and reference group formation: Some experimental evidence. *Games and Economic Behavior*, 79, 75—89. doi: http://dx.doi.org/10.1016/j.geb.2012.12.003.

[33]Piketty, T., & Saez, E. (2014). Inequality in the long run. *Science*, 344(6186), 838—843. doi: 10.1126/science.1251936.

[34]Pillutla, M. M., & Murnighan, J. K. (1996). Unfairness, anger, and spite: Emotional rejections of ultimatum offers. *Organizational Behavior and Human Decision Processes*, 68(3), 208—224. doi: 10.1006/obhd.1996.0100.

[35]Qi, Y., Li, Q., Tian, M., Dai, B., & Zhang, K. (2014). The neural mechanisms of vital loss emotions. *Chinese Science Bulletin*, 59(16), 1856—1863. doi: 10.1007/s11434—014—0311—9.

[36]Sanfey, A. G., Rilling, J. K., Aronson, J. A., Nystrom, L. E., & Cohen, J. D. (2003). The neural basis of economic decision-making in the ultimatum game. *Science*, 300(5626), 1755—1758. doi: 10.1126/science.1082976.

[37]Sarlo, M., Lotto, L., Palomba, D., Scozzari, S., & Rumiati, R. (2013). Framing the ultimatum game: gender differences and autonomic responses. *Int J Psychol*, 48(3), 263—271. doi: 10.1080/00207594.2012.656127.

[38]Shupp, R. , Schmitt, P. , & Swope, K. (2006). On the role of the hostage in ultimatum bargaining games. *The Journal of Socio-Economics*, 35(3), 399－411. doi: http://dx.doi.org/10.1016/j.socec.2005.11.015.

[39]Solnick, S. J. (2001). Gender differences in the ultimatum game. *Economic Inquiry*, 39(2), 189－200. doi: 10.1111/j.1465－7295.2001.tb00060.x.

[40]Solnick, S. J. , & Schweitzer, M. E. (1999). The Influence of Physical Attractiveness and Gender on Ultimatum Game Decisions. *Organizational Behavior and Human Decision Processes*, 79(3), 199－215. doi: http://dx.doi.org/10.1006/obhd.1999.2843.

[41]Thaler, R. H. (1988). Anomalies: The ultimatum game. *The Journal of Economic Perspectives*, 195－206.

[42]Tomasino, B. , Lotto, L. , Sarlo, M. , Civai, C. , Rumiati, R. , & Rumiati, R. I. (2013). Framing the ultimatum game: the contribution of simulation. *Front Hum Neurosci*, 7. doi: 10.3389/fnhum.2013.00337.

[43] Tversky, A. , & Kahneman, D. (1981). The framing of decisions and the psychology of choice. *Science*, 211(4481), 453－458.

[44]Wright, N. D. , Symmonds, M. , Fleming, S. M. , & Dolan, R. J. (2011). Neural Segregation of Objective and Contextual Aspects of Fairness. *Journal of Neuroscience*, 31(14), 5244－5252. doi: 10.1523/jneurosci.3138－10.2011.

[45]Wu, Zhou, Y. , van Dijk, E. , Leliveld, M. C. , & Zhou, X. (2011). Social comparison affects brain responses to fairness in asset division: an ERP study with the ultimatum game. *Front Hum Neurosci*, 5. doi: 10.3389/fnhum.2011.00131.

[46]Wu, Y. , Yu, H. , Shen, B. , Yu, R. , Zhou, Z. , Zhang, G. et al. (2014). Neural basis of increased costly norm enforcement under adversity. *Soc Cogn Affect Neurosci*, 9(12), 1862－1871. doi: 10.1093/scan/nst187.

[47]Xiao, E. , & Houser, D. (2005). Emotion expression in human punishment behavior. *Proc Natl Acad Sci U S A*, 102(20), 7398－7401. doi: 10.1073/pnas.0502399102.

[48]Xu, L. , Liang, Z. －Y. , Wang, K. , Li, S. , & Jiang, T. (2009). Neural mechanism of intertemporal choice: From discounting future gains to future losses. *Brain Research*, 1261, 65－74. doi: http://dx.doi.org/10.1016/j.brainres.2008.12.061.

[49]Zheng, L. , Guo, X. , Zhu, L. , Li, J. , Chen, L. , & Dienes, Z. (2015). Whether others were treated equally affects neural responses to unfairness in the Ultimatum Game. *Soc Cogn Affect Neurosci*, 10(3), 461－466. Retrieved from http://www.ncbi.nlm.nih.gov/pmc/articles/PMC4350488/pdf/nsu071.pdf.

[50]Zhou, X. , & Wu, Y. (2011). Sharing losses and sharing gains: Increased demand for fairness under adversity. *Journal of Experimental Social Psychology*, 47(3), 582－588. doi: http://dx.doi.org/10.1016/j.jesp.2010.12.017.

[51]Zhou, Y. , Wang, Y. , Rao, L. L. , Yang, L. Q. , & Li, S. (2014). Money talks: neural substrate of modulation of fairness by monetary incentives. *Frontiers in Behavioral Neuroscience*, 8. doi: 10.3389/fnbeh.2014.00150.

小型室内植物栽培系统的制作及应用

冯　妍　黄钰鑫　陈文苹　刘　玮　朱　爽　郭　晓
指导教师：田　河
（首都师范大学初等教育学院）

摘要： 室内种植各种类型的花草，不仅能够很好地提升室内视觉效果，还能改善室内环境。鉴于室内环境比较特殊，在进行室内植物栽培以及养护管理的时候尤其需要注意方法和技巧。水培植物在室内栽培和装饰应用中已崭露头角，在家庭、宾馆、茶楼、商业楼宇、娱乐场所等地方装饰能“隐现无穷之大，招摇不尽之春”，业内人士普遍感到水培植物的发展前途是无量的。因此水培是近年来发展很快的一门应用技术，是今后农业技术革命的方向之一。水培具有提高肥料使用效率、产品质好量高、不受地力和地域的限制、可减少病虫害和农药污染、便于自动化管理、优化劳动环境等优点。应用水培可以避免土传病害，克服长期连作所造成的土壤障害，还可以在不能耕种的庭院阳台和屋顶应用。

本研究采用的水培系统体积小，自动控制，更方便地运用到家庭和学校教学当中。我们设计了适宜室内应用的小型水培栽培系统，并应用容易得到的材料，制作了具有支架系统、光照系统、管道系统及控制系统的室内栽培初步模型。在制作模型的基础上，通过各方面的调试，我们的水培系统已经开始运行，并进行了生菜种植，植物出芽率高，生长良好。

关键词： 室内栽培；植物培养；水培；光照系统

一、引言

（一）研究目的

水培是观察植物生长、观察植物形态的一个好方式，相较于土培，更清晰、方便、卫生。针对小学科学教育中的植物部分，为了能让学生更好地了解植物、观察植物，我们想将室内水培系统带进校园。我们的自动水培系统，在原有的市面上的水培系统上做了创新。支架的结构让从植物观赏价值变得更有观察与研究的价值，土培、自动水培、传统水培具有将多种种植方式对比实验的作用，自动化的设计能方便老师的教学与植物的管理，让水培更适用于小学校园中的教室内或实验室中。将水培植物做成一个大型的具有研究意义的教具，让学生们在观察植物生长、学习认识植物的六大器官课程中更加热爱植物、热爱自然、热爱生活、热爱探索、热爱科学。

（二）选题背景

目前应用于家庭等室内环境的小型栽培系统已经时兴起来，同时水培植物在室内装饰应用中已崭露头角，在家庭、宾馆、茶楼、商业楼宇、娱乐场所等地方装饰能“隐现无穷之大，招摇不尽之春”，业内人士普遍感到水培植物的发展前途是无量的。展望未来，室内水培植物应用不断增多，水培植物的优点将为消费者所认识和接受，水培植物产业将会迅速发展起来。但是水培系统能够适应且应用于小学科学栽培活动教学的却非常少，因此本研究旨在制作一款自动水培系统，以便适应此方面的需求，丰富科学教学资源和形式，增强植物栽培教学效果。

（三）选题意义

水培花卉是继20世纪60年代世界农业的“绿色革命”之后兴起的一场新的“种植革命”。水培系统的难点在于对水量的大小、营养液的配比、营养液的及时更换、植物光照的程度等需要比较严格的、专业的操作。因此，虽然水培系统较适用于小学，但是操作要求高，所以难以在小学普及。我们的研究旨在对水培系统进行新的设计，实现光照、水循环的自动化；更换营养液方便化；利于观察、利于与其他培养方式对比的“实验化”。我们创新性的将自动水培与小学教学相结合，让水培更适用于小学，让学生通过水培植物去观察，进行实验，进行学习。

《中华人民共和国科学技术普及法》(2002)第四条明确提出，科普是公益事业，是社会主义物质文明和精神文明建设的重要内容，发展科普事业是国家的长期任务。第十四条指出，各类学校及其他教育机构，应当把科普作为素质教育的重要内容，组织学生开展内容丰富、形式多样的科普活动。我们的设备的优势在于不仅可在课上使用，课下让学生们观察学习，也是科普活动的过程。

（四）文献综述

小型室内植物栽培系统的概念：利用支架、灯具、管道、水泵、水箱、定时器等组建的植物培养系统，能实现光照、水循环等关键因素的自动控制。

无土栽培是近年来发展很快的一门应用技术，是今后农业技术革命的方向之一。无土栽培具有提高肥料使用效率、产品质好量高、不受地力和地域的限制、可减少病虫害和农药污染、便于自动化管理、优化劳动环境等优点。应用无土栽培可以避免土传病害，克服长期连作所造成的土壤障害，还可以在不能耕种的庭院阳台和屋顶应用。麦国钰在《让植物充满生机——浅谈小学植物作文教学》一文中提到“上美术课时，教师教学生们画花瓶、雕像等物体时，都会要求他们先观察物体，否则画出来的画就不像原物。写作文也得如此，要想写好植物作文，首先要学会观察。”我们的实验则可以让学生更好的观察植物，便于教学。

一个良好的小学校园环境对学龄儿童的心理、行为、智力的形成和发展能起到积极的引导和促进作用，并能帮助他们正确的树立人生观、价值观和世界观。随着教育事业的发展，小学校园环境建设越来越被人们重视，植物景观作为校园环境的重要组成部分，其设计方法和造景手法值得我们深入研究。另一个重要的意义就是，将植物景观融入教学中去。让学生在观察这些植物时，获得更多的知识。

小型室内植物栽培系统种植的各种类型的花草，不仅能够很好地提升室内视觉效果，还能改善室内环境。鉴于室内环境比较特殊，在进行室内植物栽培以及养护管理的时候尤其需要注意方法和技巧。

本系统对人工操作的要求较低，且与其他水培设备相比，支架与管道结构的设计更利于观察。所以特别适合在小学校园的教室中应用，学生、老师既不用复杂的操作和严格的管理方法与技术，又可以绿化教室的环境、培养小学生热爱自然、热爱生命的情感。也适合在小学科学课堂中应用让学生观察植物的成长过程与植物的构造。

与此同时，我们查阅了大量相关文献，这些文献中对植物的种植方法、培养、管理方面关注较多，应用也仅限于观赏作用，几乎没有人关注让自动水培系统应用于小学科学的教学中去。所以我们的研究较他人的新颖之处，在于不只是观赏性作用，较其他人而言，我们的系统不只为求美观，更便于观察。我们的水培系统是自动换营养液，自动按时光照，更方便运用到小学中去。我们创新性的将自动水培系统应用到小学，让学生观察植物的生长与观察植物的各个器官，让水培系统应用到教学中去。

二、研究方法与过程

(一)实验原理

采用无土栽培技术，操作简便、洁净卫生、美化环境的同时，又使其具有一定的观赏和应用价值，无土栽培系统与传统生产性大型无土栽培相比，更需趋向小型化和智能化。采用 LED 节能灯板、营养液循环、定时器设定的方式，节能环保，且操作简便，利于学校、家庭进行培育和观察。

(二)实验步骤

1. 实验设计

本研究旨在设计和制作一个适宜室内栽培使用的小型化植物栽培系统，使其可以满足科研植物材料培养、中小学生物实验教学、家庭花卉、蔬菜栽培的需求。并且满足集水培、土培于一身的自动培育系统，保证充足光照和营养需求。为了便于观察，设计了培育、光照、水循环系统于一个支架上，保证集实验的空间利用率和环保于一身。因此画了一个设计图，以保证实验装置的正确安装。

2. 实验仪器的安装

(1)支架系统

将买来的木板按照长 2m、宽 1m、高 50cm 的方式用螺纹钉组装起来，并保证上下两层的灯板等高，底层高度可放进水循环所用的水箱为准。

(2)照明系统

为了保证水培和土培系统均可享受到同等光照，我们将 8 块 LED 灯板平均放在支架的的上下两层，并采用串并联的方式。

(3)水循环系统

运用小型水泵放在按配比配置好的水和营养液的水箱中，进水口连接管子，以便将水抽进管道系统中，并在管道系统的尾端安装热缩管，以便出水口将水排出到水箱中。

(4)管道系统

将买好的长 50 厘米的管子连接起来，并在管子上打上等距离的五个洞，用于放置定植篮，为了控制水位，在管道的头尾，分别打了两个洞，塞入管子，保证进水和出水。

(5)控制系统

将水泵和灯板分别连接到两个设定好的定时器上，最后连入总电源。水泵定时器的设定时间是每小时有 10 分钟进行工作，灯板定时器则按照持续补光 16 个小时进行工作。

3. 仪器试运行

将定时器与水泵和灯板连接好，接入总开关，保证照明和水循环系统的正常运行。

土培系统，每天进行人工浇水，并每天观察植物的生长情况。

(三)实验流程图

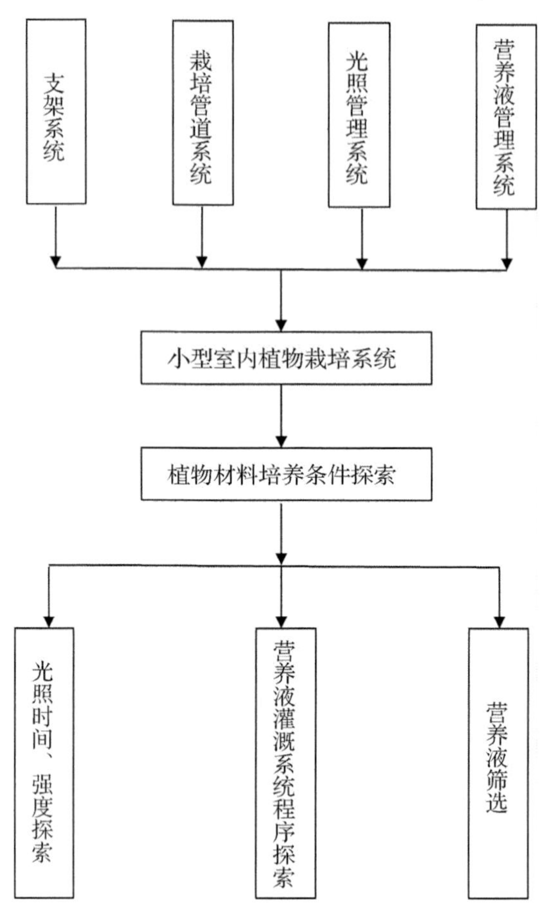

三、研究结果

(一)支架系统的设计与制作

1. 规格设计

鉴于室内空间限制，而且为便于操作，我们设计的支架长 1m、宽 0.5m、高 2m，整个支架分为三层，从下往上依次为：第一层水培管道系统，距地面 50cm，放置水培实验组，第一层下面为水箱，水从水箱泵出，流经栽培管，最后流回水箱；第二层距第一层 40cm，用于架设第一层所需的灯箱和放置基质栽培或非流动水培的实验组；第三层架设第二层栽培组的光照系统，距第二层 40cm。设计的此支架的尺寸，可放在室内的角落，不挤占室内太多空间，并保证有足够的空间进行植物培育。操作和观察的平台最高为 1m，从高度上来说，比较适宜操作，且不会因为碰撞等造成架子上的物品跌落问题，方便浇水和观察(图 1A)。

2. 实验材料

由于市面上出售的各种支架多为金属支架，无法实现我们的设计要求，且金属不易切割和组装，改装起来较为麻烦，无法达到设计要求，因此支架系统需要自行定制，所以在材料选择上，我们选择操作行更强的木板材料，容易购买，尺寸可自行设计制作，利于手工操作，可以搭建任意我们需要的设计，并能承受其他实验设备的重量，所以最终选择木板材料，木板厚度为 2.0cm。

3. 制作

按照之前的设计，对木板材料进行相应的切割和处理，采用螺丝钉连接固定。同时，在背面和侧面分别用木板斜向固定，以增强支架坚固性和稳定性，防止在承重时变形或垮塌(图 1B)。

(二)光照系统的设计与制作

光照是植物生长发育所需的必要条件之一，光照的有无和强弱直接影响植物的生长发育，弱光条件下，植物生长迟缓、弱化，发育不良。而室内又是典型的弱光条件，对于植物的生长发育极为不利。同时，光照对植物的影响同植物的适应程度、品种和植物体量、长势以及苗龄也是极其相关的。发芽后的幼苗阶段是植物生长发育的关键时期，较强的光照在防止幼苗徒长、培育壮苗方面起着举足轻重的作用，因此光照系统是整个栽培系统的的关键环节之一。

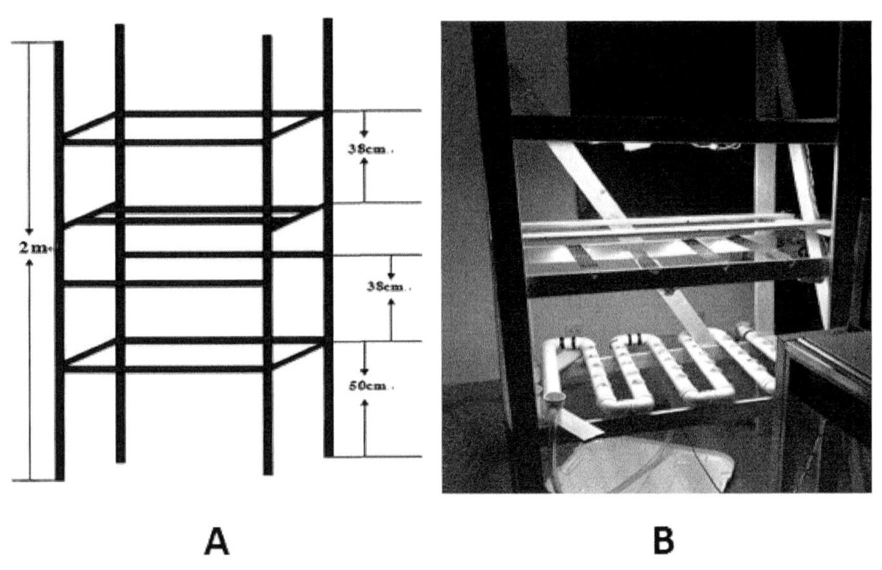

图 1　支架系统的设计和制作完成图

首先我们列出了常见的几种发光器材：白炽灯、节能灯泡、LED 灯板。经查阅资料，白光 LED 的能耗仅为白炽灯的 1/10，节能灯的 1/4，寿命可达 10 万小时以上，不含汞等重金属物质，方便易得、光照强度强，非常容易拆装，大功率 LED 平面集群封装，散热器与灯座一体化设计，充分保障了 LED 散热要求及使用寿命，且非常利于安装固定，能创造良好的光照环境，利于植物生长。因此我们决定舍弃白炽灯和普通灯泡，将更安全、环保、节能的LED灯运用于我们的实验(图2)。

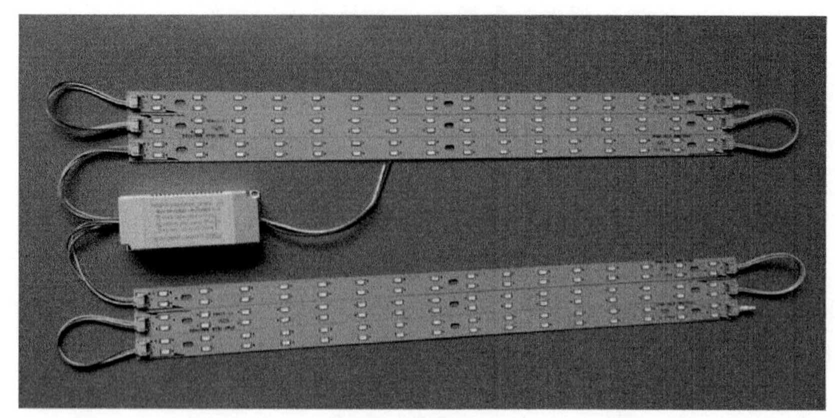

图2 LED灯板

在设计方面，光照系统的原理见图3A，我们考虑的主要问题有三个：光源的安置位置、光源的接线方式和如何控制LED灯板的工作时间。LED灯安置在木板之间，光线不会遮挡，光照强度大，分散光源，能够使植物尽可能的接收到光照。我组设计的水培装置分为上下两层(图3B)，上层为对照组：采用定植棉、土壤的传统种植方式，定期浇水观察生长，此层的灯光设置基本情况是：四个LED灯板为一组，组间串联，最后连接上驱动，以此为原型制作两个组合LED灯板，放置在定植盆正上方，我组共设置定植盆三个，一个土培盆，两个水培盆，距离定植盆35cm，灯光光源与下方的定植盆对应，以保证植物受光照均匀(图4A)。下层为实验组：以自动水循环系统为基础。下层设LED灯板，两个LED灯板为一组，组间串联，最后连接上驱动，以此为原型制作四个组合LED灯板，放置在水培管道正上方，距离水培管道35cm，水培管道规格为：实际可种植的管道六排，直径5cm，间隔5cm打一个直径为3.2cm的孔，放入定植篮种植植物，灯光光源与下方的定植盆对应，以保证植物受光照均匀(图4B)。保证上下两层植物均能享受到同等的光照。LED灯板我组一共使用4个，每个灯板间有相等距离，用自带接线工具连接，并将上下四接线各汇总与一根主电线上在再最后汇总与总电线上，连接至设定好的定时器上。

关于LED灯板的发热问题，我组在上下两层间间隔一定宽度并将电线固定在木板外侧，且并未在灯板外加入灯罩，保证灯板有一个良好的散热环境，使其的发热量不影响实验进行。

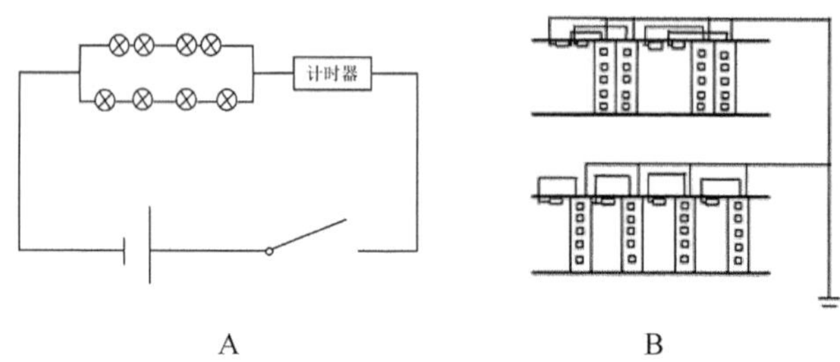

图3 照明系统原理及设计图

经过不断地改进与实验，最终完成的整个实验光照的设置，且在整个系统开始运行时，光照系统可以很好地对植物进行补光，植物生长也如预期迅速健康。

（三）管道系统的设计与制作

我们所做的自动水培系统的管道系统的主要作用包括以下两点：作为支架定苗、输送营养液。

作为支架定苗，我们讨论将管道作为支架的一部分，将植物直接种植在由管道上的孔中，这样能最大限度的使营养液直接输送到植物上。最初，我们设计将一根直径8cm、高1m的PVC管，作为定苗的主干，用水泵将营养液向上运输，但是实际操作中，我们发现这样操作会让植物受光不均、液面不受控并且补充营养液的不足需要滴灌式的补充。建立在支架系统之上，我们创新将直径5cm的PVC管用锯锯成长50cm，平铺7根，用PVC管弯头连接，防水胶固定。这样的创新，不仅解决了营养液的控制问题，植物的受光问题，而且我们将自动水培系统作为小学使用的教具的作用也得以表现，因为平铺更利于学生观察植物，更适合应用于小学科学教学中。我们将平铺的7根管子上均用32mm开孔器打上直径32mm的孔，孔中放入直径32mm的定植篮，将定植棉放入定植篮中，种子中入定植棉。上述这些管道作为支架的一部分，且利用管道本身的结构，其中通入营养液，也发挥了管道本身运输营养液的作用(图5)。

A

B

图4　照明系统完成图

在制作上述管道系统时，我们遇到了两个问题：液面控制问题、连接处漏水问题。我们在进水口、出水口各自安装一个向上的弯头，在合适液面的位置开孔，来控制液面的高度。由于支架稍稍倾斜，进水动力不足，液面控制就会出现一边营养液溢出，一边营养液少的问题，我们将进水动力调至适中，将营养液积存部分稍稍抬高，解决了液面控制的问题。连接处漏水，因为之前已经粘上防水胶，管道本身无法卸下。我们买了防水胶布，将漏水的连接处，用防水胶布粘上，为防止再次漏水，我们又用普通胶布再次固定，解决了漏水问题。

对于进水口、出水口的设计。上文提到，用弯头开口向上连在进出水口，再在合适的位置开口控制液面高度。进水开口处，我们连入直径1.5cm的软塑料管，从水箱中连到水泵抽出营养液送入管道中，由于进水口对液面高度要求的控制作用较低，所以较为简单。但是出水口对液面控制的要求严格，不然会出现积水问题。最初，我们同进水口一样，接入了软管，软管在出水口中会由于重力作用翘起，水流出困难，导致积水。怎样让水流回水箱？自然流下的方法，是控制水位最好的方法，于是我们讨论将出口处向上的弯头锯平，套入直径 6cm 热缩管，让水从热缩管自然流出。热缩管与管道的连接处用防水胶带防水，普通胶带固定。由于热缩管较柔软，直径较长，热缩管容易粘连，出水困难，我们将直径 5cm 的 PVC 管通入热缩管，保证出水畅通。并且在入水的第一排是没有种植的，第一排没种植所以水流到第二排可以平缓过去。如果第一排也种植，第一排的水流会太急，不利于植物生长。

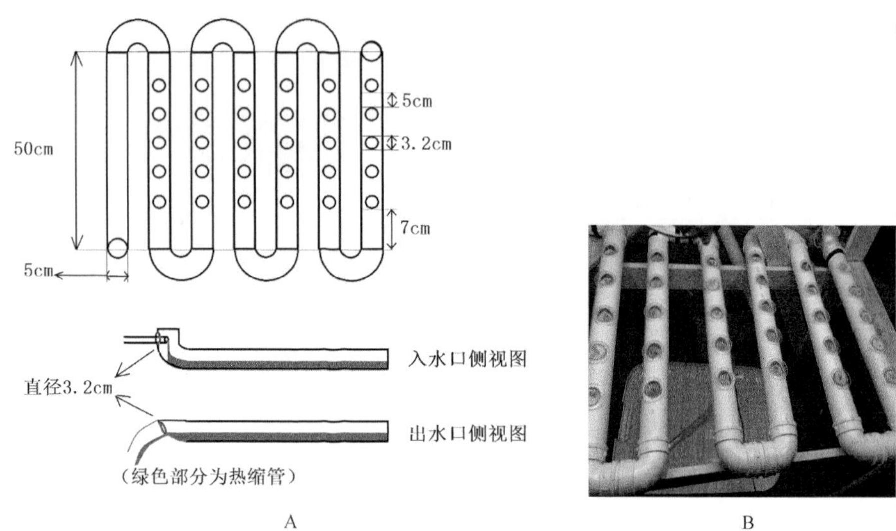

图 5　管道系统设计与完成图

(四)控制系统的设计与制作

关于光照、营养液循环，采用定时器(图 6)进行控制。光照设定为 16 个小时连续光照，从上午 7 点对植物开始进行补光，到晚上 10 点灯自动关闭。营养液的循环为循环 20 分钟，休息 70 分钟(图 7)。这样可以保证管中的水有效的更换，代替了人工补水换水，保证了植物的养分，在小学中应用更加方便。

图 6　定时器

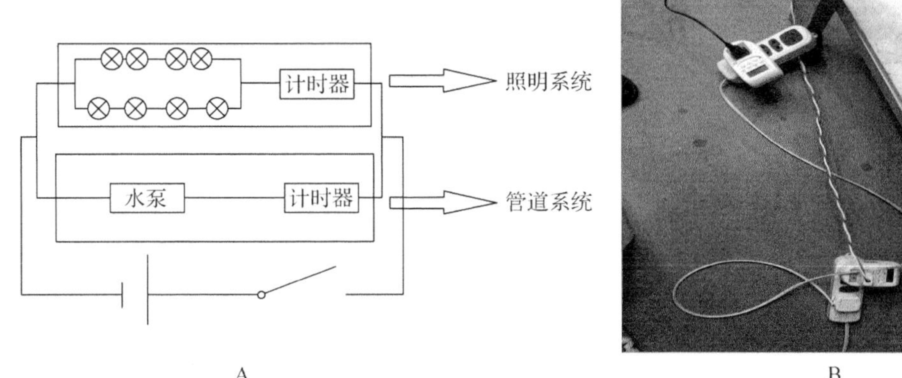

图 7 控制系统原理及设计制作图

(五)水培系统在植物栽培上的应用

最终，经过全小组的努力，我们的小型室内水培系统制作完成(图 8)，对完成的栽培系统，我们进行了初步的植物栽培实验。

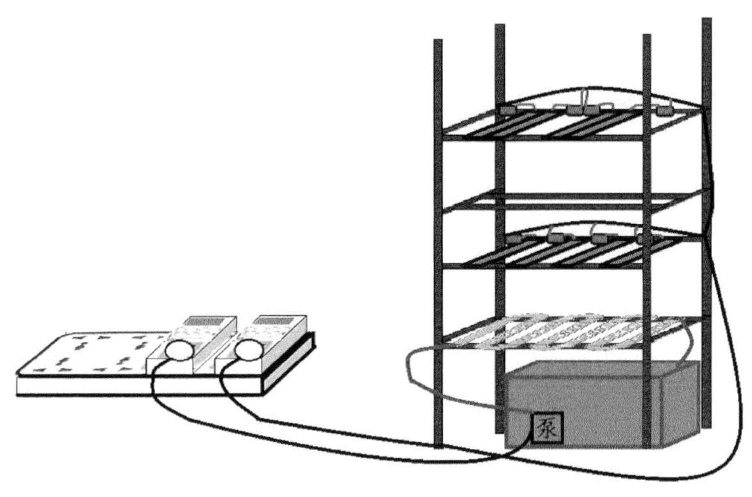

图 8 小型室内水培系统整体设计图及制作完成图

整个水培系统主要分为三种培养方式：基质栽培、非流动水培以及流动水培。在每种培养方式上都加以照明，保证给予植物充足的光照。并且用定时器来控制光照时间和水循环时间，节省了人力，实现自动化。

无土栽培的生菜可以改进品质、生产清洁卫生的产品，同时又能减轻劳动强度，节水省肥。应用无土栽培可以避免土传病害，克服长期连作所造成的土壤障害，还可以在不能耕种的庭院阳台和屋顶应用。因此，本栽培系统制作完成后，我们用其种植生菜，以测试此系统的实用情况。所选生菜品种为中蔬大速生品种。同时，以普通基质播种栽培及非流动水培定植棉播种栽培作为对照。

图 9　种植生菜品种

种植 3 天后，基质栽培中的生菜发芽，5 天后非流动水培发芽，7 天后流动水培系统中生菜发芽。发芽率均超过 95%，无明显差异(见表 1 及图 10)。

表 1　不同栽培方式生菜发芽天数与发芽率统计表

项目	基质栽培	非流动水培	流动水培
发芽率(%)	97	96	95
发芽天数(天)	3	5	7

在用三种不同的方式栽培，出芽的天数有所不同。可能与土壤中的营养物质及水中的营养物质不同有关、与植物在土壤中和在水中的处于的温度不同有关以及植物所处于的环境水分不同有关。这有待进一步去验证。

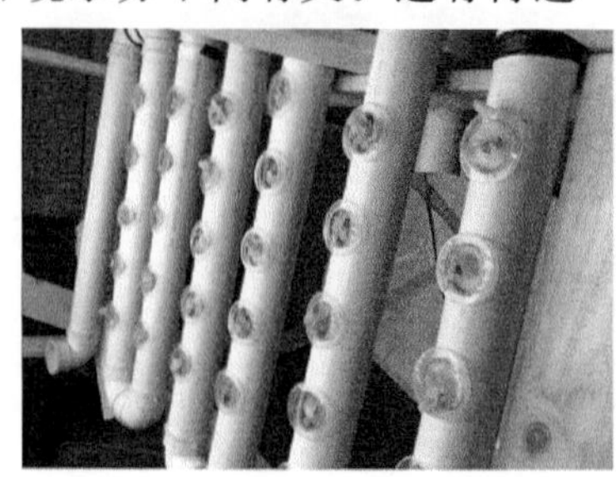  

图 10　不同种植方式发芽对比图

在种植方面，我们也遇到了问题。因为种子在定植棉中放置过深，以至于种子发芽后也只能在定植棉中，不能长出来。之后我们又补种了一些较浅的，这些种植在定植棉较浅地方的生菜可以比较快的长出来。

四、结论

本研究采用的水培系统是自动水循环，自动按时光照，更方便运用到小学中去。我们创新性的将自动水培系统应用到小学，让学生观察植物的生长与观察植物的各个器官，让水培系统应用到教学中去。

在制作方面，我们考虑了有关支架系统、光照系统以及管道系统的选材的选材。根据各方面原因最终确定了所用的材料，也制作出了初步的模型。即最高为 2m 的木材的支架系统，选用 LED 灯板制成的照明系统以及用直径 8cm、高 1m 的 PVC 管制成的管道系统。

目前我们已将其进行应用，种植生菜。同时也做了一些对比实验即土培与非流动水培。在种植 3 天后，土培中的生菜发芽。5 天后非流动水培发芽，7 天后流动水培系统中生菜发芽。

通过各方面的调试，我们的水培系统可以正常运行，并且可以成功种植出植物。

参考文献

[1] 麦国钰．让植物充满生机——浅谈小学植物作文教学[J]．发明与创新，2014(12).

[2] 杨世民，朱果利，刘熔山．生菜无土栽培营养液的优选[J]．四川农业大学学报，1996(4).

[3] 蒙春霞．室内水培植物的试验与研究[J]．价值工程，2010，29(30)：220.

[4] 王浩，王亚军．生态园林城市规划[M]．北京：中国林业出版社，2008.

[5] 李文峰．中小学校外综合实践教育基地在农业科普教育中的作用[D]．仲恺农业工程学院，2015.

[6] 陈义为．长沙市小学校园植物景观设计研究[D]．湖南农业大学，2014.

[7] 吕伟德．都市室内装饰环保植物的水培技术 [J]．中国城市林业，2008，6(1).

[8] 梁玉君，王玺．室内植物的栽培及养护管理方法与技巧 [J]．现代园艺，2014(8).

[9] 阎作森，朱誉．生菜的无土栽培技术[J]．河北农业科技，2000(11).

致谢

在历经一年时间，终于完成了我们的科研项目。首先感谢条装部开展这个项目，我们能够有机会做这个科研。其次要感谢我们的指导老师田河老师，在科研中引导我们，在遇到无数问题中帮助我们，对我们悉心指导。

由于我们的学术水平有限，论文难免有不足之处，敬请各位老师批评指正。

自尊对威胁性情境下行为预期的影响
——情绪的中介作用

朱文龙　马　焱
指导教师：方　平
（首都师范大学教育学院）

摘要： 当人在自我概念受到威胁的情况下，会因自尊水平的差异而表现出不同的情绪与认知反应，而外显与内隐自尊又会对相应反应起到不同程度的影响。本研究在已有威胁性情境范式的基础上，结合Rosenberg自尊量表和反应窗情绪启动任务，希望通过两个研究分别探明任务失败和挫折反馈两种威胁性刺激对个体的影响方式（研究一），以及外显与内隐自尊对威胁性情境下情绪与行为预期的作用机制（研究二）。研究一发现，任务失败本身并不能对个体形成威胁，只有受到社会比较所形成的挫折性反馈的影响，个体才能真正体验到威胁感。研究二表明，负性情绪在外显与内隐自尊对行为预期的影响中起到了中介作用，随着外显与内隐自尊水平的提升，威胁所引起的负性情绪增长程度将有所缓和，而对未来相似事件的行为预期积极程度将有所提升。除此之外，内隐自尊对负性情绪与行为预期反应的影响程度均高于外显自尊，即表明内隐自尊在自我概念遭遇威胁时的情绪与认知反应中起到更为重要的作用。

关键词： 外显/内隐自尊；情绪；反应窗情绪启动任务；威胁性情境；行为预期

1. 引言

自尊（self-esteem）是个体对自我做出评价时所引发的情感体验，包含自我价值和自我能力两个主要成分；其作为自我系统的核心要素，一直受到全球心理学界的广泛关注（田录梅，李双，2005；仇光霞，2008；DeHart，Longua & Smith，2011；De Hart，Pena & Tennen，2013）。从最早由James在19世纪末所提出的单维自尊模型（即自尊＝成功/抱负），再到二维模型、多维模型、多维层次模型的不断推演与扩展，自尊的概念与结构伴随着大量研究的推进逐渐明晰。而随着Greenwald与Banaji（1995）对内隐自尊（Implicit Self-Esteem，ISE）这一概念的提出，有关内隐自尊与外显自尊关系的讨论，又将自尊内涵的思考引入了新的方向。内隐自尊是在对自我相关或相联事物做出评价时，一种通过内省而不能觉察的自我态度效应，即积极评价倾向（蔡华俭，2003），其与外显自尊的区分标志是二者在自我评价过程中意识参与程度的差异。大量研究已经证明，外显与内隐自尊之间相对独立，Greenwald也正是基于这一点提出了自尊的双重结构模型（Dual Structure Model，Greenwald & Farnham，2000）；二者作为自尊的组成成分，虽共同影响与自尊相关的心理过程与行为表现，但其作用的不同差异才是研究者所真正关心的。

现有研究中，通常将自尊视为相对稳定的特质（即特质自尊，Trait Self-Esteem），其能够有效影响个体的心理健康水平（蔡华俭，2003；Hulme，Hirsch & Stopa，2012）

以及主观幸福感(韩晓，耿晓伟，2010；钟毅平，郭文姣，黄俊伟，2011)。不仅如此，自尊还与某些特定情境与任务下的情绪反应有关，这些情境和任务通常会涉及能力与价值的评价。Brown 和 Dutton(1995)以智力测试为任务，探究外显自尊对个体在面对失败时的情绪反应与应对方式的影响，其发现低自尊者会表现出更为强烈的沮丧与失落，也会更早的选择放弃和退出，而高自尊者则表现出了更少的情绪起伏与退出行为，以及更强的意愿去完成之后的任务。Lo 和 Yeh(2014)同样借助智力测试的任务形式，以负性反馈创设威胁性情境，其发现高内隐自尊者具有更为积极的情绪反应，以及更为迅速的对消极情绪的平复，而低内隐自尊者则在威胁性情境下表现出情绪调节的困难。已有研究说明外显与内隐自尊均与自我概念遭遇威胁时的情绪反应具有相关性，但二者在影响程度和作用机制上是否存在差异则并未获得验证。除此之外，自尊还能进而对相应情境下的认知过程产生影响。有研究表明，自尊能够有效预测任务失败后的行为预期反应(Krause，Back，Egloff & Schmukle，2012；朱文龙，田丽，2014)，而情绪作为日常心理活动的背景，其又对行为预期的加工过程具有何种影响？这一问题仍缺乏相应实证研究的解释。

在以上研究中预期情境的实现都基于同一种威胁性刺激的介入，即能力相关任务的失败表现，但威胁因其来源与强度的不同，其作用方式与程度又会有所差异，如社会排斥情境(DeWall，Twenge，Koole，Baumeister，Marquez & Reid，2011)的威胁即来源于社会比较。那么，两种威胁哪一种更为真实？或者说哪一种威胁能够有效影响个体的情绪与认知反应呢？现有研究范式所提供的威胁，事实上都是针对自我相关概念的压力性事件，当这种外部压力达到一定程度时便形成了威胁，Brown 和 Dutton(1995)将其定义为外部环境对自身能力和价值的负性反馈。研究认为，威胁性情境的创设需要满足以下几个基本前提：1)被试具有适当的参与动机；2)威胁性刺激需要与其能力和价值的评价有关；3)刺激强度足以形成威胁。故而可以根据以上原则对现有范式进行整合与改编，并对相应问题做出回应。

基于已有研究的结论与不足之处，研究提出以下假设：

1)任务失败与挫折反馈对个体具有不同程度的威胁，涉及社会比较的挫折反馈对于个体的威胁更大。

2)外显和内隐自尊均能够有效预测个体在威胁性情境下的情绪与认知过程，但内隐自尊的影响更大。

3)情绪在外显与内隐自尊对威胁性情境下行为预期的影响中起到中介作用。

2. 研究一

研究一的目的在于探明威胁的发生机制，以及不同威胁对于个体的影响程度。采用组间设计，因威胁发生与否与威胁发生方式的不同共分为三组，分别是控制组(无威胁，39 人)、真实反馈组(任务失败，37 人)和虚假反馈组(任务失败和挫折反馈，40 人)。自变量为威胁，因变量为情绪和行为预期。研究假设，任务失败与挫折反馈均能对个体形成威胁，而挫折反馈所形成的威胁更为关键，故而虚假反馈组在遭遇威胁后的行为预期最为保守，其情绪波动也最为明显。

2.1 方法

2.1.1 被试选取

研究采用整群随机抽样，选取了来自北京市多所高校的在校生，涉及多个不同专业与学科，随机分配至不同组中。在筛除极端被试后(包含各反应指标超过3个标准差以上者，以及练习部分正确率不为50%者)，共保留有效被试116人($M_{年龄}=20.11$，$SD_{年龄}=1.53$)，其中男生45人，女生71人。年龄最小者17岁，最大者25岁。

2.1.2 工具选用

数列记忆任务(Serials Memory Task)，该任务用以实现对不同威胁情境的创设，共分为能力相关材料阅读、指导性练习、正式测试三个阶段。威胁出现在正式测试的任务以及事后的反馈中，分别为任务失败和挫折反馈；而阅读和练习阶段的主要目的在于引发被试的参与动机以及建立对正式测试的基本预期，不同组被试在这两个阶段所接受的处理并无差别。为防止被试采用组块记忆，数列中每个数字出现前后会加入掩蔽。在呈现完成之后，要求被试以大声背诵的形式，在5秒内完成作答；在时限到达之后，会自动呈现下一个任务。单个数字呈现时间及任务容量均通过预实验确定，所有任务都会以随机顺序进行呈现。结合行为预期任务和情绪量表的测定，可以获得个体在不同威胁情境下行为预期与情绪的差异。

行为预期任务(Behavior Prediction Task)，该任务用以实现对不同情境下行为预期的测定，囊括了被试在数列记忆任务的不同阶段所做出的行为预期反应，使被试对自己在正式测试(或与正式测试难度相同的另一测试)中的表现做出预测(即20个任务中能够答对几个)，可以分为事前期望(Pre-Task Expectancy)、事中期望(In-Task Expectancy)和事后期望(Post-Task Expectancy)。通过反应指标相减的形式，探查任务失败与挫折反馈对行为预期的具体影响。

正性负性情绪量表(The Positive and Negative Affect Scale，PANAS)，该量表用以检验不同威胁情境下被试的情绪波动。共包含两个分量表，各由10个描述情绪的形容词所组成，分别测量正性情绪(PA)与负性情绪(NA)。受测者需回应每个项目对当下时刻自身所处情绪状态的符合程度，以Likert五点计分，从1“几乎没有”到5“极其多”。黄丽、杨廷忠和季忠民(2003)曾对该量表对于中国人群的适用性问题进行了研究，其Cronbach α 系数为0.82，正性情绪与负性情绪两个分量表的Cronbach α 系数为0.85和0.83，两个分量表的重测信度均为0.47；同时，其还具有较好的结构效度、区分效度与效标关联效度。

2.1.3 实验程序

实验在安静且光线相对明亮的室内环境进行，在实验进行当中，被试不会受到外界环境及其他刺激的影响。

在实验开始前，会要求被试填写PANAS以作为情绪基线，继而进入数列记忆任务。首先，让被试阅读一段与短时记忆能力重要性有关的文字材料，并询问其主要内容与理解情况。随后，告知被试任务内容，即完成对多列长度不定并逐个呈现的随机数字序列的记忆。任务因难度不同可分为两种，低于短时记忆容量的数列为简单任务(即数字长度为5的任务)，超过短时记忆容量的数列为困难任务(即数字长度为10的任务)。

练习部分(包含2个简单任务和2个困难任务)会使被试对正式测试的难度产生预期，此时会询问被试对正式测试完成情况的预测(即事前期望)，并要求被试以预测数字为目标，努力实现自身预期。到本阶段为止，三组被试均接受相同的实验处理。正式测试包含两种处理，控制组接受的测试与练习部分难度相同(包含10个简单任务和10个困难任务)，而另两组的测试难度则远高于练习部分(包含5个简单任务和15个困难任务)，故而被试会在完成后体验到任务失败的挫折。此时会对三组被试分别询问其对完成情况的猜测(即事中期望)。在此之后，会告知被试实际正确数目以及“平均水平”，控制组与真实反馈组会依照简单任务所占比重如实报告，而虚假反馈组则会依照控制组的简单任务比重(即练习部分所获得的难度预期)向被试做出报告。被试在完成情况远低于平均水平的情况下，会体验到社会比较所带来的威胁感。此时会询问被试对难度与正式测试相同的另一个测试完成情况的预期(即事后期望)。在任务结束后再次施测PANAS量表，从而获得任务前后的情绪变化。除此之外，还会在实验结束后对被试进行回访，提问被试在测验中的自我感受，与PANAS的结果相互印证。最后，还需要向被试讲明实验目的，以及数列记忆任务的实际难度，以缓解被试的负性情绪。

2.1.4 统计分析

研究采用SPSS 17.0统计软件实现对于数据的统计与分析。

2.2 结果

实验最终获得了不同威胁情境下个体的情绪变化与行为预期反应(如表1所示)，通过各组之间的比较可以实现情境之间差异的分析。

表1 情绪与行为预期反应描述统计

	M(*SD*)					
	1	2	3	4	5	6
控制组	10.28(1.12)	9.77(1.55)	9.97(1.51)	11.10(1.47)	−0.41(2.04)	0.69(1.76)
真实反馈组	5.24(1.17)	9.78(1.75)	4.76(1.42)	6.22(1.67)	−0.97(2.49)	1.08(2.13)
虚假反馈组	5.08(1.21)	9.72(1.66)	4.85(1.37)	5.13(1.74)	−6.05(4.15)	8.75(3.43)

注：1为实际表现；2为事前期望；3为事中期望；4为事后期望；5为正性情绪变化；6为负性情绪变化。

依照各组中简单任务所占比例的不同，三组的预设难度也有所不同。控制组的预设难度为50%(即正确10个)，真实反馈组和虚假反馈组则为25%(即正确5个)，经t检验可以发现，各组的实际表现与预期难度之间均差异不显著(如表2第一列所示)。经过练习，三组对正式测验的难度应具有相同的预期。经t检验可以发现，各组的事前期望与预期难度之间均差异不显著(如表2第二列所示)，进而对三组的事前期望进行方差分析，$F(2, 113)=0.01$，$p=0.987$，$\eta^2=0.00$，各组间事前期望不存在显著差异。除此之外，表2还分别报告了三次行为预期与实际表现之间的差异(分别对应表2中第三列、第四列及第五列)，均与研究预期相符。在表2的最后两列还呈现了各组的情绪变化，发现在不同情境中被试的负性情绪均有所提升，而虚假反馈组的情绪变化则最为明显。

表 2　不同威胁情境情绪与行为预期反应差异检验

	$T(d)$						
	1	2	3	4	5	6	7
控制组	1.57(0.36)	−0.93(0.21)	−2.08*(0.48)	−1.61(0.37)	4.02***(0.92)	−1.26(.29)	2.45*(0.56)
真实反馈组	1.33(0.31)	−0.75(0.18)	14.36***(3.38)	−2.13*(0.50)	4.10***(0.97)	−2.39*(0.56)	3.09**(0.73)
虚假反馈组	0.39(.09)	−1.05(.24)	19.03***(4.31)	−1.16(0.26)	0.29(0.07)	−9.23***(2.09)	16.16***(3.66)

注：* $p<0.05$，** $p<0.01$，*** $p<0.001$。1 为实际表现与预设难度；2 为事前期望与预期难度；3 为事前期望与实际表现；4 为事中期望与实际表现；5 为事后期望与实际表现；6 为正性情绪变化；7 为负性情绪变化。

研究使用事中期望与实际表现的差值，以及事后期望与实际表现的差值，借以表示被试在经历不同威胁后行为预期的偏离程度。经方差分析可以发现，事中—实际偏差差异不显著，$F(2,113)=0.42$，$p=0.657$，$\eta^2=0.01$；而事后—实际偏差则具有显著差异，$F(2,113)=5.86$，$p<0.01$，$\eta^2=0.09$。进而对事后—实际偏差进行事后检验可以发现，虚假反馈组与其他两组差异显著，虚假反馈组的事后—实际偏差低于其他两组；而控制组与真实反馈组之间则不存在显著差异(如表 3 所示)。随后，再对情绪变化进行方差分析可以发现，正性与负性情绪变化均存在显著差异，$F(2,113)=40.91$，$p<0.001$，$\eta^2=0.42$；$F(2,113)=124.34$，$p<0.001$，$\eta^2=0.69$。在事后检验中，正性与负性情绪变化呈现出了一致的结果：虚假反馈组与其他两组差异显著，虚假反馈组的正性情绪下降程度和负性情绪提升程度均远高于其他两组；而控制组与真实反馈组之间则不存在显著差异(如表 3 所示)。

表 3　不同威胁情境情绪与行为预期反应事后检验

		均值差			
		1	2	3	4
控制组	真实反馈组	0.18	−0.15	0.56	−0.39
	虚假反馈组	−0.08	0.77**	5.64***	−8.06***
真实反馈组	虚假反馈组	−0.26	0.92**	5.08***	−7.67***

注：** $p<0.01$，*** $p<0.001$。1 为事中—实际偏差；2 为事后—实际偏差；3 为正性情绪变化；4 为负性情绪变化。

2.3　讨论

各组的实际表现均略高于预设难度，二者之间差异均不显著，说明通过相关材料的阅读与自身预期目标的设定，被试的参与动机被成功诱发。而事前期望虽然普遍略低于预期难度，但二者之间均不存在显著差异，则表明被试对于正式测试的预期主要依赖于自身的练习结果，但在测试开始前又倾向于有所保留。在动机被唤起的前提下，两个反馈组的实际表现与自身所设定的目标不相匹配，将首先遭遇任务失败所带来的自我概念威胁，但是其事中期望的偏离程度与控制组间并不存在显著差异，也就是说任务的失败并不会造成个体对自身预期的改变。在任务失败的基础上，真实反馈组获悉了任务的真实平均水平，从而了解自身任务的实际难度，进一步消解了对于自身能力的质疑，故而其事后期望的偏离程度与控制组并无显著差异，同时这两组的事后期望均显著高于实际表现，即通过正式测试都对未来相似任务的完成抱以更大的期待。而对于虚假反馈组而言，其所获悉的平均水平远高于其实际完成情况，即自身水平远低于相同群体的其他个体，上行比较所形成的人际差距大大加深其挫败感(Dvash，2010)，故而其在情绪波动以及事后期望的偏离程度上均与其他两组差异显著。由此可以得出结论，在实验环境下所形成的任务失败并不会对个体形成实质性的威胁，而伴随负性反馈而来的社会比较能使个体体验到真正的威胁感。

3. 研究二

基于研究一对威胁性情境的检验，研究二希望探明自尊对威胁性情境下情绪与行为预期的作用机制。研究以被试的外显与内隐自尊水平作为自变量，以情绪变化和预期偏差(即事后期望与实际表现的差值)作为因变量。研究假设，外显与内隐自尊共同作用于威胁性情境下的情绪与行为预期，情绪又会在外显与内隐自尊对行为预期的影响中起到中介效应。

3.1 方法

3.1.1 被试选取

研究采用整群随机抽样，选取了来自北京市多所高校的在校生，涉及多个不同专业与学科。在筛除极端被试后，共保留有效被试 267 人($M_{年龄}=20.13$，$SD_{年龄}=1.52$)，其中男生 112 人，女生 155 人。年龄最小者 17 岁，最大者 26 岁。外显自尊平均水平为 27.93(1.54)，内隐自尊平均水平为 0.07(0.13)。

3.1.2 工具选用

Rosenberg 自尊量表(Rosenberg Self-Esteem Scale，RSES)，该量表用以实现对外显自尊的测量，其被认为是目前应用最为广泛的自陈式自尊评定工具，由 Rosenberg 所编制，简明易懂、便于施测。量表共包含 10 道题目，由受测者直接报告题目所描述语句是否符合自身状态；采用 Likert 四点计分，1 为“非常同意”，2 为“同意”，3 为“不同意”，4 为“非常不同意”，分值分布为 10～40 分，得分越高代表外显自尊水平越高。Dobson 和 Fleming 分别报告了其 Cronbach α 系数为 0.77 和 0.88，说明该量表具有令人满意的内部一致性信度；效度方面，张文新曾对该量表与 Coopersmith 自尊调查表(SEI)进行了相关性检验，发现二者具有显著性相关($r=0.4583$，$n=176$；引自蔡华俭，2003)。研究选定了王孟成、戴晓阳(2010)所修订的中文版本($\alpha=0.78$)，其对于条目 8 的修订最为符合目前为止的研究结论(申自力，蔡太生，2008)。

反应窗情绪启动任务，该任务用以实现对内隐自尊的测量。研究选取了 Greenwald 与 Farnham(2000)在内隐自尊研究中所使用词汇材料，筛选后保留其中较为符合本土文化背景的 40 个词作为实验材料，共分为 4 个 trial，每个 trial 有 20 个词(每个词均会在自我相关启动与自我无关启动中各出现一次)。在被试对目标刺激的作答上，采用前后两个 trial 按键位置互换的方式，以平衡反应模式对于测量结果的影响。测量方式参考 Krause 等(2012)对于 RW-APT 的使用，具体流程和图片呈现时间如图 1 所示。最终，通过计算可以获得自我相关启动指数与自我无关启动指数，二者分别为自我相关启动与自我无关启动中，消极词与积极词判断错误率之差。而自我相关启动指数与自我无关启动指数的差值即为个体的内隐自尊得分，得分越高，内隐自尊水平越高。

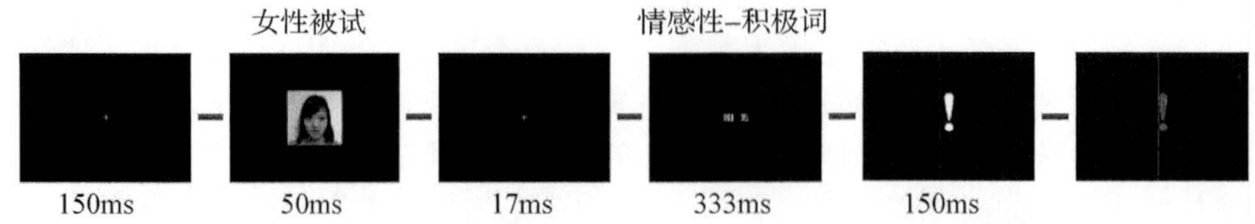

图1　反应窗情绪启动任务示例(以女性被试、情感性一积极词为例)

除以上自尊评定工具外，还需使用数列记忆任务中虚假反馈组的操作范式，以及行为预期任务和PANAS量表，对威胁性情境下的行为预期和情绪进行测定。

3.1.3　实验程序

实验程序基本同于研究一，区别在于需要在任务开始前首先完成自尊的评定，依照自尊研究的一般程序，会首先对被试的外显自尊进行测量，随后再是内隐自尊。在实验开始前，需要照相并制作被试的头像一张，以作为与自我相关的启动刺激。为使图片内容标准化，需选择光照条件及墙面颜色相同的背景，并向被试指明中性情绪状态的基本特征与照相要求。

3.1.4　统计分析

研究采用SPSS 17.0和Amos 18.0统计软件实现对于数据的统计与分析。

3.2　结果

表4　自尊、负性情绪与行为预期相关分析

	1	2	3	4	5
1	—				
2	−0.03	—			
3	0.19**	0.33***	—		
4	−0.18**	−0.32**	−0.25**	—	
5	0.08	0.20**	0.09	−0.56***	—

注：** $p<0.01$，*** $p<0.001$。1为外显自尊；2为内隐自尊；3为预期偏差；4为负性情绪变化；5为正性情绪变化。

由表4可知，外显与内隐自尊之间相互独立，外显与内隐自尊、负性情绪以及预期偏差之间存在相关，内隐自尊、负性与正性情绪变化之间存在相关。正性情绪变化即不受外显自尊的影响，也不会影响个体在威胁性情境下的行为预期。而内隐自尊则能够有效影响正性情绪的变化，$F(2, 264)=6.44$，$p<0.01$，$R^2=0.05$。

根据依次检验法的操作流程，需逐个验证外显与内隐自尊对于行为预期的影响、外显与内隐自尊对于负性情绪的影响，以及外显与内隐自尊连同负性情绪一起作用于行为预期的影响。在完成中心化后，分别建立回归方程(如表 5 所示)，经检验方程均显著。随后对各回归系数进行检验，发现 c_1、c_2、a_1、a_2、c_1'、c_2'和 b 均为显著(如表 5 所示)，故证明中介效应成立，各变量回归路径如图 2 所示。

表 5　自尊、负性情绪与行为预期回归方程

	标准化回归方程	F	R^2		β	SE	t
第一步	$y=c_1x_1+c_2x_2+c_3x_1x_2+e_1$	15.30***	0.15	c_1	0.20	0.05	3.51**
				c_2	0.34	0.54	5.90***
第二步	$m=a_1x_1+a_2x_2+a_3x_1x_2+e_2$	14.03***	0.14	a_1	−0.18	0.16	−3.08**
				a_2	−0.33	1.89	−5.70***
第三步	$y=c_1'x_1+c_2'x_2+c_3'x_1x_2+bm+e_3$	12.73***	0.16	c_1'	0.18	0.05	3.08**
				c_2'	0.29	0.57	4.90***
				b	−0.13	0.02	−2.10*

注：* $p<0.05$，** $p<0.01$，*** $p<0.001$。y 为预期偏差；x_1 为外显自尊；x_2 为内隐自尊；m 为负性情绪变化。

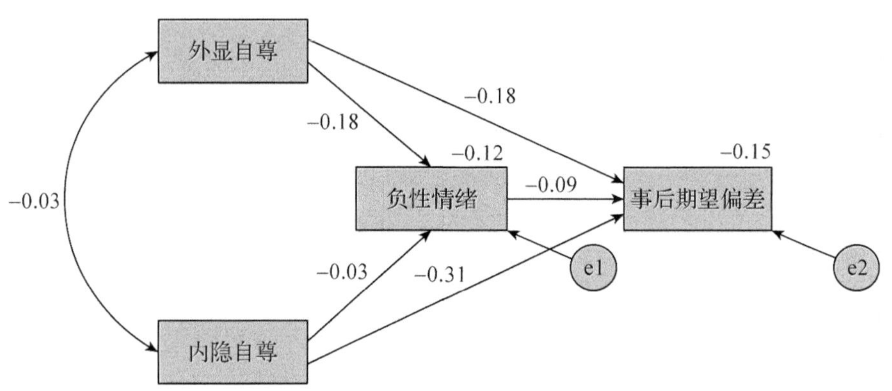

图 2　外显与内隐自尊、负性情绪、预期偏差的路径分析

3.3　讨论

研究结果显示，数列记忆任务所创设的威胁性情境可以引发个体负性情绪的提升以及正性情绪的下降。负性情绪在外显与内隐自尊对行为预期的影响中起到了中介作用，不同理论模型均能够对这一关系做出解释。行为因其意识参与程度的不同，可以被分为控制性(Controlled)或精细加工(Deliberative)的行为和自动化(Automatic)或无意识加工(Spontaneous)的行为，前者主要受到外显自尊的影响，而后者则主要受到内隐自尊的影响(Franck 等，2007；Rudolph，Schröder-Abé，Riketta & Schütz，2010；Vandromme 等，2011)。根据 Huntsinger、Isbell 和 Clore(2014)的认知—情绪反馈模型，当个体的自我概念遭遇威胁，其负性情绪得到了有效唤起，此时的负性情绪扮演了“红灯”的角色，阻碍了固有信息加工模式的正常使用，使个体以更为直接的方式对信息(威胁)进行处理，即此时的信息加工模式偏向于整体加工，故而内隐自尊相比于外显自尊而言，对威胁性情境下的行为预期具有更强的解释力。而基于进化视角(Sigmund 等，2000)以及情绪义务模型视角(Elaster，2010)，当个体的消极情绪被成功唤起时，个体会为了长远利益(自我概念)的获得与维持而选择短期利益(外部评价)的牺牲(Yamagishi，Horita，Takagishi，Shinada，Tanida & Cook，2009)，故而个体在威胁性情境下的行为预期偏向于保守。除此之外，Gregg 和 Sedikides(2010)的研究表明内隐自尊是探测个体脆弱性的重要指标，内隐自尊水平越低，个体越发脆弱，而正性情绪也越发呈现下降的趋势。这也解释了本研究中内隐自尊对正性情绪的正向预测作用。

4. 总讨论

在日常生活中，威胁无处不在。个体在社会互动中难免遭遇任务事件的失利以及社会比较的挫败，而其是否仍能保持对自身能力与价值的高度评价，并有效应对情境对其情绪的影响，维持积极的认知倾向与行为表现，才能够体现其真实的自尊水平。根据本研究的最终结果，内隐自尊似乎更为符合真实自尊的要求。而威胁性情境的创设，能够有效探查自动化加工行为的内在机制，相应研究范式具有很强的推广性与应用性。除此之外，研究通过中介模型的建构，证实了情绪在威胁性情境下自尊对行为预期反应的影响中所起到的中介作用，这意味着此时的行为表现很大程度上受到情绪状态的影响。进而可以做出推论，当威胁性情境下的情绪受到调控时，其行为预期反应也会发生相应的改变，也就是说，我们或许可以通过情绪调节从而有效影响个体在自我概念遭遇威胁的情况下所做出的行为预期以及其他相应认知行为，这值得未来研究予以关注和思考。

除以上成果外，研究还存在以下局限及潜在问题，有待进一步的探究与考察。1)研究检验了大学生群体在威胁性情境下的情绪诱发与行为预期，从样本选取而言存在局限，而已有同类研究中被试来源也往往来源于高校学生群体，这对于所得结论的生态效度具有一定程度上的影响；2)研究选取了 PANAS 情绪量表实现情绪的测查工作，最终获取的只是个体情绪体验的主观性报告，缺乏相关生理反应的佐证，而其报告内容也只涉及情绪的效价与强度，无法探查威胁性情境所诱发的具体情绪，可以结合相关评定工作做进一步的探索；3)威胁因种类与强度的不同，会对个体情绪与认知反应形成具有差异化的影响，研究虽然对威胁种类的差异进行了验证，但忽视了不同强度的作用，究竟刺激在何种强度下能够引起个体的威胁性体验，有待研究范式的进一步修订与测查。

5. 结论

1)在实验操作条件下，任务失败本身并不能对个体形成威胁，只有受到社会比较所形成的挫折性反馈的影响，个体才能真正体验到威胁感。

2)外显与内隐自尊均能够有效预测威胁性情境下的负性情绪与行为预期反应，内隐自尊对负性情绪与行为预期反应的影响程度均高于外显自尊。

3)随着外显与内隐自尊水平的提升，威胁所引起的负性情绪增长程度将有所缓和，而对未来相似事件的行为预期积极程度将有所提升。

4)内隐自尊还能有效预测威胁性情境下的正性情绪，随着内隐自尊水平的提升，威胁所引起的正性情绪下降程度也将有所缓和。

5)外显与内隐自尊不仅直接影响威胁性情境下的行为预期反应，还会受到负性情绪的中介作用，对行为预期形成间接影响。

参考文献

[1]Back, M. D., Krause, S., Hirschmüller, S., Stopfer, J., Egloff, B., & Schmukle, S. C. (2009). Unraveling the three faces of self-esteem: A new information-processing sociometer perspective. *Journal of Research in Personality*, 43, 933—937.

[2]Back, M. D., Schmukle, S. C., & Egloff, B. (2009). Predicting actual behavior from the explicit and implicit self-concept of personality. *Journal of Personality and Social Psychology*, 97, 533—548.

[3]Bevelander, K. E., Anschütz, D. J., Creemers, D. H. M., Kleinjan, M., & Engels, R. C. M. E. (2013). The Role of Explicit and Implicit Self-Esteem in Peer Modeling of Palatable Food Intake: A Study on Social Media Interaction among Youngsters. *Plos One*, 8(8), 1—11.

[4]Bosson, J. K., Swann, W. B., & Pennebaker, J. W. (2000). Stalking the perfect measure of implicit self-esteem: The blind men and the elephant revisited. *Journal of Personality and Social Psychology*, 79, 631—643.

[5]Brown, J. D. (2010). High self-esteem buffers negative feedback: Once more with feeling. *Cognition and Emotion*, 24, 1389—1404.

[6]Buhrmester, M. D., Blanton, H., & Swann, W. B., Jr. (2011). Implicit Self-Esteem: Nature, Measurement, and a New Way Forward. Journal of Personality and Social Psychology, 100(2), 365—385.

[7]Cai, H. J. (2003). The effect of implicit self-esteem and the relationship of explicit self-esteem and implicit self-esteem. *Acta Psychologica Sinica*, 35(6), 796—801.

[8]蔡华俭.内隐自尊效应及内隐自尊与外显自尊的关系[J].心理学报，2003，35(6)：796—801.

[9]Chen, Y. (2010). The Discrepancy of Explicit Self-Esteem and Implicit Self-Esteem. *Reform & Openning*, 20, 54.

[10]陈燕.外显自尊和内隐自尊不一致性的研究综述[J].改革与开放，2010，20：54.

[11]Cunningham, W. A., Preacher, K. J., Banaji, M. R. (2001). Implicit attitude measures: Consistency, stability, and convergent validity. *Psychological Science*, 12(2), 163—170.

[12]DeHart, T., Longua, J., & Smith, J. (2011). To enhance or protect the self?: The complex role of explicit and implicit self-esteem. In Alicke, M. D., & Sedikides, C. (Eds.), *Handbook of self-enhancement and self-protection* (298—319). New York, US: Guilford Press.

[13]DeHart, T., Pena, R., & Tennen, H. (2013). The development of explicit and implicit self-esteem and their role in psychological adjustment. In Zeigler-Hill, V. (Eds.), *Self-esteem*(99—123). New York, US: Psychology Press.

[14]DeHart, T., Pelham, B. W., & Tennen, H. (2006). What lies beneath: Parenting style and implicit self-esteem. *Journal of Experimental Social Psychology*, 42, 1—17.

[15]Fang, P., Chen, M. Q., & Jiang, Y. (2006). Experimental paradigms of affective priming. *Journal of Psychological Science*, 29(6), 1396—1399.

[16]方平，陈满琪，姜媛.情绪启动研究的实验范式[J].心理科学，2006，29(6)：1396—1399.

[17]Fazio, R. H. , & Olson, M. A. (2003). Implicit Measures in Social Cognition Research: Their Meaning and Use. *Annual Review*, 54, 297－327.

[18]Franck, E. , De Raedt, R. , & De Houwer, J. (2007). Implicit but not explicit self-esteem predicts future depressive symptomatology. *Behavior Research and Therapy*, 45, 2448－2455.

[19]Gawronski, B. (2002). What does the implicit association test measure? A test of the convergent and discriminate validity of prejudice related IATs. *Experimental Psychology*, 49(3), 171－180.

[20]Greenwald, A. G. , & Banaji, M. R. (1995). Implicit Social Cognition: Attitudes, Self-Esteem and Stereotypes. *Psychological Review*, 102(1), 4－27.

[21]Greenwald, A. G. , & Farnham, S. D. (2000). Using the Implicit Association Test to Measure Self-Esteem and Self-Concept. *Journal of Personality and Social Psychology*, 79(6), 1022－1038.

[22]Gregg, A. P. , & Sedikides, C. (2010). Narcissistic fragility: Rethinking its links to explicit and implicit self-esteem. *Self and Identity*, 9, 142－161.

[23]Huang, L. , Yang, T. Z. , & Ji, Z. M. (2003). Applicability of the Positive and Negative Affect Scale in Chinese. *Chinese Mental Health Journal*, 17(1), 54－56.

[24]黄丽，杨廷忠，季忠民．正性负性情绪量表的中国人群适用性研究[J]. 中国心理卫生杂志，2003，17(1)：54－56.

[25]Huang, X. T. , & Yin, T. Z. (2012). On Cultural Differences in Zi Zun (Self-Esteem). *Journal of Psychological Science*, 35(1), 2－8.

[26]黄希庭，尹天子．从自尊的文化差异说起[J]. 心理科学，2012，35(1)：2－8.

[27]Hulme, N. , Hirsch, C. , & Stopa, L. (2012). Images of the Self and Self-Esteem: Do Positive Self-Images Improve Self-Esteem in Social Anxiety? *Cognitive Behaviour Therapy*, 41 (2), 163－173.

[28]Huntsinger, J. R. , Isbell, L. M. , & Clore, G. L. (2014). The Affective Control of Thought: Malleable, Not Fixed. *Psychological Review*, 121(4), 600－618.

[29]Jin, Y. , & Lu, N. (2012). Research on Heterogeneity of Self-Esteem. *Chinese Journal of Clinical Psychology*, 20(5), 717－722.

[30]金莹，卢宁．自尊异质性研究进展[J]. 中国临床心理学杂志，2012，20(5)：717－722.

[31]Krause, S. , Back, M. D. , Egloff, B. , & Schmukle, S. C. (2011). Reliability of Implicit Self-esteem Measures Revisited. *European Journal of Personality*, 25, 239－251.

[32]Krause, S. , Back, M. D. , Egloff, B. , & Schmukle, S. C. (2012). A New Reliable and Valid Tool for Measuring Implicit Self-Esteem: The Response-Window Affective Priming Task. *European Journal of Psychological Assessment*, 28(2), 87－94.

[33]Krizan, Z. , & Suls, J. (2008). Are implicit and explicit measures of self-esteem related? A meta-analysis for the name-letter test. *Personality and Individual Differences*, 44(2), 521－531.

[34]Lebel, E. P. (2010). Attitude Accessibility as a Moderator of Implicit and Explicit Self-esteem Correspondence. *Self and Identity*, 9, 195－208.

[35]Lo, W. Z. , &Yeh, K. H. (2014). The defensive reactions and automatic emotion regulation of defensive high self-esteems under threaten situation. *Chinese Journal of Psychology*, 56 (1), 117－134.

[36]Olson, M. A. , Fazio, R. H. , Hermann, A. D. (2007). Reporting tendencies underlie discrepancies between implicit and explicit measures of self-esteem. *Psychological Science*, 18(4), 287－291.

[37]Peterson, R. A. (1994). A Meta-Analysis of Cronbach's Coefficient Alpha. Journal of Consumer

Research，21，381—391.

[38]Qiu，G. X. (2008). *The Construction of Implicit Self-Esteem and the Relationship of Implicit Self-Esteem and Explicit Self-Esteem*(Unpublished master's thesis). Captain Normal University, Beijing.

[39]仇光霞．内隐自尊的结构及内隐自尊与外显自尊的关系研究[D]．首都师范大学，2008.

[40]Rudolph，A.，Schröder-Abé，M.，Riketta，M.，&Schütz，A. (2010). Easier when done than said! Implicit self-esteem predicts observed or spontaneous behavior，but not self-reported or controlled behavior. *Journal of Psychology*，218，12—19.

[41]Sava，F. A.，Mariculoiu，L. P.，Rusu，S.，Macsinga，I.，& Virga，D. (2011). Implicit and Explicit Self-Esteem and Irrational Beliefs. *Journal of Cognitive and Behavioral Psychotherapies*，11(1)，97—111.

[42]Shen，Z. L.，& Cai，T. S. (2008). Disposal to the 8th Item of Rosenberg Self-Esteem Scale (Chinese Version). *Chinese Mental Health Journal*，22(9)，661—663.

[43]申自力，蔡太生．Rosenberg 自尊量表中文版条目 8 的处理[J]．中国心理卫生杂志，2008，22(9)：661—663.

[44]Tian，L. M.，& Li，S. (2005). Differentiating and Analyzing the Concept of Self-Esteem. *Psychological Exploration*，25(2)，26—29.

[45]田录梅，李双．自尊概念辨析[J]．心理学探新，2005，25(2)：26—29.

[46]Tian，L. M.，& Zhang，X. K. (2006). Heterogeneity of High Self-Esteem. *Advances in Psychological Science*，14(5)，704—709.

[47]田录梅，张向葵．高自尊的异质性研究述评[J]．心理科学进展，2006，14(5)：704—709.

[48]Tian，L. M.，& Zhang，X. K. (2008). Memory Bias for Self-Relevant Information of People with Different Self-Esteem. *Psychological Development and Education*，2，91—96.

[49]田录梅，张向葵．不同自尊者对自我相关信息的记忆偏好[J]．心理发展与教育，2008(2)：91—96.

[50]Vandromme，H.，Spruyt，A.，& Hermans，D. (2011). Indirectly measured self-esteem predicts gaze avoidance. *Self and Identity*，10，32—43.

[51]Wang，M. C.，& Dai，X. Y. (2010). Rosenberg Self-Esteem Scale(RSES). In Dai，X. Y (Eds.)，*Common Psychological Assessment Scale Handbook* (251—253). Beijing，China：People's Military Medical Press.

[52]王孟成，戴晓阳．Rosenberg 自尊量表(RSES)//戴晓阳编．常用心理评估量表手册[M]．北京：人民军医出版社，2010：251—253.

[53]Zeigler-Hill，V.，Clark，C. B.，& Beckman，T. E. (2011). Fragile Self-esteem and the Interpersonal Circumplex：Are Feelings of Self-worth Associated with Interpersonal Style? *Self and Identity*，10，509—536.

[54]Zeigler-Hill，V.，Fulton，J. J.，&Mclemore，C. (2012). Discrepancies Between Explicit and Implicit Self-Esteem：Implications for Mate Retention Strategies and Perceived Infidelity. The Journal of Social Psychology，152(6)，670—686.